KB235267

朝鮮時代 政治權力과 宦官

張 熙 興

景仁文化社

책머리에

이 책은 '거세된 존재 환관'이라는 특수한 신분을 연구한 것이다. 전제군주사회에서 절대권을 행사한 황제나 왕은 인간의 몸에서 태어났음에도 불구하고 절대자가 됨으로써 세상을 자신의 마음대로 통제하고자 하였다. 하늘의 대리자로 통치하다 보니 자신과 일반인을 구분할 필요가 생겨났다. 그 결과 그들을 위한 궁궐이 존재하는 것이다. 그리고 자신을 돌보는 많은 여자인 궁녀가 존재하게 되고, 이들을 일반 사람들로부터 보호하기 위해 또는 신적인 존재인 자신과 일반 신하들과 궁중 매개체로 탄생한 것이 환관이다.

이제까지 환관에 대한 이야기는 사람들의 입으로만 오르내리고 점점 그 존재가 잊혀져 가고 있다. 이 책은 우리나라 환관이라는 존재에 대한 최초의 학문적 접근이라 할 수 있다. 이 분야에 대한 연구는 정치사적인 부분만 존재하는 것이 아니라 경제적·문화(생활)적 부분에서도 중요한 면이 있지만 그 동안 부분적인 서술로 국한되어 왔다. 그것은 아마도 중국과는 달리 조선시대 환관들의 정치적 역할이 미미하였다고 생각했기 때문이다. 그러나 조선시대는 신하의 나라라고 하지만 여전히 왕과 그 가족들이 존재하고, 궁중과 부중의 구분이 모호하기는 하지만 엄격하게 궁중의 역할이 존재한다. 그 궁중 내에서 중요한 존재 중의 하나가 환관(내시)들이다. 이들의 존재를 파악하는 것은 결국 궁중 내의 생활상과 정치사의 중요한 단면을 파악할 수 있는 것이다.

이 책은 궁중 내 환관들이 언제부터 존재하였으며, 고려말과 조선초의 변화과정에서 어떻게 자리매김하는지를 살펴보았다. 흔히 오늘날 생각하고 있는 환관(내시)의 기원과 정착과정, 인식의 변화

과정을 검토해 보고자 한 것으로, 저자의 학위논문을 근간으로 그간의 연구 성과를 반영하는 한편 미비점을 보완하였다.

그러다 보니 이 책에는 일반인들이 궁금해 하는 부분이 빠졌을 수도 있고, 사실과 다를 수도 있을 것이다. 이것은 저자 자신이 출판을 미루어 왔던 중요한 이유 중의 하나로 학문적 소양의 부족과 역량, 더 많은 자료를 수집 분석하지 못한 저자의 게으름과 자질 부족 때문이라 생각한다. 그들에게 접근하는 데에 큰 도움을 준 것은 기존의 정사류가 기본이 되었지만 내시들의 신도비를 확인하고, 족보를 구하는 과정을 통하여 한 발짝 더 다가가게 되었다. 많은 부족한 면이 있지만 이 책의 출판은 이 분야에 대한 연구의 작은 단초를 열었다는 심정으로 이루어지게 되었다. 이 부분에 대하여 많은 선학제현의 질정을 바라고 더욱 분발하는 기회로 삼고자 한다.

이 책을 내기까지 실로 많은 분들의 도움을 받았다. 학부 때부터 많은 가르침을 주신 이문수・이명식・고 허창일・장의식 선생님은 저자에게 평생 학문하는 방향과 살아가는 방도를 제시해 주셨다. 그 도움에 깊이 감사드린다. 대학원 진학 이후 제자를 학문적으로 이끌어주신 지도교수님이신 김갑주 선생님과 사학과 남도영・조영록・이길용・홍영백・이기동・김상현・정병준・서인범・양홍석 선생님, 역사교육과 임영정・원유한・정태섭・강택구 선생님, 국사학과 최효식・박청평・김신재・강문호 선생님, 그리고 용인대 김춘남 선생님의 학문적 가르침에 감사드린다. 특히 저자의 학위 논문 심사과정에서 논문의 전 부분을 꼼꼼하게 원문까지 확인하고 잘못된 방향을 바로 잡아 주신 이종일 선생님과 동악의 많은 선후배 선생님들의 도움에 감사드린다.

저자가 환관에 대한 연구를 하게 된 것은 중앙 관청에 존재하는 중인에 대한 공부를 하던 중 갖게 된 의문도 있지만 아마도 학부 수

v

업 시간 중 한국사나 중국사 수업 도움이 컸던 것으로 생각된다.

그러나 저자가 공부를 지속할 수 있었던 것은 무엇보다도 "1년에 쌀 한 말을 먹지 못했다"는 작은 마을에서 일찍 혼자 되신 어머님의 자식사랑과, 아버님을 대신하여 집안의 가장 역할을 한 큰 형님 내외의 도움 덕분이다. 이제까지 그 도움에 아무런 감사하다는 마음을 전하지 못한 것을 이 책으로 대신하고자 한다. 어려서부터 저자의 마음 속 우상이었던 작은 아버님 내외분의 자상함, 공부한답시고 집안 일에 전혀 관심없는 저자를 이해해 준 형제들, 처갓집의 큰 사위임에도 항상 도움만을 받고 사는 저자를 이해해 주시는 장인·장모님에게도 감사드린다. 지금까지 어려운 과정에서도 잘 참아준 아내 영미, 아들 영우·준우에게도 고맙다는 말을 이 책으로 대신한다.

끝으로 학문적 격조도 갖추지 못하고 수익성도 없는 이 책을 출간해 주신 경인문화사 한정희 사장님과, 편집부터 출간에 노력을 아끼지 않으신 신학태 부장님 등 직원 여러분께 감사의 말씀을 드립니다.

2006년 5월 매봉산 기슭에서
저자

< 목 차 >

<표 차례>

▪ 부록

<그림 차례>

서 론

1. 研究現況 및 問題 提起

　조선시대는 유교적인 정치사상을 통하여 국가를 통치하는 사회였다. 특히 신하들은 왕이 1인 전제정치를 행하는 것을 강력하게 제어하는 한편, 왕 역시 유교의 이념을 실천하고자 하였다. 그러나 유교가 정치이념으로 어느 정도 정착되기 시작한 것은 조선중기 이후의 일이다. 조선초기는 고려 말의 제도를 개혁하고 새로운 이념을 안착시키는 시기였다.

　고려 말의 정치적 혼란과 元干涉期 附元세력의 득세는 정치적으로 왕권이 외압에 흔들리는 경향을 초래하였다. 즉 왕권이 일부 부원세력이나 권력층에 의해 좌우되었다. 때문에 조선초기 사대부들은 일부 권력자들이 좌지우지하는 정치 형태에서 벗어나 신하들 중심의 정치운영을 모색한다. 특히 원간섭기 부원세력이었던 宦官·譯官·鷹人 등의 정치개입을 전적으로 차단하고자 하였다. 이것은 조선 건국 이후 고려의 정치 양상과 이를 초래한 제도를 개혁하려는 의지와 일치한다. 태종대 제도개혁은 정치적인 상황만이 아닌 고려시대의 통치방식을 바꾸려는 노력이었고, 이 과정에서 국왕과 신하들 간의 대립은 계속되었다. 조선시대는 1·2차 王子의 亂, 太宗의 讓位所動, 世宗의 議政府署事制 導入, 世祖의 王位簒

奪, 士林派의 進出과 4대士禍, 燕山君의 暴政, 中宗反正, 明宗代
外戚政治, 朋黨과 黨爭 등의 과정에서 신하 중심의 통치방식과 왕
권 중심의 국정 운영으로 대립과 갈등은 지속된다. 그 후의 역사전
개 과정은 점차 왕권이 약화되는 경향을 보인다. 그러나 왕권이 약
화되기는 하였지만 그 모든 정치운영은 왕을 정점으로 운영된다.
이 왕을 위한 존재가 거세된 인간 환관과 궁녀들이다.

宦官制度는 중국과 우리나라에서 특히 발달한 제도였다.[1] 중국
의 경우 환관 연구는 상당히 진행되지만,[2] 우리나라에서는 환관의
역할과 존재의 연구가 거의 이루어지지 않은 상황이다. 조선시대
제도사 연구는 어느 정도 진척되었고,[3] 신분제 연구 역시 많이 진

---

1) 환관에 대한 명칭은 '宦官'·'宦者'·'宦竪'·'火者'·'閹人'·'閹
   官'·'閹寺'·'閹竪'·'變宦'·'內宦'·'中官'·'中使'·'使人'·'黃
   門'·'寵宦'·'內官' 등으로 불리었다. 용어상으로 內官·內侍 등 '內'
   자는 外官의 상대되는 용어로 사용되었다. 中使라는 말도 비슷하게 사
   용되고 있다. '火'나 '宦', '閹'은 고자라는 의미가 강하다. 즉 宦官은 관
   직에 있는 자, 宦者는 관직에 있지 않은 자나 낮은 관직에 있는 자를,
   本國火子라는 말은 중국에 朝貢으로 바친 우리나라의 고자를 지칭하
   였다. 또한 '內竪', '變宦이라 부르는 경우는 왕의 총애를 받는다는 의
   미로 사용되고 있다. 그러나 고려시대의 경우 흔히 혼재되어 사용되기
   도 한다. 고려시대의 경우 內侍와 宦官은 엄격하게 구분되며, 조선 성
   종 이후 동일한 개념으로 사용되었다. 고려시대의 경우 환관보다는 宦
   者라는 용어가, 조선전기에는 內官·宦官이라는 용어가, 조선후기는
   內侍·內官·宦官이라는 용어가 많이 사용되었다.
2) 丁易, 1951, 『明代特務政治』, 中外出版社 ; 高昌錫, 1982, 「明代의 東
   廠·西廠에 대한 考察」 『慶北史學』 5 ; 劉若愚, 1982, 『明宮史』, 北京
   古籍出版社 ; 宇都宮清吉, 1984, 『中國中世史』, 조성사 ; 溫功義, 1989,
   『明代的 宦官和宮廷』, 中庆出版社 ; 余貨靑, 1993, 『中國宦官制度史』,
   上海人民出版社 ; 任洪, 1997, 『中國 古代의 宦官』, 新貨書店.
3) 李鍾日, 1984, 「朝鮮國初의 最高政務機關과 中央行政機關」 『素軒南都
   泳博士華甲紀念 史學論叢』 ; 韓忠熙, 1991, 「朝鮮前期의 權力構造 硏
   究」 『國史館論叢』 30 ; 韓忠熙, 1992, 「朝鮮初期 六曹硏究」, 高麗大博
   士學位論文.

척되었다.[4] 그러나 宮中內 官制에 대한 연구는 다소 소홀하였다.[5] 특히 그 중에서 왕의 가장 측근에서 종사한 환관에 대한 체계적인 연구는 소략한 상황이다. 조선시대 환관 인식은 단순히 고려시대 의 그것을 그대로 받아들이거나, 막연하게 알고 있을 뿐이다. 논문 의 경우도 白南雲이 고려시대 환관을 간략히 언급한 정도이다.[6] 환관 연구는 南班職 연구에서 시작하여,[7] 고려시대 近侍機構인 內 侍院의 內侍 신분을 규명하는 문제로 본격화한다. 여기에서 내시 는 환관과 구별되는 존재로 인식된다. 이 과정에서 의종대 환관 鄭 誠이나 원간섭기 本國火者가 고려 정치에 관여하면서 일부 환관 들이 내시가 되는 것을 밝히고 있다.[8] 또한 내시의 성격을 연구한 정도였다.[9] 본격적인 고려시대의 연구는 李愚喆의 개괄적인 연구 가 전부이다.[10] 일부 원간섭기 고려와 원나라간의 정치적인 상황 을 설명하면서 고려왕의 즉위나 축출과정, 즉 충렬왕~공민왕 사

---

4) 林英正, 1973,「朝鮮初期 公賤에 대한 硏究」『史學硏究』23.
5) 李永淑, 1982,「朝鮮初期 內命婦에 대하여」『歷史學報』40 ; 金用淑, 1986,『朝鮮朝 宮中風俗 硏究』, 一志社 ; 申解淳, 1986,「朝鮮前期의 京衙前硏究」, 成均館大博士學位論文.
6) 白南雲, 1937,『朝鮮封建社會經濟史』, 改造社.
7) 曺佐鎬, 1957,「麗代南班考」『東國史學』5 ; 金昌洙, 1969,「麗代 內侍 의 身分」『東國史學』11. 고려시대 신분상으로 內侍는 宿衛와 近侍의 임무를 맡았던 국왕의 측근세력이었다. 고려 의종대 환관이 내시가 되 었고, 조선 세조대 내시원이 폐지되면서부터 內侍라는 말은 宦官이라 는 용어와 동일하게 사용되었다.
8) 朴漢男, 1982,「高麗內侍에 관한 硏究」, 成均館大碩士學位論文 ; 1984 「高麗內侍와 門閥貴族의 形成關係」『首善論集』8 ; 崔雲植, 1988,「高 麗前期 內侍와 王權과의 關係」『東義史學』4.
9) 金載名, 2002,「高麗時代 內侍-그 別稱과 構成을 중심으로-」『歷史 敎育』81 ; 김보광, 2002,「高麗前期 內侍의 構成과 役割」『한국사학 보』13 ; 金載名, 2002,「高麗時代 朝官內侍」『정신문화연구』88.
10) 李愚喆, 1958,「高麗時代의 宦官에 대하여」『史學硏究』1.

이의 정치권력의 변화 과정에서 환관들의 개입 문제를 다루었
다.[11]

조선시대 환관 연구는 중앙 서리인 成衆官·成衆愛馬와 京衙前
연구에서 출발하였다.[12] 또한 檢校職을 설명하면서 내시부 검교
를,[13] 遞兒職을 설명하면서 내시부 체아직을 간략히 서술하였다.[14]
또한 고려 말부터 성행하던 본국화자들의 進獻과정과 본국과의 관
계를 서술하였다.[15] 본격적인 연구로는 환관의 관부인 내시부의
변천과 기능에 대한 연구가 있다.[16] 조선시대 환관이 중요한 이유
중 하나는 환관의 정치적인 역할 때문이다. 그 통로가 되는 왕명출
납의 문제, 즉 '承政院－承傳色－王'으로 이어지는 출납관계를 서
술한 경우가 있다.[17] 이 경우에도 승정원의 역할을 강조하고, 승전
색의 역할을 일시적인 것으로 파악하였다. 한편 연산군의 폭정 과
정에서의 환관정책과 우대정책의 시행과정에 대한 연구가 있다.[18]
여기에서 폭정 과정에서 환관들의 위상이 강화되어 가는 면을 서

---

11) 李龍範, 1962,「奇皇后의 冊立과 元代의 資政院」『역사학보』17·18 ;
    14세기 고려사회 연구반, 1994,『14세기 고려의 정치와 사회』, 민음사.
12) 金昌洙, 1967,「成衆愛馬考」『東國史學』9·10 ; 韓永愚, 1972,「朝鮮初
    期의 上級胥吏 成衆官」『東亞文化』10.
13) 韓㳰劤, 1966,「勳官檢校考」『震檀學報』29·30 ; 金東洙, 1981,「朝鮮
    初期의 檢校職」『震檀學報』51 ; 韓㳰劤, 1992,「朝鮮初期以後의 檢職
    과 影職」『震檀學報』71·72.
14) 李載龑, 1967,「朝鮮前期 遞兒職에 대한 考察」『歷史學報』35·36.
15) 李碩洙, 1983,「朝鮮初期 明使考」, 嶺南大碩士學位論文 ; 曺永祿,
    1990,「鮮初 朝鮮出身 明使考」『國史館論叢』14.
16) 張熙興, 1994,「朝鮮前期 內侍府에 대한 考察」『芝邨金甲周教授華甲
    紀念 史學論叢』.
17) 韓忠熙, 1987,「朝鮮初期 承政院研究」『韓國史研究』59 ; 李東熙,
    1994,「朝鮮初期 宦官의 王命出納活動」『全北史學』17.
18) 張熙興, 2002,「燕山君代의 宦官政策과 內侍府의 位相强化」『慶州史
    學』21.

술하였다. 명종대 환관에 대한 연구는 文定大妃의 垂簾聽政 하에
서 외척들과 환관들과의 연관관계를 서술하였다.[19]

한편 환관과 직접 관련이 있는 것은 왕실재정 문제이다. 내시부
의 환관들이 왕실의 사적 재정인 내수사를 관리하기 때문이다. 왕
실재정을 담당하였던 내수사의 성격을 논하면서 內需司提調인 환
관과 왕실과의 관련성을 서술하였다.[20] 또한 궁중의 음식과 관련
이 있는 司饗院과 환관과의 관계를 통한 상호관련성을 서술하였
다.[21] 그러나 환관의 정치적 역할을 체계적으로 고찰한 연구는 미
진하였다.

조선시대 정치사에 대한 연구는 상당 부분 진척되었다. 조선초
기 훈구의 등장과정, 사림과 훈구와의 대립, 붕당과 당쟁과정에서
의 정치적인 추이를 연구하였다. 특히 조선초기의 경우 조선 건국
과정과 이후 정착이라는 면에 주목하였다.[22] 16세기 이후에는 훈

---

19) 張熙興, 2002,「조선 명종대 외척정치와 환관 박한종」『東國史學』37 ;
   張熙興, 2002,「朝鮮 明宗代 宦官 活動-內需司 運營과 寺刹 管理 문제
   를 중심으로」『東國史學』38.
20) 한은자, 1967,「成宗-中宗祖 內需司 長利에 대하여」『崇智苑』; 柳懋
   叔, 1973,「朝鮮前期의 內需司長利에 대하여」『梨大史苑』11 ; 鄭鉉在,
   1981,「鮮初 內需司 奴婢考」『慶北史學』3 ; 池承種, 1981,「朝鮮初期
   內需司의 性格과 內需司 奴婢」『韓國學報』40 ; 한춘순, 1999,「明宗
   代 王室의 內需司 運用」『인문학연구』3, 경희대 ; 宋洙煥, 2000,『朝
   鮮前期 王室財政 研究』, 集文堂 ; 金宇基, 2001,『朝鮮中期 戚臣政治
   研究』, 集文堂.
21) 宋洙煥, 2000,「조선전기의 司饗院」, 위의 책.
22) 李相伯, 1949,『李朝建國의 研究』, 乙酉文化社 ; 金甲周, 1973,「院相制
   의 成立과 機能」『東國史學』12 ; 鄭杜熙, 1983,『朝鮮初期 政治支配
   勢力 研究』, 一潮閣 ; 李成茂, 1984,『朝鮮初期 兩班研究』, 一潮閣 ; 李
   載龒, 1984,『朝鮮初期 社會構造研究』, 一潮閣 ; 崔承熙, 1984,『朝鮮
   初期 言官・言論研究』, 서울大學校出版部 ; 金甲周, 1991,「士林勢力
   擡頭의 背景에 대한 一考察-成宗의 佛教政策을 中心으로-」『考古
   歷史學誌』7 ; 鄭杜熙, 1994,『朝鮮時代의 臺諫制度 研究』, 一潮閣 ;

구와 사림의 대립 양상에서 사림의 공론 형성 과정을 서술하기도 하였다.[23] 외척정치기에 대한 연구는 비교적 활발히 진행되었다. 明宗과 文定大妃의 대립 속에서 외척 尹元衡과 李樑과의 관계를 논하거나, 公論의 형성 과정에서 사림들의 정치참여를 서술하였다.[24] 또한 조선시대 禪敎兩宗의 성립이라는 차원에서 승려 普雨와 문정대비의 崇佛과정을 서술하였다.[25] 한편 조선후기는 붕당과 당쟁이라는 면에서 일찍부터 연구되었다.[26] 이러한 연구 성과는 개별적인 정치 세력의 실체를 밝히는 것과 더불어 나아가 조선시대 정치사 전반을 이해하는 데 많은 공헌을 하였다. 하지만 정치형태의 변화를 관직 변화, 신하들간의 대립 등을 통하여 다루고 있으나 실제 상호 연관성을 맺고 있는 왕과 신하, 왕과 환관의 상호관계를 설명하는 면에서는 부족한 점이 있다.

기존의 연구는 조선 건국 후 유교의 정착과 제도의 정비과정에서 환관정책의 변화를 등한시하였다. 조선시대 환관들의 부서인 내시부가 독자적으로 형성되었고, 임무의 특성상 왕이나 정치세력들과의 특별한 관계를 가진 것은 부인할 수 없다. 즉 정치상황의 변동에 따른 내부작용을 등한시하고 있는 한계성을 가진다.

崔承熙, 2002, 『朝鮮初期 政治史硏究』, 지식산업사.

23) 崔異敦, 1997, 『朝鮮中期 士林政治構造硏究』, 一潮閣 ; 金敦, 1997, 『朝鮮前期 君臣權力關係 硏究』, 서울대학교출판부.

24) 姜德雨, 1986, 「朝鮮 明宗朝의 外戚勢力에 관한 一考察」, 仁荷大碩士學位論文 ; 李宰熙, 1993, 「朝鮮 明宗代 '外戚政治'와 그 性格」 『韓國史論』29 ; 金宇基, 2001, 위의 책, 集文堂.

25) 黃善化, 1974, 「朝鮮時代 明宗朝의 佛敎中興 政策」, 梨花女大碩士學位論文 ; 강덕우, 1994, 「조선중기 불교계의 동향」 『國史館論叢』 56 ; 金宇基, 2001, 위의 책.

26) 李熙煥, 1995, 『朝鮮後期黨爭硏究』, 國學資料院 ; 李銀順, 1990, 『朝鮮後期黨爭史硏究』, 一潮閣 ; 李泰鎭 編, 1991, 『朝鮮時代 政治史의 再照明』, 汎潮社.

본 연구는 기존의 환관에 대한 선입관과 정치적 영향력이 전무하였다는 인식을 불식하고, 이들이 조선시대 어떠한 위상을 가지고 정치에 영향을 행사하는지를 살펴보고자 한다. 『경국대전』에 내시부의 관원은 140명으로 표기되어 있어 조선시대 관직 내에서 관원이 가장 많은 부서이고, 조선말기까지 존재하였다면 이들은 분명 중요한 역할과 기능을 하였을 것이다. 즉 조선 건국 이후 유교적인 정치체제화의 변화과정, 유교적 정치체제 안에서의 존재 이유, 유교적 정치체제의 해체라는 정치상황의 변화에서 담당한 역할 등을 통해 환관의 실체를 살펴보고자 한다. 조선초기 환관제 정비과정에서 관료들의 인식이 작용하였다면, 성종 이후 사림들의 인식은 조선후기에는 관료들의 인식으로 이어진다.

조선시대 환관제의 정착은 결국 오늘날 우리들의 환관에 대한 인식의 정착이기도 하다. 이 과정의 변화상을 살펴봄으로써 환관에 대한 문제를 재정립하고자 한다.

2. 硏究 方法 및 範圍

본 연구는 환관을 조선시대의 시기에 따라 정리하였다. 이와 더불어 조선시대 환관들을 이해하기 위하여 그 연원과 환관들의 정치적 영향력이 가장 강했던 원간섭기와 고려 말 상황을 살펴봄으로써 조선시대 환관 이해의 출발로 삼고자 한다.

기본적으로 자료는 『高麗史』, 『朝鮮王朝實錄』을 중심으로 『經國大典』 등 각종 법전류들을 참고로 하였다. 특히 환관의 수급에 관련한 양자 문제는 『養世系譜』 등 내시와 관련된 족보, 초안산에서 발굴된 1천여 기의 내시 묘, 각종 내시들의 비석과 신도비를 참고하였다. 비록 후기의 자료이지만 내시들의 형태를 이해하는 데 중요한 자료라고 생각된다.『高麗史』의 경우 환자열전을 따로 서술하였다. 여기서는 조선초기 관료들의 환관에 대한 부정적인 시각을 보여준다. 이들이 존재하는 이유는 결국 정치 권력자를 위한 도구라는 입장에서, 비정상적인 환관들의 정치개입은 부정적일 수밖에 없다. 결국 조선초기 관학자들의 인식이 녹아 있는 것이다.『朝鮮王朝實錄』에는 왕 뿐만이 아닌 위정자들의 의식이 그대로 남아 있다. 환관의 정치개입 배제는 결국 비정상적인 통치행위를 근절하고, 조선왕조에 맞는 정치상황을 만들어 가는 과정이다. 이를 위하여 왕의 측근에 있는 환관들에 대한 억제의 필요성은 당연한 것이다. 그리고 제도적으로 정치에 개입할 수 있는 방법을 차단하려고 하였다. 한편으로 절대 권력을 상징하는 왕은 환관의 필요성을 인정하였다. 이에 궁중 내의 각종 임무를 전담하게 하고, 인원을 확충한다. 이러한 이중성은 신분사회에서 낮은 신분이 비정상적으로 정치에 개입하는 것은 잘못이지만 기본적인 임무의 수행을 위해 항상 필요하다는 인식에서 기인한다.

　이러한 관점에서 환관들의 정치활동을 시대별 변화과정을 통해 살펴보고자 한다. 먼저 제1장에서는 환관의 기원과 임무, 고려 의종대 정함의 내시직 진출을 통한 권력의 획득 과정, 원간섭기 부원세력으로서 하나의 정치세력으로 형성되는 과정, 공민왕대 내시부의 형성 등을 살펴보고자 한다. 궁중 잡역에 종사하였던 소수의 인원이 의종대 왕의 측근으로 등장하기 시작하면서 내시직에 진출하는 과정, 원간섭기 원나라와 고려왕과의 관계를 통해 朝官職 진출과 정치개입이라는 비정상적인 정치형태, 그리고 공민왕 이후 측근으로 자리잡게 되는 배경과 신흥사대부의 등장 이후 환관 억제론의 제의 등을 서술하고자 한다. 이것은 이후 조선시대와 비교된다.

　제2장에서는 국초 내시부 관직 변천과 환관의 선발과 대우, 임무

에 대하여 분석하였다. 내시부는 고려 공민왕 5년에 형성되어 점차 인원이 확대되었다. 조선 태종의 관제 변화를 거쳐 성종대『經國大典』이 반포되면서 정착되었다. 이들의 임무는 闕內監膳·傳命·守門·掃除에서부터 각종 공사의 감독, 왕실재정을 담당하는 내수사의 관리까지 폭넓었다. 이들은 점차 정치적 기능보다는 궁궐 내의 왕과 직접적인 관계를 형성하게 된다. 또한 환관의 선발 문제, 특히 양자제도를 통한 입양에 대하여 서술하고자 한다. 또한 대우는 같은 관직자인 조관들과의 차이점과 공통점을 살펴보고자 한다.

　제3장에서는 조선전기 환관제도의 정비와 정책 변화에 대하여 살펴보고자 한다. 조선 건국 직후에는 아직 고려시대 관제의 영향은 그대로 남아 있었는데, 유교적인 체제변화와 제도개혁 속에서 환관정책의 변화를 살펴보고자 한다. 제도적으로 정치개입을 차단하는 것, 즉 조관직 진출 금지·왕명출납 제한 등을 통해서 조선전기 환관제의 정착과정을 살펴보고자 한다. 하지만 세조의 왕위찬탈에서 보여주듯이 비정상적인 상황에서의 환관 활동을 아울러 살펴보고자 한다. 또한 비정상적인 정치형태라고 할 수 있는 연산군~명종대의 상황을 살펴보고자 한다. 연산군대는 환관들의 역할 변화를 甲子士禍를 기준으로 정책의 변화에 따른 환관정책의 변화, 즉 연산군의 폭정 상황에서 환관들은 왕의 또 다른 존재로 인식되고, 그 결과 승전색의 역할과 위상을 강화시키는 한편, 내시부의 위상도 변화하였다. 이 과정에서 환관정책은 조선초기 억제책과 어떠한 변화를 보이는지를 살펴보고자 한다. 중종반정 이후 사림들의 환관 인식과 환관 억제책의 강화는 조선초기와 연산군대와는 어떤 변화가 있는가를 살펴보고자 한다. 또한 명종대 외척정치 상황에서 내수사를 통한 寺社田의 확대에 대하여 살펴보고자 한

다. 명종대는 왕과 문정대비, 윤원형과 이량으로 대표되는 외척정
치 시기이다. 이 과정에서 환관들은 어떤 선택을 하며, 실권을 장
악한 문정대비와의 관계는 어떠하였는지를 살펴보고자 한다.

제4장에서는 조선후기 환관제의 기능변화와 개혁론에 대하여
살펴보고자 한다. 조선후기는 士林이 정치를 주도하면서 붕당이
형성되고, 당쟁을 거치면서 정치변동이 심한 시기이다. 중종 이후
사림의 환관 인식은 조선후기에 확고하게 자리 잡았다. 이 시기 환
관인식이 환관 억제책으로 나가는 것을 살펴보고자 한다. 그럼에
도 불구하고 정치변동 과정에서 환관들은 중요한 역할을 담당한
다. 이 같은 양상은 역모과정에서 환관들의 역할을 검토하면 확인
할 수 있다. 또한 당시 실학자들의 환관 인식과 개혁론을 살펴보고
자 한다. 이것을 조선초기 관학자나 사림 등의 환관 인식과 비교해
보고자 한다.

본 논문은 기존의 연구에서 소외된 조선시대 환관 연구를 통해
왕권과 신하의 대립, 유교적 질서의 재편과정에서 환관들의 역할
을 조명해 보고자 한다. 첫째, 고려시대 급사 역할을 하였던 환관
들의 근시기구인 내시직의 진출과정, 원간섭기 부원세력으로 고려
의 정치에 상당한 영향력을 행사한 환관들이 적극적인 정치개입을
통해 어떻게 위상을 변화시켰는지를 살펴보고자 한다. 이는 결국
공민왕 이후 내시부가 형성되는 계기를 마련한다. 즉 고려시대 역
할과 인원의 증가 과정을 알아보고자 한다. 둘째, 내시부의 제도
변화와 환관의 임무를 살펴보고자 한다. 고려 말 내시부의 성립 이
후 제도적으로 환관직이 정착되는 과정, 선발과 대우, 임무를 통하
여 조선시대 이들의 역할을 살펴보고자 한다. 셋째, 조선 건국 이
후 유교적인 질서로 전환하는 과정에서 환관들의 위상변화를 살펴
보고자 한다. 고려 말과 달리 조관직 진출 금지, 傳命을 제한하는

등의 조치로 인한 신분제의 정착 과정에서 의식적으로 구분하는 과정을 이해할 수 있다. 또한 훈구파와 사림의 대립 속에서 환관들이 어떤 역할을 하였는지를 알아보고자 한다. 즉 연산군대 폭정과정에서, 중종대 사림의 환관 인식, 명종대 외척정치기 상황에서의 환관들의 역할을 고찰해보고자 한다. 넷째, 조선후기 조관과 환관들을 엄격히 구분하면서 오늘날과 같은 환관 인식이 정착되는 과정을 살펴보는 한편 정치변동 과정에서 역할, 또한 동시대 실학자들의 환관제 개혁론을 살펴보고자 한다.

　이러한 연구를 통하여 조선시대 사회변동과 역사 과정에 환관이 어떠한 역할을 하였는지 고찰해 보고자 한다.

제1장

高麗時代 宦官制의 樣相

Ⅰ. 東·西洋의 宦官 起源

宦官이란 단순히 거세된 남성, 즉 淨身(몸이 더럽혀지지 않은 자)·私白·無名白(관직이 없는 민간인)이라는 뜻과 궁정에서 봉사하는 사람으로 구분할 수 있다. 영어로 'a eunuch'이라는 단어는 희랍어 'Eunuch'에서 파생된 것으로 '침대를 지키는 사람'을 뜻한다. 성경 마태복음 제19장 12절에 "어미의 태(胎)로부터 된 고자도 있고, 사람이 만든 고자도 있고, 천국을 위하여 스스로 된 고자도 있다. 이 말을 받을 만 한 자는 받을 지어다"라고 하여 선천적인 고자와 후천적인 고자가 있으며, 필요에 따라 고자가 된 경우가 있음을 알 수 있다. 위와 같은 경우는 천국을 위하여 헌신하기 위하여 고자가 된 경우라면, 중국의 自宮이라는 의미는 천국이 아니라 지옥을 걷기 위한 것이라는 차이가 있다.[1]

---

1) 三田村泰助, 1963,『宦官』, 中央公論社 ; 三田村泰助 지음, 하혜자 옮김, 1992,『환관─측근정치의 구조─』, 나루. 이 절의 내용은 대체로 이

유럽에서 환관이 존재하지 않는 것은 기독교의 영향 때문이었다. 기독교가 도입되기 이전에는 그리스나 로마에서도 환관이 존재하였다고 알려져 있다. 기독교 도입 이후 이탈리아에서는 카톨릭 합창단의 소프라노 가수가 되기 위하여 고자가 된 경우가 있었지만 교황 레오 13세가 금지하였다. 이후 일부 극장에서 필요에 따라 고자가 된 경우는 있지만 국가의 필요에 의한 고자는 없었다. 중국의 경우 오히려 공부에 방해된다는 이유로 자궁한 경우는 나타난다.

중국의 경우 閹人은 왕궁을 수호하는 사람, 寺人은 왕의 첩으로 宮刑을 받아 女官을 감독하는 사람으로 사용되었다. 천문현상으로 볼 때 환관이라는 4개의 별이 있으며, 이 별은 황제좌의 서쪽에 위치하고 있다고 한다. 이것은 환관이 황제에게 봉사하는 사람으로 규정되었음을 의미한다. 天界의 질서를 인간 세상에도 그대로 적용해 황제의 측근자로서 숙명 내지는 천명을 부여받은 사람처럼 여겼다. 이것은 비록 후세에 개념화한 것이지만 환관의 존재에 대한 필요성을 절대 불변으로 믿고 의심하지 않았다. 우리나라의 경우도 이와 같은 관념을 차용하였는데, 환관들이 권력을 행사할 경우 宦官星이 皇帝星을 침입하였다는 것으로 억제를 요구하였다. 동서양의 공통점은 모두 거세된 사람으로 궁정에서 후궁을 위하여 사용되었다.

환관의 기원을 보면, 서양의 경우 앗시리아의 아름다운 현비이며, 신바빌로니아를 창시한 세미라미스부터 시작되었다고 한다. 환관 활동이 역사상으로 나타나는 시기는 기원전 8세기경부터였다. 역사학자 헤로도투스는 환관은 페르시아 풍습으로 이들 나라에서는 보통 사람보다 환관을 신뢰할 만한 가치가 있는 자로 보았다고

―――――――――――――

논문의 관련 기술에 따른 것이다.

하였다. 또한 이들은 소아시아의 서부에 위치한, 즉 성경에서 에베소란 이름으로 기록된 에피사스나, 리디아의 수도인 사르디스에서는 비싼 값으로 매매되었다.

중국의 경우 춘추시대부터 제후가 환관을 사용하였다고 하며, 기원은 갑골문자에 나타나는데, 기원전 1,300년 전부터 상형문자에 은 왕조의 서쪽에 위치한, 오늘날의 티벳종족인 羌나라에도 있었다고 한다.

거세방법은 고대 이집트의 경우 승려가 수술을 맡았고, 남인도의 경우에도 수술하는 방법이 있었다고 전한다. 중국의 경우 자금성 서문인 서화문 밖에 '廠子(헛간)'이 있어서 수술실로 사용되었다. 여기에 '刀子匠'은 국가에서 공인한 전문가가 시술하였다.[2]

중국에서 이들이 존재하는 이유는 후궁의 순결을 위한 것이었다. 전제군주 사회에서 후궁의 순결은 절대적인 것이다. 그런데 기원을 살펴볼 때 殷나라는 제정일치 사회였고, 신의 계시에 따라 이민족인 강나라 사람들을 환관으로 만들어 제물로 바치고 정복의 승리를 신에게 감사하였다. 이것은 결국 승리자에 대한 절대복종을 의미하는 것이다. 전한의 武帝 때 서역의 樓蘭을 정복한 후 왕자를 인질로 잡아온 후 거세한 것도 같은 맥락이다.

그러나 환관은 궁정의 최고 책임자인 군주에게서 필요충분한 존재였다. 군주란 신의 대변자로 인간과는 구별되는 존재였다. 지배

---

2) 수술한 후의 신체적 특징은 수염이 없어지면서 목소리와 성격이 변한다고 한다. 자신이 남성으로서의 기능을 못한다는 것 때문에 사후에 다시 정상적인 남성으로 태어나기 위하여 자신의 음신을 소중히 여기며 간직하였다고 한다. 그러나 현재 비정상적인 남성이기 때문에 깨어진 잔이나 그릇을 극도로 싫어하며, 감정의 기복이 아무 심하다고 한다. 대신 우리나라의 경우 어릴 때부터 관료가 되기 위한 엄격한 교육을 받았다고 전해진다.

와 피지배의 관계에서 군주는 인민에게 보여서는 안 되는 신비한 존재이다. 그러나 군주 역시 인간으로 태어났기 때문에 궁문을 닫고 人民의 출입을 금지시켜 경외심을 가지도록 하였다. 환관은 地上에 내려온 군주의 생활을 돕기 위해 만들어진 존재인 것이다. 이것은 황제성 서쪽에 위치한 4개의 환관성의 이론과 일치한다. 결국 환관의 성격은 군주권의 위력이 변화하여 가는 것과 더불어 변화된다. 환관의 존재는 '陰'으로 대표된다. 황제는 '陽'이기 때문에 그림자인 환관은 '음'으로 표현되며, 결국 음은 '惡'을 상징한다. 이것은 대부분 환관에 대한 인식이 죄악만을 기록해 놓고, 그대로 인식하였기 때문이었다. 그러나 환관과 군주의 공통성은 둘 다 비인간적이라는 사실이다.

중국은 청대에 보통 3천 명에서 1만 2~3천 명 정도의 환관이 항상 필요하였다. 명나라 말기에는 여관이 9천 명, 환관이 10만 명 정도였다. 이들의 공급원은 궁중 내의 비밀보호라는 차원에서 이민족을 사용하는 경우가 많았다. 당나라 현종 때의 高力士는 廣東 남부의 蠻獠族 출신이었다. 원나라의 경우 고려 출신 환관이 많았고, 명나라의 경우 여진인이나 苗族 출신이 많았다. 환관의 또 다른 공급원은 宮刑으로 보충하는 경우도 있었지만 한나라 文帝 때 금지하기 시작하여 隋나라 때에 완전 폐지하였다. 이때 궁형은 남녀의 불의를 범했을 경우에 사용되었다고 한다. 『史記』를 쓴 司馬遷과 음악의 명인 李延年 등도 궁형을 당한 경우였다. 중국 내 환관의 공급지는 영남지방으로 중국 역사상 대량 공급지는 복건성이라고 알려져 있다. 이들이 자궁하는 원인은 궁핍을 면하기 위한 것으로 명나라 말기에 부족한 환관 3천 명을 모집하자 2만여 명이 응모하였고, 부득이 4천 5백 명을 추가 채용하였다. 이들이 자궁한 것은 대부분 신분을 넘어 출세하려는 사람들이었다.

황제가 거주하는 궁성 안에 거주하는 사람은 황제와 황태자, 그리고 책봉 받지 않은 황자들과 후비, 여관, 환관들 뿐이었다. 신하들이 처리하는 다양한 업무는 환관들을 통하여 황제에게 전달되었다. 이 과정에서 환관들이 권력을 잡게 되는 것이었다. 황제의 환관에 대한 인식 역시 자신의 집의 노비 정도로 생각하고, 환관 역시 황제를 '大家(주인님)'라고 인식하였다. 즉 환관을 '內臣', 관료를 '外臣'이라고 구분하기는 하지만 실제 황제의 奴僕과 같은 존재로 인식하였다. 명나라 말기 이들의 존재는 황제를 중심으로 하는 12監, 4司, 8局, 총 24衙門을 총괄할 만큼 대단한 존재였다. 이들은 황제의 노복으로 황실의 생활을 관리하는 것은 당연한 것이었다. 이 중에서 최고 우두머리는 12감의 책임자인 太監으로 정4품의 벼슬이었다. 또한 황제를 대신하여 내각인 司禮監과 비밀경찰기관이 東廠을 통하여 국정을 장악하였다. 시대에 따라 다르지만 황제를 능가하는 권력을 가지기도 하였다.

Ⅱ. 高麗前期 宦官制의 展開

1. 宦官制의 受容과 展開

동양의 환관제는 중국과 우리나라에서 특히 발달된 제도였다. 특히 중국에서는 환관제도가 일찍부터 발달하여 때로는 황제를 대신하여 정치를 좌우하기도 하였다. 우리나라 환관의 유래는 삼국시대부터 기록이 있으며, 궁중 내에서 왕의 주위에서 給事의 역할을 하였다.[3] 이에 따르면 흥덕왕이 여성의 시종을 친히 여기지 않아 좌우의 사령은 오직 宦竪 뿐이었다는 것이다. 이것으로 보아 신라 하대에 이미 宦竪가 존재하였던 것을 알 수 있는데, 당나라의 율령제를 받아들이는 과정에서 이 같은 宦竪制가 수용된 것이 아닌가 한다.

통일신라 이후의 宦官制는 고려로 이어졌다. 고려전기 환관들의 인원과 임무를 살펴보자.

A-1. 李齊賢이 贊하기를, "文宗은 몸소 절검에 힘쓰고 賢才를 進用하여 백성을 사랑하고 형벌을 삼가히 하였으며 학문을 숭상하고 耆老를 공경하였으며 ⋯ 左右의 眷愛者라 하더라도 죄가 있으면 반드시 벌하였다. 宦官 給使는 10여 명에 지나지 않고 內侍는 반드시 공로와 재능이 있는 자를 가려서 充用하되 또한 20여 명에 지나지 않았다"라고 하였다.[4]

A-2. 恭讓王 초에 또 上疏하기를, "宦寺는 본래 宮內 掃除로 職을 삼고 外事에 참여치 못하는 것인데 ⋯ 우리 祖宗의 제도에 宦寺는 벼슬이 없었고 文宗代는 태평성대로 우리 조정의 賢聖한 君이라 하였는데 宦寺 給事가 십수 인에 불과하여 역시 일찍 祿을 먹지 못하였고 ⋯"하니 듣지 않았다.[5]

A-3. 문종의 遺風 餘烈에 이르러서는 ⋯ 척당의 친이라도 공로가 없는 자에게는 망령되이 賞주지 않으며 좌우의 사랑하는 사람이라도 죄가 있는 자에게는 반드시 벌을 더하고 환관 급사는 그 근신하고 소장한 자를 가리어 불과 수십 輩로 掃除함에 지나지 않았고, 內侍 所屬은 반드시 그 공로와 재능이 있는 자를 뽑아 20여 인에 지나지 않게 하여 ⋯ 근세에 와서는 모든 것이 이와 반대로 무릇 모든 집사가 전보다 배수나 되고 교만하고 사치함이 날로 더하고 염치의 도가 없게 되매 권세를 끼고 세력을 빙자하여 약탈 주구하며 重斂과 勞役을 더하여 인심이 서로 원망하니 만약에 賈誼로 하여금 오늘날 형세를 보게 하였으면 어찌 다만 탄식하여 눈물을 흘려 통곡할 뿐이겠습니까.[6]

---

3) 『三國史記』 권10, 신라본기10 홍덕왕 원년. "冬十二月 ⋯ 不親女侍 左右使令 唯宦竪而已" 그러나 그 연원을 자세히 알 수 없다.

4) 『高麗史』 권9, 세가9 문종3 이제현찬.

5) 『高麗史』 권120, 열전33 吳思忠.

A-4. 高麗의 閹人은 그 本系가 백성이 아니면 천한 종이었다. 高麗에서는 宮刑(腐刑)을 쓰지 않았으므로 어렸을 때 개에게 고환을 먹힌 자가 모두 이런 자가 되었다. 그러나 다만 宮中의 永巷의 직임에만 채용할 뿐이고, 官員으로는 除拜되지 못하였으니 그 사려가 심원한 바 있었다.[7]

A-5. 공민왕이 災異로 인하여 求言하매 金續命이 獻納 黃瑾 등과 더불어 上言하기를, "… 겨울에 雷聲하고 地震하는 것은 허물이 實로 이에 있는 것이니 이제부터 三殿의 宦者는 각각 10인만을 남기고 나머지는 모두 汰去하시고 正人과 端士만을 항상 侍側케 하소서"라고 하였다.[8]

이상에서 환자들은 고려초기에는 그 수를 알 수 없지만 A-1에서 보듯이 문종대(1047~1082)에는 10여 명 정도라고 하였다. 이것은 A-2나 A-3에서 십 수 인에 지나지 않는다는 표현에서도 알 수 있다. 임무는 급사라는 표현을 통해 알 수 있듯이 심부름을 하거나 소제 등을 하였으며, 外事에는 관여하지 않았다. 일정한 벼슬은 없으며 따로 祿을 정하지 않은 것으로 보인다. 그것은 문종이 엄격하게 처벌하였기 때문이었다. 또한 A-4에서 환자의 임무가 궁중에서 소제의 임무에 지나지 않는다고 보았다. A-5에서 고려후기 김속명 역시 고려전기처럼 환자를 10여 명으로 줄일 것을 요구한 것으로 보아 고려전기의 숫자는 10여 명 정도라고 할 수 있다. 그리고 三殿이라는 용어를 사용한 것으로 보아 여러 전각에 나누어 배치되어 있었음을 짐작할 수 있다. 아래의 B-3에서처럼 태자부에 환자가 존재한 것에서도 알 수 있다. 그러나 예종대에 점차 임무가 증가하였다.

B-1. 睿宗 11년(1116) 12월 己丑에 크게 儺禮하였다. 이에 앞서 宦者가 儺者를 나누어 좌우로 삼아 勝福을 求하니 왕이 또 親王에게 命

6) 『高麗史』 권98, 열전11 임완.
7) 『高麗史』 권122 열전35 환자.
8) 『高麗史』 권111, 열전35 김속명 ; 권98, 열전11 임완.

하여 이를 나누어 주관케 한지라 모든 倡優, 雜伎와 外官의 遊妓
에 이르기까지 徵發당하지 않음이 없어 遠近이 다 모여들고 旌旗
가 길에 뻗쳐 禁中에 가득 찼다.9)

B-2. 宮闕의 南西편에 花園을 두 곳에 설치하였다. 때에 宦官들이 다투
어 사치로서 왕에게 아첨하여 정각을 일으키고 垣墻(담장)을 높이
며, 民家의 花草를 빼앗아 그 속에 移植하고도 부족하게 여기었
다. 또 宋나라 商人에게 購買하여 內帑(왕실의 금고)의 金幣를 消
費함이 헤아릴 수 없었다. 또 京城 밖에 많이 寺院을 세워 土木의
역사를 한껏 하니 衆論이 沸騰하므로 얼마 안 되어 두 花園을 모
두 廢하였다.10)

B-3. 甲辰에 臺官(御史臺의 憲官)이 3일간 사무를 다루지 못하였다. 이
에 앞서 內侍의 給使가 臺吏(御史臺의 吏員)를 구타하고 모욕하
였으나 臺官이 불문에 부쳤다. 또 太子府의 內豎(太子의 宦者)가
禁令을 범하여 흰 비단의 버선 바지·검은 羅衫과 검은 犀帶를 착
용하였으므로 臺吏가 이것을 벗기려다가 도리어 구속을 당하였
다. 臺吏 徐琰 등이 臺官에게 말하기를, "우리들이 비록 卑賤하나
모두 憲官의 所屬吏員인데 이제 宮內 隸屬의 侮辱한 바가 되었으
니 그 臺憲의 紀綱에 어찌될 것이오. 원컨대 徹底히 論劾하여 公
道를 바르게 하소서"라고 하여도 臺官이 依違하며 쫓지 아니하였
다. 이에 徐琰 등 15인이 憤을 내어 스스로 물러가고 하나도 남는
자가 없었던 것이다.11)

B-4. 庚寅에 일반 士民이 內官(宦官 또는 女官)과 交通하고 干求하여
謁見함을 금지하였다.12)

이상에서 단순히 왕의 급사 역할을 하는 임무에서 B-1에서처럼
의례를 集齋하는 모습을 보인다. 이 과정에서 왕을 위하여 복을 구
한다고 하여 총애를 받으려 노력하였다. 이러한 노력은 B-2에서처

---

9) 『高麗史』 권64, 지18 예6 군례 계동대나의.
10) 『高麗史』 권13, 세가13 예종 8년 2월 경인. 하지만 신하들의 반대가 심
    하자 화원을 철폐하였다.
11) 『高麗史』 권14, 세가14 예종 13년 3월 갑진.
12) 『高麗史』 권12, 세가12 예종 총서.

럼 왕에게 총애를 받기 위하여 화원을 화려하게 짓게 되었다. 그것
은 결국 內帑金을 이용하여 송나라 상인에게 물건을 구입하였다고
하여 일정 정도 왕의 개인 재정을 관리하였다. 또한 寺院의 토목공
사를 크게 할 만큼 상당히 지위가 성장하였음을 볼 수 있다. 결국
B-3처럼 환자들은 왕의 총애를 이용하여 신분에 넘어선 복장을 착
용하였다. 이 과정에서 대리들이 잘못을 논하자 오히려 구속당하
기까지 하였고, 환자들은 처벌하지 않았다. 그러나 B-4에서 보듯이
정치적으로 관여하는 것은 엄격히 금지하였다.

  C-1. 史臣 金富軾이 贊하기를, "仁宗은 … 初年에는 宮中에 宦寺와 內
      僚의 屬官이 심히 많았으나, 매양 微罪만 있어도 追出하여 다시
      補充하지 않았으므로 末年에 이르러서는 數人에 불과하였다"라
      고 하였다.13)

  C-2. 仁宗朝에 … 李資謙이 弘慶院을 수리할 때 僧正 資富 및 知水州
      事 奉佑로써 그 일을 맡게 하니 州縣에 丁壯을 징발하여 피해가
      매우 많았다. 이자겸이 패하매 자부는 연좌하여 섬에 귀양가고 오
      직 봉우는 본래 환관과 결탁하여 요행으로 복직하거늘 고조기가
      상소하여 再三次 논박하다가 임금의 뜻을 거슬려 左遷되어 工部
      員外郎이 되었다가 뒤에 다시 臺官이 되었다.14)

  그러나 인종대에 이르면 A-3에서 "집사가 전보다 배수가 되었
다"거나 C-1에서 "속관이 심히 많았다"라고 한 것으로 보아 인종
초에는 수적으로 증가하였음을 알 수 있다. 그러나 말년에 점차 감
소하였다. 하지만 C-2에서 보듯이 知水州事 奉佑를 구해 줄 만큼
상당한 힘을 행사하였다.
  그렇다면 환자들은 어디에 소속된 것일까. 이 급사라는 명칭은
문종대 掖庭局의 관제를 보면,15) "정6품인 內謁者監 1인, 정7품인

___

13) 『高麗史』 권17, 세가17 인종3 사신 김부식찬.
14) 『高麗史』 권98, 열전11 제신 高兆基.

內侍伯 1인, 종8품인 內謁者·監作 1인 외에 書令史·記官·給使 3인으로 하였다"16)라고 하였다. 의종 6년(1152)에 "宦者 給使 李鈞이 스스로 東池에 몸을 던져 죽으니, 왕이 痛惜히 여겨 눈물을 흘렸다"17)라고 하여 환자 급사가 있음을 알 수 있다. 인종대 鄭諴은 內侍 西頭供奉官, 의종이 즉위 후 內殿崇班(액정국 정7품)을 제수받았다18)라고 한 것으로 보아 내시들도 액정원에 소속되었던 것으로 보인다. 또한 관직명에서 內謁者, 內謁者監 등이 보이는 것으로 보아 출납과 관계된 것임을 알 수 있다.

이처럼 환자들은 통일신라 때부터 존재하였으며, 고려전기에는 궁중 내에 10여 명 정도가 있었다. 그 임무는 심부름이나 소제, 국가의례에 동원되었다. 신분상으로 賤隷에 해당되며, 다만 임무의 특성상 직분에 넘치는 복장이나 총애를 받기도 하였지만, 특별히 정치에 간섭하는 행위는 없었다. 그러나 임무가 점차 확대되는 것으로 보아 환관제도가 점차 정착되고 있음을 알 수 있다.

---

15) 曺佐鎬, 1996, 『韓國科擧制度史研究』, 범우사, 45~62쪽. 남반 중에서 내시는 조선시대 환관과 다르며, 그들은 액정국에 소속되어 있는데, 그 임무는 殿中의 당직·국왕의 호종경비·왕명의 전달 등이었다.

16) 『高麗史』 권77, 지31 백관 액정국. 액정원은 성종 14년 掖庭局이 개편된 것으로 왕명을 출납하는 近侍機構로 내시들이 소속된 곳이었다. 고려시대 내시는 문관들로 구성된 엘리트 집단이었다. 가문과 학식, 재능이 뛰어난 사람들로 金富軾의 아들 金敦中, 성리학을 도입한 安珦 등이 학식을 인정받아 내시직에 진출하였다. 근시기구로 왕의 행차의 동행, 왕명의 초안 작성 등 중요한 임무를 하였다. 그러나 의종대 환관·의술·점술가 등이 내시직에 진출하면서 내시직의 성격도 점차 변화되었다.

17) 『高麗史』 권17, 세가17 의종 6년 4월 병신.

18) 『高麗史』 권122, 열전35 환자.

2. 毅宗代 內侍職 進出

본격적인 환관의 활동은 의종대부터 나타난다. 인종대 궁중 내의 잡역에만 종사하였던 환자들이 왕의 측근기구인 內侍院의 內侍가 되고 있어 주목된다.[19] 그 최초의 인물이 환자 鄭誠이었다. 鄭誠은 인종대 의종의 유모를 부인으로 삼고, 內侍 西頭供奉官이 되었으며, 의종이 즉위 후 甲第 1區를 하사받고 內殿崇班(액정국 정7품)에 제수되었다.[20] 이후 그는 朝官職인 權知閤門祗候(통례문 정7품)에 올랐다.[21] 환자 정함과 함께 환자 白善淵은 南京의 官奴로서 의종의 눈에 띄어 양자가 되었고, 이후 竹製 책상과 상자를 만들어 바쳐 내시가 되었다.[22] 의종대에는 환자들이 내시가 되어 왕권과 결탁하여 권세를 부리기도 하였다.[23] 일정한 관부 없이 궁중의 잡무에 종사하였던 환자들이 왕의 측근기구인 내시원의 내시가

---

19) 金昌洙, 1969, 「麗代 內侍의 身分」『東國史學』11 ; 朴漢男, 1982, 「高麗內侍에 관한 研究」, 成均館大碩士學位論文.

20) 『高麗史』 권122, 열전35 환자.

21) 『高麗史』 권75, 지29 선거3 전주 환시지직.

22) 『高麗史』 권122, 열전35 환자 백선연.

23) 崔雲植, 1988, 「高麗前期 內侍와 王權과의 관계」『東義史學』4, 39~50쪽. 내시는 반드시 공이 있고, 능력이 있는 자를 선발하였다. 내시는 왕의 근시기구인 액정국에 소속되어 있었으나 중앙집권화 추세로 근시의 임무를 맡게 되면서 활동범위가 넓어졌다. 문종대에 이르면 독자 관부인 내시성을 두게 되고 奏事와 大倉을 관리하게 되면서 임무가 확대되었다. 출신도 과거합격자나 문관으로 내시직을 겸직하는 것이 많아지고, 淸職을 거쳐 재상에 오르는 사람이 많아지면서 문벌귀족가문으로 성장하였다. 그러나 李資謙의 난을 거치면서 세력화하는 경향을 보인다. 의종대 들어 공신의 자제인 김존중과 환관 출신의 정함이 내시가 되면서 성격이 변화되어 왕을 보호하여 향략을 일삼는 존재로 전락하였다.

된 것은 역할의 변동을 의미한다.

의종이 정함을 총애하여 내시직 및 내전숭반에 임명한 것은 의
종을 어려서부터 보호한 것도24) 중요한 원인이지만 더 큰 이유는
의종의 동생인 大寧侯 王暻을 제거한 사건 때문으로 보인다. 의종
2년 왕경이 대령후에 책봉되자 환자 정함은 臺諫 및 왕경을 모함
하기 위하여 散員 鄭壽開를 꾀어 무고하였다. 즉 "臺省 및 대리 李
份 등이 왕을 원망하고 왕경을 추대하여 왕을 삼으려 모의한다"라
고 하였다. 그 증거로 내세운 것이 외척과 조신들이 대령후의 집에
출입하였다는 것이었다.25) 조사를 나선 諫臣 金存中은 內侍郞中
鄭敍와 사이가 좋지 않았는데, 정서가 왕경과 서로 교류하고 있다
는 사실을 알고 정함의 모함에 동참하였다.26) 결국 재상 崔惟淸·
文公元·庾弼 등은 간관 崔子英·金永夫 등과 정서가 대령후와
교결하여 宴樂한 것은 죄가 된다고 하였다. 御史臺 역시 왕후의 매
서인 정서가 종실과 몰래 결탁하였다고 하여 대령부를 파하였
다.27)

---

24) 『高麗史』 권99, 열전12 제신 이공승.
25) 『高麗史』 권90, 열전3 종실 대령후경.
26) 『高麗史』 권123, 열전36 폐행 김존중. 정함과의 친교는 김존중이 斂事
府錄事 시절부터로 의종이 즉위 후 옛날 春坊(세자부)에 소속된 관계
로 내시에 소속되었다. 이후 知奏事 정습명이 사후 정함의 추천으로
右承宣이 되었다. 이후 김존중은 少保에 올랐으며 정함과 결탁하여 銓
注를 맡았다. 전주를 담당하자 官爵을 팔아 재물을 축적하고, 큰 저택
이 3～4채, 형제 친척의 세도를 믿고 교만하고 방자하였다. 의종 10년
에 등창이 나서 죽자 輸忠內輔同德功臣 吏部尙書 政堂文學 修文殿大
學士에 추증되었다.
27) 『高麗史』 권90, 열전3 종실 대령후경. 왕경의 奴 金蕆을 懷仁에, 樂工
崔藝 등을 笞刑하여 귀양보냈다. 이렇게 되자 대간은 知臺事 崔允儀가
王所에 直入하여 이를 다투어 논하자 이빈을 소환하고 鄭敍는 東萊에,
梁碧은 會津에, 金義鍊은 淸州에 김참은 撲島에 杖流하였다. 의종 11
년에 왕경을 天安府에 유배하고, 정서를 巨濟縣에 옮겼다.

그런데 대령후의 처단을 허락한 의종 역시 그와 알력이 있었다. 즉 인종대 의종이 원자가 되었을 때 恭睿王后는 둘째 아들인 대령후를 태자로 삼으려고 하였다. 이것을 원자의 사부인 정습명이 적극적으로 반대하여 왕위에 오를 수 있었다.[28] 무엇보다도 의종의 대령후 제거는 정책적으로 외척 문벌의 간섭을 배제하고 유력 종친을 제거하여 왕권을 강화하려한 데 목적이 있다. 이에 측근세력인 김존중과 정함을 이용하였다.[29]

여기에서 의종과의 모종의 합의도 있겠지만 정함이 대령후 사건을 일으킨 것은 대간과의 알력 관계도 역시 작용하였다. 대간들은 의종 즉위 후 정함에 대한 왕의 총애를 달가워하지 않았다. 그 첫번째 사건이 犀帶사건이었다. 右諫議 王軾은 정함이 德興宮主를 册封하는 연회에 서대를 띠고 있음을 보고 臺吏 이빈을 시켜 강제로 빼앗았다. 이 사실이 왕에게 알려지자 내시 李成允에게 대리를 잡아오게 하는 과정에서 官吏인 閔孝旌을 잡아와 中禁抄奴들이 구타한 후 宮城所에 가두었다. 결국 왕은 연회를 파하고 자신의 서대를 정함에게 주었다. 문제가 커지자 대간들은 서대를 내시원에 돌려주었지만 서로 앙금이 가시지 않았다. 하지만 이 일로 대간들

---

28) 『高麗史』 권98, 열전11 정습명. 의종은 인종의 제3비 恭睿王后의 아들로 인종 21년(1143) 태자로 책봉되었다. 1146년 20세의 나이로 등극하였다. 의종 초기 정치상황을 보면, 인종대의 공신 金富軾, 任元厚를 중심으로 움직였다. 鄭襲明 역시 김부식 계열로 보인다. 의종이 왕위에 오른 초기에는 정습명 등을 총애하였지만, 이들 문신귀족들이 지나치게 왕권을 제한한다는 이유로 이들을 억제하고 측근세력을 형성하기 시작하였다. 측근세력인 金存中과 정함을 이용하여 문신귀족을 몰아내자 정습명은 병을 칭하여 사직하고 약을 마시고 죽었다. 의종은 김존중 등 측근을 이용 문신귀족들을 몰아내고 왕권을 강화시켰다. 측근인 환관들을 총애하였다.

29) 黃秉晟, 1987,「高麗 毅宗代의 政治實態와 武人亂」『朴性鳳敎授回甲紀念論叢』, 239쪽.

은 관직을 사퇴하였다. 또한 왕이 정함을 권지합문지후로 임명하
고자 하였으나 대간들은 환자를 조관직에 임명한 예는 없다고 하
면서 반대하였다.[30] 그러나 얼마 후 다시 소환하여 내시에 임명하
였다. 결국 일부 환관들과 내시 김존중 등의 권력이 강화되자 측근
정치의 잘못이 있다고 본 낭장 崔淑清은 左僕射 權正鈞에게 정함
이 承宣 直門下省 李元膺 등과 함께 세도를 믿고 권세를 농간한다
고 하면서 없앨 것을 말하였으나 오히려 권정균의 밀고로 유배되
었다.[31] 의종 11년 정함을 다시 권지합문지후로 삼고자 하였으나
문하성에서 告身에 署經하지 않았다. 의종의 설득으로 平章事 崔
允儀, 右諫議 崔應清·元膺·李公升 등은 부득이 서명하였으나 급사
중 李知深, 司諫 崔祐甫·崔景義는 서명하지 않아 좌천되었다. 대
간들의 반대로 정함의 관직은 삭탈되었지만 의종은 임명에 반대한
신하들도 좌천시켰다.[32] 의종 12년 다시 권지합문지후에 임명하고
자 하였으나 이번에도 대간들이 반대하였다. 이를 반대한 申淑은
한 달 후에 守司空으로,[33] 金敦中은 戶部員外郎에 좌천되었다.[34]
또한 정함은 집을 하사받았는데,[35] 의종 11년 정함의 私第를 慶明

---

30) 『高麗史』 권122, 열전35 환자 정함 ; 권17, 세가17 의종 5년 8월 경인 ;
    권18, 세가18 의종 11년 12월 계축.
31) 『高麗史』 권122, 열전35 환자 정함.
32) 위와 같은 조. 李知深은 國子司業으로, 崔祐甫는 尚舍奉御로, 崔景義
    는 殿中內給事로 삼았다.
33) 『高麗史』 권99, 열전12 제신 신숙.
34) 『高麗史』 권98, 열전11 제신 김부식·김돈중. 이후 정함이 다시 임명된
    자료는 보이지 않는다. 아마도 법적 절차와 상관없이 朝臣의 반열에 올
    랐던 것으로 보인다(金庠基, 1991, 『新編高麗時代史』, 서울大學校出版
    部, 405쪽).
35) 『高麗史』 권17, 세가17 의종 5년 8월 경인. 정함의 집은 의종이 즉위 후
    에 하사한 것이었다. 집은 궁궐의 동남쪽 약 30步 거리에 있었고, 행랑
    이 200여 間, 樓閣이 高險하고 金碧으로 꾸며 왕궁에 비교될 정도였다.

宦으로 삼았다.[36]

의종이 정함을 총애하면서 많은 환자들이 상당한 지위에 올랐다. 측근들인 관노 출신의 환자 王光就와 白子端 등과 남경의 노비 출신인 白善淵 역시 내시가 되었다. 胥吏 秦得文은 백선연·왕광취를 섬겨 寶城判官에, 내시 金獻璜도 백선연에게 아첨하였다. 廣州書記 金鏐는 환자들에게 진기한 玩具와 器皿을 뇌물로 바치자 백선연과 王蕭恭의 천거로 내시원에 소속되었다.[37] 이때 환관들은 내시들과 친밀하게 지냈는데, 의종 19년 환자 백선연·왕광취와 내시 朴懷俊·劉莊 등이 주연을 베푼 것이나,[38] 의종 23년 2월에는 내시 劉邦義·秦得文·金應和·金存偉·鄭仲壼·希胤·魏綽然 등이 환관들과 결탁하여 형제의 맹약을 맺었던 사실을[39] 통하여서도 이를 알 수 있다. 이것을 보고 당시 사람들이 "재상이나 대간들이 위세를 두려워하여 침묵하고 말하지 못하였다"라거나 "권세가 환자에게 있다"고 할 정도였다.[40] 그러나 정함의 지후 임명에 대하여 재상과 대간이 왕의 뜻을 받들지 않은 것은 여전히 신분적 질서가 유지되어 환자에 대한 관직 임명을 달가워하지 않은

---

36) 『高麗史』 권18, 세가18 의종 11년 12월 계축. 당시 의종이 경명궁으로 옮기자 陰陽家들은 "개가 머리를 들고 주인에게 짖는 勢라 臨御함이 좋지 않다"고 하여 반대하였다. 의종 6년 환관 李鈞의 자살 사건 이후 한뢰 등 측근 문신 내시들을 총애하는 한편 동쪽에 별궁을 지었다. 侍中 왕충의 집으로 安昌宮을 삼고, 전 참정 金正純의 집으로 靜和宮을 삼고, 평장사 庾弼의 집으로 連昌宮을 삼고, 추밀원 부사 金巨公의 집으로 瑞豊宮을 삼았다. 또 민가 50여 區를 헐어서 大平亭을 지었다. 亭의 남쪽에는 못을 파고 觀瀾亭을, 그 북쪽에는 養怡亭을, 남쪽에는 養和亭을 지었다(『高麗史』 권18, 세가18 의종 11년 4월 병신).
37) 『高麗史』 권122, 열전35 환자 백선연.
38) 『高麗史』 권18, 세가18 의종 19년 4월 무신.
39) 『高麗史』 권19, 세가19 의종 23년 2월 을묘.
40) 『高麗史』 권122, 열전35 환자 정함 ; 권18, 세가18 의종 11년 4월 임인.

것으로 보인다.41)

환관들의 총애는 佛事의 設行을 통해 더욱 두드러진다. 의종은
佛法과 神祇를 숭상하여 李復基·林宗植·韓賴 등 문신, 정함·
왕광취·백자단 등 환자, 榮儀·金子幾 등 術士, 嬖妾인 無比를
총애하였다.42) 의종을 위하여 의종 12년 2월 인종의 忌日에 太平亭
에서 飯僧하는 한편 승려들은 환관에게 부탁하여 절과 탑을 세웠
다.43) 또한 佛畵를 그리고, 齋를 設하여 왕을 위해 축원하였다.44)
백선연은 왕의 나이에 맞추어 觀音佛 40개를 그려 부처님의 생일
에 別院에서 점등하고 복을 빌었다.45) 정함 역시 불교를 숭상하였
는데, 奉靈寺를 祝釐所로 정하였다. 그런데 供辦이 왕의 축리소인
仁濟寺나 觀瀾寺보다 훨씬 좋았다.46) 이러한 사실은 환자들이 의
종의 총애를 얻기 위하여 設齋를 행하여 왕의 총애를 얻고, 이를
매개로 권력을 얻었음을 알 수 있다.

환자들이 권세를 가지게 되자 여러 신하들이 각종 물건을 바쳤
다. 內侍左右番은 환자들을 통하여 왕에게 珍玩物을 바쳤으며,47)
宋有仁은 白金 40斤을 환자에게 뇌물로 주고 3품직을 제수받았
다.48) 또한 환관의 어머니인 官婢 善花는 한 孕婦와 斗粟(말 곡식)

41)『高麗史』권122, 열전35 환자 서문.
42)『高麗史』권19, 세가19 의종 사신의 찬.
43)『高麗史』권18, 세가19 의종 12년 2월 기미.
44)『高麗史』권19, 세가19 의종 23년 2월 을묘.
45)『高麗史』권122, 열전35 환자 백선연.
46)『高麗史』권18, 세가18 의종 19년 4월 무자. 왕은 及第 李鴻升이 笙笛
   을 잘 분다하여 내시로 삼았다.
47)『高麗史』권18, 세가18 의종 19년 4월 갑신. 右番은 貴骨의 子弟가 많
   아 宦者를 통하여 公私의 珍玩과 書畵 등의 물품과 綵棚을 結造하여
   雜伎를 싣고 異國人이 貢獻하는 모양을 만들어 靑紅盖 2柄과 駿馬 2
   匹을 바쳤다. 左番은 모두 儒士로 駿馬 5匹을 빌려서 바쳤다. 왕은 이
   들에게 白銀과 丹絲를 하사하였다.

을 다투다가 그를 살해하는 사건이 발생하자 法司에게 청탁하여
刑을 감면, 紫燕島로 유배되었다.[49] 禮成江人들은 백선연·왕숙
공·영의에게 뇌물을 주어 예성을 縣으로 승격시켰다.[50]

환관들은 私財를 모으기도 하였는데, 의종 16년 왕이 陰陽秘祝
說을 믿어 行在所에 승려와 道士들의 齋醮를 집재하였다. 이때 개
인의 집을 많이 빼앗아서 別宮으로 삼고, 재화를 구한다는 명목으
로 別貢을 받았다. 이를 환관들이 감독하게 되면서 이를 빙자하여
사재를 모았다.[51] 또한 左正言 文克謙은 환자 백선연과 術人 榮儀
가 祝釐齋醮의 비용을 관장하게 되면서 양계의 兵馬와 5道의 按察
이 陛辭하는 날 方物을 바치게 하여 그 바치는 양의 다소에 따라
근무성적을 殿最할 정도였다.[52] 의종은 동왕 18년 환관을 위하여
屋舍를 축조해 주었다.[53]

의종대 환자들은 왕의 총애를 빌미로 권력을 행사하였는데, 정
사를 전단하여 재상이나 대간조차도 위세를 두려워하여 감히 말하
지 못할 지경에 이르렀다고 하였다.[54] 문신 내시들과 함께 측근으
로 자리잡은 환자들의 폐단과 왕의 폭정은 무신의 난(의종 24년,
1170)이 일어나는 하나의 원인이 되었다.[55] 普賢院 사건 당시 왕의
측근인 문신 내시들과 환관들이 무신들을 우롱하는 사건이 발생하
였다. 이것을 이유로 무신들은 문신들을 죽이는 한편 수종 환관들

---

48) 『高麗史』 권128, 열전41 반역 정중부·송유인.
49) 『高麗史』 권18, 세가18 의종 16년 5월 기미. 이 달에 바람과 한발이 심
    하자 사람들은 죽은 孕婦의 怨氣의 所感이라고 하였다.
50) 『高麗史』 권122, 열전35 환자 백선연.
51) 『高麗史』 권18, 세가18 의종 16년 3월 병인.
52) 『高麗史』 권99, 열전12 제신 문극겸.
53) 『高麗史』 권18, 세가18 의종 18년 7월 임진.
54) 『高麗史』 권122, 열전35 환자 정함.
55) 李愚喆, 앞의 논문, 27쪽.

을 살해하였다.56) 이 과정에서 환관 왕광취·백자단 등은 무신 鄭
仲夫를 죽이기 위하여 거사를 도모하였으나 발각되어 환관과 내시
20여 인이 참살되었다.57) 무신 난 성공 이후 인종과 의종대 이전에
행하였던 환자의 내시직 진출은 무신들이 집권하면서 무신들이 내
시로 교체되는 경향을 보인다.58) 무신집권기인 의종 24년(1170)에
서 고종 45년(1258)까지의 약 90년간은 왕의 권한이 극도로 약화되
었으며, 무신들이 모든 관직을 독점하였다. .

이처럼 인종·의종대 환자들의 내시직 진출은 특이할 만하다.
정함의 내시직 진출은 의종을 어린 시절부터 보살폈던 것, 의종의
유모를 처로 삼은 것 때문이라고 보여진다. 정함은 의종 즉위 후
총애를 받아 왕권을 강화하는 데 일조하였다. 그 공으로 정함은 내
전숭반에 오르고, 이후 여러 차례 권지합문지후에 오를 기회가 있
었지만 대간들의 반대로 무산되었다. 이러한 의종의 총애를 빌미
로 불사를 일으키거나, 뇌물을 받거나 관직을 올려 주는 등 상당한
힘을 발휘하였다.

Ⅲ. 高麗後期 宦官制의 擴大와 地位 變動

1. 元干涉期 官界의 進出

무신의 난 이후 환관들의 역할은 축소되었지만 전반적인 관직
수여 정도는 점차 상승하였다. 高宗 45년(1258) 7월 환자 金仁宣이

---

56)『高麗史』권19, 세가 의종 24년 9월.
57)『高麗史』권128, 반역 정중부.
58)『高麗史』권101, 열전14 차약송.

社稷을 호위한 공으로 南班의 7품에 제수되었다.[59] 이것은 실권자인 金俊과의 친교 때문이었는데, 이로 인해 왕의 총애를 받았다. 또한 金俊의 妻가 金仁宣의 姪女였다. 당시 金俊이 參職에 除拜할 것을 청하였고, 왕도 주고자 하였으나 後例가 될까 두려워하여 허락하지 않았다고 한다.[60] 그러다가 원종 원년(1260) 6월 환자 閔世沖이 조관에 등용되어 "國制 內僚之職 限南班七品"[61]도 규정이 깨어져서 환자가 조관으로 서용되는 시초가 되었다. 이 일에 대하여 대간과 사대부들은 아무 말을 하지 못하였다.[62] 그 이유는 원종을 어려서부터 지금까지 병구환을 하였기 때문이었다.[63] 특히 林衍의 원종 폐위와 원나라의 압력에 의한 복위 과정에서 측근의 필요성은 절실하였다. 이에 원종은 寵臣이나 환관·內僚 등의 측근을 통하여 정치를 운영하면서, 환관들에게 출납을 맡겼다.[64] 원종 9년 金俊을 제거하는 데 국왕 주위의 내료와 환관들이 앞장선다.[65] 이후 金鏡 등이 권세를 행사하였다.[66] 이러한 관직의 수여 정도는 왕을 어려서부터 보살피면서 총애를 받아 측근으로 자리 잡았기 때문이었다. 환관의 관직 수여 정도는 이후 계속적으로 상승하였다. 그 이유는 원과의 관계에서 기인한다.

원종 11년(1271) 이후 고려는 몽고의 지배를 받게 되면서 자주성을 완전히 상실하게 되었다. 몽고는 고려에 대하여 朝貢과 함께 처

---

59) 『高麗史』 권75, 지29 선거3 범환시지직.
60) 『高麗史』 권130, 열전43 반역 김준.
61) 위와 같은 조.
62) 『高麗史節要』 권19, 원종 12년 4월.
63) 위와 같은 조. 환관의 조관직 진출에 대하여 『高麗史』는 민세충이 최초라고 하였으나, 이전 의종대 정함의 권지합문지후 임명이 조관직 진출의 최초라고 볼 수 있다.
64) 『高麗史』 권27, 세가27 원종 사신찬.
65) 『高麗史節要』 권18, 원종 10년 6월.
66) 『高麗史節要』 권19, 원종 12년 4월.

녀 및 閹人의 貢獻을 요구하였다. 고려 출신의 閹人이 원나라에
처음 바쳐진 것은 충렬왕 때이다. 충렬왕의 비인 齊國公主가 아버
지인 원나라 世祖에게 몇 사람을 바쳤다. 이들 본국 화자들은 원나
라에서 궁녀를 모시거나 金庫의 출납에 능하여 총애를 받았다. 특
히 원나라 정치에 참여하여 벼슬이 大司徒・平章政事・院使・司
卿 등에 올랐다. 그들의 부귀 정도를, "부귀영화가 漢南의 환자들
이 미치지 못할 정도이다"라 하였다. 이들이 총애를 받자 "아비가
그 아들을, 형이 아우를, 또는 스스로 거세할 정도였다"라고 하였
다.67) 이 중에서 李伯帖木兒는 遙援平章에,68) 李淑은 太監에,69)
朴不花는 榮祿大夫 資政院使에 올랐다.70) 이때 고려와 관련있는
인물은 任伯顏禿古思・方臣祐・李大順・禹山節・李三眞・高龍
普 등이다.71)

원간섭기 본국화자들은 황제의 총애를 받아서 고위직에 서용되
었다. 원나라에서는 고려와의 대외관계에서 본국화자를 적극적으
로 이용하였다. 본국화자들은 고려의 사정을 잘 아는 관계로 사신
으로 왕래하면서 고려에서의 입지를 강화하거나, 친족을 고위직에
등용하는 등의 직・간접적인 영향력을 행사하였다. 본국화자들은
원과 연결되어 고려 내에서 權貴化되어 하나의 세력을 형성하였
다.72) 고려의 환자들은 처녀의 진헌 시에 인솔자로서 수시로 원에

---

67)『高麗史』권122, 열전35 환자.
68)『高麗史』권34, 세가34 충선왕 5년 4월 병술
69)『高麗史』권122, 열전35 환자 이숙.
70)『高麗史』권122, 열전35 환자 ;『元史』권204, 열전 권91 환자 保布哈
　　傳.
71)『高麗史』권122, 열전35 환자.『高麗史』환자전에 실린 인물은 모두 총
　　14명인데, 의종대의 정함・백선연을 제외한 12명은 원간섭기 인물로
　　그 중에서 6명이 원나라에서 활동하던 사람이다.
72) 白南雲, 1937,『朝鮮封建社會經濟史』, 改造社, 376~391쪽.

내왕한다거나,[73] 고려국왕 및 왕세자의 入元시에 그 수종원 역할을 하였다.[74] 이후 왕의 총애를 받아 원종대 조관직에 임명되기 시작하였다. 즉 將軍에 제수되거나 郞將이 된 자는 불과 1~2명 정도였으나, 忠烈王 즉위 후 內人으로 공이 없는 자도 높은 관직과 작위에 제배되었다.[75] 이후 충렬왕대 환자들을 封君하는 경우가 나타나고, 충선왕 역시 원나라에서 三宮을 출입하면서 친교를 맺어 봉군하는 한편 檢校僉議密直을 제수하였다.[76]

　원간섭기 환관들이 높은 관직에 오르게 된 것은 원과 고려와의 정치적 관계 속에서 출발하였다. 원간섭기 정치변동 과정에서 본국화자들은 적극적으로 정치에 참여하였다.[77] 먼저 충렬왕은 원나라 世祖의 딸인 제국공주와 결혼하였지만 국내에서 全權을 행사하지는 못하였다. 원나라에서는 達魯花赤을 이용하여 고려 내정에 간섭하였다. 충렬왕은 자신의 세력을 강화하기 위한 방법으로 鷹坊 소속 사람들을 이용 매사냥을 빙자한 군사훈련을 하였다. 이때 몽골어에 능통한 姜允紹·柳淸臣 등 譯官 출신을 내시에 소속시키는 한편 환자 출신들로는 陶成器·崔世延·李淑 등을 총애하였다. 그 결과 충렬왕은 도성기를 낭장, 최세연을 상장군에 임명하였다.[78] 특히 이숙은 충렬왕과 관련된 사안을 원나라 조정에 주청한 공로를 인정받아 壁上三韓正匡 平章君에 봉해졌다.[79] 이러한 사

73)『高麗史』권31, 세가31 충렬왕 22년 6월 경자.
74)『高麗史』권41, 세기41 공민왕 14년 4월. 공민왕대 환자 申小鳳은 왕과 함께 원에 들어가서 수종의 공으로 고려에 돌아온 이후 大護軍과 공신에 책봉되어 寧原府院君의 君號를 받았다(『高麗史』권122, 열전35 환자 신소봉).
75)『高麗史』권75, 지29 선거3 범환시지직.
76)『高麗史』권122, 열전35 환자전.
77) 박종기, 1993,「14세기의 고려사회-원 간섭기의 이해문제-」『14세기 고려의 정치와 사회』, 민음사.
78)『高麗史』권31, 세가31 충렬왕 22년 6월 경자.

정으로 충렬왕의 입장에서 환관을 중시할 수밖에 없는 결과를 낳
는다. 이렇게 환관의 입지가 강화되자 동왕 14년 환자들 때문에 10
여 명의 法司員이 일시에 파직되기도 하였다.[80]

이러한 봉군 및 친교를 배경으로 환관이 권력을 행사하였다. 그
중에서 환관 최세연의 위세는 대단하였다. 최세연이 총애를 받게
된 계기는 충렬왕의 군사력의 하나인 응방과 관련이 있는 듯하다.
충렬왕 11년 낭장 최세연으로 하여금 원나라에 매를 바치게 하였
다거나,[81] 동왕 14년 왕과 공주가 妙蓮寺에 가자 장군 최세연이 彩
棚을 가설하여 각종 놀이를 치렀다거나,[82] 22년에는 상장군 최세
연이 원나라에 매를 보냈다[83]는 기사가 보인다. 이것으로 보아 응
방과 관련이 있고, 또한 장군직을 수행하였던 것도 유사성이 있다.
이 과정에서 낭장-장군-상장군으로 급속히 승진하였다. 당시 최
세연은 왕이 奉恩寺 행차 시 말을 타고 儀仗 앞에 출입하여도 상
장군 李貞이나 監察司가 저지하지 못할 정도였다. 또한 贊成 趙仁
規의 집을 사서 화려하게 수리하거나 권세를 이용하여 뇌물을 받
기도 하였다. 당시 신료의 승진과 강직이 그의 말에 달렸다고 할
정도였다. 또한 낭장 金弘秀가 長良庇와 노비의 일로 소송하는 일
이 발생하자, 장양비에게 노비 40여 구를 받고 김홍수를 典法獄에
가두기도 하였다. 또한 내시 朴樞의 노비 20여 구를 빼앗았다거나
良民 康柱를 노비로 삼으려다가 문제가 되기도 하였다. 이것으로
인하여 횡포가 심해지자 세자(이후 충선왕)의 주청으로 최세연은

---

79)『高麗史』권122, 열전35 환자 이숙. 어릴 때 이름은 福壽, 平章郡 사람
　　으로 어머니는 太白山의 巫女이며, 일찍이 御香을 받들기 위해 고려에
　　왔을 때 愛妓의 아들 鄭承柱를 內乘別監으로 임명되었다.
80)『高麗史』권30, 세가30 충렬왕 14년 7월 을미.
81)『高麗史』권30, 세가30 충렬왕 11년 7월 경진.
82)『高麗史』권30, 세가30 충렬왕 14년 정월 계묘.
83)『高麗史』권31, 세가31 충렬왕 22년 6월 경자.

유배되었다.84)

한편 원나라는 충렬왕의 왕권강화 의지를 못마땅하게 여겼다. 충렬왕 초기 원나라에 대하여 충성한 것은 좋지만 너무 강력히 왕권을 행사하는 것에 대하여 원나라로서는 고려를 지배하는 데 문제가 있다고 보았다. 이에 충렬왕 20년 이후 원나라 成宗은 세조 당시 대등한 위치에 있었고, 자기를 지지하지 않은 충렬왕을 강력히 압박하였다. 대신 충선왕을 정치적 상대자로 선택하였다. 결국 충렬왕 21년 9월부터 충선왕은 국정을 관장하였다. 원나라와 사족들의 지지를 받은 충선왕은 충렬왕 23년 6월 제국공주가 죽자 환자 최세연 등 충렬왕 심복들을 제거하였다. 이에 충렬왕은 왕위를 양위할 수밖에 없었다. 충선왕은 父王의 양위를 합리화하는 과정에서 사족들을 등용하고, 詞林院을 통하여 인사행정을 하였다. 한편 內僚 출신들의 정치적 개입을 차단하였다. 이 과정에서 사족들은 내료들의 조관진출을 반대하였다. 충렬왕 2년 正言 李仁挺은 환자들이 수종한 공으로 조관직에 등용된 것은 있을 수 없는 것이라 하였다.85) 그러나 사족들의 지지를 받고 왕위에 오른 충선왕 역시 원나라에 오랫동안 머물렀던 관계로 入元 환관 15명을 동시에

---

84) 『高麗史』 권122, 열전35 환자 최세연. 최세연은 환자 陶成器의 추천으로 입궁하여 忠烈王과 公主(충렬왕의 비)의 총애를 얻었다. 당시 최세연은 왕의 총애를 받는 印侯를 아비로 섬겼는데, 세자가 최세연의 죄를 청하자 서로 미워하게 되었다. 이 일로 공주(충렬왕의 비)의 노여움을 사서 최세연은 순마소에 갇히게 되었다. 그러자 도성기는 최세연을 꾸짖었으나 결국 도성기의 奴婢와 田庄 및 재산을 적몰하였는데, 銀甁이 70여 구에 이르렀다. 최세연은 印侯와의 연고로 재산은 籍沒되지 않고 다만 김홍수의 노비를 妙蓮寺에 예속시켰고, 박추의 노비를 內房庫에 예속시켰다. 이후 다시 소환되었지만 충선왕 집권 후 도성기·최세연·全淑·방종저·김근·無比·伯也眞 등 충렬왕이 총애하던 내료들을 베었다.

85) 『高麗史』 권106, 열전19 제신 추적·이인정.

봉군하였다.[86]

부원 세력인 환관들은 자신들의 입지를 약화시키려는 충선왕을 제거하고자 하였는데, 대표적인 인물이 임백안독고사와 이숙이었다. 특히 임백안독고사는 원나라 仁宗을 東官에서 섬겨 총애를 받아 법을 어기는 일이 많았다. 이에 충선왕이 皇太后에게 말하여 杖刑을 가하고, 그가 빼앗은 남의 土田과 奴婢를 주인에게 돌려주게 하면서 원한이 쌓였다. 이렇게 되자 임백안독고사는 충선왕을 모함하고자 하였으나 인종과 황태후가 충선왕을 후대하여 제거할 수 없었다.

그러나 인종이 죽고 황태후도 別官에 退居하자 八思吉을 후하게 대접하여 계략을 꾸며 원나라 英宗이 田民을 그에게 다시 주는 한편 충선왕을 吐蕃에 귀양보냈다.[87] 충선왕의 토번 귀양은 개인적인 원한도 있지만 더 중요한 것은 충선왕과 원나라간의 알력이었다. 충선왕은 원나라 세조의 외손자로 武宗과 인종대 원나라 황실의 후한 대접을 받았으나 영종이 즉위하자 입지가 약해져서 고려로 還國하라는 압박을 받았다. 충선왕의 왕권강화와 충숙왕과의 알력 문제에 대하여 원나라에서는 자신들의 통치능력 부족으로 인식하게 되었고, 그 주모자로 충선왕을 지목하였다.[88]

---

86) 『高麗史』 권33, 세가33 충선왕 2년 9월 을유. 이때 임명된 사람은 李大順을 泰安府院君, 全禿萬帖古思를 寧仁君, 金亦刺兀塔을 樂安君, 全撤里를 咸昌君, 李淑을 平昌君, 方臣祐를 中牟君, 朴阿不花를 桂陽君, 李伯帖木兒를 星山君, 劉昌祿을 孝寧君, 崔欣莊을 錦城君, 鄭買撤을 河東君, 李信을 寧越君, 權古里를 奉化君, 任伯顏禿古思를 庇仁君, 李三眞을 淮陰君으로 봉군하였다 ; 『東史綱目』 제13상, 충선왕 2년 9월, "李三眞等十五人爲君 皆本國賤隷也".

87) 『高麗史』 권122, 열전35 환자 임백안독고사. 임백안독고사는 尙書 朱冕의 家奴로 스스로 거세하여 환자가 되었다. 忠宣王代 庇仁君으로 봉해졌다. 忠肅王 10년에 伏誅되었다. 비인은 오늘날 충남 서천에 있는 지명이다.

　원간섭기 환관들은 원에 의탁하여 고려에 어느 정도 힘을 발휘
하였다. 고려왕이 자신의 권세를 제한하거나 자신의 일을 방해할
경우는 강하게 반발하였다. 이런 양상은 이전에 환관들이 왕권에
의탁하는 방법과는 다른 차원이다. 즉 필요에 따라서 고려왕을 교
체하려는 모습이 보인다. 그 중 하나가 충숙왕의 왕권강화 과정에
서 瀋王 暠를 고려왕으로 옹립하려는 曹頔사건이었다. 이를 주도
한 사람은 조적과 蔡河中이었으며, 충숙왕을 수종하던 유청신 등
도 적극적으로 참여하였다.

　특히 충숙왕의 총애를 받던 환관 대호군 朴仁平, 충렬왕대 내료
출신으로 충숙왕의 정치에 불만을 품은 자들, 충숙왕 정권에서 소
외되었고 충선왕의 총애를 받던 權漢功 등 고려 내에서 높은 관직
을 가진 자들도 참여하였다. 환관 박인평이 충숙왕을 배반한 것은
그의 처남인 楊安吉을 통해 원의 의지를 간파한 것에 그 원인이
있다. 그리고 조적과 박인평은 밀접한 관련이 있는데, 조적의 양자
가 환자 양안길로, 양안길은 시집간 누이를 남편과 헤어지게 하고
박인평에게 시집보냈다. 결국 박인평과 조적이 결합되어 심왕을
옹립하려 하였다.[89] 심왕 고 역시 英王의 절대적인 지지를 업고 고
려왕이 되려 하였지만 충숙왕의 지지자 孫琦 등으로 대표되는 과

---

88) 金庠基, 앞의 책, 659~660쪽 ; 高惠玲, 1984,「方臣祐(1267~1343)小論」
　　『역사와 인간의 대응』, 고병익선생회갑기념사학논총. 충선왕의 토번
　　유배는 인종 사후 인종과 경쟁 관계였던 鐵木迭兒가 권력을 장악하여
　　인종 주변의 유생들을 배척하였다. 이러한 관계 속에서 인종과 연관이
　　있는 충선왕 역시 입지가 약화되고, 임백안독고사가 참소하여 유배되
　　었다. 인종의 뒤를 이은 영종은 拜住를 이용하여 철목질아를 견제하였
　　다. 충선왕의 유배시에 "丞相 拜住의 구원에 힘입어 불측한 참소를 면
　　할 수 있었다"고 한 것에서도 충선왕과 배주와의 관계를 알 수 있다
　　(『高麗史節要』권24, 충숙왕 7년 12월).
89)『高麗史』권131, 열전44 반역 조적.

거 합격자들은 고의 옹립에 반발하였다. 이렇게 되자 원나라에서
는 고려 사정을 무시해 가면서까지 고를 고려왕으로 임명할 필요
는 없었다. 오히려 고를 통하여 충숙왕 일파를 견제하는 것이 고려
지배에 훨씬 유리하였다. 그것은 충숙왕의 귀국 후 고의 옹립을 주
장한 조적 등이 더 높은 관직을 받은 점에서 잘 나타난다. 충숙왕
역시 원나라에서 백안독고사를 통해 어느 정도 자신의 입장을 설
명하였던 것으로 보인다.90)

   忠肅王의 반원감정은 심왕 고 사건 등으로 더욱 커졌다. 이러한
충숙왕을 원나라에서도 좋아하지 않아 결국 忠惠王이 왕위에 올랐
다. 왕위에 오른 충혜왕은 鷹坊 등을 통하여 군사력을 강화하였다.
이것을 감시하기 위해 나온 사람이 資政院事인 高龍普였다.91) 충
혜왕의 왕권강화에 반대한 인물로는 奇皇后의 오빠 奇轍이 있다.
또한 辛裔 역시 충혜왕의 정책에 반기를 든 인물로 신예의 매제가
고용보였다. 그리고 심왕 지지파인 조적 등이 있었는데, 이들은 충
혜왕의 賜給田, 寺院田, 功臣田 혁파에 대하여 못마땅하게 생각하
였다. 결국 원에서는 부원세력을 통해서 충혜왕을 통제하려 하였
고, 왕권강화에 노력한 충혜왕과 부딪칠 수밖에 없었다. 고용보를
통해 충혜왕을 소환하였다. 고용보는 인사행정에도 깊이 개입하였
는데, 忠穆王이 李嵒을 贊成事에 임명하였으나 提學 鄭思度와 더
불어 政房의 제조인 고용보가 銓注가 공평하지 못하다하여 이암을
密城에, 정사도를 光陽에 유배하였다.92) 이러한 원의 간섭을 적극
적으로 이용한 사람들이 부원세력들이다. 整治都監은 충목왕 3년

---

90)『高麗史節要』권24, 충숙왕 8년 4월 정묘. 충숙왕은 원나라 시절 백안
   독고사의 집에서 기거하였다.
91) 李龍範, 1962,「奇皇后의 冊立과 元代의 資政院」『歷史學報』17·18,
   497~504쪽. 압송되어 岳陽에서 죽었다.
92)『高麗史』권111, 열전24 제신 이암.

에 설치된 것으로 원에서 고려의 폐정을 개혁하기 위해 만든 것이다. 여기에 소속된 인물로 全英甫·신예 등이 있었다. 전영보는 환관 이숙의 처형이며, 신예는 고용보의 매제였다. 그러나 고려 문신 귀족들은 원에 대한 불만이 고조되자 기황후 일족의 불법을 철저히 다스리게 되었다. 정치도감의 정치관들은 원에 대한 좋지 않은 감정으로 부원세력들을 응징하고자 하였다. 이렇게 되자 원에서도 고용보를 금강산에 유배하였다.[93] 고용보는 기황후와 밀접한 인물로 그녀의 이익을 대변한 인물이었다.

충혜왕이 유배중에 죽자 원나라에서는 충혜왕의 동생 王祺(이후 공민왕)를 왕위에 올리기보다는 충혜왕의 8살된 아들로 하여금 왕위를 계승하게 하였다. 이것은 기황후 일족이 왕기를 못마땅하게 생각한 것과도 연관이 있다. 기황후의 측근인 고용보가 원자를 황제에게 보였다는 것에서도 알 수 있다.[94] 하지만 고려 내에서는 대부분 왕기를 지지하였다. 이후에도 기황후일파는 忠穆王이 재위 4년만인 12세에 훙거하자 충혜왕의 서자인 忠定王을 지지하였다. 즉 明陵(충목왕)이 죽자 원나라에서는 玄陵(공민왕)을 왕으로 세우고자 하였으나 본국의 환자 龍鳳(고용보)이 황제에게 아뢰어 忠定王으로 바뀌었던 것이다.[95] 결국 충목왕 후반에서 충정왕 시기 부원세력들은 다시 활기를 띄었다. 원나라에서 고용보를 다시 소환하자 그의 매제인 신예는 辛王이라 불릴 정도였다.[96] 기철 역시 다시 활동을 재개하였다. 반대로 대부분의 고려 관리들은 왕기를 지

---

93) 『高麗史』 권122, 열전35 환자 고용보. 고용보는 원나라 황제의 총애를 받아 자정원사에 제배되었다. 忠惠王대 삼중대광 完山君, 忠穆王이 즉위 후 12字 功臣號를 하사하였다.
94) 『高麗史』 권37, 세가37 충목왕 즉위년 2월 정미.
95) 『東文選』 권101, 사재소감 박강.
96) 『高麗史』 권125, 열전38 간신1 신예.

지하고 부원세력들의 실세에 반기를 들었다. 이들 관리들은 대부
분 유배를 가거나 좌천되었다. 한편 원나라에서는 부원세력과 원
나라에 반기를 드는 세력 간의 알력을 방치할 수 없어 기황후가 지
지한 충정왕 대신에 고려 신하들이 지지하는 공민왕을 즉위시키려
하였다. 趙日新의 亂은 기철 제거를 목적으로 하는 것이다. 그러나
원나라에서는 반원적 분위기의 확산을 막기 위하여 기철 일파를
중용하였다.

　반대로 고려 왕을 도운 경우도 있다. 그 대표적인 사람이 방신우
이다. 먼저 遼陽行省右丞 洪重喜가 忠宣王을 모함하기 위하여 불
법을 거론하면서 대면을 요구하였다. 당시 원나라는 武宗이 즉위
한 후 그 공으로 충선왕은 瀋陽王에 봉해졌다. 얼마 후 충렬왕 이
후 충선왕이 고려왕이 되자 위협을 느낀 홍중희가 원나라에 충선
왕과의 대면을 요구하였다. 이에 방신우는 壽元皇太后를 설득하여
원 무종으로 하여금 충선왕이 태후를 따라 오대산으로 가게 하여
대질을 피하는 한편 홍중희를 杖刑에 처해 유배시켰다. 이후 무종
도 심양의 관리들이나 황제에게 아뢸 일이 있으면 먼저 심왕을 거
치도록 하였다.97) 또한 원나라 인종 때 북방의 번왕인 八驪迷思가
원나라에 귀화하자 압록강 북쪽에 성을 세우려는 立省論을 주장하
였다. 이때 방신우는 고려의 영토가 삭감되는 것을 방지하고자 인
종에게 상주하여 막았다.98) 이러한 결정을 내리기까지 충선왕과

---

97)『高麗史節要』권23, 충선왕 2년 5월. 홍중희는 대몽항쟁기 반역자 福源
　의 손자, 茶丘의 아들이다. 이후 원나라에서 무인으로 출세하여 遼陽行
　省의 右丞으로 있으면서 충렬왕 때 시중 趙仁規를 국문 사건, 고려 관
　직명의 변경에 대한 환원 사건, 백두산의 재목을 벌채 등의 사건으로
　고려와 충돌하였다. 충선왕의 대면 요구는 충선왕 1년(1309) 충선왕이
　국법을 어기며 폭정을 자행하였다고 고발하면서 발생하였다. 이 과정
　에서 방신우(원나라 이름은 方忙古台)가 황태후에게 사실을 고하여 潮
　州에 유배되었다.

방신우의 원나라 황실과의 사적인 관계가 중요하게 작용하였다.[99]
방신우는 원나라에서 7명의 황제와 2명의 太后를 섬겨 영향력이
상당하였다. 이에 충선왕은 中牟君에, 忠肅王은 上洛府院君에 봉
하고 推誠敦信亮節功臣號를 하사하였다.[100] 그가 총애를 받은 것
은 불교와 관련이 있는 듯하다. 원나라는 방신우를 보내서 金字大
藏經 寫經을 감독하였다. 皇太后가 金薄 60여 錠을 보냈으며, 방
신우는 승려와 俗人 3백 인을 모아 필사하였다. 방신우는 藏經을
神孝寺에 옮기고 황태후를 위하여 복을 빌었으며, 이후 泰定皇后
를 섬겨 太子詹事, 徽政院使, 이후 儲慶司使가 되었다.[101]

원간섭기 환관들은 원나라의 권세를 이용하여 고려에 영향력을
행사하였다. 고려왕을 도와주기도 하지만, 자신의 이익을 위해 고
려왕에게 일정 정도의 간섭 내지 견제하는 역할을 하였다. 이 과정
에서 가장 큰 변화는 이전의 내시직이나 참직을 넘어 높은 관직에
올라가거나 봉군을 받는 등 정치 핵심세력으로 등장하였다.

이것을 표로 보면 다음과 같다.

98) 김혜원, 1994, 「원간섭기 立省論과 그 성격」『14세기 고려의 정치와
   사회』, 민음사.
99) 고혜령, 앞의 논문, 760～767쪽.
100)『高麗史』권122, 열전35 환자 방신우 ;『高麗史節要』권23, 충선왕 원
   년 10월 ;『益齋亂稿』권7, 光祿大夫 平章政事 上洛府院君 方公 祠
   堂碑. 방신우의 어릴 때 이름은 小公, 尙州 中牟人이다. 충렬왕 때 궁
   중에서 급사를 하다가 安平公主를 따라 원나라에 가서 裕聖皇后를
   총애로 忙古台라는 이름을 하사 받았다. 원나라 宣宗은 掌謁丞에 제
   수후, 泉府大卿을 더해 주었고, 武宗 때 壽元皇太后를 섬겨 興聖宮
   원사에서 將作院使로 승진한 후 平章政事가 되었다. 開城判官 李光
   時는 자기 딸을 방신우의 처로 주었다.
101) 위와 같은 조.

〈표 1〉 元干涉期 宦官의 朝官進出 및 封君表

왕대	성명	관직명	근거
원종	康允紹	上將軍	권106, 열전19 제신 김구
충렬왕	李 淑	壁上三韓正匡 平昌君	권122, 열전35 환자 이숙
	崔世延	郞將	권30, 세가30 충렬왕 11년 7월
	金子延	上將軍→東京府使	권30, 세가30 충렬왕 11년 8월 무진
	崔世延	將軍→上將軍	권30, 세가30 충렬왕 14년 1월 계묘
	陶成器	將軍	권30, 세가30 충렬왕 14년 1월 계묘
	金 呂	內僚別將, 巡馬指揮	권30, 세가30 충렬왕 19년 6월
충선왕	任伯顔禿古思	庇仁君	권122, 열전35 환자 임백안독고사
	李大順	泰安府院君	권122, 열전35 환자 이대순
	李 溫	檢校	권80, 지34 식화 녹봉
	方臣祐	中牟君	권33, 세가33 충선왕 2년 9월 을유
	全禿萬帖古思	寧仁君	상동
	金亦刺兀塔	樂安君	상동
	全撤里	咸昌君	상동
	朴阿不花	桂陽君	상동
	李伯帖木兒	星山君	상동
	劉昌祿	孝寧君	상동
	崔欣莊	錦城君	상동
	鄭買撤	河東君	상동
	權古里	奉化君	상동
	李三眞	平章 淮陰君	권122, 열전35 환자 이대순
	李 信	寧越君	권33, 세가33 충선왕 2년 9월 을유
충숙왕	李 信	寧越府院君, 공신	권35, 세가35 충숙왕 11년 2월 정묘
	方臣祐	上洛府院君	권122, 열전35 환자 방신우
	禹山節	豊山君	권122, 열전35 환자 우산절
	金 呂	郞將	권35, 세가35 충숙왕 8년 4월
	朴仁平	大護軍	권131, 열전44 반역 조적
충혜왕	高龍普	三重大匡 完山君	권36 세가36 충혜왕 후2년 2월 갑오

출전 : 『高麗史』

이처럼 환관들은 원나라를 통하여 고려 내정에 실력을 행사하여 봉군 및 조관직에 진출하였다. 관직도 충렬왕 즉위 후 大官高爵이 除拜되었고, 別將 散員과 같은 것은 가히 헤아릴 수 없었다고 할 정도였다.[102] 또한 환관들은 원나라에서의 권세를 이용하여 봉군을 받거나 높은 관직에 올라가게 되었다. 또한 고려와 원나라의 관계 속에서 권세를 이용하여 친척들에게 관직을 수여하게 하였다.

〈표 2〉 元干涉期 宦官 親族 官職進出表

왕대	대상	관직	출 전	비고
충렬왕	金 泰	抄奴→南海縣令	권124, 열전37 폐행 박경량	이숙의 사위
충선왕	李公世	元帥→判三司事	권122, 열전35 환자 이대순	이대순의 동생
	李公甫	농부→僉議評理 泰安君	권122, 열전35 환자 이대순	이대순의 동생
충숙왕	朴 侶	농부→僉議評理	권122, 열전35 환자 방신우	방신우 매서
	任 瑞	密直副使	권122, 열전35 환자 임백독 고사	환관의 형
	朴之貞	摠郞典書	권122, 열전35 환자 방신우	박려의 자
	方得世	中牟縣吏→管城 縣令→尙州牧使	권122, 열전35 환자 방신우	방신우 부
	禹 碩	春州府使	권122, 열전35 환자 우산절	우산절의 부
	金就起	軍簿判事 鷹揚 軍上護軍	권35, 세가35 충숙왕 15년 8월	환관의 사위
충혜왕	辛 裔	鷲城府院君	권125, 열전38 간신 신예	고용보의 매서
충목왕	尹 碩	鎭國上將軍 高麗都元帥	권124, 열전37 폐행 윤석	고용보의 친척
	盧英瑞	瑞州	권124, 열전37 폐행 노영서	아들이 환관
	金用謙	代言	권112, 열전25 제신 이공수	환관의 조카
	郭充正	大卿	권112, 열전25 제신 이공수	환관의 조카

출전 : 『高麗史』

---

102) 『高麗史』권75, 지29 선거3 전주 한직.

고려 내 환관들의 영향력은 친척들에게 높은 벼슬을 주는 경우로 나타난다. 이를 통해 원간섭기 고려에 대한 환관들의 권력 행사 정도를 볼 수 있다. 이것은 정상적인 관직사회 운영은 아니었기 때문에 과거나 문벌 출신자들로부터 강한 반발을 불러 일으켰다. 그렇게 되자 이들은 고려 내에서보다 원나라를 통한 강한 지배력에 애착을 가질 수밖에 없었다. 이들 환관들은 권력을 이용하여 토지를 점탈하거나, 국정에 간섭하는 등 폐단을 일삼았다.

토지를 점탈하는 경우를 보면, 충렬왕대 환관 및 權貴가 賜田을 받아 많은 것은 2~3千 結에 이르렀다거나,[103] 충선왕이 환관 백안독고사 등에게서 많은 토지와 노비를 빼앗은 사실,[104] 또한 충목왕대 理問所가 환자 및 豪強者의 전장을 철거시켰다는 이유로 密城副使 李孫慶, 驪興副使 李蒙正, 西州副使 趙冬暉를 가두었던 사실[105]에서 확인할 수가 있다. 토지 점탈이 많아지자 整理都監에서는 환관 족속과 권세가에서 田地가 비옥한 곳에 다투어 농장을 설치하고, 간사한 吏屬이 환관에게 아부하여 다른 사람의 전지를 奪占하고 소와 말을 겁탈하는 것을 경고할 정도였다.[106] 이것을 국가에서 단속하였지만 큰 성과는 없었다. 이러한 점탈에 대하여 개인적인 소송이 되지 못하였으며, 오히려 환관의 田庄을 철수하였다는 이유로 관리들을 감옥에 가두었다.

忠穆王代 환자 李伯은 고려 내의 인사에도 간여하여 자신의 형의 고신에 서명을 부탁하거나,[107] 환관 禹山節은 장인인 김목경이

---

103)『高麗史』권30, 세가30 충렬왕 15년 9월.
104)『高麗史』권35, 세가35 충숙왕 7년 3월 갑신. 충선왕은 이를 돌려주도록 조치하였다.
105)『高麗史』권37, 세가37 충목왕 3년 10월 임신.
106)『高麗史』권85, 지39 형법 금령.
107)『高麗史』권37, 세가37 충목왕 즉위년 8월 정묘.

밀성부사 시절 察訪別監 朴淑貞의 탄핵으로 파면되자 권세를 이용 兩府에 간청하여 다시 복직시켰다.[108] 李大順은 永平宮의 노비문제로 다투는 과정에서 典書 金士元과 散郎 李光時가 韋氏를 돕지 않자 황제의 명이라 칭하고 김사원 등을 귀양보냈고, 낭장 白應丘의 人戶를 빼앗은 후 行省에 가두었다.[109]

또한 자기 지역의 邑號를 올린 경우는, 충렬왕 때 환자 이대순의 고향인 富城郡의 영현 蘇泰縣을 知泰安郡事로 올렸으며,[110] 환관 黃石良의 고향인 合德部曲을 승격시켜 현을 삼았다. 이 과정에서 서명하지 않은 秋適 등을 巡馬所에 가두었다.[111]

이러한 원과의 관계를 통한 측근 정치의 강화는 환관들이 조관직에 임명되거나 봉군 되는 경향으로 나타난다. 또한 측근 기구의 하나인 내시원에 역관이나 환관들이 대거 임명되었다.[112] 기존의 내시들의 임무를 역관이나 환관들이 대신하게 된다. 이에 환관들

---

108) 『高麗史』 권122, 열전35 환자 우산절.
109) 『高麗史』 권122, 열전35 환자 이대순.
110) 『高麗史』 권56, 지10 지리 양광도 부성현.
111) 『高麗史』 권106, 열전19 제신 추적.
112) 박한남, 1982, 앞의 논문, 50~68쪽. 고려후기 역관이나 환관들의 내시직 임명으로 내시와 다방의 인원이 급격하게 늘어나면서 문반 소속의 司衣 등의 宮官과 근시기구의 구분이 모호해 지면서 그 구별의 필요성이 없어지고 成衆官의 한 부분으로 정착하게 된다. 또한 원간섭기 이래의 궁중 숙위 강화에 필요로 생긴 忽赤 등이 신설되면서 원나라의 '愛馬'와 성격이 비슷해지면서 기존의 성중관들도 애마라고 혼용하게 되고, 사의 등도 숙위의 임무를 맡게 되면서 고려 내시의 관료적 특성은 소멸해 간다. 그리고 점차 내시와 다방은 숙위와 近侍를 담당하는 武人的 성격으로 변모해 간다. 성중애마는 兵官으로 흡수되고 기존 내시들의 임무는 환관의 관부인 내시부에서 담당하게 된다. 조선 건국 이후 관제 변화에 따른 성중관의 정리 과정에서 조선 세종 때 內直院으로 세조 12년 내직원을 없애고 그 임무를 忠義・忠贊衛가 대신하게 된다.

의 임무가 점차 확대되었다. 먼저 환관의 임무는 수문,113) 소제114)
등이 있다. 둘째, 원간섭기부터 환관들은 명령 출납을 담당하였
다.115) 셋째, 왕실재정과 관련된 임무를 담당하였다. 특히 재정문제
의 경우 고려 예종대 궁중의 내탕금을 이용한 기사가 보이고,116)
충렬왕 원년 3월에 내탕금이 고갈되자 白金을 거두었는데, 왕은
별도로 御庫를 두어 이름을 內房庫라 하고 환관으로 하여금 관장
케 하였다. 그리고 朝臣을 각 도에 보내어 勸農使라 칭하고, 공사
의 良田을 가려 백성을 모아 耕種케 하고 그 賦를 면제케 하였
다.117) 넷째, 각종 창고를 관리하였다. 공민왕 5년 내시부가 설치된
이후 각 관사에 파견되었는데, 환관 曹恂은 義成庫와 德泉庫,118)
우왕대 李得分은 寶源庫提調로 宮庄田의 전세를 관리하였다.119)
이외에도 乘輿의 馬政을 관리하는 司僕寺를 맡는 한편 여러 창고,
宮司를 환관들이 관리하였다. 그런데 이 과정에서 信寶를 행할 때
이름만을 서명하자 趙浚은 모든 궁중의 수용은 都評議使로 하여
금 이를 支供케 하고, 王牌를 내리지 말아야만 환관들이 도둑질하
는 근원을 막을 수 있다고 할 정도였다.120) 다섯째, 각종 공역을 담
당하였다. 김사행은 正陵 影殿의 공사, 공민왕의 총애를 받아 여러
차례 옮겨 判內府事가 되었다.121) 여섯째, 각종 의례를 執齋하였

---

113) 『高麗史』 권121, 열전34 양리 정운경.
114) 『高麗史』 권98, 열전11 제신 임완.
115) 『高麗史』 권27, 세가27 원종 사신의 찬.
116) 『高麗史』 권13, 세가13 예종 8년 2월 경인. 하지만 신하들의 반대가
    심하자 화원을 철폐하였다.
117) 『高麗史』 권79, 식화지33 과렴.
118) 『高麗史』 권136, 열전49 우왕 13년 8월.
119) 『高麗史』 권122, 열전35 환자 이득분. 李得芬은 우왕의 총애로 贊成
    事에 이르렀고, 또 養賢庫의 밭을 빼앗았다. 이것이 가능한 것은 원자
    를 집에서 길렀기 때문이었다.
120) 『高麗史』 권118, 열전31 조준.

다. 왕태자가 비를 맞이하는 의식에서 도와주는 역할을 하였다.[122]
일곱째, 왕자를 보필하는 한편 書筵에 참여하였다.[123] 이러한 임무
들은 기존 내시들이 담당하던 것으로 고려후기로 오면서 점차 환
관들이 담당하고 있음을 알 수 있다. 이것은 공민왕대 내시부 성립
의 한 원인이 된다고 할 것이다.

　이처럼 원간섭기 환관들은 관직상 기존 궁중 잡역에 종사하는
천한 신분에서 의종대 남반직과 조관직에 참여하였고, 이후 참직
에 제수되거나 장군에까지 올라가게 되었다. 이러한 변화는 정치
적 변화과정에서 역할 변화를 말해주는 것이다. 단순한 궁중 잡역
자에서 왕의 근시직에 들어가게 되고, 이후 왕명출납의 역할을 맡
게 되면서 그 중요성이 많아졌다.

2. 恭愍王代 內侍府의 設置

　공민왕대는 정치적으로 원나라와의 관계를 청산하고, 독자적인
통치 구조를 갖추고자 노력하는 시기이다. 이러한 노력들은 정치
변동과 제도변화를 가져왔다. 이러한 결과의 하나로 공민왕 5년에
반원정책의 일환으로 관제를 개혁하면서 기존의 내시원에 소속되
었던 환관들이 독자적인 관부인 내시부가 설립되었다. 『고려사』
백관지 내시부조의 기록을 살펴보자.

---

121)『高麗史』권122, 열전35 환자 김사행. 그러나 대간들의 탄핵으로 益州
　　官奴로 삼고 그 집을 적몰하였다. 공양왕 때에는 판내시부사가 되었
　　는데 왕이 經筵에 出御하는 것을 만류하거나 또 불교로써 왕을 유도
　　하였다.
122)『高麗史』권66, 지20 예 가례.
123)『高麗史』권137, 열전50 신돈5.

　내시부는 공민왕 5년에 환관의 직을 고쳐 內詹事・內常侍・內侍
監・內承直・內給事・宮闈丞・奚官令을 설치하였다. 뒤에 내시부
를 두고 秩은 開城府에 견주어 判事는 1인으로 하되 정2품으로 하고
檢校判事 3인, 同判事 1인으로 하되 종2품으로 하고, 檢校同判事 32
인, 知事 1인으로 하되 정3품으로 하고, 檢校知事 38인, 僉事 1인으로
하되 종3품으로 하고 檢校僉事 28인, 同知事 2인으로 하되 정4품으로
하고 同僉事는 2인으로 하되 종4품으로 하고, 左承旨은 2인으로 하되
정5품으로 하고, 右承旨은 2인으로 하되 종5품으로 하고, 左副承旨은
1인으로 하되 정6품으로 하고, 右副承旨은 1인으로 하되 종6품으로
하고, 司謁은 1인으로 하되 정7품으로 하고, 謁者는 1인으로 하되 종7
품으로 하고, 宮闈丞은 1인으로 하되 정8품으로 하고, 奚官令은 1인
으로 하되 종8품으로 하고, 給事는 1인으로 하되 정9품으로 하고, 通
事는 1인으로 하되 종9품으로 하였다. 辛禑가 이를 罷하였다가 恭讓
王이 이를 다시 두고 階를 3품으로 하였다.[124]

　즉 환관들이 명령 출납 등 궁중의 임무를 맡게 되자 관직이 분화
되었고, 이를 좀 더 체계화하면서 하나의 관부로 정립된 것이다.
공민왕 때 원간섭기 必闍赤(비칙치) 등 국왕 측근 기구가 '內相'이
나 '內宰樞' 등으로 지칭되면서 국왕 측근기구로 여전히 남아 있게
되는데, 이것은 국왕의 왕권 강화와 관련이 있으며, 내시부의 성립
역시 측근 기구의 정착이라는 측면에서 이해하여야 할 것이다. 내
시부는 내첨사 등 7종으로 분화되었던 것을 내시부로 통합하여 하
나의 관부로 성립되었다. 먼저 관직 품계체계를 살펴보면, 품계가
개성부판사와 동일한 정2품에 이르렀다. 관직은 정2품에서 종9품
까지 나누어지고, 인원도 121명에 이르러 체계화되었다. 또한 상위
의 101명의 檢校職은 勳官的 성격이 강하다.

　단순히 궁중 내의 심부름꾼 역할에서 원간섭기 이후 환관들은
왕명출납, 소제, 수문의 임무가 정착된 것이다. 기존 내시원에서 하
던 임무가 내시부로 통합된 것이다. 하지만 환관제라는 면에서 보

---

124)『高麗史』권77, 지31 백관2 내시부.

면 고려전기보다 역할이 증가한 것은 사실이지만 원간섭기와 비교하면 실제 권력의 정도는 약화되고, 권력 장악 방식 역시 원을 배경으로 하던 것이 고려왕에 의탁하는 방식으로 바뀌었다.

공민왕이 환관들을 총애한 것은 측근정치를 통해 왕권을 강화하려는 목적 때문이다. 공민왕은 초기 원나라의 간섭을 배제하고, 신진사대부를 등용하여 왕권을 강화하고자 하였다. 그러나 불안한 국제정세로 인하여 崔瑩으로 대표되는 친원파들에게 협조할 수밖에 없었다. 이후 辛旽을 등용, 제도개혁을 단행하였다. 이 과정에서 왕은 가장 측근인 환관들을 신뢰하였다. 그 이유는 국정 운영과 여러 차례의 변란 과정에서 왕을 위하여 전쟁에 참여하거나 공을 세웠기 때문이다. 환자 金玄은 紅巾賊이 침략하자 刑部尙書 金繻을 따라 수백 명의 騎兵를 거느리고 祥原郡으로부터 西京으로 가는 도중 적병 3백여 명과 마주쳐 이중에서 1백여 명을 죽여 공신 2등으로 수록되었다.[125] 동왕 13년 환관 韓暉, 李龜壽는 邊功으로써 僉議評理에 超拜되어 機密을 관장하였다.[126] 또한 환관 김사행은 正陵 影殿의 공사, 공민왕의 총애로 判內府事가 되었다.[127] 공민왕은 흥왕사의 변이 일어난 이후 興王討賊功臣, 扶侍避難功臣, 建議集兵靖難功臣, 辛丑護從功臣(2차 홍건적), 僉兵輔佐功臣(2차 홍건적), 修復京城功臣(2차 홍건적), 己亥擊走紅巾功臣(1차 홍건적) 등 7종 346명을 임명하였다. 환관들은 원나라에서 왕을 호위한다거나 혹은 홍건적의 경성 침략(1359, 1361년) 등, 여러 차례의 변

---

125) 『高麗史』 권122, 열전35 환자 김현. 당시에 환자 수십 명이 書狀에 署名하여 상을 구하였는데 名簿를 위조한 것이 많았으니 김현이 사실상 주모한 것이다. 얼마 뒤에 延城府院君에 봉해졌으며 남쪽으로 호종한 공과 서울을 수복한 공, 興王寺의 變亂 때에 시위한 공 등에서 모두 1등으로 수록되었다.
126) 『高麗史』 권104, 열전17 김방경.
127) 『高麗史』 권122, 열전35 환자 김사행.

란 과정에서 왕을 호위하게 되면서 측근으로 자리 잡았다.

공민왕 때 환관이 공신으로 책봉된 것은 다음 <표 3>과 같다.

<표 3> 恭愍王代 宦官의 功臣 冊封

성명	봉군 및 공신	근 거	관직
申小鳳	燕邸隨從 1등	권38, 세가38 공민왕 1년 6월 임인	영원부원군
	辛丑扈從 1등	권40, 세가40 공민왕 12년 윤3월 을유	
	忠勤節義 翊衛功臣	권122, 열전35 환자 신소봉	
金 玄	紅巾隔週 2등	권40, 세가40 공민왕 12년 11월 임신	연성부원군
	부시피난 1등	권40, 세가40 공민왕 12년 윤3월 을유	
	신축호종 1등	상동	
	京城修復 1등	상동	
方 節	홍건격주 2등	권40, 세가40 공민왕 12년 11월 임신	온양부원군
	경성수복 1등	권40, 세가40 공민왕 12년 윤3월 을유	
李剛達	부시피난 1등	상동	상호군
	신축호종 1등	상동	
金壽萬	신축호종 1등	상동	진원부원군
尹忠佐	신축호종 1등	상동	판내부시사
尹 祥	신축호종 1등	상동	대호군

출전 : 『高麗史』

내시부 성립 이후 공민왕은 환자들을 보다 신임하여 "나라를 경륜하고 도를 논하는 지위에 포열하게 되었고 묘당에 앉아 국정을 의논하니"[128]라고 하였다. 이 중에서 환관 李剛達은 공민왕 12년 行宮인 興王寺의 변란시 공로를 세워 특히 총애를 받았다. 즉 金鏞 등 50여 명이 공민왕을 죽이기 위해 홍왕사를 침입할 때 이강달이 왕을 업고 창문으로 달아나 살 수 있었다.[129]

이후 공민왕이 이강달을 총애하게 되면서 그는 정치에 간섭하기

128) 『高麗史』권122, 열전35 환자.
129) 『高麗史』권122, 열전35 환자 안도적. 이 과정에서 安都赤은 용모가
    왕과 비슷하므로 대신 죽었다.

시작하여 都堂을 장악하였다. 그가 사사로이 도당을 장악하자 신
하들은 왕의 총애를 믿고 거만하다는 이유로 비난할 정도였다.130)
공민왕 17년 經典에 능통한 자를 뽑아 試官을 삼고자 하였는데, 辛
旽은 監察大夫 孫湧으로, 환관 이강달은 判典校寺事 李茂芳과 權
思復을 삼고자 다툴 정도였다. 이 과정에서 공민왕은 어느 편을 들
어줄 수 없어 뽑지 못하는 경우도 있었다.131) 이후 이강달은 崔萬
生 사건 때 가장 먼저 李仁任에게 알리기도 하는 등 정사에 깊이
간여하였다.132)

　이러한 총애로 환관들은 높은 관직에 올랐다. 환관 金師幸과 尹
可刺發의 아내를 宅主로 삼았으며,133) 이 때 환관들에게 인사 청
탁을 할 정도였다.134) 그들은 권력을 이용해 왕명을 사칭하였는데,
환자 金伯顔帖木兒가 왕명을 거짓으로 전하여 任君輔를 內乘提調
로 삼았다.135) 김현의 경우처럼 군사상 중요한 임무를 수행하거나
韓暉처럼 변방을 방어한 공을 세운다는 것은 장군으로 상당한 지
위임을 말한다.136) 공민왕대 환관들은 원간섭기 원을 통한 입지 강
화라는 등식이 깨어지고, 고려 내의 왕권을 통한 조관직 진출이라
는 특징이 있다. 이외에 봉군을 받거나 조관직에 진출한 사람은 다
음 <표 4>와 같다.

　우왕 역시 환관들을 총애하였다. 우왕대의 정치는 이인임과 최
영이 실권을 잡은 가운데 대외관계는 복잡하게 진행되었다.

---

130)『高麗史』권43, 세가43 공민왕 20년 12월 신축.
131)『高麗史』권74, 지28 선거 과목 국자감시.
132)『高麗史』권131, 열전44 홍륜.
133)『高麗史』권44, 세가44 공민왕 23년 정월 병술.
134)『高麗史』권136, 열전49 신돈4.
135)『高麗史』권114, 열전27 임군보.
136)『高麗史』권122, 열전35 환자 김현.

〈표 4〉恭愍王～恭讓王代 宦官 朝官職 進出表

왕대	성명	관직명	근 거
공민왕	申小鳳	대호군 연저수종1등→상호군 寧原府院君 忠勤節義翊衛功臣→密直使 商議會議都監事→僉議評理	권122, 열전35 환자 신소봉
	金 玄	연성부원군	권40, 세가40 공민왕 12년 윤3월 을유
	李剛達	상호군	상동
	金壽萬	진원부원군	상동
	尹忠佐	판내부시사	상동
	李 寧	부원군	권132, 열전45 반역 辛旽
	尹 祥	대호군, 상호군	권112, 열전25 제신 전록생
	方 節	온양부원군	권40, 세가40 공민왕 12년 윤3월 을유
	尹忠佐	예의판, 판숭경부사	권132, 열전45 반역 辛旽
	韓 暉	첨의평리	권104, 열전17 제신
	金義光	密直副使	권123, 열전36 폐행 이지저
	金師幸	판내부사	권122, 열전35 환자 김사행
우왕	曺 恂	예의판서	권135, 열전48 우왕 9년 9월 갑진
		수녕부윤→순군진무 상호군	권136, 열전49 우왕 13년 9월
	金 實	문하찬성사 상의	권135, 열전48 우왕 10년 9월 무오
	金 亮	경기좌우도찰방 겸 제창고전민사	권137, 열전50 우왕 14년 1월
	金 完	과섭찰리사	권137, 열전50 우왕 14년 5월 병술
	金吉祥	대호군	권137, 열전50 우왕 14년 5월 경진
	金吉逢	호군	상동
	李得芬	찬성사	권122, 열전35 환자 이득분
	尹忠佐	판숭경부사	권111, 열전24 제신 宋天逢
공양왕	金師幸	판내시부사	권122, 열전35 환자 김사행

출전 : 『高麗史』

　　원명의 교체와 왜적이 침입하는 위기상황에서도 우왕은 정치보다는 사적인 유흥에 더 관심을 가졌다. 결국 급변하는 정치상황 속에서 믿고 의지할 곳은 측근인 환관이었다. 그 결과 그들을 총애하

여 높은 관직을 수여하였다. 환관 金實의 경우 贊成事商議에,137)
우왕 14년에 金亮·金完을 京畿左右道察訪 겸 諸道倉庫田民使로
삼아서 칼을 하사하였다.138) 우왕은 사냥할 때 내시 李得芬과 김실
을 守城元帥로 삼을 정도였다.139)

특히 김실은 국정운영에도 간여하여 도당에 나아가 직무를 처리
할 정도였다.140) 우왕이 龍德을 총애하여 그의 집으로 자주 행차하
자 환관 김실·李匡 등은 도당에 건의하여 용덕의 집이 비좁고 궁
궐과 멀다하여 判書 李誠中의 집을 수리하여 주었다.141) 우왕이
용덕의 집에 자주 행차하여 조회를 열지 못하자 崔瑩 등은 김실을
통해 조회를 열 것을 청하였고, 우왕은 조회를 열 수 없는 대신에
김실로 하여금 대신들을 접대하는 비정상적인 정무가 계속되었
다.142) 그러나 다음해 김실은 사족의 여자를 처로 맞이하는 일로
인하여 결국 죽임을 당하였다.143) 환관 김실은 항상 왕에게 아부한
것은 아니었다. 가뭄이 계속되고, 우왕이 사냥이 심하여 국정을 소
홀히 하는 경향을 보이자, 우왕에게 堯舜을 모범으로 하고 桀紂를
경계하여 현명한 왕이 될 것을 간청하였다.144) 우왕이 자주 壺串에

---

137) 『增補文獻備考』 권226, 직관고 내시부.
138) 『高麗史』 권137, 열전50 신돈5.
139) 『高麗史』 권134, 열전47 신돈2. 당시에 이득분과 김실은 활과 화살을
    차고 팔에 매[鷹]을 얹고 나가면서 내시와 小竪로 하여금 胡歌와 胡
    笛을 불고 거문고를 타고 북을 치면서 따르게 하였다.
140) 『高麗史』 권135, 열전48 우왕 10년 10월 을축.
141) 『高麗史』 권135, 열전48 우왕 10년 윤10월. 龍德은 다른 이름으로 加
    也只로 通濟院의 婢이다. 書雲正 崔天儉의 妾出로서 처음 毅妃의 宮
    人으로 귀여움을 받았지만 나중에 총애가 毅妃보다 더하였다. 禑王이
    이로부터 날마다 그 집에 행차하였다.
142) 『高麗史』 권135, 열전48 우왕 10년 11월 갑자.
143) 『高麗史』 권135, 열전48 우왕 11년 정월 계해. 김실은 淑妃를 통하여
    사족의 여자에게 장가갔으나 우왕이 이를 탐하여 잡아 가두었다. 김
    실은 우왕 14년에 사형당한다.

행차하여 국정을 소홀히 하자 환관 鄭鸞鳳은 국정을 살피지 않는 것은 임금의 도리가 아니라고 하면서, 지금 도당이 왕의 교지를 얻지 못하여 업무를 수행하지 못할 정도라고 하면서 돌아가기를 간청하였다.145)

국왕의 총애를 받는 환관들은 그들과 가까운 사람들을 높은 관직에 올리는 경우가 자주 있었다. 우왕 13년 曹恂은 자신이 관리하는 義成·德泉 두 창고의 胥吏에게 高頂笠을 쓰게 하고 나이가 든 자에게는 6품을 제수하였다.146) 申元弼은 환관과의 친교로 禮曹摠郎에 옮기고 內府令에 옮긴 후 經筵官을 겸하였다.147) 공민왕대 원나라 환자 院使 金光秀, 簽院 迦刺撥皮를 보내자 왕에게 楮幣와 黃金을 하사하였다. 원사 김광수는 왕에게 청하여 300여 인에게 관직을 제수하였다.148) 환관의 장인이라는 이유로 尹守常을 密直提學에 임명하였으며,149) 金鉉은 김사행에게 아부하여 慶尙道都巡問使에 올랐다.150)

이처럼 환관에 대한 대우가 달라지자 그들을 무시하는 풍조도 자취를 감추었다. 상장군 盧璹이 환관의 처와 간통하여 죽임을 당했다던가,151) 환관에게 썩은 보리를 준 司憲糾正 李敢 등 9인을 좌천시켜 현의 監務로 삼았다.152) 이와 같은 조치들은 왕의 측근에서

---

144) 『高麗史』 권134, 열전47 우왕 5년 5월 을유.
145) 『高麗史』 권135, 열전48 우왕 11년 6월 기묘.
146) 『高麗史』 권136, 열전49 우왕 13년 8월.
147) 『高麗史』 권124, 열전37 폐행 신원필. 申元弼은 공양왕이 잠저 시에 같이 공부한 것을 인연으로 弘福都監判官 經筵檢討官에 除授되었다. 왕이 불교를 숭상하자 仁王佛을 別殿에 두고 아침·저녁으로 禮拜하였다.
148) 『高麗史』 권38, 세가38 공민왕 3년 1월 을유.
149) 『高麗史』 권38, 세가38 공민왕 4년 5월 정유.
150) 『高麗史』 권125, 열전38 간신 김횡.
151) 『高麗史』 권41, 세가41 공민왕 18년 6월 임오.

조관직이나 장군 등 상당한 지위에 올라있는 사람도 있고, 조순처럼 왕실 내 재정을 담당하는 등 다양한 임무를 통하여 상당한 권력을 행사하였기 때문이었다.

그러나 우왕의 환관 총애는 이성계의 위화도 회군 이후 억제되는 경향을 보인다. 최영과 우왕은 요동을 정벌하기 위해 曹敏修·이성계를 파견하였다. 이에 대하여 이성계는 불가함을 주장하지만 최영과 우왕은 환관인 金完을 過攝察理使로 임명, 진군을 독촉하였다. 이성계는 金完을 잡아 가두고 불가함을 주장하였으나 관철되지 않자 회군을 결정하였다. 回軍 이후 집권하는 과정에서 측근 환관인 조순·曹福善·尹祥 등은 유배되었다. 이렇게 되자 우왕은 측근 환관 80여 명과 함께 밤에 이성계·조민수·邊安烈의 집에 달려갔지만 軍門이 닫혀 제거하는 데는 실패하였다.153) 이러한 사정과 함께 신흥사대부들이 본격적으로 진출하게 되면서 환관들에 대한 억제론이 대두되었다.

이처럼 고려시대 환자들은 내시부가 성립되기 이전에는 궁중 내에서 소수의 인원이 잡역에 종사하였다. 인종대 왕의 총애로 환관 정함이 최초로 내시가 되었다. 원간섭기 환관들은 원을 배경으로 발호를 하게 되었다. 이후 흩어져 있던 관부를 정비하면서 공민왕 5년 환관들의 관부인 내시부가 성립되었다. 고려 말 환관들의 횡포가 심해지면서 신흥사대부들은 내시부의 폐지를 주장하였으나 환관들의 반대로 실패하였다. 그리하여 내시부는 조선으로 계승되었다.

---

152) 『高麗史』 권45, 세가45 공양왕 2년 9월 계사.
153) 『高麗史』 권137, 열전50 우왕 14년 6월 병오.

제2장

國初 內侍府 變遷과 宦官의 任務

Ⅰ. 內侍府의 官職 變化

조선왕조가 성립되면서 신흥사대부들은 고려 말의 폐단을 개혁하고 새롭게 나라를 운영하려고 하였다. 그 중의 하나가 환관들에 대한 억제책이다. 즉 환관 중에 순후하고 신중한 사람을 뽑아서 옛 제도인 수문과 소제하는 역사를 회복시켜야 한다는 것이다.[1] 大司憲 南在 역시 환관 중에 근실한 자를 뽑아서 2번으로 나누고 각 번마다 15인으로 하여서 궁문, 소제의 일만을 맡기고 간사한 환관을 억제할 것을 주장하였다.[2] 그러나 태조는 이와 같은 건의에 대하여 건국초기라 갑자기 시행할 수 없다고 하였다.[3] 이것은 환관들이 고려 말에 횡포하였다는 것은 사실이지만, 국가를 운영함에 있어서 필수불가결한 존재임을 시사해 준다.

여기에서 조선시대 환관의 관부인 내시부의 제도적인 변천과정

---

1) 『太祖實錄』권1, 원년 7월 기해.
2) 『太祖實錄』권2, 원년 9월 기해.
3) 『太祖實錄』권1, 원년 7월 기해.

을 살펴보고자 한다. 조선 건국과 함께 내시부도 변화를 보이는데,
태조 원년 문무 백관의 관제를 정하면서 文武流品 외에 별도로 내
시부 관제를 설치하였다. 그 외 掖庭署를 설치하여 內豎職으로 하
고, 典樂署·雅樂署에는 樂工職을 두고, 모두 별도의 散官 職事의
칭호를 주었다.4) 여기서 내시부를 일반 관직과 별도로 구별한 것
은 신하들의 건의를 받아들이지는 못하지만 환관들의 정치참여를
억제할 필요성 자체는 인정하였기 때문이다.

그런데 내시부의 관제상 가장 관건이 되었던 것은 검교직이었
다.5) 환관으로 처음 검교직을 받은 사람은 고려 충선왕 2년 8월에
檢校宰臣으로 俸祿을 받은 李溫이었다.6) 하지만 검교직의 수가 많
아지자 공민왕 1년 6월 간관들은 환관이 검교관에 제수되어 녹을
먹는 자가 심히 많다고 하면서 감원을 청할 정도였다.7) 결국 공민
왕 5년 내시부가 성립되면서 101명이었고,8) 이 검교직은 상위 품
계를 받았다. 당시 검교직은 훈관적 성격을 가지며, 조선 건국 이
후 관료체제의 문란과 재정적 곤란을 만드는 요인이 되어 정리의
대상이 된 것은 당연한 이치였다.9)

정종대 역시 검교직의 폐지가 주장되었다. 지금 내시부에 朝官
의 자급을 받아서 嘉善大夫에 이르고, 또 검교를 받아서 嘉靖大夫
에 오른 자가 50명이나 되며 조관을 겸한 자도 간혹 있었다. 이에

4) 『朝鮮經國典』 상, 관제, "設內侍府 掖庭署 所以別品也" ; 『太祖實錄』
   권1, 원년 7월 정미.
5) 韓㳓劤, 1966, 「勳官檢校考」『震檀學報』 29·30 ; 金東洙, 1981, 「朝鮮
   初期의 檢校職」『震檀學報』 51 ; 韓㳓劤, 1992, 「朝鮮初期以後의 檢職
   과 影職」『震檀學報』 71·72.
6) 『高麗史』 권80, 지34 식화 녹봉.
7) 『高麗史』 권38, 세가38 공민왕 1년 6월 정사.
8) 『高麗史』 권77, 백관지 내시부조.
9) 韓㳓劤, 앞의 논문, 98~104쪽.

조관의 資級을 받은 자는 직첩을 회수하고 환관은 내시부에만 국한하여 검교직을 혁파할 것을 주장하였다. 하지만 정종은 "환관으로 여러 궁궐에서 일하는 자가 심히 많은데, 내시부의 관직은 한도가 있다. 그러므로 녹관 이외에도 또 검교가 있는 것이다"라 하였다.[10] 환관들의 검교직 수는 공민왕대와 비교할 때 101명에서 50명으로 줄어들었다. 그리고 조관을 겸직한 경우는 고려 말에 비하여 많이 줄었지만 여전히 환관들은 자급이 높고 수가 많았다. 이에 신료들은 환관이 조관을 겸직하는 것은 잘못이며, 환관 검교직의 경우도 혁파하여 내시부에 국한시킬 것을 주장하였다. 그러나 왕은 국초라는 이유로 시행할 수 없다고 하였다.[11]

이러한 검교직의 혁파 요구와 더불어 太宗은 왕권을 강화하고, 고려시대의 관제를 개혁하는 과정에서 내시부도 변화를 가져오게 되었다. 내시부는 태조대 문무 유품 외로 정해진 후에 태종 5년 禮曹에서 六曹의 직무분담과 소속을 상정하면서 이조에 소속되었고,[12] 承政院으로 하여금 내시부의 근만을 고찰하게 하였다.[13] 그와 함께 신하들은 환관 검교직의 수적 증대의 원인 중에 하나인 조관 겸직을 거론하였다. 신하들은 그동안 문제되지 않았던 조관직의 겸직을 금지해 줄 것을 건의하였다.[14] 그러나 태종 역시 그 세력억제에는 찬성하였지만 조관을 일시적으로 금지하는 것은 잘못이라고 보았다. 그 대신 환관들이 권력을 형성하는 기미가 보이거나 명령출납을 지체하는 경우에는 처벌을 엄중하게 하였다. 이러

---

10)『定宗實錄』권1, 원년 2월 임인.
11)『定宗實錄』권4, 2년 4월 신축 ;『太宗實錄』권1, 원년 5월 기축 ; 권2, 원년 8월 신유.
12)『太宗實錄』권9, 5년 3월 병신.
13)『太宗實錄』권14, 7년 10월 기축.
14)『文宗實錄』권12, 2월 3월 계해.

한 조관 겸직은 세종 이후에는 보이지 않는다.

태종대의 환관 억제 논의는 결국 검교직을 줄이는 방향으로 나아갔다. 동왕 14년 糧餉을 비축할 조건을 논의하면서 검교로써 관직을 겸임하지 않는 자는 녹봉을 주지 말게 하였다. 이 과정에서 환관 검교 20명, 尙衣院司直 2명을 없앴다.[15] 태조대 검교직의 혁파에 대하여 환관의 수와 조관 겸직자가 많다는 이유로 줄이는 것을 인정하지 않았다. 그러나 재정적인 문제로 제도를 개혁하면서 필요없는 관직을 대거 혁파하였다. 이것은 조선 건국 이후 국가의 기틀을 잡아 나가는 하나의 과정이라 할 수 있다. 이와 함께 내시부의 검교 녹과를 정하였다. 이에 내시부검교 자헌 이하와 동반의 검교참찬 이하의 녹과가 비로소 정해졌다.[16]

이것을 정리하면 <표 5>와 같다.

〈표 5〉 內侍府 檢校 各品祿科票

태종 1년 정월 6일 상정안				태종 15년 6월 10일 정안		
품계	개정전	개정후	동일 조관 검교	품계	지급료	강등급
				정1품	정4품과	6등강
				종1품	종4품과	6등강
檢校 資憲 判事	정4품과 (4등강)	정5품과 (6등강)	檢校 左·右參議, 判恭安, 判漢城	정2품	정5품과	6등강
嘉靖·嘉善 判事	종5품과 (3등강)	종5품과 (6등강)	戶·工曹 參議	종2품	종5품과	6등강
通政·通訓 知事	종6품과		判司宰監事	정3품 참의	정6품과	6등강
				정3품 판사	정6품과	7등강
中直·中訓	정7품과 (7등강)		司宰監正	종3품	정7품과	7등강

---

15)『太宗實錄』권28, 14년 8월 신유.
16)『太宗實錄』권29, 15년 정월 을사.

奉正·奉列	종7품과 (7등강)		漢城少尹	정4품	종7품과	7등강
朝散·朝奉	종8품과 (8등강)	정8품과 (7등강)	司宰副正	종4품	정8품과	7등강
				정종5품	종8품과	6등강
				정종6품	정9품과	6등강
				功臣之父	仍舊	3등강

金東洙, 1981, 「朝鮮前期의 檢校職」 『震檀學報』 51, 74쪽, 檢校各品祿科 表를 참조.

이 표에서 볼 수 있듯이 태조 3년에는 검교의 녹은 本品科에서 3등 낮추었지만[17] 태종대에도 3과 정도가 낮추어졌다. 이것으로 내시부의 녹과는 실제 품계와는 구별되면서 훨씬 낮은 녹과를 받게 되었다. 이것은 내시부 검교의 축소원인이 재정문제였던 것과 동일한 원인이었다.

이러한 검교직의 혁파에 대하여 신하들 역시 인정하였다. 大司憲 李原 등이 관제를 바로잡는 데 중요한 것은 冗官을 없애는 것이라 하면서 지금 검교직은 醫員과 理馬들까지 임명되고 있어 곡식만 소모할 뿐이라고 하였다. 이에 내시부의 輪番侍衛를 제외한 이외에는 모두 검교를 파하기를 청하자 三府의 의견 역시 대사헌과 같았다.[18] 신하들 역시 고려시대의 제도 개편에서 가장 중요한 것은 冗官을 혁파하는 것으로 그 중에 검교직의 혁파를 우선하였다. 태종 15년 관제를 개혁하면서 내시부의 좌우 承直·副承直을 각각 2인을 더하였고,[19] 동왕 18년 검교 통정대부 지내시부사에서 조봉대부 동첨내시부사까지 매 품마다 각각 1명씩 감하는 한편 내시부 정7품에서 9품에 이르기까지는 매 품마다 각각 2명씩 더하였

---

17) 『太祖實錄』 권5, 3년 정월 무오.
18) 『太宗實錄』 권2, 원년 8월 신유.
19) 『太宗實錄』 권29, 15년 정월 을축.

다.20) 그 인원수를 상위직은 점차 축소시키는 대신에 하위직은 증
가시켜 전체적인 수는 늘어났다. 즉 검교직을 축소하여 지출을 줄
이고, 대신에 필요한 환관의 수를 충당하였다. 내시부의 직제를 하
향 조정함으로써 녹봉의 경비를 절감하였다. 검교직이 내시부에만
존재하면서 그 성격도 훈관적 성격보다는 冗官적 성격이 강하였다.
　그러나 내시부의 환관들은 대부분 검교직을 받고 있어 녹봉의
양은 줄었으나 녹봉을 받기 위하여 자급을 올려 받고 있어 실효가
크지는 않았다. 세종 5년 12월 6품 이하에도 녹봉의 규정을 만들었
다. 내시부의 직품은 대부분 검교이고, 녹봉의 규정은 줄었지만 자
급은 자헌대부에 이르는 것은 잘못이라 하면서, 이것은 6품 이하에
녹봉 규정이 없기 때문에 녹을 받기 위하여 나이 젊은 아동들도 혹
은 처음에 4품을 주는 예가 생기는 것이라 하였다. 이에 6품 이하
에도 녹봉 규정을 설치하고 직품 그대로 녹봉을 주게 하였다. 그러
나 직급은 嘉靖大夫에 한정하였다.21) 내시부의 환관들은 많은 녹
봉을 받기 위해 높은 품계의 검교직을 받으려 노력하였다. 이에 대
신 6품 이하에 녹봉규정을 신설함으로써 그동안 6품 이하에 녹봉
을 지급하지 않아 환관들이 처음부터 4품에 주는 것을 해결하였다.
관직의 한계도 정2품에서 종2품으로 하는 대신에 자헌 검교 2원을
혁파하고, 종2품 검교직 2원을 가설하였다.22) 이후 내시부에만 남아
있었던 검교직을,23) 세종 25년 7월에 혁파하였다. 검교직을 혁파하
고 대신에 정·종 4품이 각 2인인데 1인을 더하고, 정·종 5품 및
정·종 6품은 각 1인 인데 4인을 더하고, 정·종 7품과 정·종 8품
은 각 3인인데 5인을 더하게 하였다. 이것으로 검교의 녹봉을 지급

20)『太宗實錄』권35, 18년 5월 무오.
21)『世宗實錄』권22, 5년 12월 무신.
22)『世宗實錄』권24, 6년 4월 계해.
23)『世宗實錄』권66, 16년 12월 무오.

하면, 즉 이전의 녹봉과 비교하면 삭감되었다.[24] 이것으로 건국 초
부터 폐지를 주장하였던 검교직을 완전히 폐지하였다.

수양대군은 왕위 찬탈 직후 환관의 封君에 대하여 의문이 제기
되자 이를 취소하는 대신에 판내시부사를 일시적으로 2인으로 하
였다.[25] 그러나 내시부의 인원은 세조가 왕권을 강화하고, 환관을
억제하면서 수적인 변화를 가져와 내시부의 지부사·동첨부사·
좌승직·우승직·좌부승직·우부승직 각 1인을 감하고, 사알은 3
인을 감하고 알자·궁위승·해관령은 각 2인을 감하였다.[26] 태종
과 세종대 증가되었던 내시부의 인원이 세조의 집권 이후 왕권을
강화하고 제도를 정비하면서 줄어들었다. 동왕 6년 5월에 사알·
알자·궁위승·해관령·급사를 각각 1인씩 줄였다가,[27] 동왕 8년
12월에 정7품 2인, 정8품 3인을 다시 두었다.[28] 성종 3년에도 각 도
의 공상으로 바치는 미곡이 부족하자 내시부의 가설체아 10명을
줄였다.[29] 그리하여 이제까지 조선초기에 상위직은 감소하고 하위
직은 늘어났던 내시부는 성종대『經國大典』이 반포되면서 관직과
명칭 등이 변화하여 체계가 완성되었다.

여기에서 공민왕 5년과『경국대전』의 내시부 관직명을 비교하
면 다음 <표 6>과 같다.

이처럼 내시부는 성종대『經國大典』이 반포되면서 크게 변화되
었다. 조선초기 내시부의 변화를 정리하면, 첫째 내시부의 관직명
이 바뀌었다. 둘째 수적인 면에서 공민왕대 121명에서 140명으로

---

24)『世宗實錄』권101, 25년 7월 경신.
25)『端宗實錄』권9, 원년 12월 갑신.
26)『世祖實錄』권8, 3년 7월 병인.
27)『世祖實錄』권20, 6년 5월 정유.
28)『世祖實錄』권29, 8년 12월 병인.
29)『成宗實錄』권18, 3년 5월 임인.

증가하였다. 셋째 관직의 분포상으로 볼 때 상위직은 점차 감소하였으며, 하위직은 증가하였다. 넷째 내시부 관직은 성종초에 4품에 한정하라고 하였지만,[30] 결국 고려 말의 정2품에서 종2품으로 낮아졌다. 다섯째 고려 말에 존재하던 검교직은 공민왕 5년에 상위의 관직에 검교직이 많았다. 그후 조선이 성립되면서 검교직은 정리의 대상이 되어 점차 줄어들고, 그 대신에 하위직이 증가함으로써 환관들에게 지급되는 녹봉의 양을 줄여서 필요한 수를 충당하려고 하였다. 검교직은 세종대 완전히 없어졌다. 이후 검교직이 없어진 대신에 遞兒職의 관직 59원이 있어 주목된다. 여섯째 고려말 환관들은 조관을 겸직하기도 하였으나 태종대를 기점으로 금지되었으며, 관직이 내시부로 제한되었다.

<표 6> 內侍府 官職 比較

공민왕 5년			경국대전		공민왕 5년			경국대전	
품계	명칭	인원	명칭	인원	품계	명칭	인원	명칭	인원
정2	判事	1(3)			종6	右副承職	1	尙燭	4
종2	同判事	1(32)	尙膳	2	정7	司謁	1	尙烜	4
정3	知事	1(38)	尙醞·尙茶	1, 1	종7	謁者	1	尙設	6
종3	僉事	1(28)	尙藥	2	정8	宮闈丞	1	尙除	6
정4	同知事	2	尙傳	2	종8	奚官令	1	尙門	5
종4	同僉事	2	尙冊	3	정9	給事	1	尙更	6
정5	左承直	2	尙弧	4	종9	通事	1	尙苑	5
종5	右承直	2	尙帑	4	합계	20(101) 총121인		59인 총140인	
정6	左副承直	1	尙洗	4					

출전 : 『高麗史』와 『經國大典』. ( )는 검교직 수

성종 이후 내시부 전체 인원은 연산군대 인원이 161명으로 늘어났다.[31] 그리고 체아직도 59인에서 일시적으로 43인이 더 늘어났

---

30) 『成宗實錄』 권1, 즉위년 12월 무인.
31) 『中宗實錄』 권28, 12년 6월 계유.

다가 중종반정 이후 다시 59인으로 정비되었다.[32] 조선후기 인원
과 직제는 변동없이 유지되어 인조대에도 환관의 수가 160여 명에
이르렀다.[33] 또한 효종 때 비변사의 單啓目에 이르기를 "지금 이
내시부의 장부에는 장번 36, 출입번이 1백 68, 前銜 41, 少宦 55, 在
喪 33으로서, 합하여 3백 33원입니다."라고 하였다.[34] 조선후기 宣
惠廳提調 金祖淳은 내시에게 復戶할 경우에는 時仕하는 사람의
實數를 가지고 소재한 고을의 토지에서 2結씩 주도록 하고, 혹 죄
를 범했거나 부모의 喪을 당한 자가 있으면 복호를 파하였다. 그런
데 당시 내시로 시사하는 사람의 실수는 300인 정도이며, 보통의
인원은 300~400인 정도쯤이라 하였다.[35] 이것으로 보아 실제 근
무하는 사람, 즉 장번 및 출입을 합친 수는 훨씬 많았다.

내시부는 고종 31년(1894) 軍國機務處에서 제의 안건과 宮內
府·宗正府·宗伯府 관제와 궁내부 總制를 올리면서 內侍司로
바뀌었다. 그 임무는 임금의 음식·전명·수문·소제로 동일하였
다. 다만 掖庭署·排設房·儀仗을 포함시켰다. 직제는 知事 1명은
내시 중에서 품계가 높은 사람으로 임명하고, 尙膳 이하 교대없는
守宮과 각 差備官에 이르기까지는 필요와 때에 따라 늘이거나 줄
이면서, 배설하는 여러 가지 임시 처소는 옛 규례대로 액정서에서
궁내부에 글을 올려 참작하여 시행하였다. 인원수는 大殿에 50명,
大妃殿 10명, 中宮殿 10명, 世子宮 20명, 世子嬪宮 8명, 世孫宮 15
명, 世孫嬪宮 내시 6명으로 정해져 도합 119명이었다.[36] 1894년 시

32)『中宗實錄』권1, 원년 12월 경오.
33)『仁祖實錄』권33, 14년 8월 임신.
34)『備邊司謄錄』15책, 효종 3년 9월 13일.
35)『純祖實錄』권5, 3년 3월 갑인. 이것은 李瀷의 문집,『星湖僿說』권3
   상, 인사편에서도 확인할 수 있는데, 당시 '환관이 335명, 궁녀가 684명'
   이라고 하였다(金用淑, 1986,『朝鮮朝 宮中風俗 硏究』, 一志社, 1986,
   25쪽에서 재인용).

종원으로 통합된 이후 전체적으로 인원은 축소되었다가 1908년에 없어졌다.

Ⅱ. 宦官의 選拔과 待遇

1. 選 拔

신체적으로 특수한 환자의 선발은 간단치 않다. 특히 환관제도 가 발달되었던 중국과는 달리 조선에서는 환자를 선발하는 것은 더욱 어려웠을 것으로 생각된다. 문헌상으로도 환자의 선발방법을 자세하게 기술한 자료는 없다. 李愚喆은 고려시대 환자의 생성 방 법을 다음과 같이 구분하였다.

1. 특수사정에 의하여 강제적으로 거세된 자.
2. 우연적 사고로 인하여 된 환자.
3. 선천적 환자.
4. 자궁자 및 준자궁자.[37]

위의 사실에 미루어 조선시대에도 이와 비슷하였을 것으로 생각

---

36) 『高宗實錄』 권32, 31년 7월 병신.
37) 李愚喆, 1958, 「高麗時代의 宦官에 대하여」 『史學硏究』 1, 18~23쪽.
   이우철은 우리나라는 중국과 달리 궁형을 실시하지는 않았지만 궁형이 없었다고 볼 수는 없다고 하였다. 특수한 사정에 의해 강제로 거세한 경우, 즉 국가적 필요(중국에 입공하는 경우)에 의해 강제로 행해졌을 것으로 보았다. 그 방법은 『高麗史』 권122, 환자전서에 나오는 熏腐法 을 사용하였으며 그 대상은 천민층으로 보았다. 선천적인 고자나 우연 한 사고로 고자가 된 경우도 어느 정도 확인된다.

된다. 먼저 특수사정에 의한 경우는 형벌 등을 통하여 생기는 경우를 말하는데, 우리나라의 경우 궁형이 없기 때문에 존재하지 않는다. 둘째, 우연한 사고로 환자가 된 경우를 보면, 고려의 閹人은 그 本系가 백성이 아니면 천한 종이라고 하면서 고려에서는 宮刑을 쓰지 않기 때문에 어렸을 때 개에게 고환을 먹힌 자가 이에 해당한다고 하였다.38) 이와 같은 경우는 조선시대에도 가장 흔히 나타나는 현상으로 알려져 있다. 셋째, 선천적인 경우를 보면, 조선시대 영남 사족의 자식으로 선천적인 고자가 있어 내시가 양자로 삼자 통래하지 않았다라고 하였다.39) 여기에서 선천적인 환자가 있었으며, 환관이 이를 양자로 삼았음을 알 수 있다. 조선전기의 경우 중국에서 본국화자의 입공을 요구하였기 때문에 각 지방에서 선천적인 고자를 모집한 것으로 보인다. 넷째, 자궁자와 준자궁자로써 이와 같이 자궁자의 수는 원간섭기에 많이 늘어났다. 충렬왕 때 崔世延은 그 妻가 투기하자 스스로 거세하였다.40) 監察司錄事 崔成은 환자에게 매를 맞고 스스로 거세하였으며, 또 昌寧縣 백성은 造成都監의 役徒가 되었는데 銀을 징수함에 그 괴로움을 견디지 못하여 최세연의 집 앞에서 스스로 거세하였고,41) 또한 본국출신 화자들이 중국에서 높은 벼슬에 오르게 되자 "그 부모가 아들을 거세하고 그 형이 동생을 거세할 정도이다"라고 할 정도였다.42) 이것으

---

38) 『高麗史』 권122, 열전35 환자 서문.
39) 세종대왕기념사업회, 1983, 『公私見聞錄』 後. "余兒時 聞諸老璫相語曰 嶺南士族有天閹者 內侍法取之 爲養子其族屬 絶不與通." 그러나 아직까지 우리나라에서 선천적이 아닌 후천적으로 환관을 만드는 방법에 대해 자세히 소개한 책은 발견되지 않았다. 다만 三田村泰助(1963, 『宦官』, 中央公論社)는 중국에 대한 환관의 기원과 역할을 소개하면서 후천적인 자궁 방법을 자세히 소개하였다.
40) 『高麗史』 권122, 열전35 환자 최세연.
41) 『高麗史』 권99, 열전12 제신 이공승.

로 보아 고려시대 원간섭기라는 특이성 때문에 스스로 거세하는
경우가 흔히 있었다. 그런데 조선시대 경우도 중국의 화자 요구와
궁중의 필요성을 감안한다면 자궁자가 존재하였을 것이다.

그렇다면 조선시대 궁중에서 사역하는 내시부의 환자를 양성하
는 방법은 어린 환자를 받아들이는 양자제도를 통하여 필요한 인
원을 충당시켰을 것으로 보인다. 양자제도는 어린아이를 양자로
얻어 자기의 후사로 삼음으로써 대를 이어가는 방법이다. 『경국대
전』 형전 사천조에 "자녀가 없는 양부모의 노비의 경우 1/7을 주
고, 3살 이전의 경우는 전부를 준다"라고 하였다. 즉 "宦官以宦官
爲子者 幷依三歲前"라고 하여 환관이 환자를 양자로 삼는 경우는
3세 이전 收養한 예에 의한다고 하였다.

> 환관은 본래 자손이 없으므로, 모두 환자로써 아들을 삼는다는 것
> 이 고전에 실려 있습니다. 비록 세 살 전에 수양한 자가 아니더라도
> 평소에도 효양하고 사망하게 되면 상복을 입으며, 시형과 기일에 이
> 르기까지도 모두가 말미를 청하오며, 그 은혜의 두터움이 친부자와
> 같습니다.[43]

위의 사료에서 볼 수 있듯이 환관이 양자를 얻는 경우는 3세 이
전의 경우는 친부모로 규정하였지만 실제 그 이상의 경우에도 친
부모와 같이 여겼다. 환관이 양자를 얻는 경우를 살펴보면, 禑王
때 환관 李得芬은 환관 鄭鸞鳳을,[44] 세종대의 환관 金龍基는 小宦
을 길러 궁중에 입사시키고 있으며,[45] 환관 李村은 慶昌府尹 權蹈
의 아들을 양자로 삼았다.[46] 고려시대 이후 가장 널리 사용된 방법

---

42)『高麗史』권122, 열전35, 환자 서문.
43)『世宗實錄』권77, 19년 6월 기사.
44)『高麗史』권122, 열전35 환자 이득분.
45)『世宗實錄』권12, 3년 5월 경자.

은 양자를 통한 가계 계승이었다. 한편 조선후기 환관 宋會英의 경우 8세에 정헌대부 지내시부사 崔得嶙과 정경부인 文化柳氏(학생 興烈의 녀)에 입적되었다.[47] 이후에도 환관이 어린 환자를 양자로 삼았다는 기록이 많이 보이고 있어 이를 뒷받침해 준다. 여기에서 비록 후기의 자료이지만 이성의 양자로 가계를 계승한 내시 金繼韓家를 살펴보자.

　이를 그림으로 보면 다음과 같다.

---

46) 『世宗實錄』 권18, 4년 윤12월 갑자 ; (사)한국미술사연구소, 2000, 『노원구초안산정밀지표조사보고서』, 노원구 ; 崔錫斗, 1914, 『家乘』, 필사본 ; 『養世系譜(국립중앙도서관 도서번호 한 古朝 58-가50-304)』, 소화 7년 11월 5일 ; 양주군・양주문화원, 1998, 『비문으로 본 양주의 역사 I』, 삼영문화인쇄사. 특히 『養世系譜』 서문에 족보를 만드는 목적이 비록 낳지는 않았지만 '養育之恩' 역시 크므로 그것을 잊을 수 없어 족보를 만든다고 하였다. 이 책에는 고려 말 환관인 尹得富 등 650명의 환관들이 기록되어 있다. 한편 『노원구초안산정밀지표조사보고서』에서도 1154명이 조사되었는데 조사의 대부분이 내시묘로 밝혀졌다. 이곳의 가장 오래된 내시묘는 1634년 承克哲부부의 묘이다. 이것으로 보아 환관들도 이성의 양자를 통해 대를 계승하였음을 확인할 수 있다.

47) 송회영신도비는 남양주시 수동면 입석리에 위치하고 있다. 송회영의 자는 義元, 본관은 礪山이다. 1796년(정조 20년) 9월생, 1810년(순종 10, 15세)에 장번직에 들어가 1849년(철종 즉위년, 54)에 景陵 侍陵官, 1856년(철종 7, 61세) 9월 14일 졸하였다. 처음 부인은 증정경부인 전주이씨로 학생 宜春의 여식으로 1818년(순조 18, 28세) 2월 13일에 졸하였다. 둘째 부인은 증 정경부인 순흥안씨로 漢直의 여식으로 1837년(헌종 2, 42세) 9월 19일에 졸하였다. 셋째 부인은 정경부인 정선이씨로 학생 豊翟의 여식이다. 자식은 둘인데 장남은 韓珩和로 숭록대부 영내부사, 차남은 金圭復으로 숭록대부 實銘君이다. 형화의 아들 崔泰岳은 일찍 죽었고, 손자 金應鉉은 숭록이다. 차남 규복의 아들 趙斗愿은 숭록에 이르렀고, 손자 姜世翼, 金世憲으로 강세익은 가선이다.

內侍 金繼韓 家系圖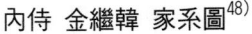[48]

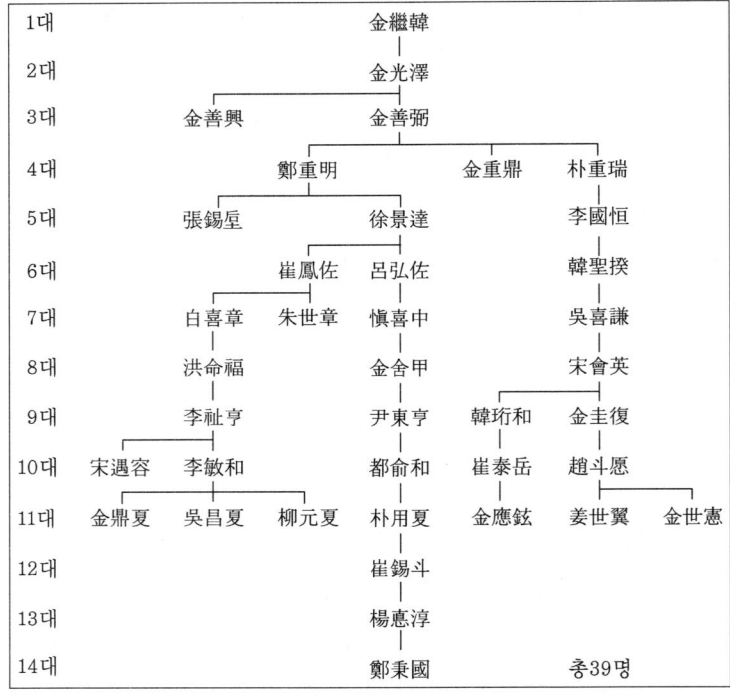

1대	金繼韓
2대	金光澤
3대	金善興 　金善弼
4대	鄭重明　金重鼎　朴重瑞
5대	張錫垕　徐景達　李國恒
6대	崔鳳佐　呂弘佐　韓聖揆
7대	白喜章　朱世章　愼喜中　吳喜謙
8대	洪命福　金舍甲　宋會英
9대	李祉亨　尹東亨　韓珩和　金圭復
10대	宋遇容　李敏和　都俞和　崔泰岳　趙斗愿
11대	金鼎夏　吳昌夏　柳元夏　朴用夏　金應鉉　姜世翼　金世憲
12대	崔錫斗
13대	楊惠淳
14대	鄭秉國　　　　　　총39명

---

48) 김계한은 선조의 의주 몽진에 참여한 공으로 扈聖功臣 3등에, 그 아들 金光澤 역시 선조 39년 寧國原從功臣에 책봉되었다. 鄭重明은 영조대 李麟佐의 난으로 奮武原從功臣 1등에, 徐景達 역시 영조대에 분무원 종공신 1등에 책봉되었다. 이후 조선후기까지 어느 정도 가계의 위세를 그대로 유지하는 집안으로 경릉의 시릉관을 지낸 宋會英이나, 수릉의 侍陵官을 지낸 洪命福 등에서도 알 수 있다. 이 자료는 양주군 광적면 효촌리에 있는 내시 묘역인『비문으로 본 양주의 역사』(양주군·양주군문화원, 삼영문화인쇄사, 1998.)에 소개된 김광택·김선필·백희장·서경달·정중명·최봉좌·홍명복 등 7인의 내시 묘표의 내시 20명, 최석두 家乘에 보이는 14명(김계한·김광택·김선필·정중명·서경달 등 5명 중복), 송회영신도비에 보이는 15명(김계한·김광택·김선필·박중서 등 4명 중복) 등 총 39명 중 내시를 지낸 38명(정병국은 1907생으로 제외)을 통해 완성하였다.

이를 보아도 이성의 양자를 통해 가계를 계승하고 있는 것을 알수 있다. 어린 고자를 양자로 입양하여 필요한 절차를 통하여 궁중에 입사하여 교육을 시켰을 것으로 보인다. 즉 명종대 궁중 내에 小宦들의 수가 많아져 논란이 되었다. 환관은 어린 환자를 양자로 삼는데, 보통 4~5명 정도로 지금 인원이 늘어나 豊儲倉의 지출이 조종조 때보다 배나 되었다.49) 이것으로 보아 환자들을 양자로 받아들여서 궁중에서 기르는 방법을 주로 사용하였다는 것을 알 수 있다. 이 방법이 환관제도가 정착되어 가면서 일반적으로 사용되었을 것으로 여겨진다.

한편 신체적으로 특수한 환자를 선발하는 것은 수적으로 상당히 부족하였다. 이것은 환관들이 궁중 내에만 있는 것이 아니라 조관들의 집에도 있었기 때문이었다. 태종은 왕위에 오른 후 자신을 도와준 判義興三軍府事 李茂·門下贊成事 趙英茂·參判義興三軍府事 趙溫, 摠制 辛克禮·李叔蕃 등에게 宦者 2백여 명을 차등있게 나누어 주었다. 그 대상도 上將軍·大將軍에서 甲士·牌頭까지 모두 받았다.50) 그런데 시간이 갈수록 수가 부족해졌다. 신체적 결함자의 부족에 비하여 제도가 정비되면서 필요한 수는 늘어나게 되어 부족현상이 나타나게 되었다. 결국 성종대는 환자를 대소 朝官의 집에서 役事시키는 것을 금지하는 법을 만들었다. 환관은 본래 궐내의 소임으로 지금 宗宰와 조관 등이 임의로 노복과 같이 역사시켜 궐내의 差備로 합당한 사람이 점차 감소되었다는 것이다. 비록 법을 세우기 전의 일이라 처벌할 수는 없지만, 지금부터 각

---

49) 『明宗實錄』 권33, 21년 8월 신유.
50) 『太宗實錄』 권1, 원년 6월 계미. 그런데 태종대 환자 200여 명을 관직자들에게 주었다는 것은 고려후기의 원을 통해 권세를 누리겠다는 사람들과 조선초기 명나라에 본국 화자를 입공하는 과정에서 생긴 환자일 가능성도 있다.

고을에 있는 火者를 대소 조관으로 하여금 데려가지 못하게 하였
고, 어기는 자는 수령을 아울러 죄를 주도록 하였다.[51] 본래 대소
관원들도 환자들을 집에서 노복처럼 부릴 수 있지만 점차 수적인
부족현상 때문에 법으로 금지시켰다. 연산군대에도 환자들을 궁중
외에 다른 조관들의 집에 거처하지 못하도록 하고, 그들을 사환하
는 자를 영원히 서용하지 말도록 하였다.[52] 중종대에도 조사가 小
宦을 개인적으로 부리는 것을 금지하였다.[53] 이와 같이 조사의 집
에서까지 小宦을 사환하여 모자라게 되자 법으로 금지하였다.

환관들이 벼슬에 나아가는 방법은 일정한 절차를 통하여 각 전
에 배치되었을 것으로 추측된다. 즉 태조대 궁중의 小宦들에게
『大學』을 읽게 하였다는 기록이 보인다.[54] 환관 蔡彦俊은 8세에
입적되어 22세에 장번에 들었으며, 그의 아들 吳大邦의 경우는 17
세에 장번에 들었다.[55] 이것으로 보아 대체로 8세 전후에 입양하
고, 20세 전후로 처음 벼슬에 나아갔다. 그러나 일부는 문음을 통
하여 처음 벼슬에 나아갔다. 조선후기 내시부상선을 지낸 洪命福
의 경우 15세에 음서로 벼슬에 나아가 8번 장번 하였다.[56] 처음 벼

---

51) 『成宗實錄』 권215, 19년 4월 병진.
52) 『燕山君日記』 권32, 5년 3월 을축.
53) 『中宗實錄』 권19, 8년 10월 기미.
54) 『太祖實錄』 권5, 3년 5월 신유. 여기서 小宦은 일정한 절차를 통과하여
    입사한 환관들을 교육을 통하여 임무를 배우게 하는 동시에 학문적 소
    양을 가르는 방법으로 사용되었을 것이다.
55) 『養世系譜(국립중앙도서관 도서번호 한 古朝 58-가50-304)』, 소화 7년
    11월 5일.
56) 송회영신도비, 남양주시 수동면 입석리 소재. 홍명복(1781~1861)은 15
    세에 음서로 벼슬길에 오르던 해에 벌써 崇秩에, 1800년(20세)에 통정
    대부에 오르고, 1802년(22세) 2품에 올랐다. 1830년 수릉의 시릉관 역사
    를 맡았으며, 1834년 헌종이 8세에 등극하자 대전의 우도머리(도설리)
    를 20년 동안 지냈다. 5왕조에 벼슬하여 宦司를 관리하였으며, 1862년
    (철종 12)에 81세로 致仕에 양주로 물러나 있다가 그해 겨울에 졸하였

슬은 양부의 벼슬 정도에 따라 다르지만 장번을 맡다가 승전색이
나 각 전의 次之內官을 거치는 것으로 보인다. 즉 일반 관료보다는
품계상 빠른 승직이라 할 수 있다.

왕명출납의 경우 그 중요성 때문에 그 후임자는 능력이 있는 자
를 선발할 수밖에 없었다. 특히 성종대를 보면, 承傳宦官인 金孝
江·曹疹·嚴用善이 늙어 출납이 잘못될 것을 우려하여 學廳을
설치하여 교육시키고자 하였다. 이 과정에서 승지는 小宦 朴仁孫
을 추천하였다. 그런데 성종은 쓸 만한 자라도 사람에게 견제를 당
해서는 안 된다고 하면서 다시 찾아보게 하였다.[57] 이것으로 보아
소환이나 능력있는 자를 우선적으로 교육시켜 젊었을 때부터 측근
에 종사하게 하였다. 이러한 품계상의 승직은 녹봉과 관련된 것이
기 때문에 높은 품계를 받는 것이지 같은 대우를 받는 것은 아니었
다. 즉 司諫 許蘰이 내관 박인손을 종5품으로 승진시켜 정5품직을
제수한 것은『경국대전』에 어긋나는 것이라 하자 성종은 환관에게
관직을 제수하는 것은 朝士의 예가 아니기 때문에 횟수를 상고하
여 녹을 올려주는 것은 잘못이 아니라고 하였다.[58]

환관의 출신신분을 보면, 고려시대 환관들의 신분은 대부분 천
예출신이 차지하였다.『高麗史』환자전에 "그 本系가 백성이 아니
면 천한 종이었다"라고 하였다.[59] 백선연은 남경의 관노출신이고,
임백안독고사는 상서 주면의 가노였으며, 충렬왕대 이숙의 경우는
어머니가 태백산 무녀였으며, 관비 선화의 아들 역시 환관이었다
고 하였다.[60] 즉 대부분 천민 출신임을 알 수 있다. 그런데 환관 崔

다. 졸하자 왕이 부의를 보내 조문하였다.
57)『成宗實錄』권166, 15년 5월 정해.
58)『成宗實錄』권187, 17년 정월 경술.
59)『高麗史』권122, 열전35 환자 서문.
60) 이우철, 앞의 논문, 23쪽.

成은 監察司錄事로 스스로 거세하였다고 하여 남반직에 종사한
것으로 보이며, 昌寧縣 백성의 경우 일반 평민으로 보인다.[61]

조선시대에 그 출신이 확인되는 경우는 태종대 환관 金希定은
본래 賤口라고 하였고,[62] 許仲富의 경우 아비가 洪州 官奴였으며,
연산군대 金子猿은 席匠의 아들이라고 하여[63] 일부 천민 출신이
보인다. 그러나 환관 李村은 慶昌府尹 權蹈의 아들을 양자로 삼았
다[64]고 한 것이나 조선후기 "영남의 사족으로 선천적인 고자가 있
었는데 내시가 데려다가 양자로 삼자 그 족속들이 절대로 통래하
지 않았다"[65]고 한 것으로 보아도 사족 출신도 있었다. 조선후기
宋會英의 경우는 부모가 학생 宋國命이라고 하였다.[66] 이것은 조
선후기 한성부의 북부 호적인 『康熙二年癸卯式年北部戶籍』에서
도 나타난다.

이를 통해 내시부에 소속된 환관을 보면 다음과 같다.

〈표 7〉 漢城府의 北部 戶籍內 宦官人名[67]

이름	벼슬	부계	처계	신분	계
申 昤	통훈대부 내시부	부-유학 상경, 조부-계공랑 군자감직장 현, 증조부-통정 호조참의 계원, 외조부-자헌 지중추부사 문상검		作賤	衍喜宮契
朱 彬	통훈대부 행내시부 尙燭	부-교생 애남, 조부-학생 인수, 증조부-학생 한명, 외조부-학생 조탁명	처 윤씨, 부-충의위 정관, 조부-충의위 계수, 증조부-충의위 홍립, 외조부-통정 오세방	작천	加佐洞契

61)『高麗史』권99, 열전12 제신 이공승.
62)『太宗實錄』권10, 5년 7월 계축.
63)『成宗實錄』권294, 25년 9월 무술.
64)『世宗實錄』권18, 4년 윤12월 갑자.
65) 세종대왕기념사업회, 1983,『公私見聞錄』後.
66) 송회영신도비는 남양주시 수동면 입석리에 위치하고 있다.

尹履臣 妻金氏	고 내시부		부-전사과 복선, 조부 -청산현감 덕송, 증조 -전관서 홍종, 외조 가 선 윤복	작천	新寺 洞契
康得浩	통훈대부 내시부 尙設	부-참봉 용수, 조부- 어모장군 언린, 증조부 -학생 낭익, 외조부- 어모장군 장순기		작천	新寺 洞契
許春蘭	통훈대부 행내시부 尙除	부-어모장군 충세, 조 부-유학 순걸, 증조부 -어모장군 영경, 외조 부-어모장군 김광경		顯賤	상동
金義臣	통훈대부 내시부 尙更	부-유학 인세, 조부- 어모장군 순필, 증조부 -유학 건, 외조부-유 학 김광경		작천	상동
李春榮	통훈대부 내시부 尙燭	부-유학 인학, 조부- 학생 세후, 증조부-선 략장군 양. 외조부-학 생 이희전	처 임씨, 부-학생 휘, 조 부-학생 몽송, 증조부 -충순위 습, 외조부- 학생 황인복	작천	상동
張夢龍	통훈대부 내시부 尙燭	부-유학 명원, 조부- 어모장군 석건, 증조부 -어모장군 선유, 외조 부-학생 윤풍산	처 장씨, 부-겸사복 응 견, 조부-명이, 증조부 -학생 인록, 외조부- 보인 한선립	작천	末屹 山契
崔 燦	통훈대부 행내시부 尙更	부-학생 응춘, 조부- 학생 충국, 증조부-내 금위 부, 외조부-학생 문건	처 김씨, 부-武學 영, 조부-학생 현충, 증조 부-학생 규, 외조부- 보인 변사운	작	상동

* 이 표에서 현천=양반이 노비를 소유한 경우, 작천=평민이 노비를 소유
한 호를 말함.

이곳에는 9명의 환관이 등재되어 있다. 그런데 허춘란을 제외하
고는 전부 양인으로 기록되었다. 그러나 관직 품계는 보통 통훈대

67) 서울시사편찬위원회, 1999, 『國譯 漢城府 北部帳戶籍』, 서울시사편찬
위원회. 이 호적의 공식 명칭은 『康熙二年癸卯式年北部戶籍』으로 한
성부에서 현종 4년(1663)에 작성한 총 152장의 필사본 호적으로 한성부
북부에 소속된 도성 밖의 16契 683호가 기록되었다.

부를 받고 있어 차이를 보인다. 이것은 내시부의 관직 품계는 녹봉을 받기 위한 하나의 수단에 불과하기 때문이었다. 金壽恒이『경국대전』의 내시부의 관직 품계를 논하면서 내시부는 雜職의 맨 처음에 정하고 무슨 品의 아문이라고는 말하지 않은 것은 실제 2품이지만 이조의 소속 아문이며, 내시 관직 품계는 종2품이 최고이고, 尙膳 이하는 원래 正職이 아니므로 언제나 付祿할 때마다 번갈아가며 올리고 내리기 때문에 일정한 높낮이가 없으며 마치 軍職의 遞兒職과 비슷하였다.[68] 그러나 대부분 부모의 신분이 양인 이상으로 나타나고 있는 것은 고려시대와는 확연히 차이를 보인다. 복호에 대한 규정을 하면서 이들은 신분은 미천하지만 衣冠을 차리는 사람으로 조정에 공직하므로 그 家戶의 역에 응할 수 없다는 것이다.[69] 이것으로 보아 이들은 양인이나 양반의 본래 신분을 유지하지만 직역에 있어서 품계를 받기 때문에 중인으로 대우받는 것이었다.

이처럼 가장 널리 사용된 환자의 양성방법은 어린 환자를 양자로 받아들여 대를 이어가면서 궁중 내에 필요한 수를 보충하였다. 또한 조관들이 개인적으로 사역시켜 부족해지자 개인이 환자를 부리는 것을 법으로 금지하였다.

2. 構成과 待遇

조선시대 환관의 관부인 내시부는『경국대전』의 완성으로 체계화되었다. 여기에서 환관직인 내시부가 어떻게 구성되었는지를『경국대전』을 중심으로 전후 변화를 살펴보고자 한다.

---

68)『顯宗改修實錄』권9, 4년 8월 임인.
69)『光海君日記』권14, 원년 3월 신묘.

먼저『경국대전』의 내용을 분석해 보면, 내시부의 환관들은 인원은 140員이며, 1년에 4都目으로 나뉘어 인사 이동하였다. 내시부 환관들의 승진은 4품 이하는 문·무관 근무기한의 예에 의하며, 3품 이상은 왕의 특명에 따라 승진한다고 하였다. 근무일의 계산은 長番者와 통근 근무자는 매일 1일을 계산하고, 출번자도 1일을 계산하였다. 그리고 서적을 강독하여 通하면 별사 2일을 주었고, 略通하면 1일, 粗通하면 반일의 別仕를 주고, 不通하면 3일의 근무를 삭제하였다. 서적의 기준은 四書 중에서 자원한 서적의 3곳과『小學』,『三綱行實』중에서 3곳을 강하여 5곳을 得通한 자는 품계를 높여주고 講學을 면제하고, 35세 이상도 강학을 면제하였다. 강학하는 것을 聽講한 날은 別仕 1일을 주고, 매 월 한번씩 3곳을 강하면 앞 항의 예에 의하여 별사를 주었다. 매 도목에 강하는 자는 7곳, 暗通하는 자는 8곳을 모두 통하거나 모두 암통한 자는 6품 이상인 자이면 準職에, 7품 이하인 자이면 守職에 임명하고, 4곳은 통, 3곳은 약의 성적 이상의 자는 관직의 임명을 받을 때에는 승진하고 그 이외의 자에게는 근무일수를 加給한다고 하였다. 그러나 비록 6곳을 통하고 7곳을 암송하였더라도 粗의 성적이 있으면 근무일수를 더 하였다.[70]

---

70)『經國大典』이전, 내시부. 내반은 '院' 이름으로 대궐 안에 있는데 長番內官의 직소다. 환관 중에 20명을 골라 종일 임금의 좌우에 모시는 사람을 말한다. 內班院이 있었던 곳은 건국초에는 景福宮의 경우 慶會門 서쪽에(『宮闕志』권1, 景福宮志), 창덕궁에는 熙政堂 남쪽에 있으며, 1곳은 建極堂과 瑤華堂 남쪽 있었다. 숙종 14년 8월 莊烈王后 趙씨 승하 후 昌慶宮에 두었다(『宮闕志』권2, 昌德宮志 내반원). 경희궁에는 興政堂 남쪽에 있었다(『宮闕志』권4, 慶熙宮志). 즉 처음에는 경복궁 경회 남문 서쪽에 있었던 것이 후에 훼철되었고, 또 하나는 창덕궁 宣政門 내 동쪽에 있었는데, 연산조 때 철거되었다가 중종반정 후 다시 회복하였다. 장렬왕후 승하 후에 이곳(창경궁)에 두었다(『東國輿地備攷』권1, 京都 雜職公署). 그런데 金宗直은 內班院記에서 성종이 내반

내시부의 인적 구성을 살펴보면, 앞의 표 <표 6> 內侍府 官職
比較와 같이 구성되어 있다. 그 중에서 각 관직마다 그 임무와 승
직을 제한하였다. 종4품인 尙册 3원 중에서 1원은 鷹坊의 체아직
이며, 2원은 大殿薛里와 酒房·對客堂上과 왕비전의 승전색·薛
里의 체아직이며, 품계는 여기서 그치고 승직하지 아니한다. 정5품
에는 尙古가 4원으로 대전의 응방·궁방과 왕비전의 주방과 文昭
殿의 설리와 세자궁의 장번 등의 체아직으로 품계는 여기서 그치
고 승직하지 아니한다. 종5품의 尙帑은 4원으로 대전의 廂庫·燈
燭房多人·설리·監農·세자궁의 설리 등의 체아직이며, 여기서
그치고 승직하지 아니한다. 정6품 尙洗는 4원으로 대전의 掌器·
掌務·火藥房·司鑰房·掌內苑·왕비전의 燈燭房·문소전의 진
지·세자궁의 주방·빈궁의 설리·주방 등의 체아직이며, 품계는
여기서 그치고 승직하지 아니한다. 종6품 尙燭은 4원으로 大殿門
差備·왕비전 문차비·장무·세자궁의 등촉방 등의 체아직이며,
품계는 여기서 그치고 승직하지 아니한다. 정7품 尙㫜은 4원으로
세자궁문차비·각궁설리·문차비 등의 체아직이며, 품계는 여기
서 그치고 승직하지 아니한다고 하였다.[71] 즉 각 품계와 직책이 나
누어져 있으며, 그 종4품에서 정7품까지의 내시직 품계는 체아직
은 일정한 품계 이상은 승직하지 못한다고 규정하였다. 내시부에
는 그 외에도 書吏가 4원,[72] 差備奴 21원, 跟隨奴 37원으로 구성되
었다.[73]

원기를 짓기를 명하셨는데, 이것은 송나라의 옛제도를 회복한 것으로
소위 外廷의 班과는 구별된다고 하였다(『漢京識略』 권2, 關外各司 內
侍府). 내시부는 北部 俊秀坊에 있다. 그런데 건국 초에는 迎秋門 밖에
있었다(『宮闕志』 권5, 都城志).
71) 위와 같은 조. 長房은 御前을 시위하는 자를 말한다.
72) 『經國大典』 이전, 경아전 서리조.
73) 『經國大典』 형전, 제사 차비노 근수노정객액조.

保人의 규정을 살펴보면,『경국대전』에 체아직으로 보이는 59인 외의 환자들이다. 즉 체아직을 받는 관직상의 59인 이외의 환관들에 대하여서는 세조대 장번의 경우는 奉足 3인을 지급하고, 출입번은 봉족 2인을 지급하라고 하였다.[74] 그러나『경국대전』兵典 給保에 의하면, "壯丁 二人을 一保로 하되 甲士에 對하여는 二保를 支給하며 長番의 宦官에 對하여도 이와 같이 한다. … 兩界의 甲士에게는 壯丁 一人을 添加 支給한다. 騎兵의 正兵, 吹螺赤·太平簫·水軍은 모두 一保와 一壯丁을 支給하되 出番 및 入番하는 宦官, 騎兵의 雜色軍, 京城에 在留하는 濟州人子弟도 이와 같다." 라고 하여 약간의 변화를 보인다. 나이가 70세 이상으로 출근을 하지 못하는 자라도 한 달에 쌀 12두를 지급하여 생계를 유지하도록 하였다.[75] 그러나『속대전』에는 "宦官으로서 宮中에서 長期間 當番하는 者는 四保, 出番 및 入番하는 者는 三保, 小宦官에 對하여는 一保를 支給한다"고 하여 약간 확대되었다. 이렇게 확대되자 비변사의 單啓目에는 "지금 내시부의 장부에는 장번 36, 출입번이 1백 68, 前銜 41, 少宦 55, 在喪 33으로서, 합하여 3백 33원이 있다고 하면서 수가 많아지면서 보인도 증가되었다"고 하였다. 이에 『경국대전』과『壬子續錄』의 규정을 소개하면서 장번·출입번의 경우는 근거가 있지만 전함·재상·소환에게도 보솔을 지급하는 것은 터무니없는 일이라 하였다. 이에『경국대전』에 의하여 장번은 4정을 지급하고, 출입번은 3정을 지급하게 하고, 전함·재상 및 소환의 보솔은 내시부로 하여금 수교하여 규정을 정하는 것이 좋다고 하였다. 이에 在喪의 경우는 그 상을 마침에 따라 곧 도로 근무하니 3년 동안 그대로 보솔을 지급하여도 무방할 듯하나 죄로서

---

74)『世祖實錄』권34, 10년 10월 을미.
75)『成宗實錄』권1, 즉위년 4월 무술.

파산이 된 부류는 죄명의 경중이나 서용의 지속을 예단하기 어려
우니 죄를 받고 3년이 경과하도록 서용이 되지 않은 자는 이조에
서 본사에 보고하여, 그 보솔을 해제하고 다른 역에 보충하며, 小
宦의 보인 지급은 법전에 실려 있는 바는 아니나, 먼 지방 사람이
서울에 와 있으며 보솔이 없으면 생활하기 어려우니 지금부터 각
각 2명을 지급하자고 하였다. 또한 파산자의 경우는 3년이 아닌 5
년으로 시한을 정하는 것이 좋겠다고 하였다.76) 조선초기 검교직
을 혁파한 것이 재정적인 원인이라면 체아직 역시 같은 이유였다.
연산군대 인원이 161명로 늘어나면서77) 녹봉에 대하여 지적하였
다. 安瑭은 내시부의 체아직이 늘어나게 되는 것은 잘못이라고 하
였다.78) 선조대 사헌부에서는 환관들의 수가 늘어나서 保率이 많
아지는 점을 지적하고 줄일 것을 주장하였지만 선조는 시행할 수
없음을 강력히 표방하였다.79)

　환관에 대한 대우를 보면, 조관과는 구별되어 각종 혜택에서 제
외되었다. 먼저 伴倘의 경우『경국대전』병전 반당조에 의하면, 환
관에게는 조관과는 달리 반당을 지급하지 않지만 공신의 책봉 시
에는 반당을 지급하였다.80) 성종초에 환관 曹疹과 李孝智가 伴人
을 받으려다가 극변에 안치되기도 하였다.81) 그러나 예외적으로
연산군대에 환관들에게도 직급에 따라서 반당을 지급하였다.82) 대
우는 승전 내관이 지방으로 갈 때 馬를 지급한 경우는 승전색은 공
무가 아닌 경우라도, 장번내관은 부모의 병문안시에만 말을 지급

76)『備邊司謄錄』15책, 효종 3년 9월 13일.
77)『中宗實錄』권28, 12년 6월 계유.
78)『燕山君日記』권28, 3년 10월 정유.
79)『宣祖實錄』권7, 6년 10월 계축.
80) 韓嬉淑, 1986,「朝鮮初期의 伴倘」『歷史學報』112, 23～24쪽.
81)『成宗實錄』권44, 5년 7월 무진.
82)『燕山君日記』권57, 11년 3월 무신.

하였다.83) 즉 승전색의 경우 宗親·儀賓 1품 이상과, 親功臣·曾經
議政府·六曹判書 이상, 經筵堂上·承旨·臺諫과 같이 비공식공
무에도 역마를 이용하였고, 장번내관 3품 이상은 經筵官 3품 이하
와 注書와 같은 대우를 받았다. 환관을 사대부와 같이 취급하여 사
대부가 2품에 오르면 부모를 추증하는 예에 따라 환관도 품계가
높은 자는 그 부모를 추증하였다.84) 또한 조관의 규례대로 3품 당
상 이상이면, 驅從·皂隷를 주고 辟除를 허락하며, 통훈대부 이상
이 아니더라도 정3품을 실행한 자에게도 조관의 직질에 따라 引路
人을 주었다.85) 중종대 시독관 蘇世讓은 환관이 도로에 벽제하기
를 재상과 같이 하고 있다는 것으로 보아86) 어느 정도 허용되었다.

　형벌에 대한 규정을 보면, 杖刑 이상에 해당하는 자는 囚禁하여
야 하지만 환관은 사족의 부인 등과 같이 아뢴 뒤에 가둘 수 있
고,87) 推斷의 경우도 마찬가지였으며, 환관도 문무백관과 같이 十
惡·奸·盜·非法殺人·枉法受贓과 같은 죄 외의 笞刑과 杖刑
에 해당한 것은 贖錢을 징수하고, 公罪로 徒刑·私罪로 장 1백 이
상의 형에 해당한 자는 모두 결장하였다.88) 형벌의 규정에서는 조
관과 같이 취급하여 그 중요성을 인정하였다. 처벌 시에 환관들은
의금부에서 처리하는 반면에 일반 하급 관리들은 형조에서 처리하
였다.89) 즉 형조에서 사건으로 내시 任聖重을 가두자 숙종은 "지
난해 嶺南의 어느 고을 수령이 조정에 품지하지 않고, 마음대로 내
시를 형벌하였으므로 특별히 수령을 파면시켜 신칙한 바가 있었

---

83) 『燕山君日記』 권31, 4년 12월 계묘.
84) 『燕山君日記』 권57, 11년 2월 갑신.
85) 『燕山君日記』 권57, 11년 3월 계축.
86) 『中宗實錄』 권19, 9년 정월 신묘.
87) 『經國大典』 형전, 수금조.
88) 『經國大典』 형전, 추단조.
89) 『世祖實錄』 권32, 10년 정월 병자.

다. 내관은 衣冠을 갖춘 사람으로서 군왕을 가까이에서 모시므로
이른바 '主上과 떨어져 있는 것이 멀지 않다'는 자이다. 지금 該曹
에서 품지하지 않고 마음대로 곤장을 때렸으니, 이런 길이 한번 열
리면 뒷날의 폐단을 막기 어려울 것이다. 당상관을 推考하고 郞廳
을 파직시키며, 이제부터는 舊典에 의하여 먼저 아뢰고 난 후에 처
리하도록 하라"고 하였다.[90] 또한 죄로 잡혔을 경우도 刑訊을 가하
지 못하게 하였다. 즉, 환관 崔演이 擊錚하다가 잡히자 승지 홍수
헌은 "격쟁한 자를 형신하는 것이 떳떳한 법인데, 어찌 최연에게는
유독 그렇게 하지 않는 것입니까?"라고 하자 숙종은 "內侍는 죽을
죄가 아니면 형장을 가하지 않는 것이다"라고 하였다.[91] 그런데 다
만 養父와의 관계에서『속대전』에 "宦官의 養子는 본래 血屬이
아니므로 犯逆으로 緣坐하는 것이 法意에는 合當하지 아니하되
또한 罪가 없지 아니하므로 遠地에 定配한다"고 하여 형식상 부자
사이가 아니므로 연좌되지 않지만 양부와의 사이를 완전 별개로
취급하지 않음을 알 수 있다.

그런데 내시부의 경우 특별한 경우가 아니면 자체적으로 처벌하
였다. 세종대 환관 兪實은 화살을 잘못 쏘아 임금의 막사로 날아
든 사건이 발생하였다. 궁궐을 향하여 화살을 쏘거나 大駕쪽으로
화살을 쏘는 것은 일체 금지되었다. 이에 安崇善은 국문하자고 하
였으나 세종은 실수로 저지른 것이라 하면서 내시부에서 조사하게
하였다. 그런데도 안숭선은 이 일은 큰 잘못으로 문책하여야 한다
고 하였으나[92] 내시부에서 笞 40대의 형에 처하였다.[93] 전 내시부
池彦忠의 경우 형벌에 대한 말을 잘못 아뢰어 내시부의 처벌을 받

90)『肅宗實錄』권25, 19년 2월 병신.
91)『肅宗實錄』권27, 20년 10월 기미.
92)『世宗實錄』권55, 14년 2월 임자.
93)『世宗實錄』권55, 14년 2월 계축.

았지만 형조로 하여금 다시 처벌하게 하여 洪州에 徒役시켰다.[94] 이 경우처럼 특별히 큰 죄를 짓지 않은 경우는 내시부에서 자체적으로 처리하였다.

또한 환관은 과거를 볼 수 있을까?『속대전』兵典 武科에 의하면 "內侍로서 受驗하는 者는 科場에 不法入場한 罪로써 論한다 當該 科場의 試官도 査問한다"고 하였다. 즉 과거를 보지 못하도록 하였다. 실제 내시 金允文이 속여서 武科에 응시하여 入格하자 試官은 환관이 과거를 보는 것은 있을 수 없다고 하여 처벌을 요구하였다. 하지만 숙종은 다만 拔去하고, 죄주지는 말도록 하였다.[95]

내시부의 숭품 한계를 보면,『경국대전』에 3품 이상은 왕의 특명에 의하여 승진하되 原從功臣의 경우는 통훈대부까지는 올려준다고 하였다. 그러나 내시부는 2품이었던 아문으로 되어 있지만 실제로는 어떠한가를 살펴보자.

> 『경국대전』내에 "무릇 공사는 2품 아문은 직계한다"고 하였습니다. 그러나 내시부는 비록 2품 아문이라고 하더라도 단지 대내의 음식 감독·명령 전달·문을 지키는 일·청소 뿐이고 해당한 공무는 관할하는 것이 없기 때문에『경국대전』내에 9품 아문 말에 서열을 정한 것입니다.[96]

품계상으로 2품이 있는 아문이지만 맡은 직무가 천하기 때문에 실제로는 9품 아문 밑에 등재하였다. 즉 관제상에 비하여 내시부는 하위에 있었다. 그러나 왕의 특명에 의하면 품계는 한품을 넘어 제수할 수 있었다. 사간원대사간 成俊 등이 화공 崔京 등의 당상관 임명에 대하여 부당함을 아뢰자 貞熹大妃는, "환관으로서 당상관

---

94)『明宗實錄』권33, 21년 9월 신축.
95)『肅宗實錄』권4, 원년 11월 무술.
96)『成宗實錄』권222, 19년 11월 경진.

에 이른 사람도 많다. 이것이 과연 한품에 구애 되었다고 하겠느냐!"[97]라고 하여 관품의 한계는 잘 지켜지지 않았고, 혹 1품에 이른 자도 있었다.[98]

환관에 대한 교육은 어려서부터 시작되었다. 일정한 절차를 거친 궁중의 小宦들에게 『大學』을 읽게 하였다는 것이다.[99] 이들을 전문적으로 가르치기 위하여 태종은 나이 많은 환관들은 어떻할 수 없지만 소환들을 교육시키는 것이 마땅하다고 하면서 布衣 李直卿에게 가르치게 하고 의복과 집을 하사하였다.[100] 이렇게 하여 內侍敎官을 두게 하였다. 그러나 이전에 金子誠이라는 사람이 교육하였다는 것으로 보아 이전부터 환자들을 가르치던 제도가 있었던 것으로 보인다. 이를 시험을 보아 근무일수를 계산하였다. 대부분의 환관들은 글을 읽을 줄 모르는 사람들이 많았다. 세조대 전균은 글자를 알지 못하면서도 출납할 적에 한 글자도 틀리지 않았다.[101] 그러나 연산군대 金順孫의 경우 文字에 관계된 말을 전담하였고,[102] 연산군이 경연을 회피할 목적으로 弘文館으로 하여금 그에게 『綱目』을 가르치게 하려다가 홍문관 관료들의 반대를 받기도 하였다.[103] 김순손의 경우 어느 정도 학문적 소양을 갖춘 경우였다.

환관들에게 학문을 가르치는 것은 정치적인 경계를 위한 것이었

---

97)『成宗實錄』권19, 3년 6월 기사.
98) 세조대 환관 전균은 1품에까지(『世祖實錄』권32, 10년 정월 계사), 성종대 申雲은 崇政大夫 興陽君에(『成宗實錄』권156, 14년 7월 기유), 명종대 박한종 역시 숭정대부까지 승진하였다(『明宗實錄』권26, 15년 10월 임인).
99)『太祖實錄』권5, 3년 5월 신유.
100)『太宗實錄』권33, 17년 4월 계미.
101)『文宗實錄』권12, 2년 3월 계해.
102)『成宗實錄』권292, 25년 7월 경자.
103)『燕山君日記』권5, 원년 5월 병신.

다. 환관들을 경계하기 위하여 同知經筵 李思哲은 역대 환관들의
착한 행실을 기록한 『大學衍義』를 내시들에게 읽도록 하자고 하
였다. 이것을 읽게 한 것은 태종이 궁내와 내시부의 條章을 지어서
환관들에게 익히게 하였는데, 모두 不通하자 환관 林童·宋重·李存
命·金呂生 등의 告身을 빼앗고, 李孝智·安仲敬 등의 職을 1계급
씩 강등하였다.[104] 이후 환관들에 대한 교육을 중시하였다.

이처럼 환관들의 대우는 관직상 조관들과 형벌면에서 큰 차이가
보이지 않지만 반당 등 예의면에서 차이를 보인다. 큰 형벌의 경우
가 아니면 내시부에서 처리하였다. 이것은 녹봉의 규정에서도 일
반인과는 차별을 보이며, 체아직을 받게 되는 이유이기도 하다. 교
육은 어려서부터 받으면, 일정 정도 이상이 되어야만 승진할 수 있
었다. 그러나 대부분 글을 모르는 경우가 많았으며, 태종은 내시교
관을 두어 글을 가르치게 하였으며, 성종은 『좌전』 등을 가르치려
하였으나 신하들이 반대하였다. 이후에도 내시교관이 있는 것으로
보아 어려서부터 학문을 배웠음을 알 수 있다.

Ⅲ. 宦官의 任務

고려전기에 환자들은 단순히 궁중의 잡무에만 종사하였다. 그러
나 원간섭기를 지나면서 원나라 황제의 총애를 배경으로 봉군되거
나 조관의 관직에 진출하는 경향이 많아지면서 궁중 잡무에만 종
사하던 환자들이 출납이나 왕실의 개인 재정을 담당하였다. 이러
한 임무는 조선으로 계승되었다. 조선시대 내시부의 임무를 『경국

---

104) 『文宗實錄』 권8, 원년 6월 임오.

대전』이전 내시부조에, "闕內의 監膳, 傳命, 守門, 掃除의 임무를 맡는다"라고 하였다. 이것은 환관의 임무가 궁중 내에서 가장 하찮은 잡무에서부터 왕명출납까지 다양함을 알 수 있다.

이를 자세히 살펴보면 대내의 음식을 감독하는 尙膳, 주방을 관리하는 尙醞, 차를 관리하는 尙茶, 약을 관리하는 常藥 이외에 鷹坊, 弓房, 門差備, 燈燭房, 창고관리, 왕실 농토 관리, 열쇠 관리, 火藥房, 왕실 내원 등 다양한 임무를 담당하였다. 궁중 내의 각종 역할을 담당하였다. 그 중에서 중요한 임무는 궐내의 감선, 왕명출납, 선공업무, 내수사의 관리 등이 있다.

1. 闕內 監膳

내시부의 임무는 기본적으로 監膳이 있다. 즉 음식의 품질을 검사하고 감독하는 일이다. 해당 관원으로는 상선 2(종2), 상온 1(정3), 상다 1(정3) 등으로 이들은 대내의 물선·술·차 등 식음료의 품질을 검사하고 감독하였다. 내시부에는 설리가 있는데 설리는 몽고어로 助라는 뜻이다. 각 궁의 음식과 관련된 일은 대부분 내시부에서 담당하였다. 내시부에서는 종4품인 상책 3원 중에서 2원은 大殿 薛里로 酒房 對客堂上과 왕비전의 승전색·설리를, 정5품에는 상고가 4원 중 2인은 궁방과 왕비전의 주방과 문소전의 설리, 종5품의 상탕 4원 중 2인은 대전의 설리·세자궁의 설리, 정6품 상세 4원 중 일부는 문소전의 진지·세자궁의 주방·빈궁의 설리·주방, 정7품 상훤 4원 중 일부는 각 궁 설리 등을 맡았다.105)

환관의 임무 중에 하나는 궁중 내에서 사용되는 음식을 관장, 관

---

105) 『經國大典』이전, 내시부조.

리하는 것이다. 모든 것이 왕의 토지라는 인식으로 각 지역에 있는 모든 진귀한 물건이 왕에게 진상되었으며, 왕이 먹는 음식은 특별히 관리되었다. 궐내의 음식과 관련된 기구로는 司饔院이 있다.[106] 궁중 내의 음식을 맡았던 사람은 사옹원의 관리와 내시부의 설리인데 이들은 계절에 맞는 음식과, 입맛에 맞는 음식을 올려야 할 책임이 있었다. 이러한 일을 감독하는 것은 사옹원제조지만 그들은 제대로 감독하지 않고 내전의 都薛里가 전담하였다.[107]

이것을 관리하는 사람이 도설리로 내시부의 최고직인 상선을 말한다. 이들은 사옹원과 직접 연결되며, 대전, 왕비전, 세자궁의 반감과 각색장 390명 중 내시부 소속 노비가 132명으로 약 34%를 차지하는 것은 사옹원이 사실상 내시부의 관할하에 있었음을 말해주는 것이다. 사옹원의 도제조·제조·부제조는 도합 10명으로 그 중에서 환관들이 참여한다는 점이 주목된다. 즉 세자전의 사옹방을 감독하는 환관 鄭德瓊을 장 60대를 때려 密陽으로 유배 보냈는데, 그 이유는 음식을 친히 살피지 않았기 때문이었다.[108] 이것을 보아도 각 전에 사용되는 음식의 감선은 각 전 설리들이 담당하였음을 알 수 있다. 사옹원에서는 1일 3회에 감선을 하는데,[109] 중종대 세자가 물린 음식을 먹은 翊衛司와 사옹원 관원 및 하인들이 두통과 복통으로 구토 설사하여 감선한 제조와 내관 膳夫를 추국하였다.[110] 이를 보아도 내시부와 사옹원에서 감선을 담당하고 있음을 알 수 있다. 환관들은 각 전에 배치되어 물건을 감독하는 역

---

106) 宋洙煥, 2000,「조선전기의 司饔院」『朝鮮前期 王室財政 研究』, 集文堂. 사옹원은 세조 13년 사옹방이 사옹원으로 된 것으로 이때부터 녹관을 두었다.
107) 『世祖實錄』 권39, 12년 8월 경신.
108) 『太宗實錄』 권11, 6년 4월 무자.
109) 『成宗實錄』 권33, 4년 8월 병자.
110) 『中宗實錄』 권55, 20년 10월 을미.

할을 하였다. 그런데 설리들이 올린 음식물이 간혹 잘못될 경우는
엄중히 처벌받았다. 세자가 먹고 남은 음식은 다른 사람에게 주는
것이 상례였는데, 이것을 먹은 사람들이 병이 났다고 하자 사간원
에서는 사옹원으로 하여금 이것을 봉진한 곳을 조사하게 하였다.
이에 해당 관찰사를 처벌하고, 또한 감선 제조와 내관, 담당 膳夫
을 처벌하자고 하였다.111) 중종 23년 2월에도 세자의 아침 수라 退
膳 중 生雉와 食醢 등을 說書 許沆 및 하인 6~7인이 먹고 구토
증세를 보인 사건이 있었다. 잘못된 것은 식혜에 사용된 꿩으로 이
것은 1월 16일에 바친 것을 2월 6일에 공진한 것이었다. 이 일로 세
자궁의 도설리와 설리·飯監·床排色를 처벌하고, 진상물을 제대
로 봉하지 않아 문제를 일으킨 龍仁縣令 南世平을 추고하였다.112)
이 과정에서 실제 환관들이 관리 감독하는 것에 대하여 반대가 없
었던 것은 아니었다. 성종대 사헌부지평 金利貞은 饌膳을 사옹원
제조가 아닌 환관이 관리하는 것은 대신을 존경하는 도가 아니라
고 하였다.113)

『經國大典』刑典 闕內各差備條에서는 司饔院에서 각종 요리와
잡사에 종사하는 飯監과 各色掌이 등재되어 있다. 이들은 文昭
殿·大殿·王妃殿·세자궁에 반감을 비롯한 별사옹·湯水色·
飯工·餠工·酒色 등 각색장인데 모두 16가지 직종에 390명이 정
속되어 있다. 이들 반감과 각색장은 모두 공천으로 분2번하여 근무
하였다. 문소전은 사옹원이 祭享의 제수를 담당하게 되어 있어 사
옹원의 반감과 각색장이 분속되어 있다. 궐내각차비 중 반감과 각
색장이 多人廳에 소속된 자들이 있어 주목된다. 예컨대 반감의 경

111)『中宗實錄』권55, 20년 10월 기해.
112)『中宗實錄』권60, 23년 2월 경술.
113)『成宗實錄』권19, 3년 6월 무인.

우 대전 6, 왕비전 4, 세자궁 4명인데 이중에서 다인청에 소속된 자
는 모두 132명으로 되어 있다. 다인청은 多人房이라고도 하며 환
관들이 모여 있는 처소를 뜻한다. 여기에 속해 있는 환관을 다인이
라 하였다. 그러므로 다인청은 환관의 처소를 뜻하며 다인청에 소
속된 노비는 곧 내시부에 소속된 노비를 말한다. 내시부는 세종 5
년(1423)에 사역할 驅史가 없다하여 노비 2백 구를 정속한 바 있
다.[114] 다인청 소속 노비 132명은 여기의 2백 명에 포함되어 있는
데, 『경국대전』성립 당시까지 도망 이역으로 그 수가 줄었을 것으
로 생각된다. 성종 원년(1470) 永昌殿(세조의 혼전)에 입역한 공천
에 대하여 정포 2필을 지급하거나 1년을 기한으로 노역을 면제하
여 포상하였는데, 여기에는 別監奴・守僕奴・別司饔奴・湯水色
奴・紫色奴・飯監奴 등 사옹원의 각색장이 나타난다. 한편 茶人
飯工奴・茶人城上奴・茶人房直奴・茶人外房奴 등의 명칭은[115]
내시부에 소속된 궐내각차비로 입역하여 사옹원의 반공・성상 혹
은 궐내의 방직 등으로 복무하는 노비를 뜻한다.[116] 결국 왕실의
사장적 성격을 가진 음식 관리는 내시부의 설리들이 담당하였다.

내시부는 각종 연회나 사신접대 등에 사용되는 음식을 관장하였
다. 大禮의 同牢宴과 內外命婦 會禮宴의 饌品 排設과 조리 등에
대한 절목 역시 도설리가 맡았다. 大廳庫에 諸道에서 진상된 온갖
물품의 수량이 많아 넉넉히 비치되어 있기 때문에 도설리가 알맞
게 헤아려 출고해 궐내에서 시행하였다.[117] 그런데 각종 연회시 빈
객의 접대 역시 사옹원에서 담당하였다. 세종 25년 안숭선은 『周
禮』에는 "饔은 왕과 왕후와 세자의 음식을, 外饔은 빈객의 향응을

---

114) 『世宗實錄』 권19, 5년 2월 경신.
115) 『成宗實錄』 권8, 원년 12월 임술.
116) 송수환, 앞의 책, 200~201쪽.
117) 『宣祖實錄』 권150, 35년 5월 갑신.

맡는다"라고 하였는데, 지금 우리나라는 御膳은 尙膳監에서 빈객
은 禮賓寺에서 접대하는데, 음식과 관련된 모든 접대는 사옹원이
감당하기 때문에 비용이 문제라고 하였다.118) 이에 각종 연회나 사
신접대, 빈객의 접대를 사옹원에서 담당하고 있음을 알 수 있다.
이것은 태조대 환관 조순에게 왕명출납과 대신을 대우하는 임무를
맡기고 있는 것에서도 알 수 있다.119) 이것은 세조대 전균으로 하
여금 사옹원제조를 맡게 하고 있는 것도 같은 이유에서였다.120)

　대전설리는 왕이 필요로 하는 음식을 준비할 의무가 있었다. 연
산군은 사슴의 꼬리와 혀를 즐겨 먹었으므로 특별히 설리 내관이
사들였다. 이 과정에서 書狀 수효를 쓰지 못한 咸鏡道觀察使 朴樻
을 국문하였다.121) 각 전에 설리는 신선한 물건을 고르기 위하여
직접 음식물을 수납하였다. 永慶殿薛里 全淑命은 豆毛浦에서 進
上할 잔고기를 잡을 때에 各色掌 申世永이 물에 빠져 죽는 것을
보고도 건지지 못하였다고 하여 추고하였다. 여기서 전숙명이 두
모포까지 간 까닭은 직접 물건을 수납하기 위해서였다.122) 이렇게
신선한 생선을 공납받는 것은 쉬운 일이 아니었다. 세종 23년 사옹
원의 청으로 한강에서 通津까지의 강변에 있는 양인이나 公賤奴
子 1백 호를 生鮮干에 소속시키고 3번으로 나누어 잡역을 면제하
는 대신에 오로지 內膳을 공급하게 하였다. 그럼에도 불구하고 설
리는 신선한 생선을 위하여 직접 포구로 나갔다. 또한 계절에 맞는
음식이나 제대로 된 음식을 공납할 필요가 있었고, 지방에서는 계

---

118)『世宗實錄』권101, 25년 8월 갑신.
119)『太祖實錄』권13, 7년 4월 정유.
120)『世祖實錄』권30, 9년 2월 신사.
121)『燕山君日記』권59, 11년 8월 갑인. 연산군이 좋아하는 사슴의 꼬리와
　　　혀를 封進하는 書狀에 그 수효를 쓰지 않았다고 하여 함경도관찰사
　　　朴樻을 국문하였다. 당시 사슴 꼬리 한 개의 값은 베[布] 30필이었다.
122)『中宗實錄』권50, 19년 5월 경인.

절에 맞는 물선을 바칠 의무가 있었다. 세조 12년 사헌부에서 사옹
원 관리와 설리 등이 물선을 공진하는 것에 대하여 문제를 삼았다.
계절에 맞는 김치와 젓갈을 올리지 않았으며, 물선을 마음대로 요
리하였는데도 제조가 단속을 소홀히 하였다. 그리고 京畿觀察使의
都事와 해당 守令 등은 서리가 내린 지도 이미 오래되었는데도 새
로 난 게[蟹]와 청게[靑蟹]를 올리지 않은 것은 부당하다는 것이었
다.123) 공선을 위하여 지방에 갈 때 역시 문제였다. 사옹원 소속 환
관들이 붕어를 진상하는 일로 衿川에 가서 추수기도 끝나기 전에
둑을 무너뜨리거나 개인 집 붕어를 잡는가 하면, 진상하고자 모아
둔 生蟹를 탈취하였다.124)

　대내의 감선의 임무는 단순히 물선을 감독하는 것에서 벗어나
공납을 받는 것과 관련이 있다.125) 왕의 사장고인 내수사를 담당한
것도 이와 같은 맥락이다. 供上의 본래 의미는 왕실의 일상생활에
필요한 물품 공급을 뜻한다. 그러나 왕실 소유와 국가소유의 엄격
한 구분이 애매한 경우가 많았다. 환관들에게 무엇보다 중요한 것
은 각종 물선을 출납하는 일이었다. 특히 문소전의 물선 출납은 감
찰과 봉상시 관원들이 하였지만 품질을 제대로 감찰하지 못한다고
하여 대전(문소전) 설리가 출납을 관장하였다. 여기에 대하여 예조
에서는 세조대부터 봉상시의 관원과 감찰로 하여금 출납을 관장하
였다고 하면서 반대하였다.126) 문소전, 延恩殿 제사의 음식 역시

123)『世祖實錄』권39, 12년 8월 경신.
124)『明宗實錄』권25, 14년 3월 무자.
125) 송수환, 앞의 논문, 211~218쪽. 왕실 재정을 담당하는 아문은 첫째,
　　왕실의 개인 재정을 담당하는 사장고인 내수사, 둘째 왕실의 공상을
　　담당하는 전공아문인 상의원·사옹원·내자시·내섬시·사도시·
　　사온서·장원서·사포서·사축서, 셋째 국가운용의 아문이면서 경
　　우에 따라 왕실에 공상도 겸하는 겸공아문인 봉상시·사복시·예빈
　　시·제용감·의영고·장흥고·전생서 등으로 구분된다.

설리가 담당하였다.

출납 절차의 경우 세종 원년(1419) 예조가 진상물선을 상정할 때 사옹방이 직접 접수하던 膳狀을 승정원이 관장하였다. 종전에 사옹방 소속 환관들이 이를 전담하여 濫收하는 폐단이 있었기 때문이었다.[127] 즉 태종대까지는 물목상정은 예조가, 수납은 사옹원이 전담하였음을 알 수 있다. 동왕 4년 각도 관찰사가 예조에 진상물목을 이문하면 예조가 이를 점검하여 回帖하였으나, 차후에는 각 전에서 직접 帖字를 발급하고, 不合品은 예조가 각 전에 발급한 첩자를 참고하여 당해 관찰사를 논핵, 이문하자 하였다.[128] 사옹방은 각 전의 진상수납을 총괄하였는데 진상은 월 2회로 그 양은 많은 것이었다.[129] 보통 지공은 각사가 호조의 關文과 더불어 승정원의 승명첩인을 확인하면 사헌부의 감찰이 출납하였다. 그러나 상의원은 교서관·내의원·장원서와 더불어 감찰이 아닌 제조가 출납하는 御府였다. 사옹원은 사실상 내시부의 관할 하에 있었다. 물선의 출납은 승정원을 거친다고 하더라도 감찰이 아닌 장선내관과 사옹원이 함께 관장하였다.[130]

세종 19년(1437) 국왕의 명으로 출납절차가 마련되었다. 내용 잡물은 국왕이 환관에게 입내를 명하면 내수사가 신부로써 승정원에 이를 전하였다. 만약 국왕이 신부를 내리지 못하면 환관이 먼저 잡물을 입내한 후에 국왕에게 계달하였다.[131] 이러한 기능들은 사옹원만이 아닌 환관들이 관장하는 司僕寺·尙衣院 등도 직계하지

---

126) 『成宗實錄』 권10, 2년 4월 임자.
127) 『世宗實錄』 권6, 원년 12월 신묘.
128) 『世宗實錄』 권18, 4년 11월 계해.
129) 송수환, 앞의 논문, 54~55쪽.
130) 『成宗實錄』 권280, 24년 7월 정사.
131) 『世宗實錄』 권76, 19년 정월 계묘.

말고 승정원을 거치도록 하였다.132) 또한 궁내에서 사용되는 모든 잡물 역시 환관들이 출납하였다. 궁내에서 사용되는 모든 잡물과 상의원·사복시·紫門工繕監의 물건도 담당 환관이 승정원에 출납하였다.133) 중종 4년 창덕궁 내탕고에 도둑이 침입하여 금은기와 채단 등을 절도한 사건이 있었는데, 이것은 次知廂庫 환관이 순번하고서 무사하다고 아뢰었다면서 의금부로 하여금 추문하였다.134) 이것을 보면 궁중 내 각종 왕실과 관련된 물품에 대한 출납 및 책임은 환관들이 담당하였음을 알 수 있다.

각 전마다 酒房·燈燭·諸色 薛里·飯監·別監·把直軍卒 등이 있었다.135) 액정서의 잡직들을 환관이 감독하다 보니 궁중 내에 근무하는 下人들의 잘못이 발생하면 승정원을 거치지 않고 환관들에게 부탁, 왕에게 호소하여 무마하려는 폐단이 있었다.136) 궁중에서 사용되는 모든 물건은 승정원을 통해 해당 관사를 거쳐 지출해야 만하였다. 그런데 사옹원설리의 경우는 중국 사신의 연향 별선에 쓰는 잡물을 사사로이 왕에게 아뢰어 사용하였다. 해당 물건 역

---

132)『世宗實錄』권64, 16년 6월 정사.
133)『世宗實錄』권76, 19년 정월 계묘.
134)『中宗實錄』권8, 4년 5월 무오. 상고는 왕실의 물품을 소장하는 것으로 명사가 진납한 물품을 수장하였다.
135)『成宗實錄』권201, 18년 3월 신축. 愼承善의 딸을 세자빈으로 정하자 이를 궐내로 맞아들이지 않는 대신에 부모를 이웃집에 옮겨 거처하게 하였다. 그러나 각 중에 필요한 주방·등촉·제색 설리 및 반감·별감·파직 군졸 등은 전례에 따르도록 하였다.
136)『燕山君日記』권4, 원년 4월 신사. 內資寺의 종 檢丁이 관원과의 문제로 사옹원 설리 嚴用善을 통해 왕에게 호소하였다. 하지만 정괄은 엄용선이 승정원을 경유하지 않고 왕에게 아뢰었다고 하여 죄를 청하였다. 사도시의 5품 시녀의 料를 올려주는 문제가 생기자 寺員이 사옹원 설리와 승전색 김자원을 통해 왕에게 아뢰었다. 결국 정상적인 왕명출납이 아닌 것이다. 결국 승정원에서는 이를 문제 삼아 사도시의 관원을 국문하게 하였다(『燕山君日記』권49, 9년 3월 갑신).

시 그 양이 필요보다 많았다. 그러나 승정원을 거치지 않는 것이
항례였고, 물건의 다수가 문제되는 것은 아니었다.[137]

진상출납은 문종대 도설리가 관장하였다. 도설리의 印을 주조하
여 주라는 명에 대하여 掌令 河緯地가 반대하자 왕은 출납하는 물
선에 날인하여 신표로 삼으려는 것이라고 하여 도설리가 출납을
맡고 있음을 말해 준다.[138] 이후 세종대에 사용원 관리와 설리 등
이 물선을 공진함에 태만히 한다고 하여 사헌부로 하여금 추핵한
것[139]이나 성종대에도 예조에 명하여 사용원 도설리의 인신을 주
조케 하지만 도승지는 공상 출납시에만 사용원 인신을 사용해야지
도설리의 인신을 따로 만들 수 없다고 반대하였다.[140] 결국 도설리
의 인신은 주조하지 못하였지만 물선 출납은 관장하고 있음을 알
수 있다. 연산군은 진공하는 물건을 사용원에서 관찰하되, 나쁜 것
을 진상하는 관원은 이조에서 장부에 기록하고, 6개월에 3번 국문
당하면 관찰사가 殿最에 상등이라도 파면하였다.[141]

사용원 도설리는 연산군대에는 1차진상 생선의 장부를 관장하
였다. 더구나 일차진상은 詳定廳의 관할에서 벗어나 도설리가 소
용에 따라 가감하여 작정하였다.[142] 이 과정에서 연산군은 이와 같
이 자질구레한 것은 상고할 필요가 없다고 하였다. 이러한 도설리
의 권한은 중종대에는 더욱 확대되어 동 7년(1512) 당시에 이미 8
도의 진상 및 어부 등에 관한 일을 관장하는 막중한 임무를 수행하
였다.[143] 이 과정에서 설리 朴敬禮는 진상한 숫자를 속여 예조에

---

137) 『仁宗實錄』권2, 원년 4월 병진. 이 일은 앞으로 물건을 정확하게 조
    사하게 하고, 더 이상 죄를 묻지 않았다.
138) 『文宗實錄』권2, 즉위년 6월 을미.
139) 『世祖實錄』권39, 12년 8월 경신.
140) 『成宗實錄』권114, 11년 2월 갑자.
141) 『燕山君日記』권56, 10년 10월 임신.
142) 『燕山君日記』권42, 8년 정월 임오.

보고한 죄로 처벌받기도 하였다.[144] 동 12년(1517)에는 사옹원 제
조와 판사 이하 관원을 제치고 진상출납을 전담하였다.[145] 인종 원
년 사옹원 설리가 天使 연향시에 필요한 잡물을 승정원을 거치지
않고 직계하여 물의가 생겼다. 설리는 소용 淸蜜은 30두를 薰古는
5석을 계청하였고,「天使支供膳錄」에도 없는 물산도 많이 청구하
였는데 인종은 이를 연산군 7년 이래 관행으로 여겨 甘結로 지출
하였다.[146] 결국 사옹원 관리들이 입직을 빠지는 경우가 발생하고,
이를 감독할 병조에서는 그 사실을 모르는 경우가 발생하였다.[147]
이러한 기능들은 선조대에도 사옹원에서 음식과 관련된 일을 수행
하였다. 그리고 사옹원은 선조대 鷹師에 관한 일도 관여하였다.[148]

세종은 진상하는 물건을 강제로 하지 말고 제대로 된 것을 올리
게 하였다. 이것은 사옹방의 환관이 혼자 맡아 처리하다 보니 일이
많아 제대로 된 것을 수량만 맞춘다고 생각하여 膳狀은 모두 승정
원에게 올리도록 하였다.[149] 이러한 물건의 감독이 청결하지 못하
고 출납에 잘못이 많다고 하면서 사옹원의 감독을 환관이 아닌 조
관으로 임명하자고 하였다. 세종 14년 궐내의 宣飯이 풍성하기는
하지만 청결하지 못한데, 이것은 환관들이 관여하기 때문이라고
하면서 환관을 혁파하고, 조관이 맡게 하자고 하였다. 그러나 안숭
선은 이것은 조관이 맡는다고 해결될 것은 아니라고 하면서 법으
로 엄격하게 조치하는 방법 뿐이라고 하였다.[150] 결국 사옹원의 출

143) 『中宗實錄』 권15, 7년 정월 임자.
144) 『中宗實錄』 권17, 7년 10월 계해.
145) 『中宗實錄』 권28, 12년 6월 병인.
146) 『仁宗實錄』 권1, 원년 4월 병진.
147) 『宣祖實錄』 권7, 6년 3월 정해. 이러한 것은 명종대 윤원형이 집권하
    면서 뇌물을 주어 아랫사람을 봐주기 시작하면서부터였다.
148) 『宣祖實錄』 권141, 34년 9월 계축.
149) 『世宗實錄』 권6, 원년 12월 임진.

납은 청결하지 못하였다. 이것은 司僕少尹 鄭孝綱의 상소에서도
알 수 있는데, 진상하는 물건은 영추문을 통해 內寺僕에 바치는데
이 과정에서 궐문 밖에 탁자도 없이 받았다. 이에 진상선물이 오면
탁자 위에 놓고 승정원에서 고해서 확인한 후, 승정원에서 사옹원
에 연락하면 색장을 거느리고 가져가게 하자고 하였다. 특히 비가
오는 날을 대비하여 문밖에 초가집을 지어 진상선물을 안치하자고
하였다.151) 이것으로 보아도 출납과정에서 지체하는 경우는 흔히
있었던 것으로 보인다. 특히 사옹원의 각종 창고 관리 또한 중요하
였다. 沈藏庫에서 관리하는 채소가 청결하지 못하자 사옹원의 관
리와 환관들도 같이 죄를 받았다.152) 비록 채소의 담당은 침장고이
지만 이것은 어선과 관련이 있기 때문이었다.

그런데 무엇보다 중요한 것은 궐내에 있는 물건을 훔쳐가는 일
을 단속하는 것이다. 출납은 엄격히 규정되기는 하지만 많은 문제
점이 있었다. 내자시의 노복 他內는 昭格殿의 노복 安祿, 中寶와
공모하여 승정원에서 牌書한 무명 1백 필을 훔쳐 大殿別監에게 주
어 거짓으로 제용감에서 왕명으로 사찰(大慈菴)에 보내는 것이라
하였다. 결국 내관의 開門符를 소지하여 敦義門까지 갔다가 발각
되었다. 결국 주범인 타내는 참형에, 중보와 안록은 곤장 1백에 流
3천 리에 처해졌다.153) 이러한 잘못을 보완하기 위하여 출납과정이
나 궁문의 출입과정을 엄격히 감독하였다. 鎭撫는 光化門・建春
門・迎秋門에서 관의 직사를 띠고 있는 사람, 관아의 서리, 조관의
수행원을 제외한 色掌別監 등 물건을 가지고 출납하는 사람들을
감독하였다. 또한 숙직하는 조관이나 군사들이 가지고 오는 물건

---

150)『世宗實錄』권56, 14년 4월 계묘.
151)『世宗實錄』권118, 29년 10월 기사.
152)『世宗實錄』권36, 11년 5월 병진.
153)『世宗實錄』권31, 8년 정월 계해.

도 印字와 印標를 찍은 다음 출입하였다. 특히 사용원의 잡물의 출
납은 인신을 가지고 확인하였다. 이 과정에서 색장들이 사용하는
頭巾과 笠子의 착용 여부까지도 정밀하게 조사하였다. 매일 청사
에 공급하는 인원은 대전은 사용원 별좌가, 중궁·동궁·덕수궁·
의빈궁은 각 궁 설리가 조사하여 司膳司로 증빙하였다. 이 과정에
서 규정을 어긴 자는 승정원을 통하여 고하고 처벌하였다.154) 결국
색장은 내시부 소속이고, 환관들이 물건을 감독하다 보면 속일 수
있는 가능성은 언제든지 있었다. 그 외 다른 물건을 훔쳐가는 것
역시 엄격히 처벌하였다. 성종대 환관 李坪과 書房色 宋熙堅이 弓
幹木을 훔친 죄로 본래 율은 이평은 斬待時지만 사형은 감해주고,
송희견은 율대로 仗 1백 대, 流 3천 리에 처하였다.155)

승전색 등 환관은 그 위상이 대단하여 공적인 일이나 사적으로
지방을 왕래할 때에 감사와 수령이 아부하고 잘 대접하였다. 그것
은 이들이 임금의 측근에 있기 때문이었다. 領事 鄭光弼은 李崇元
이 平安道監司 때의 예를 들면서 이를 비판하였다. 내관 李孝智가
평안도에 갔을 때 요구사항이 많았고, 기생을 태워 가지고 다니기
까지 하였으며, 각관 수령들이 서로 초청하였다. 이숭원은 여기에
대한 잘못을 지탄하였다. 이렇게 수령들이 이효지에게 아부하게
된 것은 본래 王使였기 때문도 있지만 당시 전임 평안감사 玄碩圭
가 이효지를 위하여 잔치를 베풀고 관아로 초청하여 옷을 주는 등
의 아부행위가 있었기 때문이었다.156)

설리는 모든 물선을 담당하다 보니 해당 물건을 관리하는 參奉
역시 설리를 두려워하여 그의 말을 따르게 되었다. 각 도의 진상에

154)『世宗實錄』권81, 20년 5월 병오.
155)『成宗實錄』권230, 20년 7월 경신.
156)『中宗實錄』권19, 9년 정월 신묘.

있어서도 봉상시 관원과 殿의 참봉이 입회하여 臺監을 청해서 받아들인 뒤에 다른 관원이 그것을 開封하여 쓸 때 덜어낸 물건을 직접 자세히 기록하지 않고 庫子에게 맡기기 때문에 고자가 私用으로 만드는 것이다.157) 설리들은 공물을 바치는 사람에게 뇌물을 요구하거나, 이것이 받아들여지지 않을 경우 물건을 퇴자 놓는 경우도 흔히 있었다.158) 연산군 원년(1495) 진상하는 물선을 모두 환관에게 위임하였기 때문에 市肆에 내다팔았다.159) 사옹원에서 진상물선을 監納할 때 뇌물 여부에 따라 진퇴하여 都會官은 각 관으로부터 면포를 징수하여 인정을 칭하면서 환관에게 뇌물을 주는데, 만약 뇌물을 주지 않으면 물선이 신선하여도 점퇴하였다. 또 희귀한 진상품을 구하지 못하면 경중의 반감과 각색장의 집에서 사서 납부하는데, 이것은 모두 御廚에서 훔쳐낸 것이었다. 즉 환관들이 반감 및 각색장들과 결탁한 것이었다.160) 조선후기 설리들은 개인적으로 貢人들에게 필요한 물건을 요구하거나161) 자기들끼리 사사로이 필요한 물건을 부탁하였다.162) 간혹 설리 등은 문소전에 사용하는 祭物을 훔치거나 물선들을 값싼 다른 물건으로 바꾸어 사용

---

157) 『明宗實錄』 권29, 18년 7월 신묘.
158) 『景宗實錄』 권4, 원년 8월 갑술. 사옹원 監膳提調 閔鎭遠이 공물을 바치는 사람에게 뇌물을 요구한 薛里內官을 처벌할 것을 청하고 廚院으로 하여금 물건을 감독하게 요구하였지만 허락하지 않았다. 결국 민진원은 이 일로 공물을 바치는 사람들이 설리로 인하여 고통을 받고 있는데도 감독하지 못한 책임이 있다고 하면서 체직을 청하였다.
159) 『燕山君日記』 권4, 원년 4월 갑술.
160) 송수환, 앞의 책, 226쪽 ; 『燕山君日記』 권42, 8년 정월 임술.
161) 『英祖實錄』 권107, 42년 8월 신축. 설리 중관이 사첩으로 공인에게 꿩과 생선을 구한 일이 발생하자 이를 엄단하게 하였다.
162) 『世祖實錄』 권32, 10년 정월 병자. 승전색 李得守는 酒房薛里 韓保와 全信에게 內酒房의 술을 청하였다. 이 일로 이득수 등은 의금부에 투옥되었다.

한 뒤 그 나머지 이윤을 나누어 사용하였다. 그러다 보니 물건을 납품하는 사람들이 오히려 綿布를 飯監에게 주고 노루 대신에 염소나, 제육을 사용하는 경우도 있었다.[163]

이처럼 환관들은 궐내의 음식과 관련된 모든 사항을 감독하였다. 나아가 음식을 만들 재료의 수납까지 책임졌다.

2. 傳 命

내시부의 가장 큰 임무는 왕명출납이었다. 왕명출납은 고려시대에는 中樞院의 代言 내지 承旨가, 조선시대에는 승정원에서 출납을 관장하였다.[164] 고려 말 내시부가 성립된 이후 承傳色이 임무를 대신하였다.[165] 출납절차는 각 관서에서 승정원으로 문서를 제출하면 승정원에서 정리한 다음 승지나 승전색을 통하여 왕에게 전달하는 것이 일반적이었다. 이 과정에서 명령이 많고 모든 일을 승정원에서 출납하기 힘들기 때문에 큰 일은 승정원의 승지가, 작은 일은 승전색이 명령을 출납하였다.[166] 품계별로 구분되기도 하는데, 통정대부 이하는 색승지가 맡아서 처리하고, 2품 이상은 승전색을 통하여 직계하는 것이 상례였다. 반대로 명령을 하달할 때에는 승전색을 통하여 6방 승지에게 分定하였다. 왕명을 출납하는

---

163) 『成宗實錄』 권293, 25년 8월 정축. 반감 尹石乙同은 祭物을 훔쳐 써서 義禁府에서 추국당하였다.

164) 全海宗, 1964, 「承政院攷」 『震檀學報』 25·26·27 ; 韓忠熙, 1987, 「朝鮮初期 承政院研究」 『韓國史研究』 59 ; 李東熙, 1994, 「朝鮮初期 宦官의 王命出納活動」 『全北史學』 17.

165) 『增補文獻備考』 권226, 직관고 내시부조. "恭讓王元年 … 近來以宮中傳命之任 得與論道 經邦之列."

166) 『太宗實錄』 권18, 9년 8월 무신.

방법상 조선초기의 경우 승정원이 아뢰는 내용을 승전색이 왕에게 말로 전달하는 방식을 사용하다가, 성종 이후에는 문서를 사용하였다. 각 전마다 승전색이 있어 필요한 사항들을 전달하는 역할을 하였다. 보통 왕명을 출납하는 대전승전색의 인원은 시대별로 차이가 있지만 1~5명 정도였다.

여기서 시대에 따라 차이가 있지만 명령출납시의 문제점을 살펴보면,

> 臺諫이 進言할 때 그 말을 승지에게 전하고, 승지가 또 환관에게 전하고, (환관이) 왕에게 전하여 들을 수 있음으로 3번 전하니 능히 그 본뜻을 정확히 전할 수 있겠는가?[167]

라고 하여 명령출납은 승정원에서 관할하였으나 실제 왕에게 출납하는 것은 내시부의 승전색이었다. 그러나 출납과정에서 결국 말을 3번 옮기므로 오해의 소지를 불러일으킬 가능성이 항상 있었다.

조선초기 왕명출납은 尙傳, 즉 승전색이었다. 태조대에 환관 조순이 죄를 짓고 유배를 가자 왕은 명령을 출납할 사람이 없다고 하여 그를 소환하여 왕명을 출납하고 대신들을 대우하는 일을 맡았다.[168] 태종은 왕명은 승정원을 통하여 승전색이 출납하게 하였다. 이 과정에서 환관들이 왕명을 출납하지 못하도록 하자는 의견이 많았다.[169] 하지만 태종은 건국 초기라는 이유로 승전색이 그대로 맡게 하였다. 세종대 역시 승정원의 기능을 강화하는 한편 승전색과 司謁의 일을 구분하였다.[170] 말로 전달하는 것에 잘못이 많다고 보고 문서로 대체하였다. 모든 왕명출납은 승정원을 통하여 계달

하고 승전색이 직접 전달하지 못하게 하였다.[171] 그동안 흔히 시행
되었던 사알을 시켜서 출납하는 방식을 금지시켰다.[172] 결국 各房
의 公事는 승지가 맡고, 사알은 승전색을 따라와서 문서를 전달하
는 것으로 제한하였다.[173] 이러한 제한 조치에도 불구하고 여전히
대소 관료들이 승정원을 거치지 않고 승전색에게 사사로이 부탁하
였다.[174]

　문종대에는 경연을 통하여 출납하였고, 일이 있을 때에는 승지
가 직접 아뢰도록 하였다.[175] 세조대는 승전색과 여러 환관이 승정
원에 왕명을 전할 때는 宣傳牙牌와 宣傳表信을 사용하였다.[176] 출
납시 長牌를 주고받는 여부를 확인하였다.[177]

　성종대는 왕이 어린 나이로 왕위에 오르게 되면서 정희대비 윤
씨가 수렴청정을 하게 되었고, 명령출납을 승전색이 전담하였
다.[178] 성종이 직접 정치에 관여하면서 출납 시에 箭子를 사용하였
으나,[179] 출납은 여전히 승전색이 맡았다.[180] 성종대 역시 왕명을
출납할 때는 해당 관사에서 승정원을 거쳐 사알을 통해 승전색에
게 전해지고, 이후 왕에게 전달되었다. 사알을 통하는 까닭에, 일이
지체되고 착오가 많았다. 이에 敎旨를 전달하는 일은 승전색만이

---

171)『世宗實錄』권107, 27년 정월 임진.
172)『世宗實錄』권25, 6년 8월 병진.
173)『成宗實錄』권262, 23년 2월 을사. 이러한 일은 법으로 금지시켰음에
　　도 불구하고 제대로 이루어지지 않았다.
174)『世宗實錄』권113, 28년 7월 정해.
175)『文宗實錄』권3, 즉위년 9월 계유.
176)『世祖實錄』권4, 2년 5월 기축.
177)『世祖實錄』권41, 13년 3월 신축.
178)『練藜室記述』권10 명종조고사본말. 정희대비의 垂簾聽政시에 원상
　　이 승전색을 시켜서 출납하였다.
179)『成宗實錄』권26, 4년 정월 임자.
180)『成宗實錄』권58, 6년 8월 경인.

담당하였다. 그럼에도 불구하고 사알을 통하여 교지를 전달하는 것은 상례로 승정원이나 승전색 역시 흔히 있는 경우였다.[181] 그러나 사림이 등장하고 출납을 승전색이 아니라 승지가 직접 아뢰게 하였으며, 급한 일이 아니면 반드시 조강과 주강에서 아뢰도록 하였다.[182] 그러나 말년에는 잘 지켜지지 않았다.

연산군의 경우 즉위 초에는 왕명출납에 큰 변화가 없었다. 승정원과 승전색이 일을 분담하는 형태를 그대로 유지하였다. 연산군이 왕권을 강화해 나가는 과정에서는 승전색이 출납을 전담하는 경향을 보인다. 연산군대 金子猿은 출납을 장악하였다.[183] 결국 연산군대는 왕명출납의 크고 작은 일을 승전색이 전담하였다. 6조와 각 관사의 일을 그나마 사알에게 전하였지만 일이 지체되는 것이 많았다.[184] 그러나 중종대 사림들이 실권을 장악하기 시작하면서 공론 형성의 이유를 들어 왕권을 제약해 나가는 한편 왕명출납을 엄격히 제한하는 조치를 취하였다. 승전색만이 아닌 승지의 출납까지도 문제 삼으면서 왕권을 제약해 나갔다. 그러나 명종대에 이르면 환관의 억제조치와 왕권 제한 조치는 반작용을 불러일으키게 되면서 사림이 일시적으로 후퇴하는 상황을 초래하였다. 명종대 문정대비의 수렴청정으로 승전색이 왕명을 전담하고, 대간들의 출납에 대한 제한 조치를 받아들이지 않는 경향을 보인다. 결국 승지가 출납을 전담하다고 하였으나, 실제는 승전색이 출납을 장악하였다. 조선후기 역시 승정원에서 승전색을 통해서 전달하는 것이 일반적이었다.

이처럼 조선시대 명령출납은 승정원을 통하여 승전색이 왕에게

---

181) 『成宗實錄』 권58, 6년 8월 경인.
182) 『成宗實錄』 권63, 7년 정월 기미.
183) 『燕山君日記』 권30, 4년 7월 계해.
184) 『燕山君日記』 권43, 8년 4월 신유.

전달하는 것이 상례였다. 이러한 원칙에도 불구하고 신하들의 편리나, 필요에 따라 승전색을 통하여 직계하는 경우가 있었다.

3. 繕工業務

환관의 임무 중에 하나는 공사를 감독하는 임무였다. 고려시대에도 일부 환관들이 궁내의 화원을 화려하게 하였다. 조선시대 환관들이 선공업무를 관리하였던 것을 살펴보면, 태조대 가장 두드러진 활약을 보인 사람이 환관 金師幸이었다. 환관 김사행은 고려말에 판내시부사가 되었으며, 환관들의 우두머리라고 불리던 자였다.[185] 조선 건국 이후에 태조 2년 계룡산에 새 도읍을 정하고 宗廟·社稷·宮殿·朝市 등을 만들면서 판내시부사 김사행으로 하여금 땅을 측량하게 하였다.[186] 또한 興天寺의 역사를 전담하면서 화려하게 만들었다.[187] 文廟를 조성함에 있어 "文廟造成提調"가 되었다.[188] 즉 김사행은 왕의 총애와 지위를 이용하여 역사에 관여하였다. 그러나 동지중추원사 沈孝生이 부당함을 간하여 역사를 그치게 하였다.[189] 이에 김사행은 공사가 대부분 완성되어 중지할 필요가 없다고 역설하였다.[190] 이후 공사는 다시 시작되었다.

태조대 이후 역사의 책임은 대부분 문관과 함께 환관이 감역관으로 같이 파견되었다. 태종대에 환관 廉有恥를 본궁의 역사를 감

185) 『高麗史』 권122, 환자전.
186) 『太祖實錄』 권3, 2년 2월 을유.
187) 『太祖實錄』 권11, 6년 2월 임인.
188) 『太祖實錄』 권11, 6년 6월 임오.
189) 『太祖實錄』 권12, 6년 7월 정묘.
190) 『太祖實錄』 권12, 6년 8월 정해. 왕은 도당에 명하여 각 도에서 군사 2만 명을 징발하여 성을 축조하게 하였다.

104   朝鮮時代 政治權力과 宦官

독하게 하였으며,191) 寶和樓 南池의 역사에 내관 2인을 감역관으로 파견하였다.192) 또한 환관 黃稻가 평양성 수축을 시찰하였다.193) 세조대 내시 李存命은 神井을 잘못 축조하여 파직되었다.194) 연산군대 환관 김자원은 선공감제조가 되어 徽順公主의 집을 지어 왕으로부터 총애를 받았다.195) 또한 궁성 축조를 감독하는 등196) 각종의 역사에 내관을 파견하였다.

조선후기에도 환관들은 각종 공역을 담당하였다. 이것은 환관들이 오랫동안 궁궐생활을 하였기 때문에 가능한 것이다. 광해군대의 경우 通明殿을 수리하고 단장하는 일을 차지내관의 말을 들어 고치게 하거나,197) 大院君의 사당을 중건할 때 監役官과 次知內官을 보내 짓게 하였다.198) 慶運宮을 새로 수리하는 일은 궁을 지키는 내관의 말을 듣고서 수리하게 하였다.199) 또한 慶平君과 貞和翁主의 집에 더 지을 곳이 있으면, 담당 내관의 말에 따라 담장 바깥의 빈터를 많이 들여서 짓도록 하였다.200) 그런데 경덕궁의 공사 과정에서 영건도감에서는 액정서와 사옹원과 內班院 등 아문의 칸 수는 일체 次知中使가 말한 대로 하였는데, 마련되어 있는 間架가 무려 203칸에 이르렀다.201) 이것으로 보아 궁궐의 축조나 재건축 시에 궁궐에 소용되는 공간에 대한 배치는 내관들의 말을 참조하

191)『太宗實錄』권15, 8년 정월 정묘.
192)『太宗實錄』권15, 8년 5월 을해.
193)『太宗實錄』권20, 10년 8월 을묘.
194)『世祖實錄』권32, 10년 3월 임신.
195)『燕山君日記』권42, 8년 정월 신사.
196)『燕山君日記』권54, 10년 11월 경인·기유.
197)『光海君日記』권18, 1년 7월 임진.
198)『光海君日記』권48, 3년 12월 갑신.
199)『光海君日記』권113, 9년 3월 갑술.
200)『光海君日記』권113, 9년 3월 정해.
201)『光海君日記』권126, 10년 4월 계사.

여 작성하였다. 그리고 鐘樓를 다시 만들면서 병조의 당상과 낭청의 각 1명이 환관과 함께 性智에게 가서 상세히 문의하였다. 그런데 영남 출신 승려인 성지는 風水學을 잘 아는 사람으로 내시의 연줄을 타고 들어와 두 궁궐의 터를 잡았다.[202] 환관들은 궁궐에 오래 근무하여 내부 사정, 필요한 공간의 배치에 따른 궁궐의 건축 등에 대하여 상세히 알고 있었다. 그리고 法宮인 경복궁이 임진왜란 때 불탄 이후 이를 알고 있는 사람은 늙은 환관 한두 명밖에 없다고 할 정도였다.[203] 두 궁궐터의 가옥주인과 재목·돌·돈을 바친 사람들을 낱낱이 살펴서 모두 실직에 제수하게 하였다. 당시 내시 柳胤吳는 159칸을 바쳤는데, 이 모두가 인경궁을 짓는 데 들어갔다.[204]

광해군대의 선공은 대부분 환관 趙龜壽가 담당하였다. 조귀수는 營建都監의 일을 전담하여 광해군의 비위를 맞추며 부추겨서 극도로 토목 공사를 벌였다는 이유로 인조반정 이후 복주되었다.[205] 그는 동궁 별당의 후원에 전당을 조성하였다.[206] 왕은 양궁을 증축하면서 영건도감과 경차관인 伐木差官을 임명하였다. 돌과 목재의 운반시에 莞島·邊山의 나무는 바다를 통해, 嶺西·湖左의 재목은 강을 통해 가져왔다. 또한 공역을 위한 자금을 마련하기 위해서는 5결에 收布하고 3결에 作木하는가 하면, 埋炭·吹鐵·燔瓦·取石 등 온갖 役을 모두 일으켜 8도가 모두 곤궁해졌다. 각도의 감사·병사·수사로 하여금 米布를 들이게 하면서 助工이라 칭하여

---

202)『光海君日記』권139, 11년 4월 무인.
203)『光海君日記』권144, 11년 9월 계미.
204)『光海君日記』권144, 11년 9월 기축.
205)『仁祖實錄』권1, 1년 3월 기유.
206)『光海君日記』권130, 10년 7월 신묘. 조귀수는 의주 호종의 공으로 花城君에 봉해졌다.

모았다. 왕은 그 납부하는 것의 많고 적은 것을 가지고 승진 발탁의 순서를 삼았다. 또 무뢰한 賤類를 調度라는 명칭으로 가탁하여 군읍에 나누어 보냈는데, 이들이 어리석은 백성들을 위협하여 재산을 긁어모으면서 조금이라도 뜻대로 되지 않으면 가혹한 형벌을 다 내리므로 도로에서도 놀라고 두려워하여 귀신이나 도깨비를 보듯 하였다. 그런데 왕은 나라에 충성한다고 하여 총애하며 맡기는 바가 날로 더해 갔다.207) 이처럼 각종 역사의 감독은 여전히 환관들이 동원되었다.

4. 內需司 管理

환관들의 임무 중에 하나는 왕실 내의 사적인 재정을 관리하는 일로서 그 대표적인 일이 내수사를 관리하는 것이다.208) 내수사에는 田地·奴婢·長利·魚梁·草場·牧場 등이 속해 있으며, 여기에서 나오는 장리는 왕실 내의 주요 수입원이 되었다.

내수사는 본래 '內需所'라 하였던 것을 세조 12년에 '내수사'라 개칭하였다.209) 이후 국가의 기구 내에 편성시키면서『경국대전』에 정5품아문으로 규정되었다.210) 내수사에는 別坐·別提·典需·副典需·典會·典穀·典貨 등의 관리가 있었다.211) 그러나 실제상으로 내수사는 왕실 내의 재정을 담당함으로서 私藏的인 성격을 가지는 관계로 하여 환관들이 관리하고 직접 왕에게 관리의 운영

---

207)『光海君日記』권174, 14년 2월 신미.
208) 鄭鉉在, 1981,「鮮初 內需司 奴婢考」『慶北史學』3 ; 池承種, 1981,「朝鮮初期 內需司의 性格과 內需司 奴婢」『韓國學報』40.
209)『世祖實錄』권38, 12년 정월 무오.
210)『經國大典』이전, 경관직조.
211) 위와 같은 조.

을 직계하였다. 본래 내수사는 외관이 아니기 때문에 환관으로 하여금 출납하게 하지만 지금 관사에 편입되었으니 출납은 單字를 갖추어 승정원이나 승전환관을 통하여 출납하게 하였다.212) 세조 이전부터 내수사는 환관의 명령만을 따르고 있었음을 알 수 있다. 이때에 이르러 승정원을 통하여 출납하라고 하였다. 또한 성종 5년 8월에 환관 李孝智는 내수사의 貨穀을 전담하였다.213) 또한 왕은 내수사를 통하여 사찰을 검찰하게 하였다.214) 이와 함께 내수사는 환관이 관리하면서 승정원을 거치지 않고 직계하였다.215) 연산군 대는 내수사의 횡포가 심하였는데, 환관 金孝江이 유점사와 낙산사에 소금을 공급하면서 승정원에 알리지도 않고 함부로 주었으며,216) 司僕寺의 말을 함부로 가져왔다.217) 또한 장례원의 노비를 함부로 내수사에 소속시키고 법을 함부로 만들었다.218) 특히 연산군의 폭정으로 재정이 고갈되면서 내수사는 왕의 힘을 바탕으로 강제로 물건을 강탈하였다. 그러나 중종반정 이후 그동안 문제가 되었던 내수사의 장리를 혁파하였다.219) 이와 같은 조치들은 중종 말년이 되면서 잘 지켜지지 않았으며, 내시부상선 林世茂가 내수사제조가 되었다.220)

　명종대는 외척의 등장과 문정대비의 수렴청정으로 내수사는 더욱 강력한 힘을 가지게 되었고 더불어 환관들의 권력도 커졌다. 명

---

212) 『世祖實錄』 권9, 3년 10월 임진.
213) 『成宗實錄』 권46, 5년 8월 무술.
214) 『成宗實錄』 권173, 15년 12월 경인.
215) 『燕山君日記』 권12, 2년 정월 계미.
216) 『燕山君日記』 권12, 2년 정월 갑신.
217) 『燕山君日記』 권18, 2년 9월 임술.
218) 『燕山君日記』 권20, 2년, 12월 신사.
219) 『中宗實錄』 권25, 11년 6월 임자.
220) 『中宗實錄』 권93, 35년 8월 을해.

종대 문제의 발단은 내수사에 독자적인 印信을 만들어 주면서 부터였다.221) 이리하여 내수사제조인 환관 朴漢宗이 내수사를 책임 지는 것과 함께 내수사는 별도의 인신을 가지게 되었다.222) 이에 박한종이 자기 마음대로 직계하였다.223) 또한 박한종은 승려와 노비의 일까지 맡게 되었고, 내수사가 강력한 힘을 가지게 되면서 횡포는 극에 달하여 내수사의 노비와 관계된 일에 수령은 감히 상관하지 않고 조심하여 피하였고, 죄를 짓고 도망다니는 무리와 身役을 피하는 소굴로까지 변하였다고 할 정도였다.224)

조선후기에도 내수사는 여전히 환관들이 관리하였다. 여기에 대하여 사간원에서 내수사의 전세는 호조에서 옮겨 받을 것을 청하지만 선조는 전세는 대단한 것이 아니며 수량도 적다고 하면서 이전과 같이 하였다.225) 하지만 사간원에서 오랫동안 상소를 하자 군량에 한해서만 옮기도록 하였다.226) 그러나 후기에도 여전히 내수사를 환관들이 관장하였다. 선조대 내관 閔希騫은 내수사제조로 있으면서 권세를 빙자하여 폐단을 일삼았다.227) 환관들은 내수사 외에 각 궁의 私財를 관리하였다. 즉 국왕에게는 내수사가 있고 大王大妃·王大妃·中殿은 사유의 內帑이 하나씩 있었으며, 수진궁·어의궁·明禮宮도 혹은 무후한 왕자의 家財이거나 혹은 대왕潛邸 때의 가재라 하여 별도로 1개의 宮號를 정하고, 그것을 각 전

221)『明宗實錄』권10, 5년 정월 경오.
222) 池承種, 앞의 논문, 17~21쪽. 내수사는 내관적 성격을 가진다고 하였다.
223)『明宗實錄』권14, 8년 3월 경인.
224)『明宗實錄』권14, 8년 3월 신축. 문정대비가 승려의 일로 지방에 공문서를 보낼 때에 그 지방의 수령이 봉명내관을 대접하지 않았다고 하여 중화군수 金德龍이 파직되었다(『明宗實錄』권14, 8년 정월 정해).
225)『宣祖實錄』권54, 27년 8월 계해.
226)『宣祖實錄』권54, 27년 8월 병인.
227)『光海君日記』권1, 즉위년 2월 기사.

에 분속시켜 하나의 私財로서 환관이 맡아 관리하게 하였다. 이것
은 친척들에 베푸는 은택이라든지 기타 법으로 정해진 이외의 수
용은 모두 거기에서 나온 것으로 충당하였다. 이것이 증가하여 문
제가 되자 왕은 수진궁·어의궁은 내수사와 차이가 있다고 하였지
만 이것은 두 慈殿에 소속되어 있었기 때문에 담당관이 법에 의거
하여 한 청까지도 일체 거절하였다.[228] 영조대 掌令 朴弼正은 내
수사의 財貨를 관장하는 것을 宦官 雜流가 처리하는 것은 마땅치
가 않다고 하면서 사대부에서 선발하여 각 관사와 같이 할 것을 주
장하였다. 또한 "외방에서 서로 소송하는 田畓이 대부분 내수사에
들어간다."고 하면서 돌려줄 것을 상소하였다. 하지만 영조 역시
내수사는 오래전부터 환관들이 관리하였고, 전세를 함부로 거두어
들였다는 소식은 듣지 못하였다고 하였다.[229] 다만 정조대는 내수
사가 직접 지방고을에 공문을 띄우는 일이 없도록 금지하였다. 공
문을 띄우는 폐단에 대하여는 본디 금령이 있는 것으로써 『大典通
編』에 자세히 실려 있는데, 담당내시와 書吏들이 함부로 공문을
띄우지 못하게 하였다.[230] 순조 연간에 내노비와 시노비 혁파 때를
보면 내수사의 각도의 노비와 永興·咸興의 두 本宮에 소속된 노비
및 毓祥宮·宣禧宮·明禮宮·壽進宮·於義宮·龍洞宮·寧嬪房
등에 소속된 각도의 노비는 도합 36,974구이었고, 노비안의 책수는
160권이었다. 宗廟署·社稷署·景慕宮·耆老所·宗親府·議政
府·儀賓府·敦寧府·忠勳府·尙衣院·吏曹·戶曹·禮曹·刑
曹·義禁府·都摠府·左巡廳·右巡廳·壯勇營·內侍府·掌隸
院·司諫院·成均館·弘文館·藝文館·宗簿寺·內瞻寺·司饔

---

228) 『顯宗改修實錄』 권9, 4년 9월 기사.
229) 『英祖實錄』 권7, 원년 8월 병자.
230) 『正祖實錄』 권30, 14년 5월 임오.

院・侍講院・翊衛司・司圃署・中學・東學・南學・西學 등에
소속된 각 도의 노비는 도합 29,093구이었고, 노비안의 책수는
1,209권이었다.231) 이후에도 내수사는 환관들이 관리하였다. 조선
후기에도 내수사는 환관들이 담당하였다. 이것은 환관들이 왕실의
사재정이나 왕과 관련이 있는 관서를 담당하는 것, 사옹원・상의
원・사복시・잠실 등을 담당하였던 것도 같은 맥락이다.

5. 그 외의 任務

환관들은 위와 같은 기능 외에 다양한 임무를 맡고 있었다. 즉
환관들은 필요성과 왕대에 따라서 그 임무가 달라지고 있다. 여기
서는 선공업무・왕명의 출납・내수사의 관리 등을 제외한 환관들
의 임무를 살펴보고자 한다.

첫째, 敬差官의 임무이다. 경차관은 지방에 파견되어 지방의 실
정 등 다양한 임무를 맡았던 관리를 말한다. 이 임무는 손실경차관
과 처녀경차관으로 나눌 수 있다.232) 먼저 손실경차관의 임무를 살
펴보면, 환관들이 경차관으로 파견된 예는 태종 7년 7월에 내관 黃
稻를 完山府로 보내어 전라・충청・경기의 곡식의 손실을 조사하
게 하였다.233) 또한 동왕 12년 7월에 홍수가 나자 환관을 3도로 보
내어 곡식 피해 상황을 살피게 하였다.234) 동왕 17년 8월에는 환관
金龍其를 함길도로 보내 피해 상황을 조사하게 하고, 수령을 조사

---

231) 『純祖實錄』 권2, 원년 정월 을사.
232) 鄭鉉在, 1979,「朝鮮初期의 敬差官에 대하여」『慶北史學』 1 ; 李章雨,
      1990,「朝鮮初期 損實敬差官과 量田敬差官」『國史館論叢』 12.
233) 『太宗實錄』 권14, 7년 7월 을해.
234) 『太宗實錄』 권24, 12년 7월 경자 ; 8월 임술 ; 11월 정유.

하게 하였다.235) 세종대에는 환관들을 황해·강원·평안도에 나누
어 보내 굶어 죽는 자를 살펴보게 하는 한편으로 수령의 근만을 살
펴보게 하였다.236) 동왕 29년 2월에도 환관으로 하여금 굶어죽는
자를 조사하게 하였다.237) 문종대에도 내시부사 朴潤을 황해도에
보내어 곡식의 피해 상황을 살펴보게 하였다.238) 이와 같은 임무는
성종 이후 정식 경차관의 임무를 띄고 지방에 파견되는 것은 없지
만 왕명으로 지방에 파견되는 것은 흔히 보인다.

한편 처녀경차관의 임무는 중국에 처녀를 貢女로 바치기 위한
경우239)와 왕실의 혼례를 위한 경우가 있다. 전자의 선발을 하는
환관을 '경차내관'이라 하는데, 태종대 내사 黃儼이 선발한 처녀를
보고 미색이 수려하지 않다고 하자, 다시 각 도 순찰사로 하여금
처녀를 선발하게 하는 한편 내관 1인을 따라가게 하였는데 이를
'경차내관'이라 하였다.240) 이후 세종대 환관을 지방으로 보내어
처녀를 선발하였다.241) 환관은 嘉禮色으로써 궁중 내 왕자 등의 혼
인 시에 처녀를 선발하는 데에도 참여하였다.242) 성종대 이후에는
문관으로 대체되었다.

둘째, 元子保養의 임무이다. 원자는 다음 대의 왕이 될 인물로서

---

235) 『太宗實錄』 권34, 17년 8월 갑오.
236) 『世宗實錄』 권20, 5년 5월 임오.
237) 『世宗實錄』 권115, 29년 2월 임자 ; 권116, 29년 4월 갑진 ; 권119, 30
     년 2월 을축.
238) 『文宗實錄』 권8, 원년 7월 임자.
239) 李碩洙, 1983, 「朝鮮初期 明使考」, 嶺南大碩士學位論文 ; 曺永祿,
     1990, 「鮮初 朝鮮出身 明使考」『國史館論叢』14.
240) 『太宗實錄』 권16, 8년 7월 기유 ; 9월 정미 ; 권33, 17년 5월 갑오.
241) 『世宗實錄』 권105, 26년 7월 을해 ; 8월 정사.
242) 『世宗實錄』 권45, 11년 8월 경진 ; 권124, 31년 4월 임신 ; 『文宗實錄』
     권13, 2년 4월 무인 ; 『世祖實錄』 권17, 5년 8월 기미 ; 권20, 6년 4월
     병인 ; 권32, 10년 정월 신유.

그 중요성은 말할 필요가 없을 것이다. 원자보양의 일은 문관으로
구성된 원자보양관과 함께 극히 중요하게 여기고 있었으며, 다음
대에 권력을 잡을 수도 있으며, 그 혜택 또한 상당하였다. 이 때문
에 대신들과 많은 논쟁의 대상이 되었다. 고려시대 정함은 인종대
의종을 어려서 보호하였고,243) 우왕대 李得芬은 원자를 자기 집에
서 길렀다.244) 태종대 조관들은 원자는 극히 중요한 인물로써 이를
보양하는 환관들이 그릇되게 하는 일이 많으니 이를 물리칠 것을
요구하였다. 태종은 그 임무의 필요성으로 환관을 물리칠 수 없다
고 하였다.245) 결국 세자의 시위환관 10인을 골라서 번을 들게 하
였다.246) 환관이 원자를 보양하는 예를 보면, 문종은 환관들에 의
하여 자라 환관들이 발호하는 계기가 되었다.247) 예종대 환관 전균
이 원자를 자기 집에서 보양하였다.248) 성종대 환관 安重敬는 원자
를 보양한 공으로 동생인 安重佐가 社稷參奉에 제수되었다.249) 명
종대 환관 박한종이 원자를 보양하였다.250) 이러한 원자보양의 직
임으로 이득을 많이 취하였다.251) 원자나 원손 등 왕자들은 8세가
되면 관원을 두어 勸講하고, 또 학교에 입학하는 절차를 거쳤다.
그런데 인조대 환관 내시를 시켜 왕자에게 글을 가르치게 하라고
하자,252) 대사헌 李植은 환관들이 가르치는 것은 부당하며, 세종조

---

243)『高麗史』권99, 열전12 제신 이공승.
244)『高麗史』권122, 열전35 환자 이득분.
245)『太宗實錄』권7, 4년 5월 기유.
246)『太宗實錄』권9, 5년 6월 계사.
247)『文宗實錄』권12, 2년 3월 계해.
248)『世祖實錄』권32, 10년 정월 계사 ;『睿宗實錄』권2, 즉위년 12월 계
    사. 환관 전균은 세조대의 공신으로서 품계가 1품에까지 올랐다.
249)『成宗實錄』권143, 13년 7월 갑술.
250)『明宗實錄』권20, 11년 정월 갑신.
251)『中宗實錄』권22, 10년 6월 무오.
252)『仁祖實錄』권44, 21년 4월 신미.

에서도 2품의 관원으로 講學官을 삼았다는 전례가 있으니 이를 따를 것을 주장하였다.253) 결국 왕자들은 8세가 되기 전에는 내관에 의하여 길러지든가 아니면 보살핌을 받았다. 원자의 보양은 왕의 절대적인 신임을 받는 환관들이 담당하였다.

셋째, 鷹坊을 관리하는 존재이다. 응방은 고려 말부터 원나라에 매를 진상함으로써 그 중요성이 인식되었다. 조선이 성립된 이후에도 환관 중에 매를 관리하는 자를 두었다.『경국대전』이전 내시부조에 "종4품인 尙冊 3원을 두었는데, 1원은 응방의 체아직이며"라고 하여 내시부의 관직 내에 응방을 관리하였던 벼슬이 있었다. 매는 진상품 이외에도 왕이 사냥을 할 때 필요하였다. 세종대 환관 尹得富는 매를 잘 조련하였던 자로서 매잡는 일을 검찰한다는 이유로 함길도에 가서 방자하고 거리낌없이 행동하였다.254) 또한 환관 丁存의 경우 응방 환관으로서 매를 잘 조련한다고 하여 당상관이 되었다.255) 성종대 이후에도 환관들이 매를 관리하였다.256)

넷째, 祭祀 및 門墓에 종사하는 일이다. 왕의 사후에 侍陵官으로서 종사하거나,257) 忌晨齋 등의 제사를 지내도록 하였다.258) 의례의 임무는 왕과 왕비의 대관식·혼례식 등에서 집사시종을 맡았다. 시릉관의 임무는 왕과 왕비 등의 사후에 시묘살이를 하는 것인데, 守陵官과 함께 종사하였다. 시릉관의 임무는 극히 중요하며 문종대부터 일정량의 노비와 토지를 하사받았다.259)

253)『仁祖實錄』권44, 21년 4월 병자.
254)『世祖實錄』권17, 5년 9월 을사.
255)『成宗實錄』권139, 13년 3월 병술.
256)『成宗實錄』권136, 12년 12월 임자 ;『燕山君日記』권36, 6년 2월 계축 ; 권37, 6년 3월 기미 ; 권54, 10년 11월 정미.
257)『世宗實錄』권111, 28년 3월 임진 ;『睿宗實錄』권8, 원년 11월 무신.
258)『太宗實錄』권26, 13년 9월 신축 ;『燕山君日記』권50, 9년 9월 기사.
259)『文宗實錄』권12, 2년 2월 기묘.

다섯째, 환관들은 궐내의 여러 관사에 分定되었다. 이것은 국왕
의 일상생활과 직접 관련된 일을 담당하기 때문이었다. 태조대 김
사행은 사복·사농·선공감을 담당하였다. 태종대 환관을 여러
寺·監의 別坐로 삼았는데, 李允中은 內資寺別坐로, 金和尙은 內
贍寺別坐로, 金海는 司宰監別坐로 삼았다.260) 사간원에서 환관을
內資寺·內贍寺·司宰監 등의 官으로 나누어 分監하는 것을 파
하기를 청하였다. 임금이 상소를 읽어 보고 이에 환관의 분감을 철
회하였다.261) 세종 8년(1462) 外蠶室은 尙衣院이, 內蠶室과 아차산
잠실은 환관이 관장하였다.262) 문종대는 환관들을 내자시·내섬
시·사재감에 다시 분견하였다. 또한 忠扈衛·上林園·司僕寺·
軍器監의 파견과 正音廳·잠실·군기감·전향사·봉상시의 검핵
하는 것 때문에 대신들과 마찰을 일으켰다. 단종대의 경우 사표
국·책방·궁방·보루각을 담당하였다는 기록이 보인다. 세조대
전균은 사옹원제조를 담당하였다. 특히 초기에 이러한 분견 기사
가 많이 나오는 것은 고려 말 환관들의 임무를 그대로 답습한 결과
로 보인다. 세종대 궐내의 合藥所를 司豹局이라 칭하여 使 2인은
종5품으로, 副使 12인은 종6품으로, 丞 4인은 종8품으로 하되 모두
내시부의 관속을 쓰게 하였다.263)

여섯째, 환관들의 임무 중에 하나는 弓矢 등 왕실 소용품을 만드
는 것을 감독하는 일이다. 세자가 활쏘기 연습을 하다가 손가락을
다치는 경우가 생기자 弓房宦者 朴成祐와 矢人 權仁敬을 巡禁司
에 가두었다.264) 또는 花器를 만드는 것을 감독하는 것으로 內竪

260) 『太宗實錄』 권28, 14년 8월 을사.
261) 『太宗實錄』 권28, 14년 8월 정사.
262) 『世宗實錄』 권28, 8년 4월 계미 ; 南美惠, 2002, 『朝鮮前期 養蠶業 硏
    究』, 梨花女子大學校大學院 博士學位論文, 34～60쪽.
263) 『世宗實錄』 권109, 27년 9월 정유.

安和尙을 慶尙道 中牟・化寧 등의 縣에 보내어 감독하였다.[265]

이처럼 환관들은 왕의 명령에 의하여 각 지방에 피해를 조사하
거나 수령의 근만을 조사하였다. 공녀의 선발, 왕자 등의 혼례를
위한 가례색, 원자의 보양, 매의 관리, 제사나 기신제・의례 등을
집재, 시릉관 등 다양한 역할을 하였다.

---

264) 『太宗實錄』 권17, 9년 4월 정유.
265) 『太宗實錄』 권21, 11년 4월 기미.

제3장

朝鮮前期 宦官制의 整備와
政策 變化

Ⅰ. 太祖~成宗代 宦官制의 整備

1. 麗末鮮初 抑制論議와 宦官 金師幸

고려 말 환관들의 발호는 원간섭기라는 특수한 사정과 정치적 혼란 때문에 가능하였다. 고려 말 신흥사대부가 본격적으로 관직에 진출하자 조정의 환관우대책에 대한 반대의 목소리가 높아졌다. 성리학을 기본 이념으로 하는 사대부들은 환관이 정치에 개입하는 것을 원칙적으로 반대하였다. 부원세력의 척결이라는 문제를 넘어 정치에 개입할 수 없는 환관들의 정치개입을 반대한 것이었다. 이것은 공민왕 이후, 우·창왕 때부터 본격적으로 나타난다. 知密直 兼 大司憲 趙浚은 환관의 조관 겸직을 금지할 것과 공이 없는 자는 봉군하지 말 것을 주장하였다.[1] 李崇仁 역시 내시부를

설치한 것은 폐지할 수 없지만 근신한 자를 등용하고, 조관을 겸직
하는 것은 없도록 할 것을 주장하였다.[2] 우왕대 左司議 柳珣 등은
환관의 폐단을 지적하고 수를 줄일 것을 권고하였다.[3] 즉 당시 사
대부들은 "왕이 환관과 궁첩을 가까이하자 사대부와 친하지 않은
것을 識者가 걱정하였다"[4]라고 당시 사정을 말해준다. 우왕 9년
조회에 우왕이 나오지 않자 간관들은 명령출납자인 환관을 처벌하
고, 이를 물리칠 것을 권하면서 대신 언관 2명을 추가하여 言路를
넓힐 것을 요구하였다.[5] 특히 고려 말에는 공민왕의 시해 사건 등
을 이유로 환관세력의 억제를 요구하였다.[6] 공양왕 원년 12월 대
간들은 환관에게는 6품을 제배함을 허락하지 말고 이미 參職을 제
배한 자는 고신을 추탈하여 田里에 방환할 것을 청하였다. 좌사의
오사충 역시 공민왕이 환관으로 하여금 兩府 8衛의 반열에 참여하
게 하였다가 崔萬生의 變故를 일으키게 되었다고 하면서 내시부
의 혁파와 조관을 허락하지 말 것을 상소하였다.[7] 이러한 요구는
일부 받아들여지기도 하여 내시부가 우왕대 잠시 폐지되었으나,
공양왕대 다시 복위되어 관품이 3품에 이르렀다.[8] 결국 사대부들
의 주장은 환관의 필요성은 인정하지만 이들이 조관을 겸직하면서

---

1) 『高麗史』 권118, 열전31 조준.
2) 『高麗史』 권115, 열전28 이숭인.
3) 『高麗史』 권109, 열전22 안축.
4) 『高麗史』 권133, 열전46 신돈1.
5) 『高麗史』 권135, 열전48 신돈3.
6) 『高麗史』 권131, 열전44 반역 홍륜. 공민왕은 洪倫 등을 子弟衛에 임명
   하였다. 益妃가 홍륜과 사통하여 임신하자 宦者 崔萬生이 왕에게 알렸
   다. 공민왕은 昌陵 拜謁 시에 익비의 임신 사실을 알고 있는 홍륜과 최
   만생을 죽이려 하였다. 이에 홍륜 등이 밤에 자제위와 더불어 공민왕을
   시해하였다.
7) 『高麗史』 권75, 지29 선거3 전주 범환시지직.
8) 『高麗史』 권77, 지31 백관2 내시부.

정치에 참여하는 것을 금지하자고 하였다. 이 모든 것은 왕과의 친분 때문으로 공민왕의 시해 사건도 환관을 우대하여 발생한 것으로 내시부를 폐지 또는 축소하고 그 전대로 6품 이상을 임명하지 말 것을 주장하였다.

환관들을 억제하자는 주장은 재정적인 것과 연관이 있다. 諫官들은 환관이 검교관에 제수되어 녹을 먹는 자가 많다고 하면서 감원을 요청하였다.9) 감찰사들은 환관들의 녹봉에 정액이 없어 廩穀의 소비가 많다고 하면서 供職하는 자를 제외하고 그 나머지는 모두 내어 보내자고 하였다.10) 성석린 역시 환관의 녹을 감할 것을 청하였다.11) 특히 공민왕과 우왕대 이러한 기사가 많은 것은 이 시기를 전후하여 사대부들이 정치에 깊이 간여하는 한편 공민왕이 개혁정치에 동참하였기 때문이었다. 이러한 반대 주장은 우왕이 어린 나이에 즉위하자 공민왕대 환관들이 권력을 행사한 것을 반대하면서 우왕 즉위초부터 강하게 환관의 억제를 요구하였다.

조선이 성립되면서 신흥사대부들은 고려말의 폐단을 개혁하고 새롭게 나라를 운영하려고 하였다. 그 중에 하나로 환관들에 대한 억제책을 내세웠다. 중국의 경우 秦의 趙高와 漢의 弘恭·百顯, 唐의 李輔國·仇士良이 있고, 고려 말 환관이 권세를 부린 경우가 많다는 것이었다. 지금부터는 그 중에 순후하고 신중한 사람을 뽑아서 옛날 제도인 수문과 소제하는 역사를 회복시키자고 하였다.12) 조선초기 정치 당료자들은 고려가 망한 원인 중에 하나가 환관들에 있음을 강조하였다. 그 원인은 언제든지 왕의 옆에서 권력을 행사할 가능성이 있기 때문이었다. 大司憲 南在 역시 환관 중에

---

9)『高麗史』권38, 세가38 공민왕 1년 6월 정사.
10)『高麗史』권80, 지34 식화3 녹봉.
11)『高麗史』권117, 열전30 성석린.
12)『太祖實錄』권1, 원년 7월 기해.

근실한 자를 뽑아서 2번으로 나누고 각 번마다 15인으로 하여서 궁문, 소제의 일만을 맡기고 간사한 환관을 억제할 것을 주장하였다.13) 태조는 이와 같은 건의에 대하여 건국초기라 갑자기 시행할 수 없다고 하였다.14) 이것은 환관들이 고려 말에 횡포하였다는 것은 알려진 사실이지만, 국가를 운영함에 있어서 필수불가결한 존재임을 시사해 준다.

태조대 가장 두드러진 활약을 보인 사람이 환관 김사행이다. 김사행의 활동을 통해 태조대의 환관 활동을 살펴보자. 환관 김사행의 처음 이름은 廣大였다. 고려 恭愍王의 총애를 받아 여러 관직을 거쳐 判內府事를 지냈다. 특히 正陵과 影殿의 공사를 담당하여 왕의 총애를 받았다. 그 과정에서 재정이 고갈되고 백성들에게 고통을 주었다고 하여 공민왕 사후 益州의 官奴로 추방되었다. 禑王 즉위 후 다시 서용되었으며 恭讓王 때 판내시부사가 되었다.15)

김사행에 대한 『高麗史』 찬술자들의 평가는 지극히 부정적이었다. 김사행이 경연에 나아가려는 공양왕을 만류하거나 불교를 권장하였다는 것이다.16) 이러한 김사행에 대한 배척은 사관들만이 아니고 신하들 역시 마찬가지로 兵曹典書知製敎 同知春秋館事 尹紹宗의 卒記에 "환자 김사행은 교사하여 왕(공민왕)의 뜻을 잘 맞추어 공역을 전장하였음으로 나라를 병들게 하고 백성을 해롭게 하였다"17)는 것이었다.

그런데 조선 건국 이후에도 김사행은 여전히 각종 공역을 전담하고 있어 주목된다. 태조 2년(1393)에 계룡산에 새 도읍을 정한 이

13) 『太祖實錄』 권2, 원년 9월 기해.
14) 『太祖實錄』 권1, 원년 7월 기해.
15) 『高麗史』 권122, 열전 환자 김사행.
16) 『高麗史』 권122, 열전 환자전.
17) 『太祖實錄』 권4, 2년 9월 기미.

후 宗廟·社稷·宮殿·朝市 등을 만들면서 판내시부사 김사행이 땅을 측량하였다.[18] 또한 八角亭을 수리하거나,[19] 수창궁의 서쪽 침실을 헐고 2층 궁전을 건축하는[20] 한편 忽赤房洞을 짓거나,[21] 貞陵에 사찰을 세웠다.[22] 조선 건국 이후 많은 공역이 필요하였을 것이고, 이것을 오랜 경험이 있는 김사행이 담당하였다. 비록 중단하였지만 계룡산에 도읍을 정하면서 김사행으로 하여금 모든 역사를 담당하도록 한 것은 그의 실력을 인정하고 있음을 알 수 있다.

김사행에 대한 극히 부정적인 평가는 아마도 『고려사』 찬술자들의 의식도 있지만 왕자의 난의 결과도 작용하였을 것으로 추측된다. 1차 왕자의 난으로 鄭道傳 등과 함께 죽음을 당하였다.

환관 김사행을 목베어 三軍府 문에 매달게 하였다. 김사행이 교묘한 생각이 있어 궁실을 營造하는 일로써 왕의 마음을 기쁘게 하는 데만 힘썼다. 고려왕조 때에도 影殿의 역사로써 (공민왕을) 그릇되게 하였는데, … 지금 건국초기를 당하여 또한 총애를 입어 벼슬이 駕洛伯兼判都評議使司事에 이르렀으며, 內禁을 출입하면서 항상 肩輿를 타고 다니었다.[23]

김사행이 각종 공사에 대한 담당만으로 왕에게 총애를 받아 높은 관직에 올랐을 것으로 생각되지는 않는다. 아마도 고려 말부터 있었던 환관들의 조관 겸직의 한 예를 보여주는 것으로 판단된다. 이후 김사행은 判敬興府事 同判都評議使司事 겸 判司僕司農膳工監事 駕洛伯이 되었다.[24] 여기서 그가 맡은 직책을 보면, 궁중 내

---

18) 『太祖實錄』 권3, 2년 2월 을유.
19) 『太祖實錄』 권3, 2년 6월 정축.
20) 『太祖實錄』 권5, 3년 정월 임인.
21) 『太祖實錄』 권6, 3년 8월 을사.
22) 『太祖實錄』 권11, 6년 2월 임인.
23) 『太祖實錄』 권15, 7년 9월 을해.

부의 중요한 직책인 말을 관리하는 사복시, 왕실 제사에 사용되는
쌀과 왕이 경작하는 적전을 관리하는 사농시, 토목과 건축 등의 임
무를 전담하는 선공감을 관장하였다. 또한 '도평의사사'에 참여하
였다는 사실은 그가 권력의 핵심계층에 있었음을 말해준다. 이어
서 文廟造成提調가 되었다.[25] 조선 건국 이후 국정운영에 참여하
면서 문묘 등 국가의 기틀을 마련하는 데 결정적인 기여를 하였다.
한편 김사행은 西京의 역사를 관여하였다. 왕이 서경의 성을 축조
함에 있어서 왕은 門下侍郎贊成事 金湊와 환관 김사행으로 하여
금 성을 축조할 것을 명하자 同知中樞院事 沈孝生이 부당함을 간
하여 역사를 그치게 하였다.[26] 김사행이 토목의 공사가 거의 완성
되었다고 하면서 중지할 필요가 없다고 하자 왕은 다시 공사를 시
작하도록 하였다.[27] 얼마 후 김사행을 輸忠輔理功臣 判敬興府事
同判都評議使司事에 임명하였다.[28]

　김사행은 불교행사와도 관련이 있는 듯하다. 왕이 불교를 숭상
하며 믿고 따르자 불교행사를 전담하였다.[29] 勤政殿에 華嚴三昧懺
法席을 베풀고 여러 창고에 명하여 供具를 베풀었는데, 이것은 환
관 김사행이 주관한 것으로 참가한 승려들은 108명이었다. 환관들
은 자신들의 願佛인 仁王佛을 內願堂에 안치하였다. 그 이유는 태

---

24)『太祖實錄』권11, 6년 5월 임신. 敬興府는 中宮의 僚屬을 관장하며, 司
　　僕寺는 輿馬·廐牧 등의 일을, 司農寺는 籍田의 耕作과 錢穀 및 祠祭
　　의 酒醴와 犧牲을 陳設하는 등의 일을, 繕工監은 材木·營繕·柴炭을
　　支應하는 등의 일을 관장한다. 都評議使司는 최고 합의기구로 判事 2
　　명, 侍中同判事 11명이 있었다(『太祖實錄』권1, 원년 7월 정미, 문무
　　백관의 관제).
25)『太祖實錄』권11, 6년 6월 임오.
26)『太祖實錄』권12, 6년 7월 정묘. 김주는 계룡산 도읍 감독관이었다.
27)『太祖實錄』권12, 6년 8월 정해.
28)『太祖實錄』권12, 6년 12월 갑오.
29)『太祖實錄』권13, 7년 정월 을묘.

조 즉위 후 왕이 불교를 믿자 인왕불을 왕에게 바치고자 內願堂에 두었던 것이다.[30] 한편 태조가 불교를 믿자 불교행사를 전담하는 한편으로 흥천사의 역사와 같이 사찰을 수축하여 왕의 총애를 받았다.

환관 김사행은 조선 건국 이후 태조를 도와서 궁중 내부의 각종 제도를 정비하였다.[31] 태조가 왕위에 오른 초기에 궐내의 제도가 마련되지 않은 상황에서 고려의 제도를 참고하여 궁중의식을 정비하였다. 同判內侍府事 尹祥・李匡과 知內侍府事 安居 등은 補助의 공이 있다고 하여 기록하였다. 또한 尙衣院을 맡았다.[32]

김사행의 권세는 환관 曹恂에게까지 미쳤다. 조순은 고려왕조에 樞府와 巡軍萬戶 등 관직을 겸임하였다. 태조 즉위 후 환관 김사행을 통해 왕의 총애를 받았으며, 鄭道傳과 南誾 등과도 친밀하게 지냈다.[33] 즉 좌정승 조준, 우정승 김사형, 정도전이 환관 조순을 남은의 집에서 접대하고 모두 말 1필을 증여하였다. 조순은 태조의 사랑을 얻게 되었는데, 그 이유는 태조가 申貴生을 위하여 연회를 개최한 날에 술에 취하여 칼을 빼고자 하는데, 조순이 즉시 이를 말렸던 것이었다. 조준 등이 이 일로 인해 조순을 접대하였다.[34]

1차 왕자의 난이 일어나면서 李芳遠과 정도전이 서로 충돌하여 정도전 일파가 몰락하였다. 이때 김사행과 조순은 정도전의 일파로 분류되어 죽임을 당하였다. 정도전・남은 등이 김사행과 모함하여 여러 왕자들을 제거하려고 하자, 이 사실을 義安君 李和가 李芳遠에게 알렸다는 것이다. 결국 조순과 김사행 역시 정도전, 남은

---

30) 『定宗實錄』 권6, 2년 11월 계유.
31) 『太祖實錄』 권4, 2년 7월 경오.
32) 『太祖實錄』 권3, 2년 5월 정묘.
33) 『太祖實錄』 권15, 7년 9월 신축.
34) 『太祖實錄』 권14, 7년 7월 신사.

등과 같은 당여로 구분되었다.35) 김사행의 죄목은 과다한 공역을
일으켰다는 것이며,36) 조순 역시 김사행·정도전 등에게 아부하여
권세를 농단하였다고 하여 같은 죄로 처형하는37) 한편 김사행과
같이 영선에 동참하였다고 하여 商議門下府事 金湊를 寧州로 귀
양보냈다.38)

하지만 태종 즉위 후 한양 도성을 다시 수축하는 과정에서 이것
을 감독한 사람은 내시 출신의 朴子靑이었다.39) 박자청이 造成監
役으로 있을 때 부사직 李中位가 박자청 앞으로 말을 타고 가다가
붙잡혀 매질을 당한 사건이 발생하였다. 신하들은 부사직을 매질
한 공조판서 박자청을 죄주기를 청하였다. 태종은 신하들이 박자청
을 죄주려고 하는 것은 매질 때문이 아니고, 공역을 일으켰기 때문
이라고 하면서 처벌에 반대하였다. 태종은 "김사행이 태조를 권하
여 공역을 일으켰다"고 하는데, 이것은 김사행이 권한 것이 아니고
都城을 창건하는 초기를 당하여 공사를 하는 것은 당연하다는 것이
다.40) 여기서 태종이 1차 왕자의 난으로 김사행을 처벌하였을 때 정
도전의 당여로 공역으로 백성을 괴롭혔기 때문이라고 하였다가 태
종 집권 후에는 도성을 창건하는 초기에 당연한 것으로 보았다. 즉,
김사행을 정도전의 당여이기 때문에 죽인 것을 인정하고 있다.

한편 태조대 환관들은 왕명출납 및 대신을 대우하는 임무를 맡
았다. 왕명출납의 경우 中樞院에서 담당하였는데,41) 왕에게 전달

---

35)『太祖實錄』권14, 7년 8월 기사.
36)『太祖實錄』권15, 7년 9월 을해.
37)『太祖實錄』권15, 7년 9월 신축.
38)『太祖實錄』권15, 7년 9월 병자.
39) 金龍國, 1958,「서울 建設의 功勞者-鄭道傳과 朴子靑」『향토서울』4,
   서울시사편찬위원회 ; 申榮勳, 1999,「太宗朝 監役官 朴子靑攷」『향토
   서울』48, 서울시사편찬위원회.
40)『太宗實錄』권23, 12년 5월 정유.

하는 임무는 환관들이 담당하였다. 당시 출납을 담당한 사람은 환관 조순이었다. 태조 6년 왕비의 병이 심하자 불사를 일으켰는데, 이를 주도한 환관 조순이 시주한 의복, 銀器 등을 탈취하는 한편 戶曹典書 楊天植에게 뇌물을 받은 것 때문에 귀양보냈다.[42] 그러나 출납을 담당하던 환관 李匡이 귀가 먹어 출납에 지장이 많다는 이유로 대간들의 반대에도 불구하고 환관 조순을 다시 불러왔다.[43] 이후 이광에게는 궁궐의 宿衛와 申聞하는 일을, 조순에게는 왕명출납과 대신을 대우하는 임무를 맡겼다.[44] 이것으로 보아도 고려 말부터 담당했던 출납을 그대로 맡고 있음을 알 수 있다.

이처럼 조선초기 관료들의 억제요구에도 불구하고 고려말의 환관 정책은 그대로 유지되었다. 특히 김사행은 조선 건국 이후 궐내의 각종 제도를 정비하고, 각종 역사를 감독하는 한편 불사를 일으켰다. 이 과정에서 공신책봉, 봉호를 받는 한편 도평의사사에 올랐다. 결국 조선 초는 아직 고려시대의 각종 제도가 그대로 존재하면서 환관들 역시 궁중만이 아닌 일반 관직을 겸직하는 경우를 볼 수 있다.

2. 太宗 · 世宗代 抑制策의 施行

1) 宦官의 朝官職 進出 禁止

태종은 6조직계제를 실시하여 왕권을 강화해 나갔다. 태종은 왕권을 제약하는 신하들과 마찰을 일으키면서 새로운 제도 개혁을 시행하였다. 그 개혁 중에 하나는 원간섭기 이후 문제가 되었던 환

---

41) 『太祖實錄』 권1, 원년 7월 정미.
42) 『太祖實錄』 권11, 6년 정월 무진.
43) 『太祖實錄』 권13, 7년 3월 경술.
44) 『太祖實錄』 권13, 7년 4월 정유.

관들에 대한 억제책이었다. 신하들은 환관들이 정치에 개입하지 못하게 하고, 본래의 임무로 돌아가게 하자고 하였다.[45] 이들을 완전히 없애자는 것이 아니라 본래의 임무에 충실하여야 한다는 것이다.

이러한 억제 논의는 정종대에도 되풀이 되었다. 태조대에 내시부를 문무 유품 외로 정한 이후 정종대 검교직의 폐지를 주장하였다. 이것은 고려말 사대부들도 꾸준히 주장한 것이다. 지금 내시부는 조관 관직을 가지고 품계는 가선대부에 오르는 사람이 있으며, 검교직을 받아 가정대부에 있는 자가 50명이나 된다는 것이다. 이들을 억제할 방안으로 환관들의 조관직 진출을 금지하고, 검교직을 회수하며, 내시부에만 국한시킬 것을 주장하였다. 하지만 정종역시 환관들은 궁궐에서 일하는 자는 많고 祿官에 한계가 있기 때문에 검교직이 있는 것이라 하면서 반대하였다.[46] 補闕 黃喜는 검교의 관직이 너무 많으니 깎지 않을 수 없다고 하였다.[47] 門下府역시 환관의 작질을 완전히 없애자는 한편 벼슬은 三品을 넘지 못하게 하고, 조관직을 받지 못하게 하자고 하였다. 검교직을 혁파하는 한편 환관직을 내시부에만 국한하도록 하자는 것이다.[48] 이것은 환관들을 완전히 일반 관리들과 구분하는 정책을 시행함으로써 근본적으로 환관의 정치개입을 억제하자는 것이다.

환관에 대한 조관 겸직 금지와 관직 제한 요구에 대하여 사헌부역시 환관 억제책을 건의하였다. 정종이 즉위하던 초에 환관의 폐단을 없애기 위하여 모두 지방으로 추방하였는데 얼마 되지 않아 모두 돌아와서, 환관의 수가 전보다 줄지 않았다는 것이다. 태조대

---

45)『太祖實錄』권1, 원년 7월 기해.
46)『定宗實錄』권1, 원년 2월 임인.
47) 위와 같은 조.
48) 위와 같은 조.

환관 김사행이나 조순 같은 사람이 있어서는 안 될 것이라 하였다.
한편 掖庭署의 긴요한 差備 역시 헤아려 그 액수를 정하고, 충실한
자를 선택 결원이 생기는 대로 보충하고, 그 나머지는 罷하기를 청
하였다. 하지만 정종은 궁중의 差備를 闕할 수는 없으며, 환관이
각각 그 임무에 충당되어 있다고 하면서 다시 논하지 말게 하였
다.[49] 태종대 들어 參贊門下府事 權近 역시 올바른 정치를 위해서
는 朝士를 가까이 하고, 환관 궁첩을 멀리할 것을 주장하였다.[50]
이와 같은 신하들의 건의는 태종이 즉위하면서 태조대에 비하여
한층 강화되었다. 이리하여 정종 즉위 후부터는 임무를 극도로 제
한하려는 정책을 시도하였다.

하지만 조관직 겸직을 금지하려는 정책들이 완전히 실시된 것은
아니었다. 태종대 일부 환관들이 조관직을 수행하는 것이 보인다.
환관 출신의 검교 공조참의 韓幹을 驪興으로 유배시켰다는데서 알
수 있다.[51] 또한 조관들도 환관들에 대하여 고려 말과 같은 상호
관계를 유지하였다. 조관직도 다만 왕실과 관련이 있는 선공감이
나 內需司提調를 맡는 경우는 시대에 따라 더러 보인다. 예를 들어
세종대 환관 노희봉을 司宰監提調, 鄭澄을 禮賓寺提調를 임명한
경우도 있다.[52]

환관과 조관들과의 구별 의식은 환관이 조관 관직을 맡는 것을
금지하자는 주장에서 나아가 환관의 服飾을 일반 조관과 구별하자
고 주장하였다.[53] 門下府郞舍가 우리 조정의 衣冠制度는 명나라

---

49) 『定宗實錄』 권2, 원년 12월 정유.
50) 『太宗實錄』 권1, 원년 정월 갑술.
51) 『太宗實錄』 권11, 6년 2월 정묘. 한간은 음식을 잘 하여 사랑을 받아
    上林園別坐가 되었는데, 그 司의 米穀을 도용하였기 때문이었다.
52) 『世宗實錄』 권1, 즉위년 10월 기축.
53) 『太宗實錄』 권1, 원년 6월 신유.

제도를 따르고 있는데, 오직 환관의 옷만 고치지 않아 사대부와 같다는 것이다. 만일 명나라 사신이 보게 되면 우리 조정이 예를 안다고 하지 않을 것이라 하였다. 환관의 복식 중 帽는 없애고 巾을 쓰게 하여, 명나라 조정의 제도를 따르게 하자고 하였다. 문하부낭사의 건의에 대하여 태종은 국가 기반을 갖추는 다른 예들은 그대로 따르는 것이 맞지만 환관의 巾服만은 법을 취할 데가 없어 제작하기가 어려우므로, 아직 舊制에 의하도록 하였다.[54]

하지만 태조·정종 이후 태종 역시 환관들의 정치개입을 억제하지 말자는 것은 아니었다. 태조대 내시부를 文武流品 외에 두어 일반 관직과는 차별을 둔 것 역시 환관직이 가지고 있는 특이성을 파악하였다고 볼 수 있다. 이러한 일반 관직과 구별하는 의식은 왕과 신하 모두 동일하였다. 태종 역시 환관들에 대하여 엄격히 단속하였다. 사헌부대사헌 柳觀, 雜端 金孝孫 등은 風憲官으로서 환관 朴文實이 諫官 左拾遺 鄭安止를 凌辱하는 것을 보고도 그 죄를 묻지도 않고, 오히려 정안지를 탄핵한 것을 左散騎 柳沂 등이 까닭을 조사하였다고 하여 파직하였다.[55] 또한 御膳을 정갈하게 관리하지 못하였다는 이유로 靜妃殿 膳夫 林石을 내쳤으나 判內侍府事 金完이 직책을 회복시켰다가 발각되어 처벌되었다.[56] 또한 환관 金海가 죄를 지어 海州에 유배되자 고을 수령이 태종의 명을 따르지 않고 접대하자 처벌하였다.[57] 환관이 과실이 있는데도 불구하고 억제하지 않은 것은 잘못이라고 하였다.

환관에 대한 엄격한 제한 조치는 조그만 잘못이 있어도 용서하지 않거나 죄를 주는 것에서 엿볼 수 있다. 환관 尹興阜와 尹德興

---

54) 위와 같은 조.
55) 『太宗實錄』 권2, 원년 7월 을미.
56) 『太宗實錄』 권21, 11년 2월 정유.
57) 『世宗實錄』 권112, 28년 4월 기유.

등은 上王(정종)의 避病所에 나아가 문안하고 돌아오는데, 扈衛司
관원들이 御道를 범하였는데도 고찰하지 못하였다고 하여 巡禁司
에 가두거나,[58] 왕명 출납을 잘못하였다고 하여 환관 盧希鳳을 巡
禁司에 가두었다.[59] 신하들의 환관에 대한 의존성을 없애려는 시
도는 중국에서 사신으로 오는 本國火者에 대한 청탁이나 관작 제
수 역시 견제의 대상이 되었다.[60] 고려 말 원나라의 영향으로 본국
출신 화자에게 높은 관작을 제수하는 한편 그 친족에게 역시 높은
벼슬을 하사하는 풍습이 있었다. 조선 건국 이후에는 사신의 친족
에게는 부득이하게 벼슬을 제수하도록 하였다. 이러한 청탁을 견
제하는 조치를 취한 것이다. 즉 少尹 李睼은 사신 裵整에게 청탁
하여 伴人 李永澤과 金辭 등에게 副司正을 받게 해주었다고 하여
순금사에 가두었다.[61] 한편 환관들에 대하여서도 억제책을 내세웠
는데, 사신 金角에게 의뢰하여 중국에 입조하려던 환관 金希定에
게 杖 60대를 쳐서 귀향 조치하였다.[62]

또한 환관들을 여러 관사에 分遣하는 것을 중지하였다. 태종은
內資寺・內贍寺・司宰監 등 왕실과 관련이 많은 관서에 환관들을
분견하려 하였다. 하지만 司諫院에서는 고려 말에 倉庫와 宮司에
환관을 보내어 '別監'이라 칭하고, 심지어는 宰輔의 지위에 이른
자도 있어서 정치 기밀에 참여하였다. 그러나 조선 건국 이후 관제
를 정비하여 창고・궁사를 혁파, 祿官을 조사로 임명하였다. 감찰
을 보내어 출납을 규찰하는 제도를 만들었는데, 지금 환관을 보내

58)『太宗實錄』권15, 8년 3월 을해.
59)『太宗實錄』권19, 10년 3월 계유.
60) 李碩洙, 1983,「朝鮮初期 明使考」, 嶺南大碩士學位論文 ; 曺永祿,
    1990,「鮮初 朝鮮出身 明使考」『國史館論叢』14.
61)『太宗實錄』권6, 3년 10월 을축.
62)『太宗實錄』권10, 5년 7월 계축.

내자시·내섬시·사재감 등의 관서를 감독하라는 것은 잘못된 것
이라 하였다. 이것은 고려말의 상황을 재현하는 잘못을 범하는 것
이라 하자 태종은 환관들의 분감을 철회하였다.[63]

또한 태조대 내시부를 문무 유품 외로 정해진 후에 태종 5년 禮
曹에서 六曹의 직무분담과 소속을 상정하면서 이조에 소속하고,[64]
승정원으로 하여금 내시부의 근만을 고찰하게 하였다.[65] 즉 환관
들의 임무 중에 하나인 출납을 이유로 이조에 소속시키고 승정원
으로 하여금 감독하게 함으로써 정치적으로 발호할 수 있는 기능
을 제거하겠다는 것이다.

검교직 문제에 대하여 대사헌 李原 등은 관제를 바로잡는 데 중
요한 것은 冗官을 없애는 것인데, 지금 검교직은 醫員과 理馬들까
지 임명되고 있어 곡식만 소모할 뿐이라고 하였다. 이에 내시부의
輪番侍衛를 제외한 이외에는 모두 검교를 파하자고 하자 여기에
대한 三府의 의견도 대사헌과 같았다.[66] 환관에 대한 억제 논의와
조관 금지, 관복 구별 등 신하들의 억제 논의가 계속되자 경외의
冗官을 도태시키면서 검교가 녹을 받는 것은 議政府左參贊에서
工曹參義에 이르기까지 10명으로 수를 정하고, 宦官檢校 20명, 尚
衣院司直 2명을 없앴다.[67] 결국 신하들의 의견을 수용하였다. 태종
은 환관들이 충성스러운 자가 적다고 하면서 승정원으로 하여금
밤에 입직하는 환관들을 摘奸하도록 하였다.[68]

이처럼 환관들에 대한 억제논의는 환관들이 일반 조관에 진출하

---

63)『太宗實錄』권28, 14년 8월 정사.
64)『太宗實錄』권9, 5년 3월 병신.
65)『太宗實錄』권14, 7년 10월 기축.
66)『太宗實錄』권2, 원년 8월 신유.
67)『太宗實錄』권28, 14년 8월 신유.
68)『太宗實錄』권34, 17년 12월 을유.

는 것을 금지하자는 주장, 관복 구별, 본국 화자에 대한 청탁 금지, 검교직의 삭제 등을 통하여 조선초기부터 제기된 환관 억제정책을 실천하였다. 이러한 주장은 받아들여지지 않았으나 태종대 들어 점차 정치적인 역할은 줄어드는 경향을 보인다.

2) 承傳色의 傳命權 制限

세종은 유교정치를 표방하면서 集賢殿을 통해 학술 진흥에 앞장 섰다. 그리고 六曹直啓制라는 정치형태에도 불구하고, 신하들의 의견을 적극적으로 수용하였다. 각 조에서 건의한 사항을 의정부 나 다른 당상관들에게 의견을 물어보고 시행하였다. 의견 수렴을 위하여 常參・輪對・經筵을 확대하여 유교정치를 실현하였다. 이 러한 상황에서 세종은 승정원의 기능을 강화하여 왕명출납을 승정 원을 통하게 하였다. 이 과정에서 세종이나 신하들이 환관에 대한 억제책으로 내세운 것이 왕명 출납 제한이었다.[69]

왕명출납 과정을 살펴보면, 조선초기에는 왕대에 따라 조금씩 차이는 있지만 대체로 승정원으로 모여진 上疏나 각종 서류를 승 지가 승전색을 통하여 왕에게 구두나 서류로 전달하는 것이 일반 적이었다. 세종 즉위 후 병조에서 시행한 출납을 보면, 口傳은 宣 旨를 받아 시행하고, 선패는 篆字로 宣旨牌라고 새기고, 粉牌는 전 자로 兵曹牌(각 해당 아문)라고 새겨 시행하였다.[70] 그러나 세종은 왕명출납을 승정원에서 전담하도록 하였다. 그 문제의 발단은 세 종 원년 태종(상왕)이 환관 노희봉이 왕명을 전함에 착오가 있었다 고 하여 내쫓아버린 사건에 있었다.[71] 하지만 그 이유는 알 수 없

---

69) 李東熙, 1994,「朝鮮初期 王命出納活動에 대하여」『全北史學』17.
70) 『世宗實錄』권1, 즉위년 9월 기유.
71) 『世宗實錄』권2, 즉위년 12월 병신.

다. 이후 세종이 친정을 하게 되는 세종 5년 승정원에 명하여 환관
들의 명령출납에 대한 부당함을 말하고, 승정원의 대언이 계달하
도록 하였다. 즉 출납 중에서 時事나 細碎한 일들은 대언이 일일이
친히 아뢰기 어려워 승전색으로 하여금 출납하게 하였는데, 근자
에 金壽가 제수하는 동안에 그 틈을 타서 거짓으로 전달하였다. 지
금부터 큰 일, 작은 일 할 것 없이 대언이 朝啓에서 아뢰게 하였다.
다만 馬牌의 출납이나, 朝臣의 肅拜 등의 일은 小官 尹吉을 시켜
들어와 아뢰고, 만일 긴급한 일이 있으면 本文을 갖추어 내전으로
들이면 내가 친히 보고 결단하겠다고 하였다.[72] 이와 같은 조치는
태종 이후 환관에 대한 억제책의 단면을 보여주는 것이다. 나아가
刑을 결정하는 일은 환관을 시켜 아뢰지 말고 대언이 직접 아뢰게
하였다.[73] 한편 세종은 밖에서 啓達할 일은, 숙배같은 작은 일 외
에는 승전색을 면대하여 계달하게 하고, 사알을 시켜 간접으로 계
달하지 못하게 하였다. 안에서 교지를 전하는 것도 승전색이 직접
받아들여서 시행하고, 사알을 시켜 전달하지 못하게 하였다.[74] 이
러한 조치는 환관들이 왕명을 출납하는 과정에서 정치적 의도가
숨어 있을 가능성을 완전히 배제하자는 것이다.

환관들이 가지고 있는 임무의 특성상 유배를 가더라도 다시 돌
아올 확률이 높았다. 이 때문에 수령들은 휴식처를 제공해 주었다.
그러나 세종은 水原 관속 嚴永守·海州充軍 金海·綿山充軍 陸
英生 등에게 휴식처를 정해 주고 후대하는 일이 발각되는 날에는
왕명에 복종하지 않은 죄목으로 다스리겠다고 하였다.[75] 이것으로
이전부터 환관들이 유배를 가더라도 후하게 대접하였고, 지방에

---

72) 『世宗實錄』 권20, 5년 6월 신해.
73) 『世宗實錄』 권24, 6년 6월 갑자.
74) 『世宗實錄』 권25, 6년 8월 병진.
75) 『世宗實錄』 권3, 원년 4월 병자.

갈 때에도 수령이 접대하는 것은 당연하게 받아들였다. 그러나 세종대 와서는 이를 적극적으로 금지하였다.

환관들에게 왕명 출납을 중지시키는 한편 처벌을 강화하였다. 환관 兪實이 兼司僕으로 사복시에 속한 魚梁을 빼앗아 점유한 것을 제조 李湛이 주인에게 돌려주었다. 이에 유실이 이담을 욕하자 이를 탄핵한 사건,76) 환관 右副承直 鄭根이 병든 어머니를 보려고 慶山에 돌아갈 때 義興의 牛谷 驛馬 1필을 제 마음대로 타고 간 사건으로 곤장 80대에 처한 사건,77) 환관 崔浥이 평소 친분이 있던 兵曹正郞 李賢老, 佐郞 尹培 등에게 그의 형 甲士 崔淳과 族兄 金自麗를 촉탁하며 8품으로 올려 준 것으로 의금부에 가둔 사건78) 등에서 볼 수 있듯이 환관들이 조그만 잘못을 하여도 제어하는 정책을 취하였다. 그리고 모든 왕명출납은 대언사에서 받은 왕명이나 육조에서 내린 문서 외에 명확한 증명이 없이 內史 혹은 承命을 빙자하는 자는 잡아 가두게 하였다.79) 이것은 당시 환관들이 지방에 가서 왕명을 칭하여 노략질하는 행위를 엄단하기 위함이었다.

세종 전후 왕명출납의 기본적 방식은 공사는 모두 승전색으로 하여금 출납하게 하고, 司謁은 肅拜單字만을 맡았다. 正朝使인 同知中樞院事 李震이 환관 田畇에게 從事官을 改替를 아뢰었다. 이것을 사헌부에서 탄핵하였지만 세종은 "법은 비록 만들어 있지만 시행하지 않은 지가 오래 되었으니, 어찌 조그만 실수로써 명을 받들고 가는 사신을 죄줄 수가 있겠는가"라고 하면서 죄를 묻지 않았다.80) 이것으로 보아도 원칙과는 달리 출납의 과정은 잘 지켜지

---

76)『世宗實錄』권22, 5년 11월 계사.
77)『世宗實錄』권23, 6년 정월 신묘.
78)『世宗實錄』권122, 30년 12월 병자.
79)『世宗實錄』권31, 8년 2월 을해.
80)『世宗實錄』권74, 18년 9월 정사.

지 않은 것으로 보인다. 여러 차례 논의가 되었음에도 불구하고 승
전색은 사알을 통하여 출납을 하였다. 이후에도 승정원에서 출납
할 때 전균이 사알을 시켜 아뢰자 왕은 승전색의 잘못을 지적하였
다.[81] 그러나 倭人이 獻香할 때 승전색이 사알을 통하여 출납하였
다. 이 일은 흔히 있는 일이었는데, 세종은 원칙에 어긋난다고 하
여 앞으로 왕명출납 시에 사알이 승정원에 들어오지 못하도록 하
였다. 여기에 대하여 승지 趙瑞康·李承孫·趙克寬 등도 자신들
역시 이 사실을 알고 있으나 일의 기한이 긴박한 경우는 환관에게
줄 사이 없이 사알을 통해 올리는 잘못을 하였다. 승전색이 한 사
람이기 때문에 승전색을 기다려 출납할 수 없으니 구두로 아뢸 일
이 아닌 것은 사알에게 부탁하여 승전색에게 전하도록 해 달라고
하였다. 이에 승전색과 사알의 일을 구분하여 '분부 받을 것도 없
고 말로 할 것도 없는 일'만 사알에게 맡기게 하였다.[82]

또한 대소 관료들이 승정원을 거치지 않고 승전색에게 사사로이
부탁하는 경우가 있었다. 의정부서사제 하에서 왕명출납시 승정원
을 거치지 않고 직계할 수 있는 사람은 議政들이고, 나머지 贊成
이하는 승정원을 거치는 것이 상례였다. 법적으로 승정원이 아니
면 명령을 선포하지 못하도록 되어 있었다. 그러나 대부분의 관료
들은 위급한 사항이나 필요에 따라 승전색을 통해 직계하는 경우
가 흔히 있었다. 이 경우 승정원과 승전색의 말이 서로 맞지 않았
다. 특히 정치적 알력이 있는 경우에는 직계하였다. 세종 말 禮曹
判書 鄭麟趾가 승전색을 통하여 직계한 사건이 그 예이다. 정인지

---

81) 『世宗實錄』 권89, 22년 6월 무인.
82) 『世宗實錄』 권99, 25년 정월 기미. 이 일은 환자 金忠이 승지 조서강
   등에게 부탁한 것으로 환관 혼자 하루의 만 가지 일을 출납하는 것은
   문제가 있기 때문에 사알과 더불어 모든 일을 나누어 맡게 해달라는
   것이다.

가 승정원을 경유하지 않고 아뢰고자 하자 도승지 黃守身이 사알을 불러 판서 이하는 승정원을 경유하지 않고서 일을 아뢸 수 없다고 하면서 入啓하지 못하도록 하였다. 하지만 정인지는 환관 전균을 통해 직접 아뢰었다. 이 과정에서 정인지는 승정원이 자기가 아뢰고자 하는 일에 방해한다고 하였고, 황수신은 모든 출납은 승정원을 통해서만이 아뢸 수 있다고 하였다. 결국 승정원과 신하들 간에 다툼이 벌어진 것이었다. 이 일의 발단은 兵曹判書를 겸직하였던 정인지의 일을 승정원 도승지인 황수신이 병조의 일에 간섭하였고, 정인지는 승정원은 병조의 일을 간섭하지 못하도록 하면서 정치적 알력이 생긴 것이었다. 그래서 정인지가 일을 아뢰고자 하였으나 황수신이 방해하면서 직계하지 못하게 하였다. 세종은 문제가 발생한 당시에는 그대로 덮어두다가 이후 판서 이하는 직계하지 못하도록 하면서 승정원 편을 들어 주었다.[83) 즉 모든 명령이나 계달은 승정원을 통해서만 출납하도록 규정하였다. 승정원은 후설의 직임으로 크고 작은 일을 출납하는 데 최근에 신료들이 승전환관에게 계달하는 경우가 있어 명령이 일치하지 않는 수가 많았다. 이후로는 승정원을 통해서만 출납하고 직계하지 못하도록 하였다.

또한 모든 관사는 승정원에서 출납하는 것을 원칙으로 하였다. 그런데 환관들이 관리하는 부서들만 직계하는 문제가 있었다. 세종대 司僕寺와 尙衣院은 일의 크고 작음을 가리지 않고 직접 위에 아뢰어 문제가 된다하여 승정원을 거치도록 하였다.[84) 결국 궐내에 사용되는 잡물은 전명하는 환관이 符書를 싸 가지고 승정원에 이르러 명령을 전한 후에 들여오는 것을 허락하고, 尙衣院・司僕

---

83) 『世宗實錄』 권113, 28년 7월 정해.
84) 『世宗實錄』 권64, 16년 6월 정사.

寺・紫門工繕監의 잡물 출입도 역시 담당 환관으로 하여금 각각
부서를 싸 가지고 명령을 전한 후에 출납하게 하였다.[85] 결국 세종의 병이
심해지자 왕명출납에 관한 사안이 문제가 되었다. 승정원에서 일
일이 출납할 수 없게 되자 환관들이 출납을 관장하였다. 이에 세종
은 세자에게 禪位를 생각할 정도였다.[86] 이것으로 보아 세종 말년
에 다시 승전환관을 통하여 출납하는 경우가 많음을 알 수 있다.

  이처럼 세종대는 태종대에 이어 환관들을 억제하는 정책으로 왕
명 출납을 승정원에서 전담하도록 하고, 환관들을 승정원으로 하
여금 관리 감독하도록 하면서 억제하였다. 한편 조관들에 대하여
청탁하거나 문신을 업신여기는 행동을 하는 환관들을 강력히 억제
하였다. 이러한 제한 조치는 결국 태종대 이래 환관 억제책의 연장
으로 볼 수 있다.

3. 文宗代 抑制策의 緩和와 王位簒奪

1) 文宗代 抑制策의 緩和

  세종대 환관들에 대한 왕명출납 금지 등의 억제정책은 세종 말
기에 이르러 완화되는 경향을 보인다. 왕명출납은 대언 대신에 승
전색이 전담하였다. 즉 세종이 병약하여 거동을 하기 불편하자 환
관들로 하여금 대신 왕명출납이나 각종 공사에 대한 심부름을 전
담하게 하면서 점차 권력을 행사하는 경향을 보인다.

  세종말기 환관들의 권력 행사 조짐은 문종대로 이어진다. 그 중

---

85) 『世宗實錄』 권76, 19년 정월 계묘.
86) 『世宗實錄』 권108, 27년 4월 신미.

에 하나가 도설리의 印을 주조하여 주는 문제였다. 문종이 궁중의
음식을 담당하는 도설리의 印信을 주조해 주려고 하자 掌令 河緯
地는 부당함을 아뢰었다. 여기에 대하여 왕은 인신을 주는 것은 권
력을 주는 것이 아니고, 출납하는 물건에 印을 찍어서 信標를 삼으
려고 하는 것이라 하였다.[87]

　여기에 대하여 사관들은 세종대는 환관을 억제하였지만, 문종대
에 이르러 환관으로 하여금 忠扈衛·上林園·司僕寺 등 여러 衙
門을 관장하여 감독하게 하고, 또 자주 軍器監에 보내서 관리의 勤
怠를 규찰하여, 차츰 환관들의 세력이 자못 커지므로, 識者들이 걱
정할 정도였다.[88] 즉 환관 嚴自治에게 軍器監의 일을 검핵하는 한
편 여러 監 뿐만 아니라, 奉常寺에도 검핵하게 하였다.[89] 또한 신
하들이 別巡軍士의 일을 환관이 맡은 것에 대한 부당함을 아뢰자
문종은 지금 환관은 검사복을 맡기도 하고, 군사를 인솔하여 사냥
을 하는 자도 있다고 하면서 문제가 될 것이 없다고 하였다.[90] 여
기서 맡은 관청은 대부분 왕실이나 왕의 호위와 관련된 곳이었다.

　환관들에 대한 억제정책을 완화하는 조치에 대하여 司憲府掌令
申叔舟 등은 환관들의 폐단을 지적하였다. 세종대는 왕명출납을
환관 대신에 승정원의 대언으로 하여금 대신하게 하다가 말년에
이르러서는 환관들이 출납을 전담하였다. 그런데 지금은 朝啓를
例聞하는 일 이외에는 大小의 출납을 환관에게 위임하여 권력을
형성하는 폐단은 여전히 남아 있다는 것이다. 그는 왕명출납의 문
제점을 "지금 臺省의 進言을 승지가 나와서 그 말을 듣고, 들어가
서 환관에게 알리면 환관은 그때에 위에 아뢰게 되니 세 번이나 옮

87)『文宗實錄』권2, 즉위년 6월 을미. 인신은 결국 주조하지 못하였다.
88) 위와 같은 조.
89)『文宗實錄』권4, 즉위년 10월 무술.
90)『文宗實錄』권10, 원년 11월 정유.

138   朝鮮時代 政治權力과 宦官

겨 전하게 되면 어찌 능히 그 말 밖의 隱微한 뜻을 다 稟達할 수가
있겠습니까?"라고 하였다. 이에 세종대처럼 조정에서 政事를 보는
날에 대성과 大小臣僚들의 접견을 허가할 것과 출납은 승지가 아
뢰도록 하여야 한다고 주장하였다. 여기에 대하여 문종은 공사가
있으면 승지가 친히 들어와서 아뢰도록 하였다.91) 이것은 제대로
실천되지 못하였고, 문종대는 승정원에서 아뢸 말을 승전색이 대
신 전하는 방식을 취하였다.

  하지만 同知經筵 李思哲은 환관들을 경계하기 위하여 역대 환
관들의 착한 행실을 기록한『大學衍義』을 환관들에게 공부하도록
하자고 하였다.92) 이러한 조치에도 불구하고 문종은 종친 및 환관
들과 어울려 자주 慶會樓에서 활쏘기를 하였는데, 문종이 승지 朴
仲孫에게 명하여 환관 엄자치에게 물어 사신들에게 보낼 물목을
조사하도록 하였다. 이 과정에서 박중손이 사람을 보내 엄자치를
불렀으나 엄자치는 활쏘기를 하고 있기 때문에 나갈 수가 없으니
박중손의 뜻대로 하라고 하였다.93) 이를 미루어 생각해 보면 왕명
을 받은 승지의 부름도 무시할 정도로 환관의 기세가 등등하였음
을 알 수 있다.

  환관들에 대한 대우가 달라진 이유는 문종 자신이 어릴 때부터
환관에 의하여 키워지고 성장함으로써 특별한 정을 가지고 있었기
때문이다.94) 문종은 궁중 내에서 성장하여 환관들에 대하여 큰 부
담을 가지고 있지 않았다. 즉 왕은 환관들을 신임하여 여러 관사를
담당하게 하였으며, 조관들이 부당함을 아뢰자 중국의 예를 들어
환관들이 믿을 만하다고 하였다. 그리하여 왕이 薨할 때에 안팎이

91)『文宗實錄』권3, 즉위년 9월 계해.
92)『文宗實錄』권8, 원년 6월 임오.
93)『文宗實錄』권12, 2년 3월 신유.
94)『文宗實錄』권12, 2년 3월 계해.

통하지 않아 오직 醫官과 환관 崔濕만이 있었다고 할 정도였다.[95]

이처럼 문종대는 왕이 어려서부터 환관들에 의해 자라서 총애하는 경향을 보인다. 이에 따라 환관은 출납을 관장하는 한편 여러 관사에 분견되어 관리 감독하는 역할을 담당하였다.

2) 王位簒奪과 宦官

세종대의 議政府署事制는 왕권과 대간들의 균형이 이루어졌을 때 가능한 것이다. 세종은 유교정치를 표방하여 集賢殿을 통하여 학문을 양성하는 한편 6조직계제하에서도 의정부나 6조의 관료들에게 국정운영의 방안을 구하였다. 즉 경연을 확대하고 윤대제를 실시하여 신하들의 의견을 수렴하였다. 그러나 단종이 13세에 즉위하자 문제가 생겼다. 어린 국왕이 있는 상황에서 의정부서사제는 결국 의정부 대신들의 국정전단은 불가피하였다.[96] 이에 의정부가 이조와 병조의 인사를 담당하는 黃標政事가 시행되었다. 의정부는 유약한 임금의 보호를 표방하면서 종실(수양대군과 안평대군)의 정치개입을 금지하고, 집현전과 대간의 언론활동을 억압하였다. 또한 왕의 측근에 설치된 내금위의 개편을 추진하는 한편 내시부의 정치 참여를 금지하였다.

하지만 당시 종실에서는 이것을 막을 방도가 없었다. 모후 顯德王后 권씨가 세종 23년 사거하자 세종의 후궁인 惠嬪楊氏가 궁중의 일을 관장하였다. 단종의 누이인 敬惠公主 역시 20세 전후로 단종을 후원할 세력으로 성장하지 못하였다. 首陽大君은 세종의 총애를 받았던 집현전의 權擥・申叔舟 등의 문신을 포섭하고, 韓明會・洪達孫・楊汀 등 무신과 內禁衛 등의 인원을 규합하였다. 한

---

95) 『文宗實錄』 권13, 2년 5월 병오.
96) 崔承熙, 2002, , 『朝鮮初期 政治史硏究』, 지식산업사, 272~299쪽.

편 安平大君도 金宗瑞와 집현전 학사와 교유하면서 세력을 강화
해 나갔다. 의정부는 대군의 정치참여를 반대하면서 奔競 금지 대
상에 포함시켰지만 대군들의 반대로 실패하였다.

왕위찬탈 과정에서 출납 문제를 살펴보면, 단종이 왕위에 오른
이후 수양대군이 왕위를 노리게 되면서 왕실 내에는 수양대군파와
안평대군파로 나누어졌다. 따라서 내시부의 환관들도 두 개의 파
로 구별되었다. 먼저 안평대군파를 보면, "鎔(安平大君)이 문종조
로부터 정사 때마다 내시부의 僧職을 오로지 맡았다"[97)라고 하여
안평대군이 내시부의 일을 관여하면서 환관들과 친하게 지내고 있
었음을 짐작할 수 있다. 그 예로 안평의 생일, 즉 마포강 정자에 모
인 사람은 환관 金衍 · 李貴 등과 朝士 李賢老 · 李命敏 등 30여
인이었다.[98) 여기에서 내시부의 인물 중에서 품계가 높은 환관들
이 다수 참여하였다. 이후 수양대군파로 분류되는 환관 田畇과 嚴
自治가 참여하지 않았음이 주목된다. 또한 안평대군파로 분류되는
환관 김연은 왕이 병들자 안평대군에게 사람을 보내어 병문안을
종용하였다.[99) 즉 환관 김연이 안평에게 왕의 동정을 알려주면서
서로 친교를 맺고 있었다.

한편 수양대군파를 보면, 환관 전균과 엄자치를 들 수 있다. 먼
저 전균이 수양대군 집을 찾아가서 서로 만나는 것을 알 수 있
다.[100) 내시부의 전균과 엄자치는 신하들이 국왕의 면대시 승정원

---

97) 『端宗實錄』 권2, 즉위년 7월 갑오.
98) 『端宗實錄』 권3, 즉위년 9월 무신. 당시 모인 사람들을 모인 사람들을
    보면, 高陽縣監 朴夏 등과 환관 金衍 · 李貴 · 韓松 · 崔濕 · 金得
    祥 · 崔得祥 · 崔彦 · 曹熙 등과 朝士 李賢老 · 李命敏 · 李石貞 · 李
    義山 · 趙藩 · 金唱 등 30여 인이었다. 수양대군이 안평대군파를 몰아
    낸 이후 이들 환관들도 안평파로 분류되어 귀양을 가거나 관직에서
    물러났다.
99) 『端宗實錄』 권3, 즉위년 9월 임자.

을 거치도록 하는 문제로 의정부와 자주 부딪치면서 수양대군의
단종 상견을 주선하였다. 단종이 수양대군에게 호감을 갖도록 만
들어 의정부의 반발을 사기도 하였다. 수양대군은 환관 이외에 궁
중내의 妃嬪과 宮女들과도 모종의 협력이 있기도 하였는데, 惠嬪
(세종의 후궁)이 수양대군에게 밀계하여 안평대군이 社稷을 위태
롭게 하니 이를 막아야 한다고 하였다.101)

수양대군과 안평대군은 전권을 잡기 위하여 서로 경계하게 되었
고, 수양대군파는 거사를 준비하였다. 수양대군이 거사함에 있어서
궁중 내부의 사정을 중히 여겼다.

> 지금 김연·최습 등과 같은 집사환관이 모두 瑢에게 아부하고, 용
> 이 또 韓崧을 도설리로 삼아 禦膳을 맡게 하였으니 그 뜻을 헤아릴
> 수 없고, 독을 넣을 계략이 있을까 염려된다.102)

즉 왕 주위에 자기 세력이 아닌 안평파 인물의 환관이 자신을 해
롭게 말하는 것을 두려워하였다. 수양대군은 단종에게 거짓으로
계청하려 하지만 환관 김연과 한숭이 있어 안평대군이 먼저 알 것
이라 하였다.103)

수양대군일파는 거사일을 10월 초10일로 잡았다.104) 거사과정에
서 수양대군이 崔恒에게 말하기를 "김연·한숭이 또 주상의 곁에
있음으로 가서 아뢸 겨를이 없어서 이미 괴적 金宗瑞 부자를 베어
없애고 그 나머지 支黨을 지금 아뢰어 토벌하고자 한다"105)라고

---

100) 『端宗實錄』 권3, 즉위년 윤9월 무인.
101) 『端宗實錄』 권6, 원년 5월 을해.
102) 『端宗實錄』 권4, 즉위년 10월 계사.
103) 『端宗實錄』 권7, 원년 9월 무인.
104) 『端宗實錄』 권7, 원년 9월 임오.
105) 『端宗實錄』 권8, 원년 10월 계사.

하여 왕 주위에 있는 안평파 환관들 때문에 왕에게 알리지도 않고
김종서 등을 베었다. 이 과정에서 환관 전균으로 하여금 황보인·
김종서 등과 안평대군이 역모를 꾀한다고 거짓 모의와 김종서 부
자를 죽인 사실을 고하게 하는 한편 황보인 등의 처단을 아뢰게 하
였다.106) 즉 황보인을 죽이는 과정에서 환관 전균이 김연 등 안평
파 환관들을 대신하여 왕에게 수양대군의 뜻을 전하였다. 그 결과
거사는 성공할 수 있었다. 그리하여 황보인 등의 안평대군 일파를
죽였으며, 또한 三軍鎭撫 崔賜起를 보내어 환관 김연을 죽이는 한
편 환관 한숭 등을 잡아 의금부에 보내었다.107) 단종은 수양에게
軍國 등의 임무를 맡기게 되어 거사는 성공하였다.108) 왕 주위에
있는 안평파 환관들을 本鄕에 부처함으로서 이후 자기의 일을 도
모하는데 쉽게 하였다.109) 여기에서 수양대군이 거사과정에서 김
종서와 황보인 등을 죽이는 일을 환관 전균이 김연 등의 안평파 환
관을 대신하여 윤허를 받는 역할을 하였다. 거사를 실행함에 있어
서 형식적이나마 왕의 윤허를 받음으로서 합법화하였다. 이 점은
거사과정에서 출납을 장악하였던 환관들이 얼마나 중요한가를 시
사해 준다.

거사의 성공 이후 공을 논함에 있어서 환관 전균과 엄자치를 靖
難功臣 2등에 봉하였으며, 공신의 예에 따라서 丘史와 伴倘까지
지급하였다.110) 봉군을 하려고 하였지만 대신들의 반대로 취소되
었다.111) 또한 내시부의 환관들에게 토지·亂臣田·집·奴婢 등

---

106) 위와 같은 조.
107) 위와 같은 조.
108) 위와 같은 조.
109) 『端宗實錄』 권9, 원년 10월 갑오.
110) 『端宗實錄』 권9, 원년 11월 병진.
111) 『端宗實錄』 권9, 원년 11월 경오. 환관 엄자치에게 '寧城君'을, 전균에
   게는 '江川君'을 하사하지만 대신들의 반대로 취소되었다.

을 하사하였다.112) 여기서 주목되는 것은 토지와 노비·집 등을 하
사함에 있어서 공신 외에 내시부의 환관들이나 궁중 내의 惠嬪과
宮女에게도 지급하였다.113) 이것은 수양대군이 안평일파를 몰살한
이후 궁중 내부의 여론과 이들을 회유할 필요성이 여전히 존재하
고 있었다고 생각된다.

　　그러나 수양대군이 실제 국정을 총괄하고 조정을 움직이는 힘이
생기면서부터 변화의 양상을 보인다. 그것은 문종대 이래로 발호
한 환관들에 대한 경계였다. 이리하여 환관 엄자치를 "국정에 관여
하여 조정을 능멸하고 내부의 물건을 도용하고 여러 사의 관리들
을 마음대로 구타하는 등의 잘못을 저지른다"114)라고 하여 처벌하
였다. 錦城大君 瑜와 判中樞府事 洪約 등의 告身을, 엄자치 외 대
다수의 환관들 역시 고신을 빼앗거나 본향에 부처하였다. 환관들
이 맡고 있었던 司豹局·冊房·弓房·報漏閣 등을 각각 有司에
돌려보냈다.115) 이것은 수양 자신이 완전하게 전권을 잡았다고 판
단함으로써 자신에게 조금이라도 불리한 사람들을 제거하였다. 죽
임에 있어 60여 인이 같은 날 죄에 저촉되어 죽어도 죄명을 알지

---

112)『端宗實錄』권9, 원년 12월 을유·무신.
113)『端宗實錄』권13, 3년 정월 경오.
114)『端宗實錄』권13, 3년 2월 계묘. 엄자치는 제주로 유배되는 도중에 죽
　　었다. 그는 단종복위 사건으로 형벌을 받은 것으로 보인다.
115)『端宗實錄』권13, 3년 3월 갑자. 이때 金忠·李貴·印平·柳臺·尹
　　奇·朴閏·金得祥·吉由善·崔粲·曹熙·徐盛代는 絞刑과 家產 籍
　　沒을, 崔濕·朴恭·李春·鄭福·鄭存·劉進·文漢·文仲善·金革·
　　柳漢·金潔·吳栗山·安遇祥·黃思義·李孝智·朴存壽·李岡·
　　黃義之·최잠·金從直·金德恭·徐義·化繼山·朴漢·趙生은 변
　　방 고을의 官奴로 永屬과 家產 籍沒을, 李聞·韓存·吳善·金處
　　善·崔致敦·李貴存·金洽·李得茂·金得孫·崔碩江·姜希敬·
　　金孝孫은 本鄕의 官奴로 永屬시키고, 嚴自治는 告身을 收奪하고 功
　　臣籍에서 삭제하고 家產을 沒收하였다.

못한다고 하였다.116) 이와 함께 궁중 내에 있던 혜빈 양씨와 궁녀
들도 제거함으로써 실제 자기와 반대되는 사람들을 모두 제거하였
다.117) 세조는 왕위에 오른 이후 비협조적인 세력의 제거에 협조하
였다 하여 환관 전균을 佐翼功臣 2등에 책봉하였다.118) 이후 전균
은 왕의 총애로 王世子嬪 簡擇官, 司饔院提調을 역임하고 河陰君
이라 하여 봉군까지 받았다. 또 품계가 숭록대부에까지 오르고 성
종이 시호를 "襄敬"라고 하사하려 하였지만 대신들의 반대로 취소
되었다.119) 또한 많은 환관들이 공신에 책봉되었다.120)

　그러나 세조는 왕위에 오른 이후 왕권을 강화하면서 명령출납에
문제가 있다고 생각하여 승전환관이 승정원에 왕명을 전할 때는
宣傳牙牌와 宣傳標信을 사용하게 하였다.121) 출납시 장패를 주고
받는 여부를 확인하게 하였다.122) 명령출납시의 잘못을 해결하려
하는 한편 승전색이 명령을 출납함으로 생기는 폐단을 미연에 방
지하려 하였다. 세조는 환관 李得守가 출납을 제대로 전달하지 않
았으며, 各曹의 典言들이 공사를 물어 보았지만 듣지 못하였다고
핑계를 둘러 되었다는 이유로 파직시켰다. 즉 출납의 공사는 법식
에 의하여 수효를 계교하고, 또 下問하여 未答한 공사는 3일마다

---

116) 『端宗實錄』 권13, 3년 3월 병오.
117) 『世祖實錄』 권1, 원년 윤6월 을묘.
118) 『世祖實錄』 권2, 원년 9월 정축. 전균은 단종이 수양대군에게 왕위를
　　　양위함에 있어서 승전색으로서 임무를 수행하였다(『練藜室記述』 권
　　　4, 단종조고사본말). 연산군대에 환관 전균의 노비 129구 중에서 내수
　　　사에 109구, 나머지 20구는 본주인에게 돌려주게 하였다(『燕山君日
　　　記』 권50, 9년 6월 무신).
119) 『成宗實錄』 권38, 12년 정월 무오.
120) 『世祖實錄』 권22, 6년 11월 기묘. 內侍府司謁 盧山, 宮衛丞 全信, 內
　　　瞻寺의 奴 全壽를 原從功臣 3등에 追錄하였다.
121) 『世祖實錄』 권4, 2년 5월 기축.
122) 『世祖實錄』 권41, 13년 3월 신축.

사유를 갖추어 아뢰게 되었는데도 불구하고, 승전내시 이득수는
폐하여 없애 버리고 啓字印을 준행하지 아니하였으며, 마음대로
스스로 차고 다니면서 이미 아뢴 것과 아뢰지 않은 것을 분간하지
아니하고, 뜻대로 처리하게 하였다. 또한 숙배하는 사람이 아뢰지
아니하였다고 하여도 이미 아뢰었다고 대답하였다.[123] 즉 모든 공
사는 세조대에 이르러 출납이 체계화되었다. 결국 세조는 내시에
게 대개 작은 일을 주고, 큰 일은 승지가 담당하게 하였다.[124]

　이처럼 왕명출납의 중요성은 결국 왕위찬탈과정에서 수양대군
파와 안평대군파로 신하들이 나뉘어지는 한편 내시부의 환관들도
양분되었고, 그 결과 환관 전균 등 수양대군 일파의 환관들이 단종
의 이목을 가려 왕위찬탈이 가능하였다.

4. 成宗代 宦官制의 定着

　성종대는 정치제도가 완비되는 시기이다. 『경국대전』을 반포하
면서 내시부는 종2품이 있는 아문으로, 인원은 140명으로 제도화
되었다. 조선초기 검교직을 폐지하는 대신에 체아직 59인을 두어
녹봉 문제를 해결하였다. 성종 때는 초기에는 원상을 중심으로 정
치체제가 운영되었다.[125] 이 과정에서 일시적으로 환관들이 총애
를 받는 듯 하지만 전체적으로 세조대의 억압정책은 그대로 유지
되었다. 특히 사림이 등장하면서 환관들은 점차 억제되어가는 양
상을 보였다.

　성종대 출납문제를 살펴보면, 성종이 어린 나이로 왕위에 오르

---

123)『世祖實錄』권30, 9년 6월 임술.
124)『世祖實錄』권32, 10년 정월 무인.
125) 金甲周, 1973,「院相制의 成立과 機能」『東國史學』12.

게 되자 貞熹大妃 尹氏(世祖의 妃)가 수렴청정을 하게 되면서 승
전색이 명령출납을 전담하였다.126) 왕이 직접 정치에 관여하면서
출납시 箚子를 사용하였으나,127) 출납은 여전히 승전색이 맡았
다.128) 그러나 사림이 등장하고 왕권을 강화하면서 왕은 출납을 승
전색이 아니라 승지가 직접 아뢰게 하였으며, 급한 일이 아니면 반
드시 조강과 주강에서 아뢰도록 하였다.129) 그러나 말년에는 잘 지
켜지지 않았다.

  조선시대 왕명출납은 기본적으로 승정원을 통하여 전달하는 것
을 원칙으로 하였다. 하지만 왕명출납시 가장 문제가 되는 것은 승
정원을 거치지 않고 직계하는 것이었다. 『경국대전』에도 "무릇 公
事는 2품 衙門은 直啓한다"고 하였다. 하지만 內侍府는 비록 2품
이 있는 아문이라고 하더라도 단지 大內의 監膳・傳命・守門・
掃除 뿐이고 해당한 公務를 관할하는 것이 없기 때문에 『경국대
전』 내에 9품 아문 밑에 서열을 정하는 한편 직계하지 못하였다.
여기서 문제가 되는 것은 실제 운영상에 있어서 내시부가 직계하
는 것은 당연하다는 인식이었다. 어느 누구를 막론하고 일반적인
일은 승정원을 거쳐 출납하지만 내시부는 승전색이 있었기 때문에
승정원을 통하지 않고 왕에게 직계하는 것이 문제가 되었다. 이러
한 출납 문제는 조선초기부터 논의가 되었지만 각 관서에서도 문
서가 시급하거나, 기타 필요에 따라 승정원을 거치지 않고 출납하

---

126) 『練藜室記述』 권10, 명종조 고사본말.
127) 『成宗實錄』 권26, 4년 정월 임자. 차자를 사용하기를 건의한 사람은
    大司憲 徐居正으로 諸司에서 일을 아뢸 때, 혹은 啓目, 혹은 單子로
    도 하는데, 司憲府에서 일을 啓奏하는 것은 옛 법에 下官이 承旨에게
    말을 하면 승지가 환관에게 전하는 등, 옮겨서 보고할 때에 말이 錯誤
    가 많아 송나라 때의 箚子를 도입한 것이다.
128) 『成宗實錄』 권58, 6년 8월 경인.
129) 『成宗實錄』 권63, 7년 정월 기미.

는 것이 상례였다. 하지만 개인적인 것을 직계하는 잘못이 많았다. 즉 항상 사안의 정도가 문제였다.[130] 직계로 인하여 방자할 가능성이 있었다.

성종대 역시 내시부의 직계가 문제가 되었다. 사헌부에서 내시부의 직계를 들어 "환관이 방자하게 되는 조짐이다"라는 말로 문제를 삼았다. 하지만 성종은 "환관이 방자한 것은 바로 쇠한 세대의 일이다. 이제 환관이 정권을 농락하는 일이 없는데 방자하다고까지 말하는 것은 참으로 의혹된다"라고 하면서 오히려 환관들이 外間에서 불법을 저지르면 사헌부에서 조사해야 할 것이라 하였다. 즉 내시부에서 父子를 分揀하는 것, 犯馬 등의 일을 내시부에 제출, 轉啓하여 해당 官司에 회부하는 것은 옛부터의 예인데, 이것을 감찰하지 못하는 사헌부가 더 잘못이라는 것이었다. 사헌부의 내시부 직계에 대한 탄핵은 왕권 강화와 직접 관련되는 것이다. 왕이 얼마나 신하들의 요구(공론)를 수용하는 정도와 관련이 있다.[131] 성종이 사헌부를 책망하는 것은 단순히 내시부의 잘못을 떠나 왕권 약화를 방지하기 위한 하나에 수단이었다.

사헌부는 내시부가 사사로운 일로 직계하는 것은 임금의 권위가 손상되는 것으로 적극적으로 견제하여야 한다고 하였다. 성종은 내시부가 직계하여 권한을 행사하는 일은 없으며, 오히려 사헌부에서 내시부가 잘못하는 일이 있을 때 바로잡아야 한다고 하였다. 이것으로 보아 내시부는 비록 직계하는 경우가 있지만 왕명출납은 승정원을 통하여 거치는 것이 원칙이고, 승전색은 말을 전하는 역할만 하였다. 이 과정에서 사헌부는 조금만 잘못을 하여도 용서하지 않아야 한다고 하였다.

---

130)『成宗實錄』권222, 19년 11월 경진.
131) 위와 같은 조.

성종대 위정자들의 환관에 대한 인식은 더욱 완고하였다. 정치적으로 견제하는 차원을 넘어 의식적으로 구분하는 경향을 보인다. 성종은 경연에 참여하는 翰林으로 하여금 환관에게 『通鑑』을 가르치게 하였다.[132] 그러나 弘文館直提學 李命崇 등은 환관 曹疹과 金萬壽 등에게 『左傳』을 가르쳐 주게 하는 것은 잘못되었다고 하였다. 내시교관이 있는데도 侍講인 자신들을 보고 환관들을 가르치게 하는 것은 직분에 적당하지 않다는 것이다. 성종은 그 본뜻은 알겠지만 환관들이 학술을 알지 못하기 때문에, 한 사람으로 하여금 학술을 알게 하여 나머지 사람들을 가르치게 하려고 할 뿐이라 하였다.[133] 그러나 이명숭 등은 서로 직분을 벗어난 일을 할 수 없다고 하자 결국 성종도 받아들일 수밖에 없었다.[134] 이것은 당시 사림으로 대표되는 성종대 위정자들의 환관에 대한 인식을 말해주는 것이다. 이후에도 홍문관직제학 이명숭 등은 김만수 등에게 『좌전』을 가르치지 말도록 청하였다. 그 이유는 『좌전』을 가르치는 것은 大體에 해로우며, 이것은 후세에 구실이 될 수 있다는 것이다. 그러나 성종은 "중국의 환관은 모두 文學을 안다고 하는데 우리나라의 경우도 학문을 가르치면 禮法을 알고 事體를 알 수 있다"고 하였다. 성종은 홍문관에 자신이 가르치려는 것이 "俳優의 일인가, 文章의 일인가"를 반문하였다.[135] 이는 결국 환관들의 기본적인 임무는 수문과 소제라는 인식에서 출발한다. 성종은 교육을 통한 환관들의 억제정책으로 서적을 보급하여 『待漏院記』, 『內班院記』 등 신하와 환관을 경계하는 책을 편찬하였다. 이 중에서 『內班院明鑑』은 "歷代 환관의 善惡得失을 실어서 권장함과 경계

---

132) 『成宗實錄』 권140, 13년 4월 신해.
133) 『成宗實錄』 권143, 13년 7월 경오.
134) 위와 같은 조.
135) 『成宗實錄』 권143, 13년 7월 을해.

함을 전하는 것"이었다.136)

결국 환관을 대우하는 면에서도 차별하였다. 환관 李孝智와 曺
疹은 자신들이 당상관이기 때문에 반당을 받을 수 있는지를 문의
하였다. 同知事 李克培는 『경국대전』에 3품이면 3인, 2품이면 6인
을 받을 수 있는데, 문제는 조관과 내관을 구별하지 않았지만, 내
관에게 반당을 지급한 예는 없다고 하였다.137) 여기에 병조에서는
환관이 공신이면 반당을 받을 수 있지만 품계에 따른 반당은 있을
수 없다고 하였다.138) 이 일로 이효지, 조진은 본향에 부처되었다.
그러나 獻納 尹顯孫 등은 이효지 등이 정희왕후와 이극배 등을 통
하여 왕에게 전달되는 것은 큰 잘못이라고 하면서 법을 고쳐서라
도 극형에 처해야 한다고 주장하였다.139) 성종은 법을 고칠 수 없
다고 하면서 본향에 부처하였다가 얼마 후 중전의 尙傳이 되었
다.140)

성종은 환관이 정치에 개입하는 것은 반대하였지만 품계가 상승
하는 것은 큰 문제를 삼지 않는다. 결과적으로 성종대 환관들이 당
상관을 제수받는 경우가 늘어났다. 이것은 睿宗代 공신으로 책봉
되기 시작하면서 점차 상승하기 시작하여 환관 申雲이 숭정대부,
金孝江·安仲敬·柳漢·金處善 등은 자헌대부를 제수받았다.141)
이후 申雲은 崇政大夫 興陽君으로, 尹繼謙을 正憲大夫 鈴平君, 申
浚을 資憲大夫 高陽君, 金孝江을 가선대부 長川君으로 임명하였
다.142)

---

136) 『成宗實錄』 권172, 15년 11월 병오. 내반원기는 김종직이 지은 것이
　　다.
137) 『成宗實錄』 권45, 5년 7월 무인.
138) 『成宗實錄』 권46, 5년 8월 계미.
139) 『成宗實錄』 권46, 5년 8월 신축.
140) 『成宗實錄』 권69, 7년 7월 병진.
141) 『成宗實錄』 권99, 9년 12월 기해.

또한 환관의 친족이 높은 벼슬이나 문음을 제수받는 경우도 큰 문제를 삼지 않았다. 조관의 경우 2품 이상이면 문음직을 제수받을 수 있지만 환관은 正官이 아니기 때문에 문음의 해택에서 제외되었다. 다만 공신의 경우는 부모나 자제에게 문음을 줄 수 있었다. 그러나 친족을 동반직에 제수하는 것은 문제가 되었다.[143] 安仲敬의 동생 安仲佐의 경우는 蔭才를 보았다는 이유로 서반직에 제수하였다.[144] 이것은 환관 억제의 한 방편으로 사용되어 獻納 南季堂은 환관 申雲의 삼촌질인 申繼宗을 內資寺判官에 제수하는 것은 부당하며 서반에 임명하여야 한다고 하였다. 그 이유는 세조대에 田畇의 양자 田九卜이 武科에 급제하여 당상관까지 되었으나, 東班에 서용하지는 않았다. 여기에 대하여 성종은 안중좌를 논할 때 대간이 "안중좌가 문·무과의 출신이라면 어찌 환관의 친족이라는 것에 구애되어 서용하지 않겠습니까?"라고 하였는데, 지금 이러한 말을 하는 것은 옳지 않다는 것이다. 領事 盧思愼 역시 능력에 따라 서용되는 것이라 하면서 성종의 의견에 찬성하였다.[145] 崔濕의 조카 崔潤을 監察에 제수하였다.[146] 이것으로 보아 환관이 문음을 받는 경우는 공신만이 해당되고, 그것은 친족들도 서반을 위주로 제수받을 수 있었다. 그렇다고 하여 환관을 크게 대우한 것은 아니며 법에 어긋날 경우 엄격히 처벌하였다. 즉 환관 星川君 李存이 別侍衛 朴善男의 良女 小非에게 장가들어 낳은 딸 孝台를, 자기의 종 莫同의 良妻의 소생이라고 빼앗자 파직하였다.[147] 즉 조그

---

142) 『成宗實錄』 권156, 14년 7월 기유.
143) 『成宗實錄』 권96, 9년 9월 정축.
144) 『成宗實錄』 권96, 9년 9월 무인.
145) 『成宗實錄』 권99, 9년 12월 갑오.
146) 『成宗實錄』 권99, 9년 12월 을미.
147) 『成宗實錄』 권103, 10년 4월 병신.

만 잘못이 있어도 엄격히 처벌하였다.

출납 문제만이 아닌 성종의 환관에 대한 인식도 다른 조관들과 크게 차이를 보이지 않는다. 즉 都承旨 金礪石이 兩殿에게 문안하려 하자 尙傳 延德生이 司鑰을 시켜 대답하였다. 성종은 조정에는 엄연히 위계가 있는데 도승지가 명을 받들고 나가는데 승전색이 사약을 시켜 대답하는 것은 예의가 아니라고 하여 연덕생을 추국하였다.[148] 이러한 출납 문제는 내시부가 정비되고, 출납의 상황도 '승정원-승전색-왕'으로 이어지는 기본 방법이 유지되었다. 이러한 조관과 환관의 구별의식은 성종대 무렵에는 확연히 구별된다. 성종이 귀양간 조관들을 조사할 때 사헌부에는 환관 薛孟孫의 이름이 빠진 것을 보고하였는데, 성종은 설맹손이 귀양간 것은 사실이지만 조사라고 말하는 것은 옳지 않다고 하였다.[149] 이것은 신하들이 대신은 왕의 腹心이고, 대간은 전하의 耳目이며 侍從은 전하의 手足이지만, 환관은 왕의 家奴이며, 醫官은 雜類라고 구분하는 것과 동일한 맥락이다.[150]

이처럼 성종대는 태종, 세종대까지 강하게 억제되어온 환관 억제책이 정형화되었다.

II. 燕山君代 宦官의 蠢動

연산군대는 『경국대전』의 체제가 동요되는 시기이다. 특히 성종대부터 등장한 士林들이 연산군대 들어 勳舊派들과, 또는 王權과

---

148) 『成宗實錄』 권166, 15년 5월 신축.
149) 『成宗實錄』 권290, 25년 5월 병오.
150) 『成宗實錄』 권288, 25년 3월 갑오.

대립하던 시기이다. 연산군 초반기는 言官들이 연산군과 사사건건 대립하면서 왕권을 제약하고자 하는 시기이다. 그 결과 성종대 성장한 사림들은 언로를 통하여 어느 정도 왕권을 견제해 나갔다. 하지만 戊午士禍 때 연산군은 훈구파들을 이용하여 왕권에 견제를 가하던 사림파 언관들을 억제하기 시작하였다.[151] 하지만 이 시기 역시 훈구파들이 득세하면서 왕권도 어느 정도 제약을 받았던 시기였다. 연산군 10년 甲子士禍를 통하여 훈구파들마저 완전히 축출됨으로써 연산군 1인 독재체제를 완성하였다. 사림과 훈구 등 왕권에 제약을 가하는 모든 세력들을 제거하였다. 이러한 왕권의 변화 과정은『경국대전』의 기본적인 체제가 동요되는 계기를 마련하였다. 왕을 위한 필요 이상의 기구나 제도가 만들어지는 시기였다. 그 중에 하나가 환관 지위 우대라고 할 수 있다. 본 절에서는 연산군대의 군신 관계를 10년을 전후로 2시기로 구분하여 환관에 대한 활동을 살펴보고자 한다. 이것을 통하여 연산군대 임금과 신하간의 대립 속에서 왕권의 변동에 따른 환관정책의 변화과정을 살펴보고자 한다.

1. 政局運營과 宦官 活動

1) 前半期 政局과 金順孫 事件

연산군 전반기 정국은 佛事設行, 외척에 대한 重用과 爵賞, 재상 임명 등의 문제로 연산군과 대간·홍문관 사이에 갈등이 야기되었다. 臺諫들은 왕이 경연에 나오지 않는 이유, 환관들에 대한 엄벌

---

151) 金墩, 1997,「燕山君代의 君臣權力關係」『朝鮮前期 君臣權力關係 研究』, 서울대출판부.

등을 이유로 왕권을 견제하려고 하였다. 대간들의 이러한 움직임
에 대하여 연산군은 권세가 대간에게 돌아가 왕을 능욕하는 풍조
가 되어가는 것을 우려하면서 언관들과 끊임없이 대립하였다. 여
기에서 그 중 몇 가지를 살펴보자.

먼저 水陸齋의 시행 문제이다. 수륙재는 성종이 불교를 좋아하
지는 않았지만 왕실 내에선 사사로이 행해지고 있어 크게 문제 삼
지 않았다. 왕실에서는 성종이 금지하라는 遺敎가 없었으므로 시
행하여도 무방하다는 태도를 보인 반면에, 대간·홍문관·성균관
유생들은 公議에 어긋난다고 하여 반대의사를 분명히 하였다. 연
산군은 성균관 유생들의 齋儀設行 반대 의사에 대하여 임금을 우
롱한 것으로 간주하여 이들을 하옥하고 그 일부를 停擧하는 조치
를 취하였다. 이것은 왕실의 풍습이라 시행하여도 무방하다는 것
이었다. 즉 연산군은 대간이나 유생들이 왕의 권위에 도전하는 것
으로 판단하여 이를 처벌하고 강력히 대응하였다.

외척에 대한 爵償과 重用에 따른 언관들과의 대립이다. 대간들
은 연산군이 외척인 李鐵堅·愼守勤·任士洪 등을 등용하고자 함
을 강력히 반대하였다. 대간들은 연산군에게 외척들이 중용되는
것은 결코 바람직하지 않다고 하면서 성종의 國喪기간 중 기생과
동거한 외척 尹湯老를 탄핵하면서 대립하였다. 연산군이 윤탕로를
사면하라는 單子를 내려 보내자 대간들은 왕이 법을 有司에게 맡
겼으니 대간들의 말을 따라 강상을 바로 세워야 한다고 하면서 단
자를 거부하였다. 연산군은 대간들이 왕의 단자를 거부하는 것은
자신을 임금으로 간주하지 않는 것이라 하면서 대간을 교체하였
다. 하지만 새로 임명된 대간 역시 왕은 잘못을 인정하라는 주장을
분명히 하였다. 즉 대간들은 군신의 위상과 명분을 강조한 반면에,
연산군은 군주의 존재를 확인하려는 자세를 취하였다.[152)

연산군 초기의 환관정책은 다른 왕대와 마찬가지로 강압적인 방법을 사용하였다. 기본적으로 조그마한 잘못이 있는 경우에도 처벌하였다. 일반 신하들 역시 대부분 왕과 같이 환관들을 억제하는 것을 원칙으로 하였다. 하지만 연산군대는 특별한 형태를 보이고 있어 주목된다. 연산군의 환관정책은 신하들과의 정치형태 변화에 따라 환관들을 대하는 방식이 변화되었다. 연산군 초기 환관정책을 잘 나타내고 있는 사건이 환관 金順孫에 대한 처벌 문제였다.

김순손에 대한 기록은 성종대 환관 중에 부릴만한 자가 없어 김순손을 승전색으로 삼았다고 기록하고 있다.[153] 이후 김순손은 명령출납의 잘못으로 決杖 1백 대를 적용받거나,[154] 왕명을 승정원에 거짓 전하였다고 하여 의금부에 하옥되기도 하였다.[155] 하지만 특이한 것은 김순손이 감옥에서 자기 변명과 관용을 바라는 상소를 올렸다 한 것이다. 이에 대하여 성종은 환관이 감옥에서 상소하는 오만을 부린다고 하면서 책망하였다.[156] 또한 환관 김자원과 더불어 명령출납시에 문자에 관계된 말은 김순손이 전담하였다는 것으로 보아도 학문적 소양이 있었음을 말해 준다.[157] 김순손의 학문적 소양은 연산군이 경연을 회피할 목적으로 홍문관으로 하여금 그에게 『綱目』을 가르치게 하려다가 신하의 반대를 받기도 할 정도였다.[158] 그의 학문적 소양은 이후 연산군이 폭정을 일삼자 충간

---

152) 金墩, 앞의 책, 44~59쪽.
153) 『成宗實錄』 권250, 22년 2월 기사.
154) 『成宗實錄』 권267, 23년 7월 정해.
155) 『成宗實錄』 권287, 25년 2월 경오.
156) 『成宗實錄』 권287, 25년 2월 기묘.
157) 『成宗實錄』 권292, 25년 7월 경자. 당시 명령을 출납하던 김자원이 김순손을 모함하려던 것으로 보아 상당히 왕의 총애를 받았던 것으로 보인다.
158) 『燕山君日記』 권5, 원년 5월 병신.

하는 이유로 파악할 수 있을 것이다.

연산군은 필요에 따라서는 환관에 대하여 호의적이었다. 정언 李冑는 자신이 승정원의 일을 아뢰고자 하였으나 尙傳 金孝江이 재삼 청한 후에 나온 것은 잘못이라 하면서 처벌하기를 요청하였 다. 그러나 연산군은 대간이 아뢸 일이 있으면 자신에게 품의 뒤에 대간의 말을 듣는 것이라고 하면서 잘못은 없다고 하였다.[159] 대간 들이 연산군을 압박하기 위하여 승전색을 공격하지만 이것은 자신 에 대한 변호인 것이다.

연산군은 집권 이후 신하들과 대립관계에서 자기의 폭정을 숨기 려 하였다. 신하들의 계속된 왕권견제에 대하여 민감한 반응을 보 이는 한편 자기의 잘못을 다른 사람들이 알지 못하도록 하는 방편 으로 주위에 있는 환관들을 엄단하였다. 그 대표적인 예가 환관 김 순손이었다. 연산군 원년 연산군은 김순손이 왕명을 거역하였다고 하면서 의금부에 하옥하여 결장 1백 대를 친 후 외방에 충군하게 하였다.[160] 이어서 濟州點馬別監 鄭灝으로 하여금 김순손을 제주 의 殘邑에 軍役을 지운 명령이 제대로 시행되고 있는지를 자세히 아뢰도록 하였다.[161]

연산군은 죄를 범한 김순손을 살려둘 수 없다고 하여 처형하도 록 지시하였다. 김순손의 처형에 대하여 승정원은 환관이 정치에 간여하는 것은 잘못이지만 처형할 경우 서울에 잡아와 죄를 처단 하여야 마땅하다고 하였다. 하지만 연산군은 驛路에 폐가 된다고 하면서 제주목사로 하여금 처형하도록 하였다. 연산군의 처형 지 시에 대하여 승정원은 죄인은 당연히 供招를 받아서 처형하여야

---

159) 『燕山君日記』 권10, 원년 11월 무자.
160) 『燕山君日記』 권6, 원년 6월 경진.
161) 『燕山君日記』 권14, 2년 윤3월 을해.

하며 國喪 중에 처형할 수 없다고 하여 삼년상이 끝난 뒤에 처형하
도록 하였다.162)

　여기서 문제는 김순손이 제주도 잔읍에 定處한 뒤에 사형에 처
하라고 하는 원인이 무엇인가 하는 것이다. 김순손이 제주도에 귀
양간 이유는 연산군이 初喪 중에 암·수말을 內庭에 끌어들여 교
접하는 것을 구경하고 행위가 不道한 짓이 많자 간하여 말렸다. 연
산군은 김순손이 임금의 잘못을 간하자 왕을 무시하는 것으로 생
각하여 죽이려고 한 것이었다.163) 김순손이 왕의 부도덕한 것을 꾸
짖자 연산군은 주위에 있는 환관이 자기를 멸시하고 있다고 생각
하였다. 연산군 전반기에 대간들이 수륙재, 불사 설행 등을 통하여
왕을 견제하는 것을 못마땅하게 생각하면서 권력이 대간에게 있다
고 판단한 것과 비슷한 경우이다.

　대간들의 반대로 김순손을 사형시키지 못하자 다음 해 연산군은
다시 의금부에 명하여 大靜縣에 充軍한 김순손을 제주목사로 하
여금 처형하도록 지시하였다.164) 연산군은 사형에 처할 죄인을 절
차에 의하지 않고 처벌하려는 것이었다. 이렇듯 연산군은 김순손
이 임금의 명령을 거역하였다는 죄명만으로 법 절차에 의하지 않
고 처형하려 하자 승정원은 김순손의 처형에 대하여 반대하였다.
홍문관부제학 朴處綸 등은 사람을 처형할 때에는 공정해야 하는
데, 지금 왕이 내시 김순손을 외방으로 귀양보내 극형에 처하도록
한 죄를 알 수 없다고 하였다. 이에 김순손의 죄상을 밝히고 죄의
경중을 알고 난 이후 처단하자고 하였다. 하지만 연산군은 정확한
죄명을 일러주지 않고 다만 "순손이 임금을 엿보며 권력을 마음대

---

162)『燕山君日記』권15, 2년 5월 기미.
163) 위와 같은 조.
164) 위와 같은 조.

로 하려고 한 것이므로 들어 주지 않는다"라고만 하였다.165) 대간
들이나 신하들은 환관 김순손을 처음에는 곤장을 때려 舒川으로
귀양보냈다가 이어서 濟州로 옮기고, 또 大靜邑 소속 絶島로 옮기
고, 최후에 사형으로 논죄하였지만 사람들은 다 죄명을 알지 못하
며, 또한 사람이 사형을 받을 만하면 받아야 마땅하지만 당연히 그
죄상을 알고 처벌할 수 있다고 하였다.166) 결국 연산군은 임금에게
죄를 지었다고 할 뿐 죄상을 알려주지 않았다.

　신하들의 상소에 대하여 연산군은 미온적인 태도를 취하였다.
이것은 실제 자기의 잘못된 행동을 신하들에게 보이지 않겠다는
의도가 숨어 있었다. 신하들은 이 일을 계기로 연산군이 개인 사정
을 이유로 경연에 참여하지 않거나, 공론을 무시하는 경향을 바로
잡으려고 하였다. 대간들은 연산군이 계속되는 合司啓에 대하여
들어주지 않자 사직하였다.167) 김순손의 문제는 단순히 환관 한 사
람을 처벌하는 것에 국한된 것이 아니라 대간들을 무시하는 왕권
을 견제하려는 사건인 것이었다. 연산군은 신하들의 반대로 김순
손을 처벌할 수 없게 되자 제주로 옮겨 민호에 편입시켜 부역을 부
담시켰다.168) 그리고 얼마 후에 석방하였다.169) 신하들의 강력한
견제를 의식하지 않을 수 없었다.

　이처럼 연산군 초·중반기는 왕과 신하들간에 대립하던 시기였
다. 대간들은 연산군이 공론에 따라 줄 것과 외척들에게 높은 관작
을 주는 것을 반대하였다. 반면에 연산군은 대간들이나 유생들의

---

165) 『燕山君日記』 권15, 2년 5월 경신.
166) 『燕山君日記』 권15, 2년 5월 신유. 김순손에 대한 처벌 문제는 연산군
　　과 대간들 사이에 약 3개월 정도 처벌의 이유를 밝히라는 논의가 계
　　속되었다.
167) 『燕山君日記』 권16, 2년 7월 갑자.
168) 『燕山君日記』 권21, 3년 2월 을유.
169) 『燕山君日記』 권25, 3년 7월 경자.

행동이 왕을 능욕하는 것으로 간주하였다. 이 과정에서 환관 김순
손이 왕의 잘못을 간하자 왕은 자기를 능욕하였다는 죄로 처벌하
고자 하였으나 대간들은 아무 이유도 알지 못하고 사람을 처벌하
는 것은 잘못이라 하면서 죄상을 밝혀줄 것을 청하였다. 결국 연산
군은 대간들의 청에 따라 김순손을 용서하였다. 초기에는 김순손
의 예를 보더라도 연산군의 전횡에 대하여 대간들이 적절히 제어
해 나가는 모습을 보인다.

2) 後半期 政局과 金處善·金順孫 事件

연산군 초기의 군신관계는 무오사화를 계기로 정국이 언관 주도
에서 국왕 중심으로 변모되어 왕권을 상징하는 승정원을 기반으로
강압적 專制政治가 나타나기 시작하였다. 연산군은 弔義帝文 사건
으로 발단이 된 戊午士禍의 처리과정에서 언관에 포진해 있던 金
宗直의 문인들을 철저히 탄압하였다. 그 처벌 근거는 선왕인 세조
를 저훼한 글을 작성한 김종직의 문도들이 朋黨을 맺어 국정과 시
사를 비방하였다는 것이다. 세조로부터 시작하여 예종·성종·연
산군으로 이어지는 왕위계승의 정통성을 부정하였다는 것이다.170)
연산군은 세조대부터 정권을 유지하였던 훈구대신들을 이용하여
김종직의 문인들을 제거하였다. 결국 연산군을 견제하려는 사림들
을 제거함으로써 언로를 통제하면서 왕권을 강화하려고 하였다.
이러한 언로의 탄압은 이후 대간들이 왕명과 관련된 사안에 대하
여서는 어떠한 반대의사를 표시하여도 재상들이나 연산군이 철저
히 무시하는 경향을 보이기 시작한다는 데 문제가 있다.

연산군은 무오사화 이후 왕권과 관련된 기구에 대하여 우대하는

---

170) 金墩, 앞의 책, 59~60쪽.

정책을 시행하였다. 자신의 분신과 같은 내시부에 대하여서도 그 권한을 강화하거나 인원을 증가하는 모습을 보인다. 또한 내수사를 환관들에게 맡기거나, 승정원이나 掌樂院 등의 인원을 증치하였다. 이러한 경향은 자기 자신과 직접 관련된 부분을 우대하는 경향을 보인다. 그와 함께 국왕에 도전하는 기미를 보이는 것은 조그만 일이라도 강력하게 처벌하였다. 『경국대전』을 무시하여 법을 집행하거나 왕을 능멸하였다는 죄목으로 처벌되는 신하들이 많아졌다. 이 과정에서 任士洪과 환관 金子猿을 특별히 총애하였다. 신료들에 대한 탄압은 甲子士禍를 기점으로 신하들이 연산군을 전혀 제어하지 못하였다. 연산군은 무오사화에서 훈구파 재상들을 이용하여 사림들을 제거하였다면 갑자사화에서는 임사홍 등 척신들을 이용하여 재상들이 왕을 능욕하였다는 죄목으로 처벌하였다. 그 발단은 연산군의 생모 廢妃尹氏에 대한 賜死事件을 계기로 발생하였다. 이 사건을 계기로 조정 내에서는 왕명이 잘못 되었다거나 수정을 요구하는 사항은 곧 바로 "왕을 능욕하였다"는 죄목으로 처벌받았다. 그 대표적인 사례가 환관 김처선과 김순손에 대한 처벌이었다.

먼저 김처선에 대한 문제를 살펴보자. 환관 김처선에 대한 최초의 실록 기록은 단종대로 寧海에 안치한 김처선을 석방하였다는 것이다.[171] 즉 김처선은 단종대부터 내시부의 환관으로 활동하였음을 알 수 있다. 김처선에 대한 처벌 건은 연산군 10년과 11년에 발생하였다. 10년의 일은 무례한 일이 있었으므로 임금의 음식을 감독하는 도설리 김처선을 하옥하는 한편 장 1백을 칠 것을 임시

---

171) 『端宗實錄』 권8, 원년 10월 병신. 아마 세조의 왕위 찬탈 과정에서 안평대군을 몰아내고 집권하게 되면서 안평대군과 친한 김연 등을 죽이는 한편 많은 수의 환관들을 외방에 보낸 것과 관련이 있을 것으로 보인다.

로 贖한다고 하였다.[172) 하지만 무엇 때문에 죄를 받았는지는 알
수 없었다.

　김처선을 죽인 사건은 연산군 11년이었다. 환관 김처선과 양자
李公信을 禁中에서 죽였다. 그 이유는 내관 김처선이 술에 몹시 취
해서 임금을 꾸짖었다는 것이다. 이에 김처선의 家産을 적몰하고,
그 집을 파서 못을 만드는 한편 本貫인 全義를 혁파하였다.[173) 여
기에 그치지 않고 연산군은 7촌까지 처벌하였던 金季敬의 예[174)에
따라 김처선의 친족을 定罪하고, 그 부모의 무덤도 다른 죄인의 예

172)『燕山君日記』권54, 10년 7월 갑진.
173)『燕山君日記』권57, 11년 4월 병진. 실제 김처선이 죽은 이유는 알려
　　지지 않았지만 소문으로는 연산군이 주는 술을 먹은 김처선이 規諫하
　　는 말을 하자 노하여 팔·다리를 자르고 활을 쏘아 죽였다고 하였다.
　　한편『國朝人物志』연산조 김처선조에는 "환관은 매양 연산군에게
　　규간하는 말을 하자 분노가 쌓였다. 일찍이 궁중에서 處容劇을 만들
　　었는데 황망하여 道가 없었다. 처선이 집 사람에게 말하기를, '금일
　　내가 반드시 죽기를 각오하고 (궁중에) 들어간다'라고 하였다. 極言하
　　기를, '늙은 노복이 4대를 섬기었습니다. 고금에 군왕과 같이 행동하
　　는 사람은 없었습니다'라고 하자 연산군이 크게 노하여 화살을 쏘아.
　　김처선의 배를 관통하였다. 처선이 말하기를, '늙은 환관이 어찌 감히
　　죽는 것을 두려워하겠습니까. 다만 한스러운 것은 임금이 오래가지
　　못할 것이라는 것입니다'라고 하였다. 군주가 이 말을 듣고 또 화살
　　1개를 어깨에 (쏘아) 관통하였다. 기어가는 김처선을 누르고 어깨를
　　격고 혀를 뽑아 버리고 배를 갈라 준 후 호랑이에게 던져 주었다. 조
　　정에 명하여 처선이라는 말을 쓰지 못하도록 금지하였다. 갑자년
　　(1504, 연산군 10) 정시에 권벌이 책문 중에 있으므로 고관이 이것을
　　문서 중에 처자를 쓰지 못하도록 하는 것을 깨닫고 아뢰어 권벌을 제
　　거하였다. 중종 병인 정려(朝野會通)"라고 하였다.
174) 金季敬은 慈山 출신으로 연산군 때 직간하다가 처 元非와 함께 처형
　　되었다. 명에 순종하지 않는 내관 김계경에게 杖 1백을 명하였지만
　　도망가자, 그를 잡아 烙刑으로 推鞫한 후 寸斬하여 梟首하였으며, 그
　　의 本貫인 慈山郡을 혁파하고, 그의 집을 파하였다고 하였다(『연산군
　　일기』권57, 11년 2월 경오).

에 따르게 하였다. 연산군은 김처선을 죽인 것을 합리화시키기 위하여 승정원에 "아비가 임금을 꾸짖은 죄로 그 자식에게까지 미침이 옳은가를 빨리 숨김없이 대답하고, 내가 잘못 시행하지 않았다는 증거가 환관들에게 있거니와, 술 취한 중에 잘못 죽임은 임금으로서 차마 하지 못하겠다"고 하였다. 이러한 왕명에 대하여 승지들은 김처선의 죄는 용서하지 못할 것이고, 그 자식들에게 미치는 것은 당연하지만 김처선의 죄를 외부 사람들이 알지 못한다고 하였다. 이렇듯 승지들도 왕명의 시비를 가리지 못하는 상황에 이르렀다.[175] 김처선을 죽이고 난 후에도 분이 풀리지 않은 연산군은 법에 따라 김처선의 부모 무덤을 뭉개고 石物을 치우게 하였다.[176] 繼後子를 연좌시키는[177] 한편 승지들에게 김처선에 대한 御製詩를 내려 화답하도록 하였다. 승지들은 왕에게 잘못을 간하지 못하고 수긍하는 자세를 보였다.[178] 왕명이 있은 지 3일 후에 의정부로 하여금 김처선과 繼後子를 중죄로 처리하는 한편 가산을 적몰하며 살던 집에 못을 파고, 살던 고향을 혁파하였다.[179] 초기 대간들은 왕이 환관 김순손을 처벌하려는 것에 대하여 극렬히 반대함으로써 처벌하지 못하게 하였다면, 연산군 10년 이후에는 김처선이 어떠한 잘못이 있는지도 모르는 상황에서 처단하더라도 승정원이나 기타 신하들이 왕명을 거역하지 못하는 상황으로 변화하였다.

연산군 11년 6월 왕은 전교를 내려 東·西班의 대소 인원 및 군사 중에 金處善과 이름이 같은 자를 모두 고치게 하였고,[180] 모든

---

175) 『燕山君日記』 권57, 11년 4월 병진.
176) 『燕山君日記』 권57, 11년 4월 정사.
177) 『燕山君日記』 권57, 11년 4월 무오.
178) 위와 같은 조. 당시의 연산군의 어제는 다음과 같다. "백성에게 잔인하기 내 위 없건만 / 내시가 난여를 범할 줄이야 / 부끄럽고 통분해 정서 많아서 / 바닷물에 씻어도 한이 남으리."
179) 『燕山君日記』 권57, 11년 4월 기미.

관공서 및 일반인들이 김처선이라는 글자를 쓰지 못하게 하였다. 즉 '處' 자는 곧 죄인 '金處善'의 이름이라 하여 모든 문서에는 '처' 자를 쓰지 말게 하였다.181) 이렇게 각종 문서에 '처'자를 쓰지 못하 게 하자 문제가 되었다. 먼저 日曆의 '處暑'의 '처' 字가 '金處善' 의 이름과 같다 하여, '俎暑'로 고치도록 하였다.182) 둘째 舍人 成 夢井의 경우는 '處'자를 쓰지 못하게 하였는데, 교서를 지을 때 '처' 자를 썼다가 사헌부에 구금되었지만 법이 선포되기 이전이라 하여 석방되었다.183) 뿐만 아니라 김처선의 집을 철거하여 못을 파 게 하고 죄명을 돌에 새겨184) 그 집 길가에 묻고 담을 쌓았다.185)

이와 같은 김처선에 대한 가혹한 처벌행위에 대하여 중종반정 이후 헌납 康仲珍은 연산군대 모든 군신이 모두 거짓을 따라 영합 하였지만 김처선과 김순손은 직언하다가 죽었다하여 포상하기를 청하였다.186) 즉 김순손에게 旌閭門을 내려 直臣이라 하였고, 관직 을 2품인 상선으로 추증하는 한편으로 復戶하였다.187) 그리고 撰 集廳에서 『續三綱行實』을 纂輯하는 중에 환관 김처선과 김순손 등이 연산군 때에 모두 바른 말을 하다가 죽임을 당하였다는 실상 을 조사하여 싣도록 청하였다. 하지만 중종은 김처선의 경우 술에 취하여 망령된 말로 실수한 것이고, 김순손의 경우도 바른 말을 하 는데 뜻을 두었던 것이 아니라 하여 수록하지 못하도록 하였다.188)

---

180) 『燕山君日記』권58, 11년 6월 기사.
181) 『燕山君日記』권58, 11년 7월 임인.
182) 『燕山君日記』권58, 11년 7월 정유.
183) 『燕山君日記』권60, 11년 12월 임신.
184) 『燕山君日記』권61, 12년 3월 임진.
185) 『燕山君日記』권61, 12년 3월 계사.
186) 『中宗實錄』권1, 원년 11월 기해.
187) 『中宗實錄』권10, 4년 12월 정미 ; 권11, 5년 7월 임오.
188) 『中宗實錄』권17, 7년 12월 갑진. 이 같은 경우는 중종대 문신들이 환
     관들이 우대하거나 칭찬할 경우 그들이 방자해지는 것을 미연에 방지

김처선에 대한 포상은 영조 때에 가서야 이루어졌다. 영조는 김처선이 燕山朝 때에 충간을 진달하다가 죽었으므로 旌門을 세우도록 하였다.[189]

　연산군이 신하들을 누르고 전제 정치를 시행하던 10년 이후 김순손의 문제가 다시 발생하였다. 연산군 10년 김순손은 연산군이 술에 취하여 선왕조의 후궁을 간음하려 하자 잘못을 간하는 사건이었다. 앞에서 언급한 바와 같이 연산군은 김순손을 죽이고자 하였지만 궁중 안에서도 구원이 있었고, 外庭에서도 그 죄명을 듣기를 청하자 마지못해 절도로 귀양보냈다가, 다시 제주도로 옮기도록 하였다.[190] 하지만 이때는 연산군 초·중반기에 비하여 전체적인 상황은 전혀 달랐다. 연산군의 김순손 처벌에 대하여 尹弼商 등 많은 관료들은 일제히 당연하다는 의견을 내놓았다. 연산군 10년 이후 신하들을 폭압적 방법으로 제압하자 모든 결정 사항은 朝臣들의 논의를 거치지 않고 왕명만으로도 가능해졌다. 연산군 초기 김순손을 사형시키라는 연산군의 명령에 대하여 대간들이 그 이유를 밝히라고 하면서 강력히 반대하자 결국 김순손을 용서할 수밖에 없었다. 하지만 10년 후 연산군이 김순손을 죽이라고 하자 대간이나 신하들은 그 이유도 모른 채 왕명이 당연하다는 견해를 표방하였다. 오히려 의금부는 김순손이 임금에게 오만하였다고 하여 처참하도록 건의하였다.[191]

───────────

　　하기 위한 일환으로 보인다. 중종대 특히 환관들을 역할을 축소하자거나 전횡을 엄벌해야 한다는 논의가 많아진다. 조광조 역시 환관들은 억제되어야 할 대상으로 강조하였다.
189)『英祖實錄』권73, 27년 2월 신미. 김처선이 충간하자 연산군이 그를 미워하여 호랑이의 굴에 던졌으나 호랑이가 잡아먹지 않자 이에 결박하여 살해하였다고 하였다.『國朝人物志』1, 연산조 김처선조에서는 중종 병인년(1506, 중종 즉위년)에 정려를 내렸다고 하였다.
190)『燕山君日記』권52, 10년 3월 계유.

연산군은 환관들을 경계하여야 한다는 명목으로 의금부도사 申
涵으로 하여금 김순손의 머리를 丹鳳門 밖에 두고 환관들에게 보
게 한 후 내시부에 간직하게 하였다. 이 과정에서 환관 한 명이 미
처 보지 못하자 다시 가져와 보게 한다거나, 얼굴을 가리고 보지
않은 환관을 堂直廳에 가두고 죄를 주기도 하였다.[192] 연좌율에 따
라 아버지는 斬刑에 처해 梟首하고, 그 족친은 亂臣의 예에 따라
섬으로 보내어 노비로 삼았다.[193] 김순손은 법에 따라 시체는 매장
하지 못하고 들판에 버리도록 한 후 뼈를 가루로 만들어 강에 뿌리
도록 하였다.[194] 한편 죄인 김순손의 고향이라 하여 富平을 禁標
안에 넣고 혁파하였다.[195] 연산군이 김순손을 처벌한 것은 단순히
왕에게 잘못을 간하여 처벌한다는 것도 있지만 왕을 업신여기고,
왕권을 무시하는 태도를 보였다고 생각했기 때문이다.

이처럼 연산군대 왕의 잘못을 간한 김순손과 김처선의 처리과정
은 그 시기에 따라 상당한 차이를 보인다. 두 사람은 왕이 가져야
할 도리가 무엇인지를 주지시키려 하였다. 왕은 자신의 잘못을 간
하는 두 환관들을 이유를 불문하고 사형에 처하고자 하였다. 하지
만 연산군 전반기 언관들의 권한이 강하게 남아있는 상황에서는
김순손의 처벌은 쉽게 진행되지 못하였다. 이유를 불문하고 처단

191) 위와 같은 조.
192)『燕山君日記』권52, 10년 4월 갑진.
193)『燕山君日記』권57, 11년 4월 무인.
194)『燕山君日記』권55, 10년 8월 갑술 ; 권57, 11년 정월 임자. 당시 연산
    군에 의하여 죽은 사람들 중에 羅邑德과 환관 崔水淵・金世弼・徐
    得寬・方堅・崔潔 및 朴誾・鄭麟仁・尹俊・尹瞞・尹偉・洪貴達
    은 평장하고, 李坡・於里尼・豆大・宋欽・李世佐・李克均・尹弼
    商・趙之瑞・玄乃・元摠・嚴山守・鄭仁石・鄭溱・尹埰・金舜孫
    ・李德崇・鄭玉京・洪湜 등을 들판에 버리도록 하였다.
195)『燕山君日記』권59, 11년 8월 병자.

하려는 왕에 대하여 신하들은 왕권을 적절히 제약하면서 김순손의
사형 근거를 밝히라고 하였다. 연산군은 언간들의 건의를 받아들
여 김순손을 풀어줄 수밖에 없었다. 하지만 연산군 10년 이후 다시
왕의 잘못을 간한 김순손과, 왕의 행동이 잘못되었음을 간한 김처
선에 대하여 불문곡직하고 사형에 처하였다. 이 과정에서 연산군
전반과는 달리 신하들이나 언관들은 전혀 반대하지 않았다. 오히
려 신하들은 환관들의 처벌은 당연한 것으로 받아들였다. 이것은
연산군이 언관들을 억제하고 전제왕권을 형성하면서 어떠한 반대
의사도 받아들이지 않는 모습을 보이고 이를 거역하는 자는 모두
처단했기 때문이다.

2. 宦官 優待策의 施行

1) 承傳色에 대한 優待

(1) 宦官 金子猿의 役割

연산군대 왕을 가장 가까이 모신 인물로 평가받는 사람이 金子
猿이다. 연산군은 특히 김자원을 총애하였다. 김자원에 관한 기록
은 성종 초기부터 나온다. 내관 김자원이 코를 골며 잤으므로 의금
부에 가두고 고신을 빼앗도록 하였다가[196] 2달 후에 돌려주었
다.[197] 김자원은 일찍부터 왕명을 출납하는 승전색을 담당하였으
며, 승전색으로 있으면서 각종 문제를 일으켰다.

먼저 말을 잘못 유포한 사건을 보면, 승전색인 김자원이 莞城守
貴丁를 加資하기도 전에 이 사실이 누설되었다.[198] 청탁과 관련된

---

196) 『成宗實錄』 권77, 8년 윤2월 기미.
197) 『成宗實錄』 권79, 8년 4월 신축.

사건으로는 이조판서 韓致禮에게 청탁하여 그의 同鄕人인 崔淡을
淮陽教授에 임명할 것을 부탁하였다. 또한 進獻馬를 騸馬가 아니
라 司僕寺提調 朴仲善에게 부탁하여 雄馬를 바치게 하였다. 특히
최담의 회양교수 임명요청은 환관이 사사로이 청탁을 하였다는 이
유로 논란이 되었다. 이후 西陵君 韓致禮는 본래 김자원이 청탁시
에 "여러 번 訓導를 지내어 이제는 교수가 되려고 한다."고 하였기
에 회양교수로 추천하였으나 이후 생원이 아닌 것을 알고 훈도로
修改하였다.199) 이 일로 김자원은 죄를 받게 되었지만 한치례는 처
음부터 숨기지 않았고, 또한 속죄하였다고 죄를 주지 않았다. 이렇
듯 김자원이 외척 한치례에게 청탁할 수 있었던 것에 대하여 논란
이 되었다. 즉 외척이 환관들과 친하게 지내는 것이 많은데, 이것
은 성종이 외척인 한치례를 이조판서에 임명한 것 자체가 잘못이
라고 하였다.200) 관료들의 경우 실력보다는 왕의 측근과 친교를 맺
음으로 자리를 보전하는 방식을 많이 택하였다. 왕과 가까이 있는
승전환관과 평소 친교를 맺음으로써 정보를 제공받거나 자리를 보
장받을 수 있었다. 김자원은 평소 친교가 있던 한치례에게 동향인
의 자리를 청탁한 것이었다. 결국 유학 최담의 회양교수 임명 청탁,
上馬 冒納 사건 등으로 김자원의 직첩을 거두고 全羅道 靈巖에 부
처하였다.201)

하지만 명령출납이라는 임무의 특성상 승전색의 자리는 조관이
임명될 수 없었다. 또한 환관의 수적인 한계성과 왕의 성격을 잘
아는 사람이 드물다는 특성으로 인하여 가장 불편함을 느끼는 것
은 언제나 왕이었다. 얼마 후 김자원을 석방시키고 직첩을 주어 서

198)『成宗實錄』권240, 21년 5월 정사.
199) 위와 같은 조.
200)『成宗實錄』권141, 13년 5월 신미.
201)『成宗實錄』권141, 13년 5월 경진. 이 당시 김자원은 3품 벼슬을 하였다.

용하였다. 신하들이 그 부당함을 간하자 왕은 내관의 임무를 감당
할 만한 사람이 적고, 총명한 내관이 적어 왕 스스로 불편함을 많
이 느낀다고 하였다.202) 환관의 경우 죄를 지어 외방에 부처되었지
만 얼마 되지 않아 다시 서용되는 경우를 자주 볼 수 있다. 왕은 환
관들이 가지는 임무의 특성상 정치적으로 큰 문제가 되지 않는 것
이라면 죄 주기보다는 용서할 수밖에 없다고 하면서, 신하들의 공
격에 대하여 방어하는 입장을 취하였다. 김자원이 평안도에 개인
노비 송사로 특별 휴가를 받아 가자 侍讀官 朴承龥이 문제 삼았다.
이때에도 왕은 환관의 경우 개인 노비가 없어 자신이 갈 수밖에 없
다고 하면서 옹호하는 입장을 취하였다.203) 환관이 잘못을 하는 것
자체는 잘못이지만 이로 인하여 왕이 더 불편을 느끼게 된다는 점
에서 쉽게 석방하는 조치를 취하였다.

성종 말년이 되면서 김자원은 외척들과 친밀한 관계를 유지하였
다. 한치례가 김자원의 청탁으로 곤혹을 치렀다면, 한건의 경우는
환관과 밀접하게 관계를 맺어 승진한 경우였다. 한건이 죽자 사신
의 논찬에서 "내관 김자원의 부모가 羅州에 있었는데, 김자원이 歸
覲하면 뜻을 굽혀 그를 섬기니, 이로써 (한건을) 칭찬하는 말이 위
에 들렸다"204)라고 하여 한건의 경우 외척이기는 하나 승전색인
김자원과 친밀한 관계를 유지함으로써 승진할 수 있었다. 이후 성
종은 仁粹大妃가 병이 들자 이를 위로하기 위하여 외척인 한건을
승지로 삼았다. 승지로 임명된 한건은 直宿하면서 환관과 친밀한
관계를 유지하여 서로 사귀었다. 銀臺의 諸公이 공사의 실수로 인
하여 待罪하지 아니한 자가 적었지만 한건만은 끝내 대죄하지 아

---

202) 『成宗實錄』 권149, 13년 12월 기축.
203) 『成宗實錄』 권206, 18년 8월 무인.
204) 『成宗實錄』 권283, 24년 10월 기축.

니하고 오히려 都承旨까지 승진하였다.[205] 김자원은 승전색으로써
외척들과 상당히 친밀한 관계를 유지하였다. 외척들로부터 청탁을
받기도 하고, 자리를 부탁하였다. 이와 같은 김자원이 본향인 나주
에 가면 州縣의 수령들은 뇌물을 많이 바쳤다.[206] 나주 출신의 김
자원이 어떠한 연유로 궁중의 승전색이 되었는지는 알 수 없다. 다
만 승전색으로 상당한 권세를 누리고 있었던 것만은 사실인 것으
로 보인다.

   김자원은 자기와 어울리지 않는 내관과는 언쟁을 주고받았다.
김자원이 내관 陜川君 李存命이 병들어 누운 지 50일이 지났다고
보고하자 왕은 이존명의 녹봉을 정지시켰다. 이에 이존명은 김자
원에 대한 잘못된 점 6가지를 들어 아뢰었다. 즉, 이존명이 "松針
橋 가에 內官(김자원)의 아내로서 孕胎한 이가 있다더라"라고 한
말로 김자원이 이존명을 원망하였으며, 김자원은 席匠의 아들로
지위가 당상에 이르렀는데도 친척을 돌보지 않으며, 부모의 병을
칭탁하여 휴가를 받아 곡식을 운반한 것, 百官의 代加는 아들·사
위·아우·조카에게만 가능한데 양동생 張守文에게 제수한 점,
김자원이 당상으로 2품에 오른 점, 김자원의 부인은 內資寺의 계
집종으로 그 妻族이 闕內의 각 色掌에 많이 소속되어 그 권세를
휘두르는 것 등을 문제 삼았다.[207] 이에 대하여 왕은 오히려 이존

---

205) 위와 같은 조.
206) 『成宗實錄』권292, 25년 7월 경자. 김자원은 羅州人으로 사람됨이 안
    으로는 陰賊하여 사람의 顔色을 잘 살피고, 또 口辯이 있어 사람들의
    뜻을 變移함에 능하였다. 오래도록 金舜孫과 더불어 한가지로 尙傳이
    되어 항상 임금 앞에서 給事하며 뜻[旨]을 맞추지 않음이 없었으므로
    임금께서도 또한 여러 번 그 능함을 일컬었다. 단지 학문이 없는 까닭
    으로 출납할 즈음에, 무릇 문자에 관계된 말은 반드시 김순손에게 양
    보하면서도 속으로는 실로 그를 꺼리고 모함하여 넘어뜨릴 것을 도모
    하였다. 성종의 엄명이 있었던 까닭으로 함부로 방자하지 못하였다.

명을 불러 꾸짖고 김자원이 羅州城 내의 집, 어미의 병을 詐稱한 일, "뜬구름이 해를 가린다"는 말에 대하여 조사하였다. 내관 이존 명이 김자원에 대하여 잘못을 간한 것으로 보아 환관 세력 내에서 도 상당한 반발을 일으켰던 인물로 볼 수 있다. 결국 이존명은 무 고죄로 직첩을 거두고 전라도 雲峰에 付處하였다. 그러나 실제 김 자원의 아내는 사알 高仲陽의 딸로 이존명의 말은 전혀 근거가 없 는 것은 아니었다.208)

김자원이 권세를 누리게 된 것은 연산군대부터이다. 김자원은 연산군대 승전색으로 활동하면서 왕명을 출납하였다. 연산군대 초 기부터 특히 왕명 출납 시에 문제가 되는 것은 모든 의사결정 과정 에서 승지와 사관이 모두 입시한 상태에서 왕명이 전달되어야 하 지만 승전내관 김자원으로 하여금 직접 전달하는 경우가 많아졌 다.209) 김자원이 전적으로 왕의 일을 전담하는 한편 연산군의 無道 를 이끌었다.210) 김자원은 왕의 신임과 유자광 등의 조관들과도 연 결되어 승전색으로서 명령출납을 장악하였다. 이후 선공감제조가 되어 徽順公主의 집을 지어 왕으로부터 총애를 받았다.211)

승전색으로 활동하던 김자원은 올라갈 수 있는 품계가 한정되어 있자 자기에게 주어진 품계를 죽은 아버지에게 가자하였다. 죽은 사람에게 대신 가자하는 것은 법에 없지만 왕명으로 특별히 가자 하게 한 것이었다.212) 한편 김일손의 사초사건이 발생하자 여기에 관여한 공으로 가선대부로 승진되었다.213) 이 과정에서 김자원이

---

207) 『成宗實錄』 권294, 25년 9월 무술.
208) 『成宗實錄』 권294, 25년 9월 을사.
209) 『燕山君日記』 권4, 원년 3월 임인.
210) 『增補文獻備考』 권226, 직관고 내시부조, "燕山君狂悖淫虐 威形御下 殺無稟 內竪金子猿 專掌機密 慫慂爲惡 廢主之無道 大抵子猿導之也".
211) 『燕山君日記』 권42, 8년 정월 신사.
212) 『燕山君日記』 권22, 3년 4월 무인.

승진할 수 있었던 것은 연산군이 전적으로 김자원에게 출납을 맡게 하고 다른 사람은 참여하지 못하게 하였기 때문이다. 고변의 주모자인 유자광은 문초과정에서 승전색 김자원에게 아주 공손한 태도를 보이면서 아부하였다.[214] 즉 중종대 의금부가 유자광을 光陽에 유배한 뒤 사신의 논찬에서도 "(유자광에게) 南賓廳 죄수의 국문을 맡기고 환관 김자원은 출납을 맡게 하였으며 다른 사람은 참여하지 못하게 하였다"[215]라고 하여 무오사화 과정에서 김자원은 왕명을 출납하여 유자광과 서로 교감을 맺고 있었다는 것을 알 수 있다.

김자원은 승전색으로 왕을 대신하여 상당한 권한을 가지고 있었다. 즉 의정부·육조·대간이 사냥 시에 浮橋와 軍馬 凍傷의 폐단을 들어 극론하였으나 듣지 않자 사간 안윤덕이 이를 철회할 것을 거듭 청하였다. 하지만 밤이 깊어 갈수록 承傳內官 김자원의 왕복이 잦아지면서 연산군은 김자원으로 하여금 다시 아뢰지 말게 하였다.[216] 연산군이 전제권을 강화해 나가는 연산군 10년 이후에는 승전색 김자원의 임무는 단순히 왕명 출납을 벗어난 것으로 보인다. 榮川正兵 黃義生이 箭串陣에서 달려와 고변하자, 김자원이 의생을 포박하였고, 동부승지로 하여금 승명패를 가지고 가 범인 및 연루자를 잡아오게 하였다.[217] 通事 高桂尙이 宣政門에 와서 김자원에게 처남 皮自休를 고변하자 역시 승명패를 주어 범인을 잡아오도록 하였다.[218] 이러한 공로로 尹珣·權鈞·김자원 등에게 각

---

213)『燕山君日記』권30, 4년 7월 신유.
214)『燕山君日記』권30, 4년 7월 계해.
215)『中宗實錄』권2, 2년 4월 병신.
216)『燕山君日記』권31, 4년 10월 무인.
217)『燕山君日記』권56, 10년 10월 신미.
218)『燕山君日記』권56, 10년 11월 신해.

각 한 자급을 올려주었다.[219]

연산군이 김자원을 총애하는 것은 왕을 대신하는 존재로 인식하는 것이기는 하지만 김자원이 방자하거나 왕의 언색을 잘못 이해하였을 때는 그만큼 죄를 받을 가능성도 많았다. 연산군은 조그만 죄를 짓거나 마음에 들지 않으면 이유를 불문하고 처단하였다. 김자원도 여러 차례 죄를 받았다.[220] 이것은 단순히 김자원만을 죄주는 것이 아니라 주위에 있는 여러 환관들이 조금만 잘못이 있어도 죄를 주거나 곤장을 때리는 것에서도 알 수 있다. 그 이유는 연산군 자신이 가지고 있던 잘못을 숨기거나 그 내용을 알고 있는 환관들에 대한 단속으로 보인다. 그 과정에 승전색 김자원이 상당한 영향력을 행사하였다.

이처럼 연산군대 가장 총애를 받았던 환관은 승전색 김자원이었다. 김자원은 연산군을 대신하여 왕명을 출납하거나 여러 조관들과 연결되어 높은 관직을 보유하였다. 이러한 김자원에 대한 총애는 이후 승전색의 권한이 강화되는 계기를 마련하였다.

(2) 承傳色의 位相 强化

원래 환관들의 주된 임무는 왕명출납, 각종 궁내의 청소와 심부름, 문을 지키는 것이었다. 그 중에서 가장 중요한 임무는 승전색이 전담하는 왕명출납이었다. 연산군 초기 승전색의 왕명출납에 대하여 강력히 반대하는 의견이 나왔다. 태종대는 신하들의 의견을 듣기 위하여 매일 조회하였고, 세종대는 환관에게 왕명을 출납하는 소임을 주지 말고 대소사를 막론하고 승지[代言]가 모두 아뢰도록 하였다. 그러나 연산군대의 왕명출납은 신하들이 승지에게 말하고, 승지가 환관에게 말한 후에야 왕에게 전달될 수 있는 관계

---

219) 『燕山君日記』 권57, 11년 3월 계축.
220) 『燕山君日記』 권58, 11년 6월 신사.

로 그 의미가 달라질 수 있었다. 결국 작은 일은 환관이, 큰 일은 승지가 맡도록 하자는 것이었다.[221] 하지만 일반적인 모든 사항은 승정원을 통하여 왕에게 전달되지만 급하거나 개인적인 사안들은 승정원을 거치지 않고 승전색을 통하여 전달되는 문제가 발생하였다.

연산군대 명령출납에 있어서 직계와 함께 또 하나의 문제는 명령을 출납하는 환관들에 대한 단속이었다. 연산군은 자신의 과오가 다른 사람에게 알려지는 것을 방지하기 위하여 환관들의 결혼방식을 제한하였다. 궁궐의 일은 내시가 관장하는데 이들이 士族의 딸들과 결혼하여 비밀이 누설될 염려가 있다고 하여 朝士의 五寸되는 친족이나 私賤을 아내로 삼지 못하게 하였다. 이를 어기는 자는 殘邑의 官奴로 부처하였다.[222] 또한 환관들이 궁중 외에 다른 조관들의 집에 거처하는 것을 금지하고, 그들을 使喚하는 자를 永不敍用하도록 하였다.[223] 또한 조사의 집 여종으로 아내를 삼아서는 안 되며,[224] 내시의 妻族으로 조정 관원을 지내는 사람은 서울에 살지 말고 외방에 보내 살게 하였다가 내시의 아내가 죽은 다음에 서울에 돌아오게 하였다. 이 일로 僉知事 曺漢孫 등 32인이 외방으로 쫓겨났다.[225] 환관들을 경계하기 위하여 "입은 禍의 門이요. 혀는 몸을 베는 칼이다. 입을 닫고, 혀를 깊이 간직하면 몸이 편안하여 어디서나 굳건하리라"라는 글을 나무패에 새겨 모두 차게 하였다.[226] 또한 왕은 상아패를 만들어 한쪽에는 '承命'이라 쓰고, 한쪽에는 '中官'이라 쓰게 하여 명령을 출납하는 환관에게 착

---

221) 『燕山君日記』 권10, 원년 11월 갑오.
222) 『燕山君日記』 권12, 2년 2월 경술.
223) 『燕山君日記』 권32, 5년 3월 을축.
224) 『燕山君日記』 권38, 6년 8월 병술.
225) 『燕山君日記』 권53, 10년 5월 갑진.
226) 『燕山君日記』 권52, 10년 3월 갑술.

용하게 하였다.[227] 이러한 엄격한 조치는 결국 환관 崔水淵·徐得
寬이 외간 여자와 비밀히 통하였다는 죄목으로 형벌을 받을 정도
였다.[228] 동왕 11년에는 대내 일의 누설을 두려워하여 사람들이 내
시의 집에 출입하는 것과 궐내에서 두 사람 이상이 모여서 말하는
것을 금지하였다.[229]

이러한 환관들의 결혼에 대하여 사림 역시 반대하였다. 丹城訓
導 宋獻소은 중국의 예에 의하여 내시들에게 처첩을 두는 것을 금
지하기를 청하였다. 그 원인은 내시가 처첩을 두는 것은 원망이 쌓
이고 화기를 손상시켜 간혹 실행하는 수가 있어 成治에 累를 끼친
다는 것이다.[230] 이러한 환관들의 결혼 금지논의는 환관이 음양질
서에 맞지 않는 사람이라는 것이다.

하지만 연산군의 환관에 대한 정책은 자신의 과오가 바깥으로
새어나가지 못하게 하는 것이다. 그러나 반대로 신하들이 자신의
말을 출납하는 승전색을 자신의 대리인으로 생각하여 우대하는 정

---

227) 『燕山君日記』 권52, 10년 3월 경진.
228) 『燕山君日記』 권53, 10년 5월 정미.
229) 『燕山君日記』 권60, 11년 11월 계묘.
230) 『燕山君日記』 권28, 3년 11월 신유. 韓忠 역시 환관이 결혼을 함으로
써 어리석은 백성들이 부귀를 보고 시집가는 것이 부당하다는 것과
상통한다고 보았다(『中宗實錄』 권33, 13년 6월 정해). 磻溪 柳馨遠
(1622~1673)은 환관이 아내와 첩이 있는 경우는 곤장 1백 대를 치고
호적에서 이름을 지우고 강제 이혼시키며 그 여인의 주혼자도 같이
처벌하자고 하였다(『磻溪隨錄』 권15, 職官制 上, 京官職). 星湖 李瀷
(1681~1763)은 환관을 억제할 방법으로 아내를 맞지 못하게 하고 양
자로 하여금 작위를 승습치 못하게 하여야만 환관들을 억제할 수 있
다고 하였다(『星湖僿說』 권17, 인사문 宦寺). 이와 같은 입장은 이들
과 결혼하는 자들이 재물을 보고 시집가는 데에 대한 부당성 때문이
고 이들을 완전한 존재로 취급하지 않는 유교상의 풍습 때문일 것이
다. 이와 같은 주장은 결혼을 함으로써 재물에 대한 욕심을 부추길 수
있다는 데 기인한다고 생각된다.

책도 시행하였다. 그것은 승전색과 신하들간의 위계 절차였다. 왕
명으로 景福宮을 갔다 오는 도중에 길에서 臺諫을 만나 대간이 자
기가 탄 말을 범했다 하여 환관의 從者를 拘執하였다. 그런데 연산
군은 使者는 미천하지만 왕명은 존중되어야 한다고 하였다. 장령
姜謙은 말을 범한다면 종자를 구집하는 것이 통례라고 하였다. 그
러나 연산군은 자신이 심부름을 보낸 것은 驛馬를 타고 가는 것만
보아도 알 수 있으며, 이전에도 같은 사건이 일어났는데, 지금 이
와 같은 일이 일어나는 것은 자신을 능멸한 것이라 하여 국문하였
다.231) 이후 조관이 내관을 무시하는 것을 금지하였는데, 그 이유
는 환관을 무시하는 것이 곧 자신을 무시하는 것이라 생각하여 환
관들을 우대한 것이다.232) 또한 왕명을 전달하는 환관에 대한 優待
節目을 만들게 하였다. 즉 낮은 관원이나 내관들이 왕명을 받들고
가는데 사람들이 반드시 말을 탄 채로 지나가는 자가 있다면 이는
事體에 맞지 않는 것이라 하였다. 내관은 왕이 부리는 사람으로 사
람들이 업신여기고 조롱하여 웃는다는 것은 바로 왕을 업신여기는
것과 같은 것이라 하여 금단하는 절목을 만들게 하였다.233) 사헌부
에서는 환관이나 조정관원이 承命牌를 가지고 나갈 때에 말을 탄
채로 지나가는 자는 '不應爲律'로 논하고, 내관을 기롱하여 웃는
자는 '制書有違律'로 논하게 하였다.234) 왕명을 전달하는 내관을
만날 때에 말을 탄 채로 지나가지 못하게 하였다. 이것을 한층 강
화하여 대소 조정관원이 길에서 승명패를 만나면 다만 길가에서
말을 멈추게 하였는데, 奉命한 자는 御牌을 받들고 가면 만나는 자
가 말에서 내리지 않는 것은 불가하다고 하였다. 또 晝夕으로 引路

231)『燕山君日記』권26, 3년 8월 임진.
232)『燕山君日記』권37, 6년 5월 신사.
233)『燕山君日記』권52, 10년 3월 계유.
234)『燕山君日記』권53, 10년 윤4월 기사.

牌를 만들어 前導로 하여금 소리쳐 부를 적에 내관과 조관이 일시에 명을 받들게 되면 내관이 조관보다 앞서게 하였다.235)

연산군이 전제권을 강화해 가는 말기 승전색에 대한 지위는 더욱 강화되어 내관이 명을 받들고 나갈 때에는 경유하는 길을 항상 닦으라고 하였다.236) 한편 내관 金璽를 이유없이 당상관으로 올렸다.237) 연산군의 환관 우대책으로 내관들이 조관들을 능멸하기에 이르렀다. 승정원에서 급히 아뢸 일이 있어 승전환관을 청하였지만 승전색은 "조반먹고 옷 고쳐입고 나올 것이라 했다"고 하였다. 이에 승지들이 내관 김새의 죄를 청하자 왕은 오히려 "승지들이 위를 능멸한다"고 하였다.238) 또한 대신들이 아뢸 일이 있어도 승전내관인 김자원과 김새가 없으면 아뢸 수도 없었고, 그들이 돌아온 이후에야 아뢰도록 하였다.239)

왕명을 상징하는 승전색과 임금의 후설인 승지는 왕을 대신하는 존재로 파악하였다. 대소 인원이 길에서 雍遲官(長番內官)을 만나면 당하관 이하는 모두 말에서 내리고, 승지의 경우에는 비록 재상일지라도 모두 下馬토록 하며, 출입할 때는 羅將을 거느리고 그들로 하여금 검찰하게 하였다.240) 이어서 왕명출납 시 승전내관이 승정원에 출입할 때에 승지는 일어나 앉아 머리를 숙여 맞이하고, 注書와 錄事 및 考官은 계단 아래에서 무릎을 꿇고 맞이하며, 使令과 書吏는 모두 땅에 엎드리게 하였다.241) 즉 옹지관(장번내관)을 만나면 낮은 관원은 말에서 내리게 하였던 것을 당하관으로 확대

---

235)『燕山君日記』권53, 10년 윤4월 병인.
236)『燕山君日記』권59, 11년 8월 을묘.
237)『燕山君日記』권59, 11년 9월 계미.
238)『燕山君日記』권53, 10년 5월 무술.
239)『燕山君日記』권56, 10년 11월 병진.
240)『燕山君日記』권62, 12년 6월 정사.
241)『燕山君日記』권63, 12년 7월 병오.

하였다. 이후 승지까지도 승전내관에 머리를 숙이라고 하였다. 자신의 명령을 수행하는 승전색을 결국 자신과 동일한 존재로 파악하였다. 그 배경에는 왕 자신에 대한 잘못이 남에게 드러나는 것을 두려워하여 그 방편으로 천시하고 있었던 환관들을 우대하였던 것이다.[242]

하지만 연산군의 환관우대책은 환관 자체를 우대하는 것이라기보다는 자기 자신의 위신을 높이는 한 방편이었다. 즉 옹지관・守禁官・조관 등은 시위하는 일이 중하다고 하면 그 어버이가 밖에서 병이 나더라도 본도의 관찰사로 하여금 약을 주게 하고 가서 보지는 말도록 하였다.[243] 또한 연산군 12년 7월 이후에 옹지관에게 태와 장을 치게 하는 기사가 매일 있는 것 또한 자기 자신의 포악함을 밖으로 보이지 않게 하기 위한 것으로 보인다.

연산군의 폭정은 중종반정으로 끝을 맺게 되었다. 연산군이 폐위됨과 함께 다수의 환관들도 죽었다. 중종이 왕위에 오른 이후 연산군대의 제도는 모두 혁파되고 옛 제도로 복귀되었다.[244] 그러나 중종대에도 여전히 승전색이 출납을 전담하였다. 승전색의 인원은

---

242) 왕은 자기의 부도덕을 남이 아는 것을 두려워하여 자기와 가장 가까이 있는 환관들을 경계하였다. 내관의 족친인 종성부사 李之芳 등을 파직하였다. 이것은 왕의 더러운 행실과 악한 덕이 누설될까 두려워하여, 관직이 있는 족친을 모두 먼 지방으로 쫓아내었다(『燕山君日記』 권58, 11년 7월 기축). 한편 내반원기를 지어 환관을 경계하거나(『燕山君日記』 권58, 11년 7월 정유), 사람들이 내관의 집 출입을 금지하였다(『燕山君日記』 권60, 11년 11월 계묘). 또한 내반원기는 말기에 철거된 듯한데 중종 13년 승정원에서 환관들을 경계하는 글인 金宗直이 지은 『內班院記』를 이때 다시 內班院의 벽에 걸게 하였다는 기사가 보인다(『中宗實錄』 권34, 13년 9월 을사). 내반원은 왕을 하루 종일 보필하는 장번 내관의 처소로 20명이 근무한다.
243) 『燕山君日記』 권63, 12년 7월 정해.
244) 『燕山君日記』 권63, 12년 9월 기묘.

1인에서 3~4인으로 증가하여 1인의 출납에서 오는 폐단을 줄이려
고 하였다.245) 사림파가 본격적으로 등장하면서 출납에 잘못이 있
다고 하여 개정을 요구, 급할 때만 승전내관이 출납하라고 하였
다.246) 이후 사림파들은 승정원의 승지가 전담할 것을 요구하였
고,247) 결국 큰일은 승지가 작은 일은 승전색이 출납하라고 하였
다.248) 그러나 명종대에도 관리가 출납을 직계하지 못하고 내시에
의탁한다고 하여 승전색이 출납을 일정 부분 전담하였다.249)

2) 內侍府에 대한 優待

조선시대 환관의 관부인 내시부는 이조에 소속되어 있는 관부였
다. 환관들의 승진은 3품 이하의 경우는 문관들의 근무일수에 따라
승진하지만 3품 통정대부 이상은 왕의 특지로 임명하였다. 다만 原
從功臣의 경우는 通訓大夫 이상은 되지 못한다고 규정하였다. 내
시부는 2품 관직이 있는 아문으로 규정되어 있지만 관계상으로는
限品에 구애되지 않고 1품에 오른 자도 있었다.250)

내시부에는 약 140명 정도의 환관들이 근무하였다. 성종 후반부
터 내시부에는 인원이 점차 증가하는 추세를 보인다. 연산군대 승
전색의 권한이 강해지고 환관들을 우대하면서 인원은 증가하는 추
세를 보인다. 또한 내시부에는 전체 인원 중에서 체아직은 59인이
었는데 연산군대 들어 증가 추세를 보인다. 연산군 3년 내시부에
遞兒職 셋을 더 두게 하자251) 승정원은 租稅를 제대로 거두어 들

245)『中宗實錄』권1, 원년 9월 갑오.
246)『中宗實錄』권19, 9년 정월 신묘.
247)『中宗實錄』권22, 10년 5월 정유.
248)『中宗實錄』권26, 10년 10월 정사.
249)『明宗實錄』권3, 원년 4월 을사.
250)『成宗實錄』권19, 3년 6월 기사.

이는 곳은 경상·전라 2곳 뿐이고 규정 이외의 증가라 하여 반대
하였다. 하지만 연산군은 중국은 환관들에게 모두 녹을 주고 있다
고 하면서도 승정원의 의견을 존중하여 2직만을 더 두도록 하였
다.252) 사간 洪湜은 서반 체아를 내시부에 준 것은 잘못이라 하였
으며,253) 내시부의 인원 증가에 대하여 사간 홍식·李泠·安瑭은
"내시부에는 지금 遞兒 59석을 마련하여 그 녹을 지급하였으며, 그
녹을 받지 못한 자에게는 月俸과 衣纏을 주었다. 그런데 전년에 체
아 2인을, 금년에 2인을 더 주게 되면 西班의 체아가 모두 내시에
게로 주게 되는 것은 잘못이다"라 하였다. 이에 연산군은 蠶室을
尙衣院의 관원이 맡고 있으니, 그 養蠶하는 내시 종5품·정6품의
서반 체아 각각 하나씩을 돌려주었다.254) 여기에서 연산군 초반부
터 자신에게 필요로 하는 환관들에게 체아직을 증가시켰다. 이러
한 사안을 승정원을 거치지 않고 독단으로 처단하였다. 이후에도
내시부의 체아직 수를 늘리려는 연산군과 신하들 사이에는 계속
마찰을 보인다. 즉 연산군 초·중반기까지는 신하들의 반대로 내
시부의 체아직을 함부로 늘리지 못하는 것을 알 수 있다.

하지만 연산군 10년 왕은 환관이 決杖을 감시함은 온당치 못하
다고 한 韓亨胤·李自華 등을 처벌하였다.255) 내시부에 체아직을
더 두도록 하는 것이 온당하지 않다고 아뢴 자를 고찰하여256) 체아
직을 내시부에 옮기는 것을 논계한 金永貞·孫仲暾·朴權을 制書
有違律에 의거 杖 1백으로 결죄하였다.257) 이것은 철저하게 공론

---

251) 『燕山君日記』 권24, 3년 6월 계유.
252) 『燕山君日記』 권24, 3년 6월 을해.
253) 『燕山君日記』 권28, 3년 10월 기축.
254) 『燕山君日記』 권28, 3년 10월 정유. 이후 서반 체아직은 전부 회수된
   것으로 보인다.
255) 『燕山君日記』 권54, 10년 6월 갑술.
256) 『燕山君日記』 권56, 10년 10월 갑자.

을 무시하는 태도였다. 연산군 초기에는 公論으로 연산군을 적절하게 제어할 수 있었다면 후기에 들어가면서 공론을 무시하는 경향이 보인다.

연산군은 내관은 宮禁을 시위하는 사람으로 그 숫자는 많아야한다고 하면서 중국의 경우 환관이 1천 명이나 되고, 모든 의복을제공하고 있는데 우리나라는 20여 명의 의복도 마련해 주기 어려워 아내를 두고 살고 있다는 것이다. 羽林衛 같은 冗官은 녹을 많이 소비하는 것으로 간신들의 자손들에게 녹을 주는 것보다는 내시부에 녹을 주는 것이 더 좋다고 하면서 尚繕 이하 9품까지 각 품에 각각 체아직 2~3명씩 더 두도록 하였다.[258] 이어서 馬醫遞兒정5품 1, 정6품 1, 정7품 1을 내시부에 移給하였다.[259] 연산군대 증가한 내시부에 가설하였던 체아직은 43인이었다. 중종반정 이후내시부에 가설된 체아 43석을 모두 還收하였다.[260] 하지만 전체 내시부의 인원을 보면 161명이나 되어[261] 『경국대전』에 비하여 21명이나 증가하였다.

연산군대는 환관에 대한 대우면에서도 변화를 보여 사대부와 같이 취급하였다. 사대부가 2품에 오르면 부모를 추증하는 것과 같이환관도 職秩이 높은 자는 그 어버이를 추증하였다.[262] 또한 각종

---

257) 『燕山君日記』 권57, 11년 정월 갑오.
258) 『燕山君日記』 권56, 10년 10월 갑자.
259) 『燕山君日記』 권57, 11년 2월 정묘.
260) 『中宗實錄』 권1, 원년 12월 경오.
261) 『中宗實錄』 권28, 12년 6월 계유. 鄭光弼은 『經國大典』에 내시부는 140원으로 규정되어 있다고 하면서, 4품 이하는 문무관의 仕進日數에 의하여 계급을 올리고, 3품 이상은 特旨로 제수한다고 하였다. 중종 12년 당시 仕進하고 있는 내관 가운데 長番이 15원이고, 左番·右番이 각각 73원으로 도합 161원이라 하였다. 각 궁전 差備의 숫자를 감하거나 兼差하거나 해서 140원을 맞출 것을 건의하였다.
262) 『燕山君日記』 권57, 11년 2월 갑신.

雜隸들도 조관의 규례대로 하였다. 내관도 조관의 규례대로 3품
당상 이상이면, 驅從·皀隸를 주고 辟除를 허락하며, 통훈 이상이
아니더라도 정3품직을 실제 역임한 자에게도 또한 조관의 직질에
따라 引路人을 주게 하였다.263) 조선시대 환관은 실제 품계는 높지
만 그 대우면에서 차별을 받았으나 연산군은 자신의 대리자라 할
수 있는 환관들을 우대하면서 조관과 같이 취급하였다. 환관들에
게 이제까지 금지되었던 伴人 등을 지급하였다. 조관이나 儒士가
내관을 업신여기는 일이 있거든 사헌부로 하여금 규찰하여 치죄하
게 하되 규찰을 잘 하지 못하는 대관도 치죄하였다.264) 또한 내관
은 근시하는 사람으로 공경해야 한다고 하면서 本家에 개인적으로
가더라도 給馬하였다면 命을 받은 것과 같은 것으로 대우하였다.
지나가는 길에서는 供饋하는 일로 늦어지는 경우에는 관찰사·수
령을 모두 治罪하였다.265)

　환관이 조관과 구별되어야 한다고 생각하여 복색을 개정하였다.
먼저 내관과 조관의 관복을 구별하였다. 환관과 朝官은 직책이 다
르고 內外가 구별된다고 하면서 "조선의 내관의 관복 제도는 조관
과 혼동되니, 내외와 직분을 엄중히 하는 뜻에 자못 어긋난다. 이
제 옛 제도를 모방하고 時宜를 참작해서 내관들이 쓸 冠帽를 특별
히 만들되, 장번내관은 梁 3개에다 양쪽에 뿔을 세우고, 출입번내
관은 양 2개에다 사모 뒤에 뿔을 두는 것으로 본을 정하여 면모를
일신하겠으니 이 뜻을 알리고, 또 내관들에게 쓰도록 하여 내외의
구별을 보이며, 時王의 제도로 정하라"라고 하였다.266) 이어서 내

---

263) 『燕山君日記』 권57, 11년 3월 계축.
264) 『燕山君日記』 권57, 11년 3월 무신.
265) 『燕山君日記』 권57, 11년 4월 계해.
266) 『燕山君日記』 권62, 12년 5월 무술. 장번 내관은 환관 중에 20명을 골
　　라 내반원에서 근무하면서 종일 임금을 모시는 사람을 말한다. 출입

관의 冠도 조관과 구별하여 장번은 녹색, 출입번은 짙은 鴨頭綠色
으로, 띠는 轎子侍衛人과 같이 하되, 장번내관은 뒤에 두 가닥을
내리고 출입번은 한 가닥을 내리게 하였다.[267] 이어서 복색을 개정
하여 화려하게 하였다.[268] 또한 환관의 성명을 중국의 예에 따라서
한 자로 쓸 것을 명하였으며,[269] 관직의 명칭을 개칭하여 장번내관
을 '雍遲官',[270] 출입번내관을 '守禁官'[271]이라 하였다.

  이처럼 기본적으로 연산군대에도 환관들에 대한 정책은 억제정
책을 유지하였다고 볼 수 있다. 하지만 환관들의 문제가 정치 문제
화 되었을 때에는 시기에 따라 임금과 신하들이 대처하는 방법이

번은 출퇴근하는 사람이다.

267) 『燕山君日記』 권62, 12년 5월 경자. 조선초기 崔萬理 역시 환관들의
  복색에 대하여 환관들이 軟脚 烏紗帽를 쓰는 것은 옛 법제에 맞지 않
  는다고 하여 중국의 예대로 관을 쓰도록 할 것을 주장하였다. 이 이유
  를 최만리는 환관들이 왕의 총애를 받아 권세를 받아 그 관을 바꾸지
  못하였다고 하고, 그것은 환관의 무리들이 조관과 혼동하여 사람의
  이목을 놀라게 할 수 없었던 때문이라 하였다(『筆苑雜記』). 성호 이익
  은 환관들의 복색을 조관과 동일하게 할 것이 아니라 吏胥와 같게 하
  여 구별하게 하였다(『星湖僿說』 권17, 인사문 환시).

268) 『燕山君日記』 권57, 11년 4월 을축. 모든 연향 및 거동 시에 당상내관
  은 大紅塔胡를 입으며, 당하내관은 품질에 관계없이 團領으로는 鴉
  靑段子를 쓰고, 塔胡・帖裏으로는 草綠藍柳靑段子를 쓰며, 迓祥服
  및 粧具에 있어서는 興淸과 畵金都多益을, 運平은 畵雌黃都多益을
  쓴다.

269) 『燕山君日記』 권60, 11년 10월 기사. 김자원을 愼, 설맹손을 忠, 박경
  례를 恕, 황언손을 良, 김영진을 仁, 서수진을 溫, 최호우를 恭, 박수
  원을 藁로 바뀌었다. 환관들의 이름을 외자를 쓰게 한 것은 중국제도
  의 영향으로 보인다. 연산군은 스스로 황제와 같은 권위를 나타내기
  위하여 자기 자신을 추켜 세우는 한편 환관들도 우대하면서 이름으로
  외자로 쓰게 한 것으로 보인다.

270) 『燕山君日記』 권62, 12년 5월 병신.

271) 『燕山君日記』 권62, 12년 6월 신해. 이러한 제도는 중종반정 이후 취
  소되었다.

달라진다. 김순손이나 김처선의 경우가 대표적이다. 연산군의 잘못
을 간한 김순손을 사형에 처하려고 하였지만 언관들의 반대로 석
방시켰다. 그러나 김처선의 경우 아무런 반대의사 없이 사형시켰
다. 연산군대 환관들의 위상은 전후 시기에 따라 다른 양상을 보인
다. 먼저 이를 주도한 사람은 환관 김자원이었다. 연산군의 절대권
력 행사는 결국 왕권과 관련된 부분을 우대하는 정책으로 나타난
다. 10년 이후 왕명출납권을 강화하면서 승전색을 자신의 대리자
또는 분신으로 파악하여 왕명을 전달하는 환관들을 극도로 존경하
게 하였다. 하지만 반대로 왕명을 전달하는 내시들이 신하들의 집
을 출입하거나 접촉하는 것을 금지하였다. 승전색에 대한 우대책
으로 인원이 조선초기 140명에서 161명으로 증가하는 한편 체아직
의 수도 43인이 증가하였다. 대우면에서도 구종이나 반당 등을 지
급하고, 환관들의 복장을 화려하게 하였다. 연산군대 환관들에 대
한 우대는 일반인들이 왕권을 무시하지 못하게 하는 의미로 해석
할 수 있다. 그 일환으로 연산군대는 환관 권력이 강화된 것으로
보인다.

Ⅲ. 中宗代 宦官 抑制策의 施行

중종대는 연산군의 혼란을 반정을 통하여 다시 바로 잡으려는
시기이다. 초기 8년까지는 반정 공신들이 주도하지만 이후 사림들
이 본격적으로 정계에 진출하면서 정치의 주도권을 잡았다. 특히
조광조로 대표되는 사림들은 도학정치를 실현시키기 위해 노력하
였다. 이러한 실천으로 결국 많은 정치변동이 일어나게 되었다.

1. 士林의 宦官 認識

중종 초년 내관에 대한 대우는 큰 변함이 없었다. 이것은 중종 7년 사헌부에서 내관 廉仲孫에 대한 탄핵을 요구한 경우에서도 알 수 있다. 염중손은 대비의 명으로 강원도에서 불사를 행하는 과정에서 각 고을과 驛에서 그가 승전색임을 알리자 수령들이 극진히 접대하였다. 결국 사헌부에서는 염중손이 승전색을 사칭한 것은 어떻게 할 수 없으나 불사를 일으킨 것은 잘못이라는 것이었다. 일반 사람들이 왕이 보낸 것으로 오인할 수 있기 때문에 강하게 조치를 취할 것을 요구하였다. 그러나 중종은 이 일은 대비와 관련된 일이므로 上典에 간하겠다고 하였다.272) 이처럼 왕과 관련된 일로 내관이 지방에 갈 때에는 여전히 지방관들의 대접이 상당하였다.

또한 내관 金繼恭이 반정의 공으로 西班 관직에 제수되자, 대간들은 환관이 東·西班 관직에 제수된 경우가 없다고 하면서 개정을 요구하였다.273) 그런데 김계공을 서반직에 임명하려는 것은 공신으로서 君을 봉하지 않았기 때문에, 우선 軍職을 제수하려 하자 同知事 鄭光弼은 군직은 武臣의 녹 없는 자를 대우하는 것인데 내시가 서반에 서임될 수 없다고 하였다. 하지만 중종은 김계공은 出入番의 내관으로서 녹을 받지 못한 지 오래되었기 때문에 군직을 제수하여 녹을 먹게 하는 것뿐이라고 하였다.274) 하지만 결국 대간들의 반대로 회수하였다.275)

이러한 관계에도 불구하고 점차 대간들을 중심으로 환관 억제를

---

272)『中宗實錄』권16, 7년 7월 갑신.
273)『中宗實錄』권13, 6년 정월 신미.
274)『中宗實錄』권13, 6년 정월 임신.
275) 위와 같은 조.

논의하고 있어 주목된다. 그 이유로서 환관이 왕명출납을 지체시
켰다는 것으로 대간들은 巳時에 詣闕하여 승지에게 啓事하기를
청하였으나, 승전색이 午鼓 뒤에야 내려왔다는 것이었다. 이 일은
결국 臺諫이 伏閤 상소 중인데도 불구하고 승전색이 지체한다면
폐단을 일으킬 수 있다고 하였다. 대간들은 연산군대 대간이 합사
하는 일을 승전색이 지체하자 죄 주기를 청하였고, 나중에 이 일로
연산군이 승전색을 죄 주기를 청한 사람들을 推問하여 큰 화를 입
은 경우가 있었는데, 이와 같이 될 가능성을 미연에 방지할 필요가
있다는 것이다. 하지만 중종은 공사가 많아 그렇게 된 것이므로 문
제가 되지 않는다고 하였다.276)

그러나 사림들이 점차 실권을 장악하기 시작하면서 환관에 대한
인식은 변화되었다. 사림들은 여러 가지 방법을 통하여 환관을 억
제하고자 하였다. 그 방법의 하나로 출납권의 제한이었다. 侍講官
韓效元은 환관의 왕명출납에 대해 문제를 제기하였다. 본래 환관
들은 閤門, 소제를 위한 것인데, 임금의 뜻에 영합하자 신임하게
되었다고 하였다. 우리나라에서는 왕명출납을 대신들이 하였으나
정희왕후 때부터 승전색을 두면서 잘못이 생기기 시작하였다고 하
였다. 또한 왕명출납 이외에 문·무관과 복장이 동일한 것, 내시에
게 아내가 있는 것 등은 잘못이라고 하였다.277) 시독관 蘇世讓 역
시 환관들은 조그만 허물도 용서하지 말아야 한다고 하자 중종 역
시 환관은 내외의 말을 통하는 자라 없을 수 없지만 '크면 죽이고
작으면 형벌한다'라고 하였으니 죄과가 있으면 엄하게 다스려야
한다고 하였다.278) 또한 司諫 한효원은 설리·승전색이 지방에 갈

---

276) 『中宗實錄』 권17, 8년 2월 계해.
277) 『中宗實錄』 권19, 8년 10월 신해. 그런데 한효원이 이야기한 성종 초
부터 내시가 왕명을 출납하였다고 한 것은 잘못 인식한 것으로 그 이
전부터 왕명출납을 하였다.

때 감사나 수령들이 극진히 접대하는 이유는 권세가 있기 때문이라고 하면서 이를 억제하여야 한다고 하였다. 결국 중종은 명령출납에 대하여 성종 때는 큰 일은 승지가 親啓하고, 작은 일은 환관으로 하여금 傳啓하게 하였다고 하면서도 우리나라는 중국과 다르기 때문에 세세한 일이 많아 일일이 친계할 수 없다고 하였다. 이에 한효원은 사소한 일을 다 친계할 수 없지만 큰 일만이라도 三時經筵 때 승지가 아뢰는 것이 좋다고 하였다. 그런데 한효원은 근일 陛階나 사직하는 朝臣이 왕을 인견하는 것을 두려워하는 것은 실례될까 염려하기 때문인데, 이것은 왕이 사대부를 친견하는 것이 적기 때문에 친근하지 못하다고 하였다.[279]

환관에 대한 억제 요구는 결혼과 관련이 있다. 연산군대 前昌原府使 趙之瑞 역시 환관이 장가들어 부부생활을 하는 것은 우리나라에만 있는 것으로 이것은 음양의 化를 상실해서 水旱의 재앙을 부르는 것이라 하였다.[280] 또한 丹城訓導 宋獻仝은 중국의 예에 의하여 내시들에게 妻妾을 두는 것을 허락하지 말기를 청하였다. 그 원인은 내시가 처첩을 두는 것은 원망이 쌓이고 화기를 손상시켜 간혹 失行하는 수가 있어 成治에 累를 끼친다는 것이다.[281] 성균관 생원 李敬 등은 便宜 10條를 올리면서 결혼은 부모된 도리를 아는 사람만이 하는 것으로 이것으로 인하여 교화가 이루어진다는 것이다. 그런데 내시가 아내를 갖는 것은 실로 天地間의 한 變事이며, 이들이 결혼을 함으로써 여자의 원망이 재앙을 부르게 되므로 결혼을 금지시켜야 음양이 조화롭게 된다는 것이다. 또한 내수사 역시 조종에 없던 제도로 이식을 붙이는 것은 잘못이며, 내수사의

---

278)『中宗實錄』권19, 9년 정월 신묘.
279) 위와 같은 조.
280)『燕山君日記』권4, 원년 4월 갑술.
281)『燕山君日記』권28, 3년 11월 신유.

노비로 세금을 독촉하는 것은 더 큰 문제이기 때문에 폐지하고 국
고로 환수하여야 한다고 하였다.[282] 한효원 역시 재변 시 궁녀를
내보내는 것은 부녀의 숨은 원망이 음양의 화기를 손상하는 것이
라 하면서 환관이 아내를 두는 것도 마찬가지 이치라고 하였다.[283]
이것은 전형적인 사림들의 환관인식이다. 비정상적인 인간의 정치
적 간섭은 있을 수 없다는 것이다.

2. 傳命權의 制限

중종대 왕명출납은 승정원과 승전색이 전담하였다. 사림파가 본
격적으로 등장하면서 출납에 문제가 있다고 하여 개정을 요구하여
작은 일만 승전내관이 출납하라고 하였다.[284] 이후 계속적으로 출
납의 개정을 요구하여 승정원의 승지가 전담할 것을 요구하였
고,[285] 이에 큰 일은 승지가 작은 일은 승전색이 출납하라고 하였
다.[286]

---

282) 『中宗實錄』 권12, 5년 12월 신축.
283) 『中宗實錄』 권19, 8년 10월 신해. 그런데 문제는 내시들에 대한 생활
　　대책이 세워지지 않은 것이었다. 연산군 역시 중국에는 환관들이 결
　　혼을 하지 않는 것은 먹고 사는 것을 국가에서 해결해 주기 때문이라
　　고 하면서 우리나라의 경우 아내가 있어 이를 해결한다는 것이다. 그
　　러나 사림들은 환관을 정상적인 사람으로 인정하지 않았고, 이 문제
　　는 '走肖爲王' 사건이 일어나게 되는 원인이 된다. 즉 사림들이 환관
　　들의 억제를 주장하면서 명령출납 제한, 복색 구분, 결혼금지를 주장
　　하자 환관들이 자기의 세력이 위축될 것을 염려하여 훈구세력과 손잡
　　고 사림들을 모함하게 된 것이다. 또한 환관들이 아내를 가지고 있는
　　문제는 이후 조광조 등에 의해서 제기되었다(『中宗實錄』 권102, 39년
　　4월 을해).
284) 『中宗實錄』 권19, 9년 정월 신묘.
285) 『中宗實錄』 권22, 10년 5월 정유.

중종대 변화는 승전색의 인원을 1인에서 3~4인으로 증가시켜 1인의 출납에서 오는 폐단을 줄이려고 하였다. 승전색의 경우 일은 중요하고 업무가 많은데 인원이 1명이라 병이 생길 경우 문제가 된다고 하면서 3~4인으로 확대하였다.[287] 이후에는 그 업무량이 많아지자 결국 승전색이 큰 죄가 아니면 용서하거나 재서용하였다. 즉 죄를 받은 朴仁孫이 한 달도 되지 않아서 다시 서용되었다.[288]

그러나 승전색의 기능은 연산군대에 비하여 현저하게 저하되었다. 이후에도 대간들은 환관들의 억제를 지속적으로 요구하였다. 중종대 대간들이 건의사항을 국왕에게 전달하는 방식은 注書가 비망기를 쓰고 색승지에게 전하면 이를 승전색을 통해 왕에게 전달하였다.[289] 왕명출납은 승지들이 어느 정도 담당하였다. 대간들은 내관 박인손이 移御所의 대문 앞 拒馬木까지 말을 타고 들어가고 이를 힐책하는 군사를 매질한 사건에서도 알 수 있다. 이것을 처리하는 과정에서 대간들은 승전색이 지체하는 것을 잘못이라 하자 중종은 승전색은 출납할 때 대간의 말뿐만 아니라 허다한 모든 公事를 다 출납하기 때문에 늦어지기 마련이라고 하였다.[290] 승지들이 왕명을 전담하게 되자 승전색의 역할은 상당히 줄어든 것을 알 수 있다.

대간들은 왕명 출납 이후 기록하는 것에 대하여서도 지적하였다. 대사헌 崔淑生은 왕명을 승전색이 승지에게 전달하는데, 이것을 史官이 다 알아야 한다고 하였다. 그런데 지금 승지나 승전색이 아닌 司謁의 말만 듣고 일을 처리하는 것은 잘못이라고 하였다. 이

---

286) 『中宗實錄』 권26, 10년 10월 정사.
287) 『中宗實錄』 권1, 원년 9월 갑오.
288) 『中宗實錄』 권12, 5년 8월 정유.
289) 『中宗實錄』 권64, 24년 정월 경술.
290) 『中宗實錄』 권28, 12년 6월 신미.

에 대하여 李彦浩 역시 승전색이 왕명을 출납한다는 것부터가 잘
못이며, 하물며 승전색이 사알을 시켜서 전달한다는 것은 있을 수
없다고 하였다. 또한 승지는 출납 시에 내용까지 알아서 大體에 어
긋나는 일은 詰問한 뒤에 아뢰는 것이 옳다고 하였다. 사알의 말만
듣고 일을 처리하는 것은 있을 수 없다고 하였다. 부제학 李耔는
옛날 임금은 '庶獄·庶愼에 있어서 또한 이를 구태여 알려하지 않
는다' 하고, 이를 有司가 맡았다고 하면서 임금은 하는 일이 번다
한데 賜送하는 소소한 물건까지 신경을 쓴다면 학문에 전념할 수
없을 것이라고 하였다.291) 즉 출납시에 사알이나 서리들이 처리하
지 말고 승지나 승전색이 전담하여 처리하는 것은 당연하다고 하
였다. 이것은 三司를 장악한 사림들이 弘文館을 통하여 召對하기
를 청하자 이를 허락하면서 신하들의 의견을 수렴하였다. 이와 같
은 의견은 校理 趙光祖의 건의로 이루어졌다.292)

   중종 역시 대간들의 건의에 대하여 찬성하는 한편 공론 형성에
적극 찬성하였다. 이러한 중종의 적극성은 사림들의 의견을 수용
하면서 왕권을 유지하고 강화해 나가는 하나의 방편으로 이루어졌
던 것으로 보인다. 또한 거짓으로 말을 꾸민 내관 成胤의 잘못에
대하여 중종은 "환관이 기세를 보이는 것을 사림이 매우 미워하니,
빨리 놓아주어서는 안 된다"라고 할 정도였다.293) 중종은 초기와는
달리 사림들의 환관억제책에 대하여 적극적으로 찬성하였고, 사림
들 역시 이를 적극적으로 실천하였다. 한편 조광조는 중종이 대간
을 체직하자 이의를 제기하면서 이는 왕명을 출납하는 승전색이

---

291) 『中宗實錄』 권28, 12년 7월 무인.
292) 위와 같은 조.
293) 『中宗實錄』 권30, 12년 11월 병자. 성윤은 승전색으로 임금이 분부한
     일이 아닌 데도 거짓으로 헛된 일을 말하여 氣勢를 보였다고 하여 처
     벌받았다.

잘못 전한 것이라고 하면서 면대를 요청하였다. 여기에 대하여 중종은 국사를 물릴 수 없다는 말로 면대를 거절하였다.[294]

한편 대간들은 승전색과의 상호 예의 역시 중시하였다. 승전색이 왕명을 받들고 나갈 때의 예의는 奉命을 가지고 있는지 여부와 관직의 높낮이에 따라 처신이 달랐다. 장령 兪仲翼은 길에서 승전색과 史官을 만나자 말에서 내렸으나 미처 피하지 못하여 길가에 서 있는데, 승전색과 사관이 그대로 지나간 사건이 있었다. 유익중은 이것은 대간의 체모를 잃었으므로 체임을 청하였다. 그리고 승전색과 사관 등이 대간이 말에서 내려 길가에 서 있는 것을 보고 그대로 지나간 것은 잘못이라고 하였다. 이 일을 계기로 봉명자에 대한 예의 절차가 대두되었다. 이에 얼마 전에 한 내관이 길에서 正言을 만나 피하지 않아 추고 당했고, 또 공조좌랑 韓忠은 길에서 대사헌 宋千喜를 만났으나 피하지 않아 파직당하였다. 본래 원칙은 奉命한 朝士와 內官이 길에서 재상이나 대간을 만나면 말에서 내리지 않고 봉명 연유를 설명하고서 서로 읍하고 지나가야 하고, 그 나머지 직무로 출입하는 자는 비록 駟馬를 탔더라도 봉명한 예로 처신해서는 안 된다는 것이었다. 예조에서는 봉명자가 길에서 재상이나 대간을 만나면 서로 인사하고 지나가는 것이 禮이며, 재상이나 대간이 말에서 내려서 피했으면 그대로 지나가는 것이 마땅하고, 그들이 만일 길가에 서 있으면, 그들로 하여금 말을 타게 한 뒤에 지나가는 것이 옳다고 하였다. 標信을 가진 자라면 누구를 막론하고 말에서 내릴 필요는 없었다. 그런데 유중익의 경우 대간이 말에서 내려서 길가에 서 있었는데 봉명자가 말을 타고 그대로 지나갔으니 이는 불가하다는 것이었다. 결국 장령 유중익은 죄가

---

294)『中宗實錄』권34, 13년 8월 정유. 이후 조광조 등은 내관들을 결혼하는 것을 금지시키고, 명령을 출납하지 못하게 하기 위해 노력하였다.

없고 봉명자는 추고하여야 한다는 것이었다.295)

3. 王權 制限과 宦官

대간들이 공론 형성을 강화해 나가는 과정에서 결국 승전색의
권한은 축소될 수밖에 없었다. 한편 공론을 통하여 왕권을 적절하
게 제어하겠다는 의도이기도 하였다. 사림들은 왕권은 결국 왕명
출납에서 이루어지는 것이기 때문에 출납과정에서 조그만 잘못이
있어도 해당 관원이나 내관을 처벌하기를 요구하였다. 이것은 승
전색이 급한 일이나 부모의 봉양과 관련하여 사직을 청해도 들어
줄 수 없는 상황이 되었다. 나아가 대간들은 왕명출납 시에 말을
빠뜨린 승지마저 탄핵을 요구하였다. 사헌부에서 侍講院師傅의 뜻
으로 通禮院을 죄 주기를 청할 적에 '사체 매몰'이라는 말을 아뢰
었지만 승정원에서 이를 빠뜨린 사건이 발생하였다. 사헌부에서
작은 말이라도 마음대로 감할 수 없다는 이유로 승지의 파직을 요
구하였다. 그런데 승전색과 司謁의 備忘記를 조사해 본 결과 '지극
히 그르다'는 말만 있었다. 여기에 대하여 승지는 모든 말은 사관
이 듣고 기록하는 것으로 분명히 말하였다는 것이었다. 이것은 승
지가 처음에 말하지 않았다고 하고, 나중에 다시 아뢴 것으로 하여
이 역시 잘못이라 하면서 동부승지 南孝義를 파직하였다.296) 결국
승전색의 억제에서 나아가 승지마저 탄핵하였다.

또한 대간들은 왕명출납 시에 말을 추가하는 잘못을 상소하였
다. 이것은 승전색이나 승정원에서 마음대로 문안을 만들지 말라
는 것이었다. 그 예가 首飾母 單子磨鍊事에 관한 일이었다. 이 명

---

295) 『中宗實錄』 권45, 17년 7월 무신.
296) 『中宗實錄』 권59, 22년 7월 계사.

목 단자는 형조가 승정원에 告課한 다음 형조의 서리가 승지에게
전하였다. 이때 승지는 승전색 辛存亮을 통하여 중궁전 掌務內官
李承緖에게 전하였다. 이 과정에서 왕에게 아뢰지 않고 몇 명을 추
가하여 시행하였다. 그 중간 揀擇 중에 신존량이 內旨에 어명이라
하면서 長興庫의 종 億福, 廣興倉의 종 連代를 추가하여 기록할
것을 요구하자 승지는 형조가 초계한 것이라 더 써넣을 수 없다고
하였다. 결국 신존량은 형조의 서리에게 부탁하여 더 써넣기를 요
구하였다. 형조의 서리 역시 추가할 수 없다고 하였지만 신존량은
內旨로 간택한 사람이라 하면서 써넣게 하였다. 이 일로 중종은 형
조의 서리와 승전색을 조사하게 하였다.[297] 형조의 조사 결과 본래
수식모 단자의 인원은 27명이었지만 서류로 제출한 단자에는 33명
으로, 6명이 추가된 것이었다. 이것은 色書吏가 뇌물을 받아 4명을,
中宮殿의 승전색과 사약이 내지를 칭하여 2명을 추가하였다. 결국
승전색·사약·형조 서리 등을 추고하고, 형조의 色郎官과 色承
旨도 아울러 추고하였다. 중종은 이는 아무리 사소한 문제라도 위
에 아뢰지 않은 것은 잘못이라고 하면서 앞으로 房婢의 간택도 승
정원에 아뢰라고 하였다. 즉 형조의 색낭관이 처리하지 않고 서리
에게 맡긴 것은 잘못이라 하면서 추국하였다.[298] 결국 이 일은 형
조의 당상과 낭관이 마감한 것을 좌랑이 주서청에 가지고 와서 서
리와 관원, 승전색, 사알의 말을 듣고 추가한 것이었다.[299] 이러한
일들은 승전색이나 사알이 필요에 따라 공사를 추가할 수 있다는
것을 말해 주는 것이다. 이를 문제 삼은 것은 결국 승정원이나 승
전색이 전횡을 일삼는 것을 미연에 방지하겠다는 것이다.

297)『中宗實錄』권62, 23년 7월 임신.
298) 위와 같은 조.
299)『中宗實錄』권62, 23년 7월 계미.

이후 승전색은 명령 출납만하고 是非를 하지 말게 하였다. 중종
이 掌隷院의 관리가 소송을 지연시킨 일을 전교할 때 승전색 李承
豪가 아뢰기를 "비록 4~5개월 되었다 하나 어찌 연체했다고 할
수 있는가?" 하고, 또 아뢰기를 "春分 후에는 停訟하였기 때문에
곧 처결하지 못한 것이다"라고 하면서 論啓를 가로막았다. 이것은
결국 환관이 권한을 이용하여 국정에 관여한 것이라 하면서 옥에
가두어 추문하였다.[300] 승전색의 논의, 즉 말을 추가하는 행위는
결국 정치에 간섭하는 기회를 제공하는 것이기 때문에 철저히 제
한하자는 것이었다.

외관 역시 환관들의 억제를 건의하였다. 황해도관찰사 金正國은
牛峰縣 사람 內侍 尙燭 池仲亨이 公廳에 들어가 토색질을 자행한
다고 처벌할 것을 요구하였다.[301] 이러한 사실은 이전 서울에서 소
문으로 자행된 것을 조사하는 정도에서 벗어나 지방관이 직접 처
벌을 요구하였다. 특히 외관이 서로 청탁을 위하여 환관을 우대하
는 것과는 반대 경향을 보인다. 金詮·南袞·李惟淸·李繼孟·
李荇 등은 환관들을 3품 이상의 경우 特旨로 관직을 제수하도록
규정되었다고 하면서 의례히 주는 것이 아니라 근신한 자가 있을
경우 특명으로 관직을 제수하거나 자급을 올린다면 『경국대전』에
맞게 할 것을 주장하였다.[302]

그러나 여전히 지방에서 환관들의 권세는 상당한 영향력을 행사
하였다. 전라도에서 내관 金石京이 주동이 되어 鄭回石, 화원 金壽
永과 金貴亨, 그리고 襄陽의 官奴 元孫, 僧人 祖熙와 士仁 등이 東
宮에서 나왔다고 사칭하면서 佛幀을 만들어 富商大賈와 閭閻 집

---

300) 『中宗實錄』 권72, 27년 정월 갑술.
301) 『中宗實錄』 권36, 14년 8월 을해.
302) 『中宗實錄』 권46, 17년 11월 갑진.

에서 재물을 거두어들인 사건이 발생하였다. 의금부낭관을 보내
조사한 결과 내시부에는 김석경이라는 인물이 없었고, 동궁별감을
칭한 정회석 역시 존재하지 않는 인물이었다.[303] 즉 왕의 측근에
있다는 이유만으로도 사람들이 재물을 바쳤다. 그러나 중종 말년
사림들이 억제되면서 왕명출납은 승정원과 승전색이 전담하였고,
서리나 사알이 전달하는 경향을 보인다. 명종대에 출납을 직계하
지 못하고 내시에 의탁한다고 하여 승전색이 출납을 전담하였
다.[304]

　이처럼 사림의 환관에 대한 인식과 억제책은 단순히 정치에 개
입하는 것을 반대하는 차원에서 벗어나 관리로서의 기능 축소를
주장하였다. 출납을 억제하는 한편, 이를 감독하는 승지들마저 출
납을 잘못하였을 때는 탄핵되어야 하며, 이것을 임금도 지키는 것
이 올바른 정치라는 것이다. 한편 환관이 결혼하는 것은 음양의 이
치에 맞지 않고, 결혼 때문에 사리사욕이 생길 수 있다고 하면서
금지할 것을 주장하였다. 이러한 인식은 후기 사림들이나 실학자
들의 인식과 동일하다.

Ⅳ. 明宗代 內需司의 掌握

　명종대는 성종대부터 등장하기 시작한 사림이 연산군 이후 각종
사화로 일시적으로 물러났다가 중종대부터 재등장하면서 훈구와
갈등이 본격화하는 시기였다. 하지만 사림이 새로운 정치세력으로
등장하기는 하였지만 여전히 훈구파의 영향력은 막강하였다. 정치

---

303) 『中宗實錄』 권75, 28년 7월 갑인.
304) 『明宗實錄』 권3, 원년 4월 을사.

세력으로 볼 때 乙巳士禍 이후 文定大妃로 대표되는 윤씨 일파를 중심으로 외척정치가 본격화되는 시기였다. 이렇게 외척이 명종대 전 시기에 걸쳐 발호할 수 있었던 원인은 명종이 어린 나이에 등극하여 문정대비가 垂簾聽政을 하였으며, 명종이 親政을 한 후에도 외척들을 통하여 계속 정권을 유지해 나갔기 때문이다.

과연 그렇다면 문정대비로 대표되는 尹元衡일파들이 정권을 지속적으로 유지할 수 있었던 힘은 무엇일까 하는 의문을 가지게 된다. 이것은 전근대사회에서 왕권은 절대권력을 상징하고, 정치를 좌우하는 상황에서도 왕권을 제약할 수 있었던 문정대비로 대표되는 외척들의 힘이 아닐까 한다. 즉, 효를 최고의 가치로 삼는 유교적 통치질서 하에서 王母인 문정대비가 정치에 지속적으로 간섭하게 되면서 큰 영향력을 행사하였기 때문이라 생각된다. 또 다른 여러 원인들 중에 하나는 왕의 측근에 있으면서 문정대비에게 왕의 동정을 알려주는 환관들의 정치적 활약이라고 할 수 있다.

여기에서는 명종대 왕과 문정대비, 윤원형과 李樑으로 대표되는 외척정치 상황에서 정치적 역량을 키워나가는 환관들의 역할을 살펴보고자 한다. 명종대 외척들의 발호에는 문정대비의 영향이 절대적이었다. 문정대비는 실권을 유지하기 위한 하나의 방편으로 환관들을 통하여 왕의 동정을 살피게 하였다. 또한 환관들을 이용하여 내수사와 寺刹을 통하여 田土를 확보하였다. 이 과정에서 문정대비는 권력을 유지하기 위하여 환관들을 어떻게 이용하였고, 환관들은 이에 편승하여 어떻게 영향력을 형성하는가를 살펴볼 필요가 있다. 명종 역시 왕권을 강화하기 위하여 환관들을 어떻게 이용하였으며 외척들과는 어떠한 연관성을 맺고 있는가를 살펴보고자 한다. 즉 권력의 정점에 있는 왕과 문정대비, 외척들은 환관들과 어떠한 연관 관계를 맺고 있는지 살펴보면서, 아울러 이들과의 연관 속에서 발생되는 內需司의 장악문제·寺社田의 확대 문제 등에 대하여 알아보고자 한다.

1. 外戚政治와 宦官 活動

1) 文定大妃와 宦官 朴漢宗

명종대는 정치적으로 사화기에서 붕당정치기로 넘어가는 과도적인 시기로 문정대비 윤씨와 윤원형으로 대표되는 외척정치의 시기이다. 훈구파들은 사림의 성장으로 위기를 느끼자 권력을 유지하기 위하여 사화를 통하여 사림들을 억제하였다. 또한 훈구 세력들끼리 대립하게 되면서 그들 내부의 권력투쟁의 결과 명종대 외척정치의 시대를 열었다.305)

명종대는 훈구세력 내부의 갈등 문제와 함께 권력의 정점인 왕과 문정대비 윤씨로 대표되는 윤원형일파와의 권력 투쟁이 가장 큰 관건이었다. 명종이 12살의 나이로 즉위하자 모후인 문정대비가 수렴청정을 통하여 권력을 잡았다. 이에 尹任과 윤원형이 大尹과 小尹으로 나누어져 대립하게 되는데 그 결과 윤원형이 승리하게 되었다. 이후 명종 8년 친정을 하게 되지만 여전히 문정대비의 영향력이 절대적이었다. 하지만 이후 왕권을 강화하고자 하는 명종과는 대립될 수밖에 없었다. 명종은 윤씨 세력을 물리치기 위하여 또 다른 외척인 이량을 등용하였다. 이량과 윤원형의 권력 암투에서 윤씨 일파가 승리하였다. 이에 윤원형은 문정대비가 죽은 명종 20년까지 계속 권력을 유지하였다. 명종 20년 명종은 문정대비가 죽자 외척인 沈義謙을 통하여 윤씨 세력을 축출하고 왕권을 강

---

305) 金宇基, 2001, 『朝鮮中期 外戚政治研究』, 集文堂.

화하였다.

명종대는 거의 전시기에 걸쳐 문정대비와 외척들이 정치를 좌우하였다. 문정대비는 왕의 동태를 파악하기 위하여 환관들을 우대하였다. 명종의 경우에도 즉위부터 8년까지는 명종이 어려 자기의 필요 때문에 환관들을 총애하였다. 문정대비에 반발하여 친정을 강화해 나가는 10년 이후에는 자신의 권력을 강화하기 위하여 총애하였다. 그러나 20년 이후 명종이 친정을 강화하게 되고, 사림들이 정치 일선에 나서게 되면서 환관들의 권한은 급격히 약화되었다. 이러한 과정에서 문정대비와 명종으로부터 가장 총애를 받은 환관이 박한종이다.

먼저 왕과 박한종의 관계를 살펴보기 전에 실권을 행사하였던 문정대비와의 관계를 살펴보자. 문정대비는 명종대 대부분의 의사결정을 명종을 대신하여 시행하였다. 예컨대 승지 權轍이 대간이 아뢴 바를 명종은 혼자 결정 못하고 내시 文繼宗으로 하여금 문정대비에게 다시 아뢴 후에 결정하였다.306) 그런데 환관 중에서 대비에게 가장 총애를 받은 사람이 환관 박한종이다. 이들이 직접적인 관계를 맺은 것은 중종 말기부터였다. 박한종은 중종이 죽고, 仁宗이 病死하자 장차 문정대비에게 실권이 넘어갈 것을 예상하고 문정대비전의 승전색이 되었다.307) 이후 衛社功臣에 참록되고 密城君에 봉해졌다.308) 즉 문정대비와 박한종의 관계는 인종 말의 혼란한 정치상황 속에서 직접적 관계를 맺었던 것으로 보인다.

명종이 즉위하자 즉위에 공이 많은 사람들을 공신으로 책봉하였

306) 『明宗實錄』 권13, 7년 3월 임인.
307) 『明宗實錄』 권20, 11년 정월 계미. 박한종은 중종과 인종이 병이 들어 승하하는 과정에서 승지 및 내외에 있는 사람들에게 병의 상태를 소상히 전하였다.
308) 『明宗實錄』 권20, 11년 정월 갑신.

다. 이때 환관 박한종은 명령을 전달한 공이 있다고 하여 원종공신
3등으로 책봉하고 加資하도록 하였다.309) 하지만 공신으로 책봉하
게 된 배경은 박한종이 중종 말기부터 승전색으로써 왕의 병 상태
를 왕후 등에게 소상히 알려주었기 때문이라 판단된다. 박한종을
공신으로 책봉하려 하자 司諫院에서 반대 의사를 표명하였다.310)
환관이 명령을 전달한 것은 본래 임무를 수행한 것으로 공훈이 없
이 상을 준다는 것이었다. 이에 대하여 왕은 성종대 田畇과 같이
舊例에 의한 것이라 하여 대간들의 청을 허락하지 않았다.311) 마침
내 박한종을 위사공신 嘉義大夫 밀성군으로 봉군하였다.312) 환관
이 봉군을 받는 경우는 그때까지는 많지 않다. 특히 명종 즉위와

---

309) 『明宗實錄』 권1, 즉위년 8월 기미.
310) 『明宗實錄』 권2, 즉위년 9월 을해.
311) 『明宗實錄』 권2, 즉위년 9월 경진.
312) 『明宗實錄』 권6, 2년 9월 갑오. 조선시대 환관으로 공신이 된 경우(원
　종공신은 제외)는 다음과 같다.

왕대	공신호	이름(군호)	비고
태조	輸忠輔理功臣	金師幸(駕洛伯)	개국공신
단종	靖難功臣 2등	田畇(江川君)·嚴自治(寧城君)	안평대군 사건
세조	佐翼功臣 2등	田畇(河蔭君)	원종 1등 5명, 2등 10명, 3등 16명
예종	翼戴功臣 1등	申雲(興陽君)	남이 옥사
예종	翼戴功臣 3등	安仲敬(原城君)·徐敬生(峯城君)·金孝江(長川君)·李存命(陜川君)·柳漢(星山君)·李存(星川君)	남이 옥사
중종	定難功臣 2등	朴仁孫(鐵川君)	중종반정, 4등-文致·徐敬生·金繼恭·金叔孫·金銀·任元山
중종	定難功臣 3등	金銀(公山君)·成胤(昌川君)·薛孟孫(安川君)	
명종	樞星靖難衛司功臣 3등	朴漢宗(密城君)	명종 즉위 후, 원종공신 100여 명
선조	忠勤貞亮扈聖功臣 3등	金繼韓(延陽君)·金起文·崔彦俊·閔希寋·金鳳·金良輔·安彦鳳·朴忠敬·林祐·金應昌·鄭漢璣·朴春成·金禮楨·金秀源·申應瑞·辛大容·金璽信·趙龜壽·梁子儉·白應範·崔潤榮·金俊榮·鄭大吉·朴夢周	임난 시 선조의 의주 호송

함께 봉군 받는 이유는 왕의 의도라기보다는 실권을 가진 문정대
비와 외척들에 의한 것이다. 즉 중종 말기부터 각종 정보를 제공하
였던 박한종에 대한 가자인 것이다. 이 과정에서 명종은 사간원의
강력한 반대의사가 있었지만 문정대비가 수렴청정을 하고 있는 상
황에서 문정대비의 적극적인 추천을 무시할 수 없었던 것이 공신
책봉의 주요한 원인이었다.

  명종과 환관과의 관계를 살펴보자.. 명종 역시 어린 나이에 왕위
에 올랐고, 궁중 사정을 자세히 모르고 있는 상황에서 왕과 관련된
일련의 행위들에 대하여서는 측근에 있는 환관들에게 물어볼 수밖
에 없었다.313) 이에 명종은 주위에 필요한 사항들에 관하여 조관들
을 통하지 않고 환관들을 통하여 조사하는 경향을 보인다. 즉 聽政
하는 규모를 『承政院日記』를 통하여 조사하게 한 것이 그 중에 하
나이다.314) 이후 명종이 친정을 하면서 권력 강화가 절대적으로 필
요하였다. 이에 자기 수족과 같은 환관들을 우대하지 않을 수 없었
다. 먼저 환관들의 말을 적극적으로 믿고 이들에게 각종 공사나 제

---

313) 당시 사관들이 왕이 환관들과 친해 질 수밖에 없는 이유에 대하여 "대
  개 환관들이란 민첩한 데다 말 잘하고 지혜로와 使令을 맡겨도 어기
  지 않고, 무람없이 대하고 버릇없이 하며 임금의 뜻에 순종만하고 거
  역하지 않는다. 임금은 구중궁궐 깊은 곳에서 조석으로 같이 있으면
  서 친압하게 지내므로 스스로 멀리하지 않으면 서서히 배어들어 오는
  참소와 절박하게 피부에 와 닿는 호소가 그 사이에 쉽사리 행해지게
  되니, 나라를 망치고 가문을 망치는 화가 일찍이 이로 말미암지 않은
  적이 없다. 이러므로 선왕들의 법에는 단지 궁문을 지키거나 명령을
  전달하게만 했을 뿐 일찍이 높은 품계로 올려 주거나 큰 벼슬로 우대
  하지는 않았으니, 생각을 원대하게 한 것이다"라고 하였다(『明宗實
  錄』 권17, 9년 9월 정묘).
314) 『明宗實錄』 권3, 원년 4월 임진. 이 전교는 정청의 규모를 정하지 못
  하고 있다는 승정원의 사적인 이야기를 전해들은 환관 박한종이 이것
  을 왕에게 그대로 고하여 그 규모를 조사하게 하였다.

도 정비에 대하여 문의하였다. 즉 璿璣玉衡 渾天儀의 제도를 박한
종에게 강의하게 하는 일,[315] 淸讌樓의 月廊을 짓는 일을 次之內
官의 의견에 따르게 한 일[316] 등으로 보아 국가의 중요한 현실정
치가 아닌 경우에는 환관들에게 문의하는 경우를 볼 수 있다. 이것
은 조관들보다는 주위에 있는 환관에 대한 호의적인 태도를 말해
준다.

명종은 환관을 엄벌하지 못하는 성격이었다. 사관의 말대로 "喜
怒가 일정하지 않아 아침에 벌을 주었다가 저녁에는 상을 주고 또
는 저녁에 파면시켰다가 아침에 다시 서용하니, 환관들이 왕의 마
음을 미리 헤아려 심히 두려워하지 않았다. 왕께서 젊은 환관 하나
를 총애하여 침실 곁에 있게 하고 절도 없이 상을 하사하고 심지어
內帑金으로 그가 살 집을 사주기까지 하였으며, 또 재주있는 자를
골라 노래를 익히게 하였다"라고 하였다.[317] 즉 환관들이 죄가 있
어 처벌을 받더라도 곧 풀려날 것을 알고 행동한 것으로 보인다.

왕실의 절대적인 신임으로 승전색 본래 임무를 소홀히 하는 경
우에 이르렀다. 대간의 상소를 1주일 이상 전달하지 않고 있어도
죄를 묻지 않거나, 환관들이 佛事를 믿고 따르자 사찰의 승려를 환
관들로 하여금 보호하게 하고, 절에서 공부하는 유생들을 감독하
는 임무를 부여하게 되면서 유생들을 쫓아내어 사대부들의 강한
반발을 사기도 하였다. 중종대 유생들이 사찰을 보호하려는 환관
들을 매질하였지만 잘못이 없다고 한 경우와는 정반대의 입장이었

---

315) 『明宗實錄』권9, 4년 원년 계유. 弘文館이 선기옥형 혼천의의 제도를
    올리자 명종은 내관 박한종 등을 홍문관에 보내어 강습하게 하였다.
    이에 정원에서 부당함으로 아뢰자 명종은 "내관을 시켜 그 대강을 익
    혀 가지고 와서 아뢰게 한 뒤에 자세한 것은 다시 경연관에게 하문하
    려고 하였다"라고 하였다.
316) 『明宗實錄』권22, 12년 5월 계해.
317) 『明宗實錄』권28, 17년 7월 갑오.

다. 즉 중종대 환관들이 사찰을 적간하는 과정에서 유생들이 환관
들을 매질하였다. 이에 환관들이 유생들을 고발하였지만 판결에서
환관들의 잘못이라 하여 유생들을 두둔하였다. 하지만 명종대는
문정대비의 숭불로 인하여 매질당한 유생들이 환관들의 처벌을 요
구하지만 내관이 한 일은 왕명에 의한 것이라 하여 유생들을 오히
려 책망하였다.318) 대간들은 왕실의 신임으로 환관들이 세도를 이
루었다고 할 정도였다. 또한 지방에서 공문없이 출입하여 재물을
거두어 들여 문제가 되자 대간들이 처단을 요구하지만 이 일은 내
시부에서 조사하여 처리하도록 하였다.319) 박한종은 문정대비의
총애로 내수사제조에320) 임명되고 문정대비를 위하여 보우를 천거
하는 데 주도적 역할을 하였다. 이것은 명종대 환관 발호의 실질적
인 배경이 되었다. 이와 같은 문정대비의 총애는 명종이 박한종을
제어할 수 없는 상황에까지 이르렀다. 당시 사관들은 박한종의 세
력이 확대된 것은 조사들과 결탁한 것도 있지만 명종이 제지하지
않았기 때문이라고 하였다. 즉, 박한종은 "위에서도 능히 억제하지
못한다"고 할 정도로 대단하였다.321)

　이처럼 명종과 문정대비의 환관들에 대한 총애는 문정대비의 수

---

318) 『明宗實錄』 권12, 6년 11월 을사.
319) 『明宗實錄』 권14, 8년 3월 신사.
320) 조선시대 환관을 提調로 임명한 경우는 다음과 같다.

왕 대	성 명	대 상	근　거
태　조	金師幸	文廟造成提調	『太祖實錄』 권11, 6년 6월 임오.
세　종	盧希鳳	司宰監提調	『世宗實錄』 권1, 즉위년 10월 기축.
세　조	田　昀	司饔院提調	『成宗實錄』 권38, 12년 정월 무오.
연산군	金子猿	繕工監提調	『燕山君日記』 권42, 8년 정월 신사.
중　종	林世茂	內需司提調	『中宗實錄』 권93, 35년 8월 을해.
명　종	朴漢宗	內需司提調	『明宗實錄』 권4, 원년 11월 계미.
선　조	閔希騫	內需司提調	『光海君日記』 권2, 즉위년 2월 기사.

321) 『明宗實錄』 권29, 18년 8월 갑자.

렴청정이라는 비정상적인 정치형태에서 발생하였다. 문정대비는 명종을 누르고 정권을 계속 유지할 필요가 있었고, 이에 환관들을 적극적으로 이용하였다고 볼 수 있다. 그 중심 인물이 박한종이었다. 명종 역시 어린 나이에 왕위에 올라 주위에 있는 환관들에게 의지할 수밖에 없었고, 친정 이후에도 자신의 친정강화를 위해서도 수족과 같은 환관들을 활용하였다고 볼 수 있다.

2) 外戚과의 關係

명종이 어린 나이에 왕위에 오르자 문정대비가 수렴청정을 하였다. 명종이 20세가 되어 친정을 하게 되면서 문제가 발생하였다. 명종이 문정대비의 정치적 간섭으로부터 벗어나려는 경향이 보이면서 문정대비와 명종간의 갈등은 시작되었다.

문정대비는 이에 대응하여 명종에 대한 모든 상황을 파악하기 위하여 환관들로 하여금 왕의 동태를 살피게 하였다. 이 과정에서 득세한 사람이 윤원형이라면, 명종이 왕권을 강화하기 위하여 적극 등용했던 인물이 이량이었다. 이들 외척 역시 권력의 정점에 있는 명종의 동태를 살필 수밖에 없었다. 이들은 왕의 동태를 살피기 위하여 왕의 측근에 있는 환관들과 친교를 맺었다. 환관들 역시 왕과 문정대비, 외척인 윤원형과 이량과의 친교를 통하여 권세를 누렸다.

먼저 문정대비와 관련이 있는 윤원형과의 관계를 보면, 윤원형은 외척으로서 문정대비를 통하여 권력을 유지하기 위하여 왕의 측근에서 생활하는 환관들과 밀접한 관계를 맺었다. 윤원형은 모든 일을 문정대비와 내통하여 명종을 위협하면서 제재하였다. 그래서 이 일로 왕의 言事와 顔色에까지 나타났다고 할 정도였다. 이러한 왕의 동태는 윤원형이 환관들과 친분이 있고, 宮人에게 환심을 얻었기 때문이었다. 그 결과 왕의 一動一靜을 알지 못하는 것이 없었다고 한다. 명종이 환관에게 "外親(윤원형)이 大罪가 있는데 어떻게 처리할 것인가?"라고 하였던 말이 누설되어 문정대비에게 알려지게 되고, 문정대비는 명종을 꾸짖어 "왕은 윤원형이 아니었다면 어떻게 오늘이 있었겠소."라고 책망할 정도였다.322) 즉 윤원형과 문정대비는 왕의 동정을 살피기 위하여 內豎 및 宮人들을 활용하여 왕의 동정을 살필 수 있었다. 왕이 자기들을 제거하려는 계획을 미리 알아서 세도를 유지하는 데 이용하였다. 왕의 모든 동정이 문정대비와 윤원형에게 전달됨으로써 명종의 친정강화를 막을 수 있었던 것으로 보인다. 이와 함께 환관들도 문정대비의 신임을 얻어 높은 직위와 권세를 누릴 수 있었다. 환관이나 문정대비, 윤원형이 상호의존 속에서 권력을 유지하게 되는 것이다.

윤원형과 박한종은 언제부터 상호 관련을 맺은 것일까? 정확하지는 않지만 문정대비와 박한종이 관련을 맺는 중종 말부터라 생각된다. 직접적인 관계는 중종 말의 혼란기를 거치면서 서로 정보를 교환하면서 乙巳士禍 당시에도 윤원형이 윤임을 몰아내는 데 상당한 역할을 하였던 것으로 보인다. 환관인 위사공신 밀성군 박한종이 1품 공신으로 죽자 別致賻에 관하여 전례를 상고하여 보게 하자,323) 별치부에서는 峯城君 徐敬生의 例를 따르게 하였다.324) 당시 사관의 박한종에 대한 논찬을 보면, "불교를 받들고 중을 기르는 일도 모두 이 사람의 종용으로 이루어졌으니, 그 죄가 실로 천지 사이에 용납되지 못할 자인데도 훈록을 누리고 방안에서 편히 늙어 죽었으니 하늘이 나쁜 자를 죄주는 이치가 과연 이런 것인

---

322) 『明宗實錄』 권31, 20년 11월 신해.
323) 『明宗實錄』 권29, 18년 8월 무오.
324) 『明宗實錄』 권29, 18년 8월 기미. 서경생은 중종반정 공신으로 훈신에 참여한 자이다.

가 … 상(명종)이 대궐에 들어와 대통을 잇자 이기·윤원형·정순봉 등이 윤임의 무리를 모함하고자 자전을 현혹하기를, 윤임 등이 다른 계획을 하고 있다 하면서 大逆不道로 얽어 옥사를 만들었다. 이 때에 박한종이 傳命한 공로로 마침내 위사 훈록에 참여하여 후한 은총을 받아 부귀로 일생을 마쳤으니, 아, 이것이 박한종에게는 다행이지만 국가에게는 큰 불행이다"325)라고 할 정도였다. 여기에서도 박한종이 윤원형 등과 꾸준히 연결되어 있으면서 윤임을 몰아내고, 윤원형이 득세하는 데 상당한 역할을 하였다.

　문정대비와 윤원형이 지나치게 전횡하자 왕의 불만은 고조되었다. 왕은 이들을 물리치고 자신이 실권을 잡기 위하여 왕비의 외척인 이량 일파를 총애하였다. 그리하여 이량 일파는 관직이 상승하여 큰 권력을 잡게 되었다.326) 여기에서 이량과 환관 丁番이 상호 교류하였다. 즉 문정대비와 박한종이 서로 연관되어 있다면 이량은 정번을 통하여 새로운 정보를 얻는 창구 역할을 하였다. 정번은 명종의 총애를 받는 환관으로 왕이 윤원형을 누르기 위하여 이량을 총애하자 서로 결탁하며 심복이 되었다. 이후 왕의 동정을 번번이 이량에게 알려주면서, 부자관계를 맺었다. 당시 사림들은 "마침내 왕의 뜻을 현혹시켜 癸亥年에 사림의 화를 빚을 뻔하였다"327)라고 할 정도였다. 이에 이량은 정번의 도움으로 고속 승진할 수 있었다. 이에 당시 사관들은 이들로 인하여 다시 을사년의 화를 당할 뻔하였다. 정번이 명종의 총애를 받게 된 것은 음악을 잘 하였기 때문인데 품계가 2품에 올랐다. 이량이 권세를 부릴 적에 명종은 매양 정번을 시켜 그의 집에 왕래하게 하였다.328)

---

325)『明宗實錄』권29, 18년 8월 무오.
326) 姜德雨, 앞의 논문, 27～31쪽.
327)『明宗實錄』권17, 9년 7월 무진.
328)『明宗實錄』권28, 17년 7월 갑오

상호 관계는 더욱 공고해져 결국 정번이 이량을 위하여 謁聖試의 시험 문제를 유출하여 이량의 아들 李廷賓이 장원급제할 수 있었다. 즉 그의 아비 이량이 殿試의 제목을 미리 알아 기일에 앞서 글을 지어 놓았기 때문이었다. 당초 알성시를 보는 것을 辦下할 때 내관 정번이 밤을 틈타 이량의 집에 와서 제목을 알려주었던 것이다.329) 이후 이량이 윤원형 일파에 의하여 죄를 받아 물러났지만, 환관 정번은 왕의 총애를 받아 죄를 용서받을 뿐만 아니라 오히려 품계를 올려 받았다. 여기에서 외척과 환관들이 서로 필요에 의하여 결탁하고 있음을 알 수 있다.

그 외에도 儒臣들도 환관들과의 관계를 통하여 권력을 유지하는 경우를 볼 수 있다. 예를 들어 宋純은 왕의 측근에 있는 경상도 출신 환관 裵欽과 친교하여 좋은 자리에 오를 수 있었고,330) 경상도 병사 池世防은 능력없는 숙관으로 환관 박한종에게 뇌물을 바치고 벼슬을 유지할 수 있었다.331) 이조판서 宋世珩 역시 환관들과의 친분으로 높은 자리에 오른 자였다.332) 前德原府使 李鵠은 仁壽宮의 역사를 맡은 밀성군 박한종에게 아부하였다고 하여 이후 죄를 받았다.333) 이들은 권력을 유지하거나 높은 관직을 유지하기 위하여 국왕의 가장 측근에 있는 환관들과 친교를 맺었다. 이렇게 다양한

---

329) 『明宗實錄』 권29, 18년 3월 신사.
330) 『明宗實錄』 권14, 8년 2월 임신.
331) 『明宗實錄』 권8, 3년 7월 병인 ; 권14, 8년 윤3월 경신. 함경남도병사 지세방은 玉盤 20개를 만들어 뇌물을 바치면서 환관 박한종이 德源으로 휴가를 갔을 때 옥반을 받쳤다고 하여 파직되었다(『明宗實錄』 권5, 2년 6월 신묘).
332) 『明宗實錄』 권13, 7년 9월 신사. 송세형 역시 명종 즉위 후 추성정난위사공신 嘉義大夫 壺山君에 봉해졌다. 이것으로 보아 송세형은 윤원형과 같은 당여로 파악된다.
333) 『明宗實錄』 권13, 7년 5월 정미.

사람들이 왕의 측근에 있는 환관들과 관계를 맺어서 출세를 보장
받았다. 이것으로 명종과 문정대비의 총애를 받고 있는 환관들의
실질적인 권한의 정도를 알 수 있다.

이처럼 윤원형과 이량은 문정대비와 명종의 실질적인 총애를 받
고 있는 환관과 연결되었다. 이들 역시 왕의 동정을 살필 필요가
있었기 때문이다. 윤원형의 경우는 환관과 궁녀들을 동원하여 명
종의 동태를 살폈다면 명종의 총애를 받는 이량은 정번을 통하여
왕의 동태를 살펴 권세를 유지하였다

2. 內需司를 통한 寺社田의 擴大

1) 印信 發給과 直啓

환관들의 주요 임무 중에 하나는 왕실의 사적인 재정을 맡은 내
수사를 관리하는 일이었다. 내수사는 본래 태조·태종의 潛邸였던
本宮에 그 기원을 두고 있다. 세종 5년(1422)에 왕실 私藏庫로서 권
위의 상징인 印信을 발급받아 內需所라고 하였다. 세조 3년(1457)
에 여러 관사와 동일하게 취급되어 승정원이나 환관들을 통해 아
뢰도록 하면서 관아의 형식을 갖추었다.[334] 동왕 12년 내수사로 개
칭되었다가『經國大典』에 정5품 아문으로 등재되었다.[335] 내수사
는 일반 관아의 한 형태로 구성되어 있기는 하였지만 실제 형성 과
정이나 왕실재정을 담당하는 등의 특성상으로 볼 때 私藏的 성격
을 가진다.[336] 내수사의 운영에 있어서 가장 큰 문제는 환관들이

---

334)『世祖實錄』권9, 3년 10월 임진.
335)『經國大典』이전, 경관.
336) 池承種·한춘순·김우기의 앞의 논문. 내수사는 왕실의 사장적인 역
    할을 가지고 있음으로 하여 왕은 자기와 친분이 있는 사람을 책임자

관리하게 되면서 왕에게 직접 운영 관계를 직계하는 것이었다. 세
조대 들어 내수사는 여러 관사와 동일하게 되자 다른 관사와 같이
단자를 갖추어 승정원이나 승전환관을 통하여 전하게 하였다.[337]
내수사를 환관이 담당하도록 한 것은 환관들이 '왕의 家奴'이고
'手足과 같은 존재'로 생각되기 때문이다.[338] 내수사의 성격은 "내
수사의 재물이 모두 백성에게서 나오고 있으나, 그 용도는 국가와
관계가 없다"[339]라는 말처럼 왕실 자체 관아의 성격이 강하였다.
　　내수사의 위상이 강화되기 시작한 것은 연산군대부터였다. 환관
金孝江은 楡岾寺와 洛山寺에 소금을 공급하면서 승정원에 알리지
도 않았으며,[340] 환관들이 내수사를 통하여 사복시의 말을 함부로
가져온다든가,[341] 掌隷院의 노비를 함부로 내수사에 소속시키는
법을 만들었다.[342] 환관들의 내수사 장악은 연산군의 적극적인 지
지를 바탕으로 하였다. 중종반정 이후 사림이 등장하면서 내수사
장리를 혁파하였다.[343] 그 와중에 내시부상선 林世茂가 내수사제
조가 되었다.[344] 이러한 상황은 신하들이 왕권을 제약하지 못하거

　　　　로 임명하였다. 이에 내수사의 장리·노비 등의 많은 문제점을 발생
　　　　하였다. 특히 연산군대와 같이 왕이 폭정을 일삼을 경우에는 더욱 많
　　　　은 문제점을 내포하였다. 중종반정 이후 내수사에서 장리를 받는 것
　　　　을 폐지하였다.
337)『世祖實錄』권9, 3년 10월 임진.
338) 세조는 왕위를 찬탈하고 난 후 공이 있는 사람들을 공신으로 책봉하
　　　였다. 그 중에 환관 전균이 포함되어 있었는데, 그에게 봉군하려 하자
　　　성상문 등이 부당함을 말하면서 "嚴自治·田畇은 전하의 家奴입니
　　　다"이라 하였다(『端宗實錄』권9, 원년 11월 경진).
339)『中宗實錄』권3, 2년 7월 정미.
340)『燕山君日記』권12, 2년 정월 갑신.
341)『燕山君日記』권18, 2년 9월 임술.
342)『燕山君日記』권20, 2년 12월 신사.
343)『中宗實錄』권25, 11년 6월 임자.
344)『中宗實錄』권93, 35년 8월 병자.

나 왕의 노쇠로 주위 환관들에게 의존하는 경우가 많아질 때 내수
사의 전횡은 심해지는 것이다.

중종 말년부터 명종대까지 내수사의 문제는 문정대비와 환관 박
한종에 의해서 이루어지게 되었다. 박한종이 내수사를 맡게 된 것
은 언제부터인지는 자세히 알 수 없으나 궁내의 內庫의 일을 맡은
기록은 중종대부터 였다. 박한종이 내고를 관리하면서 취득한 虎
鬚를 黃仁弼에게 주자 사관들은 "이것은 비록 사소한 물건이지만,
내고를 책임 맡고 있는 관리로서 雜人과 서로 결탁하여 내고의 물
품을 가지고 서로 주고 받고 하였다니, 필시 뒷날의 폐단이 있게
될 것이다"라고 하였다.345)

명종대 문정대비와 외척들과 서로 연결되어 큰 힘을 얻게 된 환
관들은 내수사를 전담하였고 윤씨 일족들이 전권을 행사하였다.
이에 왕실에서는 내수사를 통하여 부를 축적하게 되었다. 내수사
를 통하여 왕실 재정을 확보하고, 불사를 일으키는 비용을 확보하
였다. 명종대 내수사 문제의 핵심은 내수사에 印信을 만들어 주도
록 하면서 발생하였다. 명종 5년 왕은 승정원에 명하여 내수사에
담당 내시가 있으나, 下官이 印을 함부로 사용하므로 내수사의 일
이 허술하게 운영된다고 보고, 담당 내시에게 堂上印을 만들어 주
도록 하였다.346) 이에 내수사제조인 환관 박한종이 내수사를 책임
지는 것과 함께 내수사는 별도의 인신을 가지게 되었다. 환관 박한
종은 내수사제조가 되어 도장 찍기를 마치 南司와 같이 하였다.347)
박한종이 내수사제조가 되어 印을 새겨 주어 2품의 반열에 오르고,
출납시 승정원을 통하지 않고 직접 왕에게 직계하는 한편 내수사

---

345) 『中宗實錄』 권77, 29년 6월 갑진.
346) 『明宗實錄』 권10, 5년 정월 경오.
347) 『明宗實錄』 권4, 원년 11월 계미.

의 노비와 僧徒를 전담하였다. 내수사는 독자적으로 공문서를 보
내고, 이 때문에 수령이 파직되거나 곤장을 맞은 郡吏가 흔히 있었
다. 결국 이러한 일들을 승정원이 알지 못하고 대간도 말하지 못하
는 상황에 이르렀다. 당시 사람들이 "한 개의 조정을 형성하니 식
자들이 南衙北司의 환관이 있을까 근심하였다"라고 하였다.[348]

내수사를 박한종이 관리하게 되면서 가장 큰 문제가 된 것은 인
신을 갖게 되면서 승정원을 통하지 않고 각종 문서를 지방으로 발
송한 것이었다. 내수사는 하나의 관부이기 때문에 문서를 출납할
때 승정원을 통하여 출납하는 것이 원칙이지만 독자적인 인신을
갖추고 있기 때문에 승정원을 통하지 않고 출납하였다. 이에 이조
에서 내수사는 독자적으로 운영되다 보니 啓目을 만들 때도 격식
이 없었으며, 문서 역시 마음대로 각 관청으로 보내며, 次知의 啓
와 依允에 관한 일은 유독 승정원만이 하는 것인데 내수사도 이와
같이 하여 또 하나의 승정원이 되었다고 하였다. 이에 대간들은 내
수사의 印을 내수사에서만 쓰도록 하고, 조정에 대해 쓰는 것을 못
하게 하는 한편 승정원을 통하여 출납하기를 청할 정도였다.[349] 즉
각종 啓目은 승정원을 통하여 출납하는 것이 원칙인데 내수사만이
인신을 가지고 승정원을 통하지 않고 政廳으로 바로 보내고 있는
것은 잘못이라고 하였다. 이에 대하여 왕은 박한종의 일이 전례가
없는데 粘目하여 移文했다면 불가한 일이지만 내수사가 啓下된
공사에 점련하는 것은 조종조 때부터 있었던 것으로 문제가 되지
않는다고 하였다. 인신은 내관이 소지하고 있게만 한 것으로 조종
조와 다름이 없다고 하면서 신하들의 의견을 불가하다고 하였
다.[350]

---

348) 『明宗實錄』 권14, 8년 3월 경인.
349) 『明宗實錄』 권13, 7년 3월 계묘.

박한종이 내수사제조가 되자 수령들은 그를 두려워하여 내수사 노비의 공물을 바치도록 한 다음에야 解由를 받을 수 있을 정도였다. 이에 박한종이 수령들을 내수사의 일로 조종하게 되자 수령들은 앞다투어서 그를 찾아가 청탁하였다. 弘文館博士 安璲의 족인으로 수령이 된 사람이 내수사의 물건을 바치지 못한 것 때문에 해유를 받지 못하자 안수가 그를 위해 박한종을 찾아가 청탁하여 비로소 해유를 받게 되었다.351) 이에 사관들은 당시 災變을 예를 들어 박한종의 전횡을 말할 정도였다.352) 내수사가 강력한 힘을 가지게 되면서 지방수령이 내수사와 관계되는 일로 파직되었다. 덕산에 사는 내수사 종 希孫이 도적질하여 갇히자 德山縣監 李文衡이 亂杖으로 죽인 사건이 발생하였다. 이에 이문형이 형벌을 남용하였다하여 서용하지 못하도록 하였다. 또한 檢屍官 海美縣監 梁應台는 희손을 직접 가서 보지 않고 病死로 보고하였다고 하여 파직하였다.353) 또한 문정대비가 승려의 일로 지방에 공문서를 보낼 때에 奉命內官을 대접하지 않았다고 하여 중화수령 金德龍이 파직되었다.354)

그 외에도 환관 文繼宗은 두 대비전에 봄·가을에 별도로 진상하게 하였고,355) 육조의 사령이 공사로 小各司를 출입하는 것은 당

---

350) 위와 같은 조.

351) 『明宗實錄』 권17, 9년 9월 정묘.

352) 『明宗實錄』 권17, 9년 11월 무술. 햇무리가 지고 밤에 유성이 危星에서 나와 牛星 아래로 들어갔는가 하면, 곤방에서 간방까지 지진이 미약하게 일어나자 이러한 변괴는 환관 박한종과 같은 陰이 성하기 때문이라 하였다.

353) 『明宗實錄』 권14, 8년 3월 신축.

354) 『明宗實錄』 권14, 8년 정월 정해.

355) 『明宗實錄』 권22, 12년 정월 갑자. 各司에서 진헌하는 물건에 대하여서도 이를 맡은 내관이 뇌물을 요구하였다(『明宗實錄』 권12, 6년 12월 기묘).

연한데, 내수사는 사령을 출입하지 못하게 하였다.[356] 保人 金紐의 경우는 노비 40명이 내수사에 투속한 것을 해결하기 위하여 근정전의 뜰에서 擊錚을 하였으나 왕은 해당 관사에서 처리하는 것이 당연한데 監司와 法官이 그의 소송을 받지 않은 것은 어떤 뜻이 있어서이나 대궐의 뜰에 함부로 들어와 격쟁하였다고 하여 추고하였다.[357] 이 사건에 대하여 사관들은 朴漢宗이 內需司提調가 된 뒤부터 士大夫의 田民을 겁탈, 조금도 꺼리는 점이 없어서 내수사는 주인을 배반하고 세금을 포탈한 자의 소굴이 되었으며 백성의 원통함은 왕으로부터 이루어지니 어떻게 심리하겠는가라고 할 정도였다.[358]

내수사에 대한 특혜에 대하여 사관들은 근래 내수사의 노비들은 불쾌한 것이 조금이라도 있으면 말을 만들어 司에 호소하였으며, 박한종은 제 마음대로 임금에게 계달하여 州縣의 관리들이 중한 벌을 받게 되었다고 하였다. 그러므로 내수사의 종과 관계된 일에는 수령도 감히 상관하지 않고 조심하였으며, 내수사는 죄를 짓고 도망다니는 무리와 身役을 피해 다니는 무리들의 소굴이 되어 별개의 구역을 이루었으므로 온 조정이 탄식할 정도였다.[359] 司憲府 大司憲 金澍 역시 박한종이 내수사제조로 있으면서 자체적으로 공문을 발송하거나 노비의 일로 일반인을 잡아와 공초하는 일, 승려가 사사로이 내수사에 의탁하는 일, 문정대비의 명을 칭하여 지방에서 횡포하는 일 등은 지금 음이 강하고 양이 쇠한 것이라 하면서 이를 방지하여야 한다고 하였다.[360] 이에 대하여 왕은 兩宗 문

---

356) 『明宗實錄』 권24, 13년 5월 신유.
357) 『明宗實錄』 권25, 14년 4월 경술. 그러나 실제 격쟁 전에 본도의 감사 및 사헌부에 원통함을 호소하였으나, 모두 聽理하지 않았다.
358) 위와 같은 조.
359) 『明宗實錄』 권14, 8년 3월 신축.

211 제3장 朝鮮前期 宦官制의 整備와 政策 變化 211

제와 내수사를 내관이 맡는 것은 조종조로부터 통행하던 것이며, 다만 印信의 일은 중종대 하려 하였다가 하지 못한 것을 지금에 와서 하게 된 것이며, 직접 아뢰고 직접 발송하는 것도 전부터 하던 것이라 하였다. 내수사는 임금 一家의 일과 같아서 내관이 마음대로 할 수 있는 것이 아니며, 조그만 일이라도 역시 啓下한 후에 시행하는 것으로 내관이 교만 방자하여 그러한 것이 아니라고 두둔하였다.361) 내수사 역시 문정대비를 비롯한 왕실의 사장적 성격을 가지고 있기 때문에 적극적인 비호를 받았다. 이러한 기구를 관료들이 아닌 자기 수족과 같은 환관들이 전담하였다. 이와 같이 환관들이 권력을 가지게 되면서 독자적인 세력을 형성하였다.

그런데 내수사의 다른 문제는 형벌을 자체적으로 처단한다는 것이다. 이 과정에서 내수사에서 형벌을 받다 죽은 사람이 발생하였다. 이 문제에 대하여 대사헌 吳祥 등은 궁 밖의 사람이 죄를 저지르면 당연히 담당 관리에게 맡겨야 하는 데도 내수사와 관련된 일을 내수사옥에 잡아 가두고, 이 과정에서 죽는 경우가 발생하는 것은 그 죄인을 환관의 손에 맡기기 때문이라고 하였다. 즉 징수 담당 내관이 天威를 빙자하여 흉중에 품은 생각을 제멋대로 시행한 결과라고 하였다. 이에 형벌을 관장한 내시 周泰文을 파직할 것을 주장하였으나 명종은 비록 내수사가 형벌을 집행하던 곳은 아니지만 사람들이 속이는 감정이 많고 정해진 규정을 준용하려 않으면서 法司를 속이려 하기 때문으로 보았다. 결국 사사로이 죽인 것은 아니라는 것이다.362)

하지만 명종 20년(1565) 문정대비가 사망하고 윤원형이 실각하

---

360) 『明宗實錄』 권14, 8년 6월 신사.
361) 위와 같은 조.
362) 『明宗實錄』 권30, 19년 8월 정해.

면서 사림들로 정치 세력이 교체되었다. 이에 정국 분위기도 일변
하여 내수사에 대한 개혁을 단행하였다. 이에 그동안 문제가 되었
던 내수사와 양종의 인신을 혁파하였다.363)

이처럼 명종대 내수사의 문제는 문정대후의 숭불과 내수사의 사
장적 성격이 결합하면서 내수사를 관리하던 환관들에게 독자적 인
신을 새겨주게 되면서 발생하였다. 이에 내수사는 독자적인 인신
과 문정대비의 적극적인 비호로 타인의 노비와 토지를 점탈하거
나, 사찰을 관리 감독하는 권한을 가지게 되었다.

2) 內願堂과 寺社田의 擴大

명종대는 많은 儒臣들의 반대에도 불구하고 선교 양종을 다시
세우는 한편 승과제도를 실시하였다. 이것을 주도한 사람은 문정
대비와 普雨大師였다. 문정대비는 억불정책을 취하였던 중종대에
도 내수사를 통하여 사찰에 祈願 밀사를 보내거나 內願堂을 설립
할 정도로 불심이 깊었다. 이후 문정대비가 수렴청정하자 본격적
인 숭불정책을 취하였다. 여기서 실제 사찰을 관리하고 감독하는
일은 내수사가 담당하였다. 내수사는 환관들이 관리하면서 명종대
불교 중흥을 이루게 되었다.364)

명종대 불교 중흥은 내수사제조인 환관 박한종이 佛事를 전적으
로 담당하였다. 그 방법으로는 내수사를 통하여 사찰을 적간하게
하였고, 사찰에 幼生의 출입을 금지하였다.365) 무엇보다도 박한종
이 문정대비에게 보우를 추천하였다.366) 박한종의 졸기에, "명종대

---

363) 『明宗實錄』 권32, 21년 4월 경진.
364) 黃善花, 1974, 「朝鮮時代 明宗朝의 佛敎中興政策」 梨花女大碩士學位
    論文. 명종대 봉은사와 봉선사를 각각 선교 양종의 본사로 삼고, 승과
    와 도승법을 실시하였다.
365) 『明宗實錄』 권9, 4년 12월 계축.

불사의 중흥은 漢宗이 한 일이라"367)라고 하여 명종대의 불교 중
흥이 문정대비의 숭불과 함께 환관 박한종이 크게 역할을 하였다
는 것을 알 수 있다. 박한종은 내수사제조로 임명되면서 실질적인
정국의 주도권을 잡고 있는 문정대비를 위하여 보우를 천거하는
등 내수사를 주도적으로 운영하였다. 이것은 명종대 환관 발호의
실질적인 배경이 되었다.

승려들을 관리하고 사찰을 적간하는 일은 연산군과 중종 때에도
있었다. 그러나 명종대는 내수사의 권한이 강화되면서 승려들에
대한 대우나 환관들의 유생들에 대한 적간 문제가 크게 변화되었
다. 숭불하였던 문정대비가 환관 박한종을 내수사제조로 임명한
이후 승려들의 수는 증가하였다.368) 이에 명종 5년 2월 영경연사
沈連源이 지금 사찰에서 紅門을 세우고 푯말을 박아 유생들의 출
입을 금하였다고 하면서 숭불 확산을 경계하였다.369) 이에 대하여
명종은 홍문이 세워진 곳은 華藏寺 뿐이고 금표가 세워진 곳은 내
원당으로 지정된 곳이라 하였다.370) 그러나 사간원에서 내원당으
로 지정된 곳이 79개소나 된다는 것과 내수사를 통해 예전대로 수

---

366) 내수사를 통하여 환관들은 왕실 살림을 관장하는 이외에 사찰을 관장
하였다. 즉 내수사를 통하여 승려들을 관장하는 일은 명종대 불교 중
흥과 밀접한 관계가 있다. 문정대비에 대한 중흥불사는 크게 두 가지
로 정리되고 있다. 첫째는 강원감사 鄭萬鍾이 보우를 추천하였다는
『朝鮮佛敎通史』의 기록을 토대로 제기된 정만종 추천설, 둘째는 실
록을 토대로 제기된 내수사가 檜巖寺에 요양 중인 보우를 문정대비
에게 추천 소개하였다는 내수사 안내설이 있다(『明宗實錄』 권13, 7년
5월 경술).
367) 『明宗實錄』 권29, 18년 8월 무오.
368) 내수사에서 불사를 숭상하면서 이전에 삭감되었던 토지들을 점차 회
복하고 승려들의 숫자도 크게 늘고 있다고 하였다(『明宗實錄』 권9, 4
년 8월 갑진).
369) 『明宗實錄』 권10, 5년 2월 병오.
370) 『明宗實錄』 권10, 5년 3월 무진.

호하도록 하였던 것371)으로 보아 숭불에 대한 정도가 이전과는 확실히 다르다는 것을 알 수 있다.

내수사를 통한 숭불은 명종 5년 내수사에서 당상인을 발급받으면서 더욱 확대되었다. 사찰에 잡인의 출입을 금지하는 경계 표시인 禁標의 경우 처음에는 內旨로 세우던 것이 이때부터 내수사의 공문을 통해 예조가 立標單子를 내리는 것으로 전환하였다.372) 내수사를 통한 공적인 성격이 강조되면서 내수사 공문을 빙자하여 田民을 침탈하게 되었다. 내수사의 전민 침탈에 대하여 명종은 "대사헌이 말한 내관과 승려들이 폐해를 일으킨 일에 대해서는 이미 內殿에서 자세히 조사하여 모두 죄를 주었고, 전주 귀신사와 星州 積山寺 승려들의 행위에 대해서도 내수사에서 이미 그 犯法 사실을 듣고 추고하고 있다"373)라고 하였다. 하지만 이것은 형식상 조사에 불과하고 이후 내수사를 통한 숭불은 내원당의 수적 증가와 田土 확장으로 이어졌다.

내수사를 통한 사찰 관리에 대하여 명종 역시 사찰을 내수사 소속으로 함과 동시에 공사는 내수사를 통해서 출입한다고 하였다.374) 왕실의 적극적인 지원으로 명종 5년 약 81개소의 내원당은 7년에는 395개소로 급증하였다.375) 박한종이 내수사제조가 되어 내수사의 노비와 僧徒를 전담하게 되자 승정원을 거치지 않고 직계하는 한편 자체적으로 公文書를 보내게 되었다. 내수사의 승려와 노비의 일로 수령이 파직되는 경우까지 발생하였다.376)

---

371) 『明宗實錄』 권10, 5년 3월 을해. 심연원과 간원에서 숭불과 금표에 대한 이의제기가 있은 지 얼마 되지 않아 謄書에서 누락된 3개소를 내원당으로 추가 지정하였다.
372) 『明宗實錄』 권10, 5년 3월 계미.
373) 『明宗實錄』 권14, 8년 3월 경인.
374) 『明宗實錄』 권26, 15년 4월 기해.
375) 『明宗實錄』 권13, 7년 정월 계미.

내수사를 통한 사찰 관리는 환관들에 의한 전토의 침탈로 이어
졌다. 구체적인 사례를 보면, 먼저 청홍도 福泉寺에 환관이 算員을
거느리고 內使라 칭하면서 전답을 寺社의 소유라 하고 말과 소 등
을 빼앗거나,[377] 환관 金忠甫는 내수사의 공문을 가지고 경상도로
가서 寺社田을 경작하는 백성들에게서 전답과 牛馬를 빼앗기도
하였다.[378] 용문산의 주지승 神會와 掌務僧 靈寶 등은 내원당이라
칭하여 전지를 빼앗고 민가 7호를 철거하려고 하였다.[379]

이와 같이 명종 8년 이전에 내려진 사사전의 추쇄 명령에 따라
내수사의 환관이 민전을 점탈하였다. 이러한 작폐는 中和郡守 金
德龍이 내원당전의 복호를 시행하지 않고 환관을 박대하였다는 이
유로 추고를 당하는 것으로 끝났다. 김덕룡 추고 이후 내관이 외방
에 행차할 때는 그 대우가 극진하였다.[380] 이러한 환관들의 사사전
에 대한 폐단은 어느 한 군데만의 소행은 아니고 왕명을 칭탁하거
나 문정대비의 신임을 빌미로 백성들의 토지를 무단으로 빼앗아
내원당 소속 사찰에 소속시키는 등의 행위를 하였다.[381] 특히 명종
8년 전후에 내수사의 토지 점탈이 집중되고 있는 것은 명종의 친
정이 시작되는 시기로, 문정대비가 수렴청정을 철수하는 시일을
기점으로 왕실 재정을 충실히 확보하려는 정책으로 보인다.[382] 왕
실에서 민전을 직접 점탈하는 방식보다는 사사전이라는 명목으로
토지를 점탈한 이후 내수사에서 내원당에 시납하는 형식을 취하였
다.[383] 이것은 내원당의 경제적 기반을 확보한 이후 안정된 기반

---

376) 위와 같은 조.
377) 『明宗實錄』 권14, 8년 2월 병자.
378) 『明宗實錄』 권14, 8년 윤3월 무진.
379) 『明宗實錄』 권15, 8년 11월 기미.
380) 『明宗實錄』 권14, 8년 2월 병자.
381) 『明宗實錄』 권14, 8년 3월 무술.
382) 한춘순, 앞의 논문, 427~430쪽.

위에서 불사를 일으키려는 것이었다. 이에 문정대비는 내원당전의 복호와 전세를 면세하였으며 이후 양종을 復立시켰다.

내수사는 승군을 부리는 일에 관여하기도 하였다. 즉 비변사에서 승군을 동원하려고 하자 내수사가 內敎를 받아 비변사에 牒呈을 보내어 僧軍을 부리지 말도록 하였다.[384] 이것은 단순히 내수사를 관리하였던 환관 박한종과 문계종이 승려를 동원하려는 것을 막으려는데 그치는 것이 아니라 승정원이 아닌 내수사에서 독자적으로 왕명을 받아 비변사에 첩정을 보냈다는 데에 더 큰 문제가 있었다.

당시 문정대비의 숭불에 대하여 비록 명종이 불교를 비방하고 싶어도 문정대비와 윤원형이 숭불하기 때문에 막을 수 없었다. 윤원형이 생각하기를 중종은 추대된 임금이기 때문에 신하들의 말을 잘 따랐지만 지금은 상황이 달라졌다는 것이다.[385] 즉 문정대비의 적극적 숭불은 환관 박한종을 통하여 내수사를 장악하게 하고 그 권한을 강화하면서 시작되었다. 내수사를 통하여 내원당에 필요한 전답이나 牛馬를 확보하는 방식으로 필요한 경비를 조달하였다. 이에 내원당 소속 사찰은 전국적으로 확대되고 내수사를 관장하는 환관들의 활동은 더욱 활발해졌다. 내수사 자체 전토의 확장만이 아닌 사찰 사사전의 확대를 적극적으로 꾀하였다. 내수사에 독자적인 인신이 있음으로 하여 독자적인 기구로 활동하였다.

그러나 명종대 환관들의 발호는 명종 18년 환관 박한종이 죽고, 동왕 20년에 문정대비가 죽음으로써 급격하게 약화되었다. 명종은 심의겸 일파를 이용하여 윤원형 일파를 축출하였으며, 명종이 실

---

383) 『明宗實錄』 권33, 21년 7월 계묘.
384) 『明宗實錄』 권20, 11년 2월 경자.
385) 『明宗實錄』 권20, 11년 3월 병인.

제 정치를 전담함으로써 왕권을 강화시켰다. 또한 왕권의 강화와
사림의 등장으로 환관들의 세력은 크게 약화되어 내수사의 인신을
혁파하였다.386) 보우대사를 제주도로 유배 보낸 후 살해하는 한편
명종 21년 양종・승과・도첩제도가 폐지되었다.387)

3. 宦官 優待策의 回復

1) 朴漢宗에 대한 過分한 優待

조관들은 환관들의 발호에 대하여 극도의 경계심을 보이며 이를
억제할 것을 간청하였다. 또한 지금 문정대비가 집권하는 것은 음
이 양을 침범한 것이라 하면서 경계하였다. 또한 사관들은 당시 집
권자인 李墍・鄭順朋・윤원형・崔輔漢・陳復昌 등이 반대파를
逆黨이라 이름하여 배격하는 것, 박한종이 내수사제조가 되어 도
장 찍기를 마치 남사와 같이 하는 것 등은 음이 양을 침범한 것으
로 보았다.388) 檢討官 朴民獻은 召對에서 올해 天氣가 불순한 것
은 음양이 잘못된 것으로 항상 경외하는 마음을 간직하고 환관과
궁첩까지도 바르게 하여야 한다고 하였다. 그러나 이 사실을 같이
있던 許硴이 경연에서 李芑와 윤원형에게 이야기하자 이후 박민헌
을 파직하였다.389) 또한 觀象監에서 "二更에 彗星이 서쪽 宦者
星・帝座星・車肆星・斗星 사이에 나타났는데 꼬리는 候星을 가
리켰고 길이는 1척쯤 되었으며 희미한 백색이었습니다"라고 하자
사관들은 혜성이 宦者星과 帝座星 사이에 있는 것은 관작이 많아

---

386) 『明宗實錄』권32, 21년 4월 경진.
387) 『明宗實錄』권32, 21년 4월 신사.
388) 『明宗實錄』권4, 원년 11월 계미.
389) 위와 같은 조.

지고, 폐단이 많아지고 있다는 증거라고 하였다.390) 조관들의 외척
과 환관들에 대한 경계는 조선이 성립된 이후 꾸준히 지적되어온
일이었다. 이러한 조관들의 건의를 다른 왕들은 대체로 적극적으
로 수용하거나 신하들을 회유하는 방법을 사용하였다면 명종과 문
정대비는 반대로 박민헌을 파직하였다.

또한 신하들은 환관 우대를 반대하였다. 원종공신의 참녹시 내
시부에서 抄報한 내관이 1백여 명에 이르러 공신도감 당상들의 반
대에 직면한 것,391) 내관인 成胤・崔有孫에게 2품을 가자한 경우
와 의빈 기타 관원들에 대한 지나친 승진과 원종공신 참록 등을 반
대한 간원들의 상소,392) 경복궁 중수 이후 환관 朴幹에게 숭반인
종1품에 제수한 경우를 반대한 사헌부의 상소,393) 명종 12년 상선
에서 통정 이상은 보통 7~8인인데 현재 5인뿐이라 하여 승전색
鄭仁碩・文繼宗・周泰文・崔漢亨, 장번내관 金璉・南世敬을 가
자한 경우 등을 사관은 비판하였다.394) 그러나 이러한 반대에도 불
구하고 명종은 박한종을 두둔하였다.

먼저, 박한종과 景福宮 燒失 문제를 살펴보자. 명종 8년 박한종
은 궁중 내부를 관리하는 책임자로서 강녕전을 새로 덧붙여 수리
하였다. 그런데 새로 수리하는 곳에서 화재가 발생하였다. 이에 대
하여 사간원에서는 화재의 책임자로 환관 박한종을 지목하였다.
박한종은 동궁의 건축 감독・內間의 수리를 관장하면서 예전에
없던 殿宇를 새로 건립하여, 공을 요구하고 총애를 받았다는 것이
다. 화재 당시에도 경복궁을 관리하면서 박한종이 하인을 시켜 지

---

390)『明宗實錄』권23, 12년 9월 신미.
391)『明宗實錄』권2, 즉위년 11월 정축.
392)『明宗實錄』권3, 원년 2월 신축.
393)『明宗實錄』권17, 9년 9월 정사.
394)『明宗實錄』권23, 12년 8월 기해.

나치게 불을 많이 때도록 하였고, 하인이 방안에 화기가 있지 않나 살펴보고자 하였으나 박한종이 듣지 않고 나갔다는 것이다. 이것은 고의는 아니지만 책임은 중대한 것이라 하여 관직을 삭탈할 것을 요구하였다.395) 여기에 대하여 명종은 요새 사람들은 국가에 충성하는 사람들이 조사이거나 환관이거나를 막론하고 해치려 한다고 하였다. 전일 내수사의 解由法은 자신이 직접 만든 것으로 그때도 박한종이 권하였지만 이번의 대내 수리도 지금 박한종이 권력을 부린다고 하면서 처단을 상소하는 것은 잘못이라 하였다. 이 모든 것은 자신이 한 것이지 박한종이 한 것은 아니며, 박한종은 명을 받아 시행하였을 뿐이라고 하였다.396) 박한종의 죄가 아니라고 하면서 내수사의 율대로 처단하는 것이 마땅하다고 하였다. 그러나 사헌부는 박한종이 수리를 담당했던 차지환관으로, 엄중히 다스려야 마땅한데 다만 단속하지 못한 죄로만 다스리는 것은 부당하다고 하였다. 이에 대하여 명종은 박한종은 감독하는 일을 했을 뿐이고 재삼 하인을 주의시키고 궁궐을 나갔으므로 죄가 없다고 하였다.397)

여기에서 양사가 문제를 삼은 것은, 명종이 박한종을 두둔하고 있는 것은 일의 잘잘못을 헤아리려고 하는 것이 아니고, 오히려 자신들을 모함하고 있다는 것이다. 즉, 왕이 사대부들의 말을 믿지 않는다는 것이었다. 양사는 박한종의 경우 德院府使에게 재목을 요청하였다가 御使에게 발각되자 대사헌 申瑛에게 司謁을 보내 잘 분간해 달라고 요청한 적도 있다고 하면서 이러한 사람을 용서

---

395)『明宗實錄』권15, 8년 9월 경신. 경복궁에 화재가 나서 소실되자 박한종의 책임을 물어 의금부에 하옥시켰지만 형율로 다스리지 않고 吏典의 율로 죄를 다스렸다.
396) 위와 같은 조.
397) 위와 같은 조.

할 수 없다고 주장하였다. 박한종을 처벌하여야 한다는 양사와 유
생들의 상소에 대하여 의금부에서는 景福宮에 失火한 죄로 밀성
군 박한종을 杖 1百의 公罪로 收贖해야 하지만 功을 한 등급 감하
여 削奪官職만 하도록 요구하였다.398) 하지만 명종은 삭탈관직은
지나치다고 하면서 파직만 시켰다.399) 이러한 三司의 박한종 탄핵
은 이후 1년 동안 계속되었지만 명종의 마음을 바꾸지는 못하였다.

명종이 이처럼 박한종을 두둔하는 가장 큰 이유는 왕 자신의 필
요성과 문정대비의 특별한 총애가 있었기 때문이었다. 또한 그가
내수사를 통해 여러 가지 업무를 총괄하여 필요한 경비를 충당한
공을 평가하였다. 내수사의 전토 확보가 이 시기에 집중되고 있는
것과 맥을 같이 하였다. 경복궁이 불탄 지 2년 후에, 관직이 삭탈된
지 1년만에 왕이 박한종에게 직첩을 돌려주려고 하자 양사가 반대
하였지만400) 다시 관직을 제수하였다.401)

둘째, 명종의 박한종에 대한 신임으로 유생들의 반대에도 불구
하고 元子의 侍從으로 임명되었다. 원자보양관은 재상 중에서 학
식있는 사람을 뽑았다. 명종 11년 정월에 왕명으로 가을에 세자를
책봉한 다음 보양관으로 임명하고자 하였다.402) 여기서 가장 중요
한 점은 원자를 직접 맡고 기르는 시종의 임무를 누가 맡게 되는가
하는 것이었다. 이것을 환관 박한종이 맡았으며, 이 일로 1품에 올

---

398) 『明宗實錄』 권16, 9년 2월 경자. 이때 내시 金碩鍊・全富奇・姜孟弼
    은 죄가 교수형에 처해야 마땅하나 減死하여 각각 장 일백 유 삼천리
    에 처하고 告身을 뺏도록 하였으며, 私奴 洪香孫은 絞待時에 처하기
    에는 그 죄가 가벼우니 감사하여 全家徙邊에 처하고 本役에 계속 종
    사하도록 요구하였다.
399) 『明宗實錄』 권15, 8년 9월 신유.
400) 『明宗實錄』 권18, 10년 6월 병인 ; 권19, 10년 7월 계축.
401) 『明宗實錄』 권19, 10년 12월 신해.
402) 『明宗實錄』 권20, 11년 정월 신사.

랐다.403) 박한종이 원자를 시종하게 되자 대간들과 성균관 생원 安
士俊 등 5백여 명이 崇佛과 함께 원자의 보양을 위해 환관을 곁에
두어서는 안 되므로, 박한종을 물리칠 것을 요청하였다. 그러나 명
종은 양종을 신설한 것은 오늘 한 것이 아니며, 환관에게 원자를
보양하게 한 것은 賢否를 가려서 한 것이니 諸生들이 논할 바가
못 된다고 하였다.404) 이것으로 대간들의 의견을 존중하면서도 박
한종에 대한 애착을 느낄 수 있다. 이에 지경연사 洪暹은 동궁이
벌써 8세로 관례에 따라 10월에 관례를 치르고 사흘 안에 입학할
것을 권하였다. 여기서 홍섬은 지금 賓客과 書筵官이 東宮에게 강
하고 있지만 강을 파한 뒤에도 글 읽기를 계속할 것을 내관인 박한
종에게 부탁하였다.405) 이것으로 보아 동궁이 8세가 될 때까지 박
한종이 시종하였음을 알 수 있다. 세자의 冠禮와 관련한 공로로 輔
德 高孟英, 傳敎官인 도승지 李文馨과 함께 승언색 박한종·문계
종·醴尊卓, 義泉副正 李仁, 상세 朴漢亨, 상탕 陳國孚에게 한 자
급씩 올려주게 하였다.406) 2달 후에 명종은 功臣仲朔宴에서 박한
종을 숭정대부로 승진시켰다.407)

　셋째, 박한종의 권력은 그 자식에게 이어졌다. 그의 양자 내관
朴世謙은 함경도 德源에서 왕명을 칭탁하여 함부로 역마를 타고
여러 고을을 돌아다니며 마구 토색질을 하였다. 이와 같이 박세겸

---

403) 『明宗實錄』 권20, 11년 정월 갑신.
404) 『明宗實錄』 권20, 11년 3월 병인.
405) 『明宗實錄』 권24, 13년 4월 무자.
406) 『明宗實錄』 권26, 15년 8월 계해. 세자가 관례를 올렸다고 하여 가자
　　하는 것은 법규에 없었지만 그 동안의 공로로 가자한 것이다. 이때 박
　　한종은 정헌대부에 문계종은 가선대부에 올랐다.
407) 『明宗實錄』 권26, 15년 10월 임인. 이때 을사년의 위사공신으로 책봉
　　된 사람들을 위하여 중삭연을 베풀면서 공신들에게 대거 관작을 올려
　　주었다.

이 토색질을 하여도 수령들은 세력을 두려워하여 그의 청을 따랐다고 한다.408) 또 다른 양자인 내시부상약 盧益謙은 장번내관으로 중종의 혼전을 모신 공이 있고, 또한 명종이 궁중 계단에서 넘어질 뻔 하였는데 달려와 붙잡아 준 공이 있다고 하면서 이조로 하여금 가자하라고 하였다.409) 또한 박한종은 아버지를 배반한 죄로 府에서 쫓겨난 양자 金應昌을 위해 이조의 하급 관리를 꾀어 가자하려다가 발각되었다.410)

이처럼 문정대비가 박한종을 총애하자, 명종이 제어할 수 없는 상황에까지 이르게 되었다고 할 정도였다. 이에 경복궁 소실에 대한 책임자로서 응분의 책임도 지지 않았고, 원자를 시종하면서 숭정대부에까지 오르게 되었으며, 자신의 양자들에게 벼슬을 내리게 하였다.

2) 承傳色의 傳命權 回復

명종대는 문정대비가 垂簾聽政하는 과정에서 점차 승전색이 왕명출납에 대한 사안을 간섭하는 경향을 보이기 시작하였다. 왕명출납의 과정에서 승전색이 중간에서 영향력을 행사하는 경우도 흔히 있었다. 의금부가 올린 金俊의 加刑公事를 승정원에 내리면서 승전색의 이야기에 따라 "다시 형추하지 말고 이것을 가지고 조율

---

408) 『明宗實錄』 권24, 13년 정월 경신.
409) 『明宗實錄』 권25, 14년 9월 계사. 노익겸은 왕의 총애를 받는 환관으로 명종 주위에서 모셨다. 사관의 논에서도 중종의 혼전의 일은 15년이 지난 것으로 지금 가자하는 것은 문제가 있다고 서술하였다. 즉 중종의 혼전으로 인한 문제가 아니라 명종의 총애로 함부로 가자한 것이다.
410) 『明宗實錄』 권28, 17년 정월 병오. 부에서 내쳐진 환관은 가자하지 못하게 되어 있지만 박한종은 이조의 하급 관리를 꾀어 가자하라고 하였다. 명종은 下吏를 추고하라고 하였다.

하라"고 하였다. 그 이유는 승전색이 왕에게 김준이 비록 承服하지
는 않았으나 事干이 명백하다고 하였기 때문이었다.411) 중종대 승
전색이 중간에 잘못 말하는 것이나 내용을 추가하거나 빼는 것에
대하여 철저하게 대간들이 조사하여 처벌하게 하였다면 명종대는
변화되었음을 알 수 있다. 이러한 문제는 명종이 모든 왕명을 승전
색을 통하여 전하였다는 데에 있었다. 지경연 許滋는 "왕(명종)은
經筵에서도 한마디 말씀도 없었고, 대신이 직접 아뢸 때에도 직접
답하지 않고 승전색을 통하여 알리고 있어 상하가 통하지 못하는
결과를 초래하였다"고 하였다.412) 어린 나이에 등극한 명종은 모후
의 수렴청정 하에 있었기 때문에 실권을 장악하지 못하였다. 이는
결국 자신의 의지보다는 문정대비의 생각이 중요하게 작용하게 되
면서 신하들의 질문에 대한 답을 직접 하지 않고, 승전색을 통하는
방식을 택하였을 것으로 보인다.

　신하들 역시 승전색에게 왕명을 의탁하는 경향이 많아졌다. 좌
승지 宋世珩이 은밀히 내시 盧允千에게 죄를 지어 귀양간 武人 이
건양을 사냥하기 좋은 온성에서 인적없는 절도로 옮겨야 한다고
하자 다음날 배소를 옮겼다.413) 殿試를 시행하는 과정에서 대신들
은 모화관에서 하자고 하였으나 왕은 경회루에서 시행하도록 하였
다. 이것은 승정원에서 내시에게 몰래 말하여 옮긴 것이다. 승정원
에나 대신들이 직계하지 않고 내시에게 의탁하는 경향을 보인
다.414)

　때로는 승전색에 대한 왕의 총애로 왕명출납이 지체되는 현상이
초래되었다. 사헌부에서 왕이 유생을 課試한 데에 대해 賞格을 내

---

411)『明宗實錄』권8, 3년 9월 신축.
412)『明宗實錄』권10, 5년 4월 계해.
413)『明宗實錄』권3, 원년 3월 임신.
414)『明宗實錄』권3, 원년 4월 을사.

리라는 명을 내렸지만 승전색 崔漢亨이 6~7일이나 머물러 두었
다. 대간들은 파직하여 추국할 것을 요구하지만 명종은 실수이지
고의는 아니라고 하면서 추국하였다. 결국 당시 사관은 그 이유를
환관에게 죄가 있어도 처벌하지 않은 것에서 연유한다고 보았
다.[415] 사간원에서도 당시 환관들의 병폐를 논하면서 승전색의 출
납과정의 문제점을 지적하였다. 최한형은 왕명을 7일이나 지체하
였는데도 추국하는 것으로 그쳤고, 대간이 啓辭를 올릴 때에도 승
전색은 매양 差備 때문에 들어간다고 핑계하여 나오지 않으며, 各
司에서 진상하는 물건에 대해서도 이를 맡은 내관이 뇌물을 요구
하여 관리들을 종과 다름없이 꾸짖는다는 것이었다. 각사의 典僕
들이 환관들에게 시달려 원망하고, 각사와 각 고을에서 내수사의
貢物을 받아들일 때 내관들이 作奸하고 권세가 증가하여 사대부까
지 능멸할 지경에 이르렀다. 하지만 명종은 그러한 환관들을 처벌
하지 아니하였다.[416] 또한 주태문은 승정원에서 2, 3번 청했는데도
불구하고 저녁 때 출납하였다.[417]

왕명출납 시 왕에게 아뢸 내용이 있으면 通政 이하는 色承旨에
게 고하고, 2품 이상은 승전색을 청하여 아뢰되, 모두 六承旨가 모
인 곳에서 사관의 배석 하에 아뢰는 것이 상례였다. 모든 출납과정
을 통해 볼 때 국가의 중대한 일이라 하더라도 승지와 사관은 알지
못하는 것이 없도록 하고자 하였다. 그런데 간혹 승정원에 들어가
아는 승지 한 사람과 더불어 密啓라 칭하고, 다른 승지와 사관이

---

415) 『明宗實錄』 권11, 6년 7월 임인.
416) 『明宗實錄』 권12, 6년 12월 기묘. 이러한 문제는 문정대비가 정권을
     장악하고 있고, 문정대비가 왕실 살림을 관장하는 내수사를 환관들에
     게 맡기면서 이를 통하여 長利를 놓거나 사원전을 확대해 가는 경향
     을 보이며 환관들을 우대하는 경향을 보인다. 이는 실권을 장악하지
     못하고 외척들에게 장악되어 있는 명종의 처지에서 비롯된다.
417) 『明宗實錄』 권5, 2년 3월 병인.

모르게 하면 참혹한 화가 일어날 가능성은 여전히 존재하였다. 長
湍府使 趙安國은 승지 尹玉을 불러 밀계라고 칭하면서 은밀히 전
하자, 윤옥은 동료와 사관이 알지 못하게 하였고, 다른 승지들이
사실을 듣고 물었을 때도 숨기고 말하지 않은 사건이 있었다. 사헌
부에서는 함부로 아뢴 조안국과 출납이 한결같지 않은 도승지 이
하를 파직할 것을 청하였다.[418] 이러한 명종대의 승정원과 승전색
에 대한 대우 변화는 대간의 출납 시 승전색이 늦게 나오거나 담당
注書가 논계할 말을 간수하지 않아 왕에게 아뢰기도 전에 전파되
었다. 사헌부에서는 승지·주서·승전색 등의 파직을 요구하였다.
이러한 요구에 대하여 명종은 승전색이 임의로 지체한 것은 아니
며 대간이 아뢴 바가 늦어서 지체된 것도 있다고 하면서 이들의 파
직은 불가하다고 하였다.[419]

　환관들은 왕명출납 중에 분수를 망각하였다. 대간이 올린 사항
에 대하여 승전색 최한형은 왕명을 빨리 내주었으면 하는 기색을
보였다. 명종이 그 사유를 묻자 정언 李仲虎가 자기에게 오늘 아뢴
사안을 빨리 알고 싶다고 하였기 때문이라는 것이었다. 이 사건에
대하여 사관은 본래 정언 이중호가 환관 최한형이 부지런하지 못
하다고 하면서 잘못을 말하였고, 이에 대하여 최한형이 대간들을
미워하면서 명종이 의심하도록 사사로이 이중호를 모함한 것이라
고 보았다.[420] 이것이 문제가 되자 이중호는 자신은 승전색들이 대
간의 건의 사항을 지체하기에 그 폐단을 말한 것 뿐이라고 하였다.
하지만 결국 書吏가 중간에서 속히 듣고자 하는 것을 자기가 먼저
듣고자 하는 것으로 잘못 전해진 것이기는 하지만 그 이유가 자기

418) 『明宗實錄』 권13, 7년 정월 기유.
419) 『明宗實錄』 권17, 9년 7월 계묘.
420) 『明宗實錄』 권25, 14년 12월 병인.

에게서 파생되었기 때문에 사직을 청하였다.[421] 이 일로 인하여 사헌부에서는 최한형의 파직을 요구하였지만 명종은 자기가 어리석어 환관이 참소하는 지경에 이르렀다고 하면서, 최한형은 자기가 묻는 말에 순순히 정직하게 대답한 것이지 참소한 것은 아니라고 하였다. 오히려 명종은 최한형이 왕의 처리가 늦어지면 公論이 있게 될 것을 두려워하여 그렇게 된 것이기 때문에 파출시킬 수 없다고 하였다.[422] 그는 신하들의 끊임없는 상소로 파직되었지만 얼마 되지 않아 복직되었다.[423]

이처럼 명종대의 경우 환관들이 상당한 권한을 행사할 수 있었던 것은 당시 실권을 가지고 있었던 문정대비와의 연계이다. 그 대표적인 인물이 박한종으로 그는 내수사제조가 되어 내수사를 통하여 전토를 확보하게 되었다. 내수사는 인신을 받아 승정원을 거치지 않고 직계하는 등 또 다른 조정을 만들게 되었다. 명종대의 환관들의 발호는 문정대비라는 비정상적인 권력기구가 있었고, 외척들이 발호하는 과정에서 발생한 것이다.

---

421) 『明宗實錄』 권26, 15년 정월 정묘.
422) 『明宗實錄』 권26, 15년 정월 기사.
423) 『明宗實錄』 권26, 15년 5월 기묘.

제4장

朝鮮後期 宦官制의 機能變化와
改革論

Ⅰ. 宦官 抑制策의 强化

조선후기는 정치적으로 붕당과 당쟁이 격화되는 시기였다. 왕의 권한이 상대적으로 약화되고 신하들은 자신의 이해관계에 따라 政爭을 일으켰다. 한편 유교가 정치·사회 전반에 정착하는 시기이기도 하다. 조선후기 환관에 대한 인식은 조선전기처럼 필요성은 인정하면서 정치적으로 억제되어야 될 대상으로 보았다. 신분제가 환관에게도 역시 엄격하게 적용되어 조사들과 구분되었다. 사림의 환관인식은 후기에 들면서 정착되었다. 하지만 조선후기 역시 환관의 존재에 대한 필요성은 인정하였다. 궁중 내의 환관의 필요성이 증가하여 인원은 전기보다 많아지는 추세였다.

본 장에서는 조선후기 위정자들의 환관과 조사에 대한 구분의식의 강화, 붕당과 당쟁을 중심으로 하는 정치변화 및 역모·고변 사건에서 환관들의 역할, 실학자들의 환관제도 개혁론에 대하여 살펴보고자 한다.

1. 宦官 身分의 名分論的 再認識

조선후기 환관들은 정치적으로 영향력을 행사하지는 못하였다. 그 이유는 사림의 등장 이후 환관들의 정치적 개입을 차단하려는 노력이 한층 심화되었기 때문이다. 그럼에도 불구하고 국난의 위기상황에서 나라를 위하여 본연의 임무에 충실하였다. 선조 때 壬辰倭亂은 조선으로서는 큰 위기가 아닐 수 없다. 이 과정에서 선조는 한양을 비우고 義州로 피난을 갈 수밖에 없었다. 그러나 전국이 왜적들의 피해를 입는 과정에서 義兵이 일어나 왜적과 싸웠다. 이 과정에서 환관들 역시 상당한 역할을 하여 壬亂 중에 공훈을 세웠다. 내관 金湧海·李繼榮은 전장에 나아가 공을 세운 후에 또다시 군량을 지급받고 李興宗을 따라 재출정하였다.[1] 또한 장번내관인 林福 역시 從軍하여 戰功을 세웠고, 再亂 때에도 자원하여 李慶濬을 호종하여 적의 수급 2명을 베는 등 전공을 세웠다.[2] 壬亂이 끝나고 선조는 서울에서 의주까지 시종 車駕를 따른 사람들을 扈聖功臣, 왜적을 물리친 諸將과 군사와 양곡을 주청한 使臣들은 宣武功臣, 李夢鶴을 토벌하여 평정한 사람을 淸難功臣으로 책봉하였다. 특히 호성공신 3등에는 金起文 등 23명의 환관들을 忠勤貞亮扈聖功臣에 책봉하고, 각각 爵位를 내리고 君에 봉하였다. 호성공신 86인 가운데 내시가 24명, 理馬가 6명, 의관이 2명이고, 別坐와 司謁이 2명이었다.[3] 이렇게 많은 환관들이 책봉된 이유는 수종의

---

1) 『宣祖實錄』 권46, 26년 12월 을축.
2) 『宣祖實錄』 권99, 31년 4월 정사.
3) 『宣祖實錄』 권175, 37년 6월 갑진. 이때 호성공신 3등에 책봉된 환관은

결과였다. 즉 경성에서 義州에 이르기까지 수종한 사람은 문·무관은 17인에 불과했으며, 환관 수십 인과 御醫 許浚, 掖庭員 4~5인, 司僕員 3인이 시종일관 호종하였다. 당시에 선조는 이러한 상황을 보고, "사대부가 도리어 너희들만도 못하구나."라고 하였다.[4] 그런데 의주 몽진에 끝까지 참여한 환관들은 공신 책봉 과정에서 빠졌다가 추가된 경우도 있었다. 內官 李應華는 호종한 공으로 3등에 기록되자 선조는 자신을 호종한 적이 없다고 하면서 다시 조사하게 하였다.[5] 원종공신 책봉 시 내시들이 책봉되지 못한 것을 아뢰자 다시 조사하였다.[6] 도감에서는 내시부가 존호를 상정할 때 차비인원만을 올린 것이기 때문에 누락된 것이었다.[7]

조선후기 조관과 환관은 엄격히 구분하였다. 먼저 출납 문제를 보면, 선조대 승전색은 4명으로[8] 중종대와 비슷한 상황이었다. 하지만 승전색의 역할에 대해서는 엄격하게 규정하였다. 승전색 閔希騫이 죄를 지어 遞差되자 출납할 승전색을 뽑지 말고 사알에게 맡기도록 할 정도였다. 이 과정에서 출납에 문제가 발생해 오히려 승정원에서 승전색을 빨리 차출할 것을 원하였다.[9] 승정원에서는 승전색이 없다면 승지가 대신 入啓하자고 할 정도였다.[10] 승정원에서 선조가 승전색이 없다면 사알에게 대신 맡기면 된다고 하는

金起文·崔彦俊·閔希騫·金鳳·金良輔·安彦鳳·朴忠敬·林祐·金應昌·鄭漢璣·朴春成·金禮楨·金秀源·申應瑞·辛大容·金璽信·趙龜壽·梁子儉·白應範·崔潤榮·金俊榮·鄭大吉·金繼韓·朴夢周 등이다.

4) 『宣祖修正實錄』 권26, 25년 6월 기축.
5) 『宣祖實錄』 권186, 38년 4월 정미.
6) 『宣祖實錄』 권184, 38년 2월 병오.
7) 위와 같은 조.
8) 『宣祖實錄』 권12, 11년 3월 신미.
9) 『宣祖實錄』 권79, 29년 윤8월 경오.
10) 위와 같은 조.

것에 대하여 출납을 함부로 맡길 수 없다고 하면서 다시 차출할 것을 건의하였다. 대간들은 출납이 지체되자 獄事를 추국하지 못하여 죄인이 죄를 숨기는 상황에 이를 정도였다.[11] 또한 대사간 등은 승전색이 없기 때문에 합사하지 못하고, 대간들이 날마다 대궐에서 수직해야 했고, 중대 사안이 처리되지 않자 체직을 요구하였다.[12] 이러한 요구는 승전색의 일과 사알의 일이 구분되었고, 승전색은 본연의 임무에 충실해야 한다고 하였다. 즉 승전색의 필요성은 인정하고 있음을 말해 주는 것이다. 이것은 조관들 역시 마찬가지로 대간들은 병조판서 李德馨이 機密을 승지·사관을 경유하여 啓達하지 않고 환관을 통하여 바로 직계하였다고 하여 推考할 정도였다.[13] 이것은 비록 큰 잘못은 아니지만 추후에 재발의 소지가 발생할 수 있기 때문에 출납시 누구도 직계하지 못하도록 하였다.

환관들에 대해 법을 엄격히 적용하였다. 내관의 수를 줄이자고 하는 한편[14] 세자궁 장번내관 李奉貞은 정성껏 공직하지 않았다고 하여 추고하였다.[15] 밤에 표신을 출납하지 않아 병조의 직소를 비게 한 승전색 趙龜壽가 처벌되거나,[16] 승전색 方俊豪는 대간이 출사하였는데도 開門標信을 내어주지 않아 대간이 출납을 못하게 되었다고 하여 추고하였다.[17] 또 환관의 직소인 내반원에서 떠드는 것을 막지 못하였다고 하여 장번내관을 처벌하였다.[18] 선조는 환관의 활동을 법제에 따라 시행하게 하여 원칙에 어긋나는 것을 용

---

11) 『宣祖實錄』 권79, 29년 윤8월 임오.
12) 『宣祖實錄』 권80, 29년 9월 갑오.
13) 『宣祖實錄』 권67, 28년 9월 을해.
14) 『宣祖修正實錄』 권1, 즉위년 7월 병진.
15) 『宣祖實錄』 권80, 29년 9월 임인.
16) 『宣祖實錄』 권123, 33년 3월 경오.
17) 『宣祖實錄』 권134, 34년 2월 병신.
18) 『宣祖實錄』 권199, 39년 5월 무진.

서하지 않았다. 이것은 이후에도 어느 정도 유지되었다. 이러한 차
별의식은 성종대 이후에 구분되기 시작하여 후기에 이르면 조관들
과는 확연히 차별을 두었다. 즉 죄를 지은 환관이 길러준 부모의
功臣錄券을 가지고 자신이 지었던 죄를 줄여보려고 하였지만 應
敎 辛應時는 환관이 환관을 길러 양자를 두지만 진짜 부모가 아니
기 때문에 부모와 동일시 할 수 없다고 하였다.19) 정언 尹守謙는
정언 沈楫이 내관과 마주치자 前導가 없어, 사실을 물어서 안 뒤에
피하였다고 하면서 자신은 잘못이 없다고 하여 다시 출사를 요청
하였다. 이것은 본래 왕명을 받은 내관에 대하여서는 피하는 것이
당연한 것이지만 알지 못하였기 때문에 잘못이 되지 않았다.20) 이
사건은 결국 왕명을 전달하는 내관이 조사와 마주쳤을 때 前導가
없을 경우는 피하지 않아도 된다고 인식하였다. 결국 왕명은 중하
지만 이를 전달하는 내관은 신분이 낮기 때문에 位次의 문제가 된
것이다. 그런데 裵希度의 역모사건 때 환관들에게는 연좌율마저
적용하지 않았다. 환관들은 공신직도 承襲하지 않는데, 생물적 혈
연 관계가 없는 환관의 양자들을 연좌제에 따라 처벌할 수 없다는
것이다.21)

환관과 조사에 대한 엄격한 구분의식은 이름을 동시에 나열하지
못하는 점에서도 알 수 있다. 청나라에서 匹段 등의 물건을 頒賜할
때 승정원이 환관의 이름을 眞臣과 같은 줄에다 기록한 사건이 발
생하였다. 대간들은 이것은 사대부에게 욕을 보이는 처사라고 하
면서 이를 검찰하지 못한 색승지·도승지를 추고하자고 하였다.
여기에 광해군은 封君받은 환관은 여러 공신과 나란히 쓴 것은 잘

---

19)『宣祖修正實錄』권8, 7년 정월 정축.
20)『宣祖實錄』권186, 38년 4월 병오.
21)『仁祖實錄』권18, 6년 정월 병술.

못이 없다고 하면서 크게 문제될 것이 없다고 하였다.22) 또한 會盟
祭에서 환관들을 조정 관리의 반열에서 제외하고 관리들 뒤에 마
련하였다. 그런데 환관들이 위치를 지키지 않았다고 하여 예조의
당상과 색낭청을 파직하였다.23) 慶基殿 影幀을 배종한 내관 崔彦
恂이 인민의 呈狀을 가지고 와서 왕에게 고하였다. 여기에 대하여
이것은 조관들만 할 수 있는 것으로 특히 그 중 감사·병사와 수
령의 선정에 대한 포상의 일은 조관일지라도 함부로 할 수 없는 것
이라 하였다.24)

   이러한 구분 의식은 사림이 정치를 장악한 이후에는 내관은 아
무리 고관이라도 동·서반 朝士의 열에 끼지 못하는 것으로 규정
하고, 서열을 엄격히 구분하는 것을 당연한 것으로 보았다. 이것은
환관들이 비록 관직의 품계는 있지만 직역이 천하기 때문에 양반
들과 구분되었던 것이다. 환관들은 양반과 비교되지 않고 오히려
醫官·譯官·律官·算學 등 중인과 동일시되었다. 즉 복호에 대
한 규정을 하면서 이들은 신분은 미천하지만 衣冠을 차리는 사람
으로 조정에 공직하므로 그 家戶의 역에 응할 수 없다는 것이다.25)
결국 대간들은 내관 羅業이 길에서 宣陵의 전물을 만났는데도 피
하지 않은 죄, 승전내관이 승정원에서 부르는 데도 늦게 출납하는
죄, 재상들이 하는 벽제를 환관들도 하는 죄 등을 들어 경계하였다.
또한 내관 崔彦恂의 노비가 길에서 재상의 아들을 만나 욕을 하였
다고 하면서 노비를 잘못 다스린 환관까지도 처벌하였다.26) 우의
정 金鎏는 환관이 중관을 자처한 것은 잘못이라고 하면서 추고할

---

22) 『光海君日記』 권17, 원년 6월 신유.
23) 『光海君日記』 권64, 5년 3월 경오.
24) 『光海君日記』 권85, 6년 12월 경진.
25) 『光海君日記』 권14, 원년 3월 신묘.
26) 『仁祖實錄』 권6, 2년 5월 갑자.

것을 요청하였다.27) 내관 朱希聖이 傳啓를 가지고 정원에 도착했
을 때에 승지와 사관이 우연히 拜揖에 실례를 범하자 주희성은 院
吏에게 질책과 욕설을 퍼부었다.28) 사헌부에서는 승지와 翰林의
실례라는 것이 무슨 일인지 모르지만 中官은 外朝에 대해 체면에
구별이 있는데, 정원에서 잘못한 것이 있다고 하더라도 上司에서
하는 것처럼 질책을 가할 수는 없다고 하였다.29) 결국 환관들이 본
연의 임무에 벗어나는 일을 제한하는 한편 사회 전반에 걸쳐서 조
사와는 엄격히 구분하였다.

2. 內侍府의 位相 格下

환관과 조사의 뚜렷한 구분의식은 나아가 내시부의 제반 업무
처리 과정에서 그동안 흔히 시행하였던 事案에 대하여서도 엄격히
제한하였다. 내시부는 종2품이 있는 아문으로 掖庭署·內需司 등
대소의 啓下公事는 자체적으로 흔히 직계하였다. 이것은 잘못이라
하여 掖庭署는 承政院에, 內需司의 모든 공사는 해조에 보고하여
처리하고, 내시부는 할 일이 없으므로 자체적으로 처리하게 하였
다.30) 이러한 내시부의 公文은 조선전기부터 관행상 자체적으로 6
조나 지방에 발송하였다. 환관들에 대한 억제책이 시행되면서 내
시부에서 각 아문으로 관문을 보내는 것 역시 잘못이라 하였다. 내
시부에서 노비의 일로 差奴를 경상도에 行關하였다. 그런데 경상
감사 李尙眞은 내시부가 공문을 보내는 것은 잘못이라고 하였다.

---

27) 『仁祖實錄』 권29, 12년 3월 계사.
28) 『仁祖實錄』 권49, 26년 윤3월 갑오.
29) 『仁祖實錄』 권49, 26년 4월 을미.
30) 『仁祖實錄』 권9, 3년 7월 정사.

이에 내관 崔大立이 緘辭에서 경상감사 이상진을 배척하는 한편 "辭意가 장황하고 몹시 성을 내며 攻斥하였다"고 하는 등 모욕하였다.[31] 경상감사 이상진에게 보낸 내시부 공문 서두에 '종을 차출하여 내려 보냄'이라고 되어 있고, 끝에는 '문서를 작성하여 올려 보낼 것'이라고 되어 있으며, 草書에다 크게 서명까지 하여 마치 상사가 분부를 내리는 공문형식이었다는 것이다. 그런데 이상진이 法典을 조사해 본 결과 내시부는 印信을 사용하는 아문에는 들어 있지도 않았고, 또 刷案에 등록된 노비도 없다고 하였다. 이것은 조사가 환관에게 업신여김을 당한 것으로 생각하고 수치스럽게 여기면서 사직을 청하였다.[32] 나아가 내시부가 공문을 보내는 것은 잘못이라는 의식으로 나타났다. 결국 대간들은 내시부에서 印信을 사용하는 것은 잘못이며, 나아가 인신을 사용하는 것 자체가 있을 수 없다고 하였다.

그러나 내시부에서는 처음부터 내시부라고 칭하였고, '府'라는 글자의 의미 배후는 분명히 뜻이 있다고 하였다. 印信 역시 '成化 7년', 즉 성종 2년(1471)에 새긴 것이었다. 즉 일체의 宮府가 똑같이 2품의 인신을 쓰고 있고, 이를 관장하고 있는 사람의 職秩도 2품인데, 서로 등급이 같은 아문끼리는 通關하는 것이 관례라는 것이다. 따라서 비록 호조나 병조라 하더라도 통관하고 있는 實情이라는 것이다. 또한 경상감사가 내시부에는 노비가 없다고 하였지만 조종조에서 노비 50구를 하사하였고, 을미년에 추쇄할 당시 도감이 105구를 刷出하여 成籍한 뒤 지급했는데, 지금 조사하는 것은 당연한 일이라는 것이다. 조사 결과 내관 최대립의 말이 사실이었다. 그러나 사헌부에서는 대체로 통관하는 규식은 아문의 高下에 관계

---

31) 『顯宗實錄』 권6, 4년 6월 신해.
32) 『顯宗改修實錄』 권9, 4년 9월 을해.

되는 것이지 時任官의 품질이 어느 정도냐에 관계되지는 않는다고
하면서 내시부가 各司와 통관하는 규정이 있다 하더라도 그것은
잘못된 규례라고 하였다.33) 이에 대하여 대사헌 金壽恒은 내시부
의 경우 『經國大典』에 雜職의 맨 처음에 정하고 무슨 品의 아문이
라고는 말하지 않은 것은 이유가 있다고 하면서 실제 2품이지만
이조의 소속 아문이었고, 이것을 지금 2품 아문으로 칭하면서 6조
와 각도의 감사에게 關文을 직접 통하고 있는 것은 잘못이라고 하
였다. 내시관 품계는 종2품이 최고이고 상선 이하는 원래 正職이
아니므로 언제나 付祿할 때마다 번갈아가며 올리고 내리기 때문에
일정한 높낮이가 없는데, 이것은 軍職의 체아직과 비슷한 것으로
정식 2품 아문으로 정하지 않은 것이라 하였다. 따라서 내시부에서
자체적으로 공문을 보내는 것은 잘못이라고 하였다.34) 결국 최대
립이 죄가 없다는 것으로 처리되자 대사간 李慶億, 사간 李程 등이
체차를 청하였다.35) 환관에 대한 구별의식은 내시부에서 자체적으
로 공문을 보내는 것 자체가 잘못이라는 사건으로 비화되었다.

　이 사건은 조사와 내관의 위상이 변화되고 있음을 알 수 있다.
내시교관 李商翼이 교육 시 환관에 대한 경계하는 말을 하자 환관
梁達源이 방자하게 굴었기 때문에 추고하였다. 이 사건은 이상익
이 양달원의 養父 최대립이 外朝와 다툰 것(즉 앞의 경상감사 이상
진 사건)은 잘못이라고 하자 양달원이 자신들의 잘못이 아니라고
하면서 항변한 것이었다.36) 대간들은 내관 양달원이 사부에게 모
욕을 준 것은 있을 수 없는 일이라고 하였다.37) 집의 南九萬, 정언

---

33) 『顯宗實錄』 권6, 4년 6월 신해.
34) 『顯宗改修實錄』 권9, 4년 8월 임인.
35) 『顯宗實錄』 권7, 4년 9월 신미.
36) 『顯宗實錄』 권7, 4년 7월 병자.
37) 『顯宗實錄』 권7, 4년 9월 기사.

李光稷 등도 이 일은 이상익에게 잘못한 점이 있다 하더라도 환관이야 본래 人主의 家奴일 뿐인데, 어떻게 朝士와 동등하게 비교할 수 있느냐고 하면서 양달원을 엄하게 처벌할 수밖에 없다고 하였다.38) 이러한 사건 속의 근본의식은 사류와 환관은 구별되어야 하며, 사족들은 환관이나 宮女들의 이름을 알지 못하는 것을 당연하게 생각하였던 것이다.39)

환관에 대한 차별 의식은 환관 鄭重明이 병조판서 金在魯를 길에서 만났는데도 그냥 지나갔다고 하여 파직된 사건에서도 알 수 있다.40) 조사와 환관을 엄격하게 구별하여 士類와 교감을 하지 못하게 하였으며 내시 賓大寬의 아들 중에 林德勳이란 자가 사족에게 求婚하였다고 하여 내시부에서 삭제하였다. 그리고 사족으로 내시와 친밀하게 지내는 자를 단속하였다.41) 그렇게 내관과 조사의 구별은 서로 왕래를 금지하는 차원을 넘어 사사로운 거래 역시 금지되었다. 예컨대 환관 安國來가 전 승지 金光默에게 집을 팔자 영조는 南衙와 北寺는 구분된다고 하면서 직접 물건을 매매한 것은 잘못이라 하여 처벌하였다.42) 또한 比安縣監 趙錫疇는 내시들과 인연을 맺은 것은 士夫로서의 도리를 지키지 못한 것으로 간주하여 사직하였다.43) 또한 尹行熙는 尹行恁의 서족으로 환관 朱世章과 가깝게 지냈다는 이유로 귀양을 보냈다. 이것은 조사가 환관과 친하게 지낼 경우 변란의 원인이 될 수 있다고 보았기 때문이었다.44)

---

38) 『顯宗實錄』 권7, 4년 9월 을해.
39) 『肅宗實錄』 권4, 원년 윤5월 병오.
40) 『英祖實錄』 권30, 7년 8월 임진.
41) 『英祖實錄』 권103, 40년 4월 갑오.
42) 『英祖實錄』 권117, 47년 10월 임신.
43) 『哲宗實錄』 권4, 3년 7월 병진.
44) 『純祖實錄』 권3, 원년 7월 정축.

또한 각종 소송 문제에서도 엄격히 구분되었다. 유생 柳雲漢의 소가 어느 내시의 콩밭에 들어가 콩을 먹은 일로 송사가 벌어졌다. 재판의 결과 환관이 일반인과 교결하는 것은 잘못이며, 이 과정에서 유생 유운한이 내시를 구타한 것은 당연하다고 하였다. 앞으로 내시와 인접해 사는 班戶가 소송이 있을 시에는 사건의 옳고 그름을 막론하고 곧 내시와 상관한 죄로 처결하게 하였다.45) 또한 내시 徐完世가 휴가 때 茂長에서 邑民이 山訟에서 패소하였다 하여, 邑吏로 하여금 수령에게 고하여 송사의 판결을 번복할 것을 요구한 사건이 있었다. 이에 정조는 道臣(관찰사)은 서완세의 죄를 논하지 않았다는 이유로 녹봉 10등을 감하는 한편 현감은 옥에 가두고, 담양부사 李廷仁은 서완세가 제멋대로 돌아다니도록 내버려두고 묻지 않았다 하여 관직을 삭탈하였으며, 당사자인 서완세도 물론 귀양보냈다.46) 이것은 서완세가 잘못한 것은 사실이지만 환관이 돌아다니는데 조사들이 제어하지 못한 것 역시 죄가 되었다. 송사과정에도 차별하였는데, 내시들의 송사는 내시부를 통해서만 처리할 수 있었다. 그런데 한성부에서 楊州에 사는 내관 李世曄이 송사하자 서리들은 내시는 한성부에서 송사를 할 수 없다고 하였다. 이에 이세엽을 유배시켰다.47)

조사와의 차별은 결국 각종 변란이나 고변에 환관들이 관여하고 있다고 보기 때문이었다. 조사와 환관이 서로 교통하는 것은 정치적 변동 속에서 역모나 정치적 이익을 얻기 위한 것으로 판단한 것이다. 이 연결고리를 제거함으로써 정치적 안정을 추구한 것이다.

---

45) 『正祖實錄』 권30, 14년 6월 경신.
46) 『正祖實錄』 권39, 18년 정월 병신.
47) 『正祖實錄』 권54, 24년 5월 정미.

3. 社會的 差別의 深化

환관들의 중요한 역할 중 하나는 각종 왕실의 사적인 재정을 담당하는 것이었다. 즉 환관은 왕실에서 사용되는 음식과 관련된 물건의 출납뿐만 아니라 내수사를 운영하는 임무를 맡고 있었다. 내수사 장토는 전국적으로 산재되어 있었다. 이러한 일로 지방을 갈 경우 내수사 장토 관리자의 입장과 함께 왕의 측근에서 생활한다는 이유 하나만으로도 상당한 영향력을 행사하였다. 이들은 왕실의 사적인 재정을 관장하고, 궐내에서 사용되는 물건을 관리하다 보니 공물의 수취과정에서 상당한 권한을 가지고 있었다. 이들은 신분적으로 조사와 구별되기는 하지만 관직을 가지고, 임무를 수행하고 있기 때문에 상당한 권한을 행사할 수 있었다.

숙종대 사회적 물의를 일으키기도 하였는데, 내관 金就旻 사건이 좋은 예이다. 김취민은 노비 문제로 형조에 소송을 걸면서 당사자인 日先 등을 형조에 가두었다. 하지만 형조판서 李彦綱은 실정을 밝히기가 어렵다는 이유로 방면하려 하자 養弟인 내관 安就昌이 형조에 와서 김취민이 지금 擊鼓하였기 때문에 석방시킬 수 없다고 하였다. 형조판서 이언강은 왕의 윤허로 석방하였다. 그런데 석방 도중 안취창이 건장한 종과 掖庭의 別監을 거느리고 와서 일선 등을 구타하는 등 행패를 부렸다. 이 사건은 왕이 윤허한 사안을 문제 삼은 것으로 養兄 李就曄의 직임을 파면하고, 안취창과 김취민은 유배시켰다.[48)]

환관은 형벌을 집행할 경우 내시부에서 자체적으로 처결하는 경

---

48) 『肅宗實錄』 권31, 23년 7월 병술. 숙종은 14세에 즉위하여 정사에 익숙하지 못하여 환관이 문서를 맡으면서 임금의 총애를 받았다(『肅宗實錄』 권3, 원년 4월 신해).

우가 많았다. 靑平尉 집의 차지내관 鄭應星은 負債를 이유로 상놈
한 사람을 포박하여 사적으로 잔혹하게 고문하였는데, 이것을 그
아비가 지켜보다가 죽었다. 여기서 문제가 된 것은 타살도 있지만
개인의 집에서 형벌을 가하였다는 것이다.[49] 환관들은 직무상 왕
실과 관련된 채무를 일반 관서에서 처리하지 않고 자체적으로 형
벌을 집행하였다. 상의원 역시 환관들과 관련이 있다. 상의원의 工
匠은 임금의 의복이나 거마를 마련하기 위해 설치한 것으로 환관
들이 공무를 빙자하여 사익을 챙겼다. 결국 匠人이 내관의 비위를
상하게 하여 매를 맞고 독촉을 견디다 못해 목매어 자살하였다.[50]
이러한 자체적인 형벌처리는 궁가와 관련된 모든 관서에서 행해졌
다. 부교리 南九萬은 궐에서 죄를 범한 자를 모두 내수사에 내려보
내 내관·書題들이 국문한다고 하였다.[51] 결국 궁중 내의 모든 형
벌이나 사재정과 관련된 것은 환관들이 간여하면서 출납뿐 아니라
형벌의 적용까지 맡아 처리하였다.

환관들이 권력을 남용한 경우를 보면, 永柔縣令 黃璹는 환관과
친교가 있어 통정대부에 가자되었다.[52] 환관 周泰文은 능침의 位
田을 남몰래 寺社로 옮기거나,[53] 내관이 자기 식솔을 들여 보내주
지 아니한 宣仁門의 守卒을 잡아다가 매를 때린 사건,[54] 禁中에
들어간 衛卒을 곤장으로 때린 사건[55] 등이 있었다.

물건을 강탈한 경우를 보면, 義州府尹 林慶業이 심양에 은밀히
人馬를 보내 물화를 무역하기 위해서 내관 韓汝琦와 모의했다가

---

49) 『孝宗實錄』 권16, 7년 6월 을미.
50) 『孝宗實錄』 권21, 10년 정월 무신.
51) 『孝宗實錄』 권21, 10년 4월 경자.
52) 『宣祖實錄』 권38, 26년 5월 무인.
53) 『宣祖實錄』 권2, 원년 10월 기묘.
54) 『顯宗實錄』 권17, 10년 8월 신미.
55) 『顯宗實錄』 권17, 10년 10월 경진.

講院에 의해 발각되었다.56) 내농포 역시 내관의 소관이었는데, 內農圃의 하인들이 江外 지방에서 供上이라는 핑계로 밭에 있는 채소를 함부로 탈취하며, 심지어 추수 후에 비축해 둔 무를 캐가기까지 하였다. 이에 남용익은 이것을 단속하지 못한 담당 내관을 추고하자고 하였다.57) 내관 金鉉의 경우는 公府에서 쌀섬을 궁중의 수용이라 속이고 실은 중간에서 팔아 남은 이익을 차지하였다.58) 또한 환관들이 병조의 軍吏와 近仗軍이 잡인을 금하지 않았다는 명목으로 重仗을 치기도 하였다.59) 강화에서는 환관들이 10여 년이 지난 토지에 세금을 거두었다. 이것은 둑이 무너진 후 세금을 받지 않다가 새로 둑을 쌓은 사람이 10여 년 전부터 농사를 지었는데, 10여 년이 지난 뒤에 다시 세금을 거두었다.60) 또한 明禮宮·壽進宮·於義宮·龍洞宮의 무역하는 노비들은 猪廛에서 강제로 매매를 하여 폐단을 일으켰는데, 이것은 처음이 아니고 이전에 쇠고기를 강제로 매입하였다. 이를 단속하지 못한 담당 中官은 내시부에서 이름을 삭제하고 처벌하였다.61)

또한 관습상 환관들은 屋轎를 사용하지 못하게 하였으나 환관이 며느리를 맞이하는 과정에서 옥교를 사용하였다. 이 과정에서 侍陪가 많았으며, 또 그날 축하하러 온 여러 환관들도 모두 옥교를 사용하였다.62) 慶德宮의 守宮內官 李延浹이 빈 궁궐에 娼女를 불러 모아 거문고를 타고 맞추어 노래를 불렀다고 하여 充軍하였다.63) 또한 내관 趙希孟·李順修·陸後立 등도 養志堂에서 선발

---

56)『仁祖實錄』권36, 16년 6월 계묘.
57)『顯宗實錄』권3, 원년 8월 무자.
58)『肅宗實錄』권19, 14년 6월 계해.
59)『肅宗實錄』권40, 30년 11월 기미.
60)『肅宗實錄』권44, 32년 9월 경신.
61)『正祖實錄』권51, 23년 5월 갑신.
62)『肅宗實錄』권17, 12년 5월 계묘.

한 妓女 몇 명을 불러 모아서 거문고를 뜯으며 노래를 불렀다가 처벌되었다.[64] 昌德宮이 비어 내관들이 관리하였는데 내관이 樂人을 불러 酒饌을 베풀었다.[65]

이와 같이 환관들은 왕의 가장 측근에서 왕실의 사적인 재정을 관리하다 보니 상당한 영향력을 행사하였다. 특히 지방에 갈 경우 私利를 취하였다. 이것이 발각되어 처벌받는 과정에서 형벌은 자체적으로 가하였다.

Ⅱ. 逆謀 및 告變 事件과 宦官

환관들은 왕의 가장 측근에서 활동하였기 때문에 왕의 動向을 살필 수 있었다. 그런데 정치 변동이 심한 경우는 왕의 정치적 향배가 중요하였다. 남인과 북인, 노론과 소론 등 당쟁이 심할 경우 서로 실권을 장악하기 위한 방법으로 모반 및 역모 사건이 빈번하게 일어났다.[66] 이 과정에서 왕이 어떠한 태도를 취하는가도 중요하지만 역모 사건의 경우 왕을 제거할 필요성이 존재하였다. 이것을 은밀하게 해 줄 수 있는 사람은 결국 왕의 측근이라고 할 수 있는 환관이나 궁녀, 그리고 숙위 군사들이었다. 특히 환관들은 반역이나 모반 사건에 외부와 궁중을 연결하는 데 이용되었다.

---

63) 『肅宗實錄』 권6, 3년 9월 무인.
64) 『肅宗實錄』 권6, 3년 12월 병오.
65) 『肅宗實錄』 권46, 34년 6월 무오.
66) 李銀順, 1990, 『朝鮮後期黨爭史硏究』, 一潮閣 ; 李泰鎭 編, 1991, 『朝鮮時代 政治史의 再照明』, 汎潮社 ; 李熙煥, 1995, 『朝鮮後期黨爭硏究』, 國學資料院.

1. 光海君~肅宗代 逆謀事件과 宦官

1) 光海君代 永昌大君 擁立 事件과 宦官 閔希騫

선조 말의 정치는 小北인 柳永慶이 영창대군을 지원하고 있는 가운데, 大北은 鄭仁弘을 중심으로 광해군을 지원하였다. 그런 중에 선조가 갑자기 죽자 광해군이 즉위하였다. 광해군대는 정치적으로는 북인 가운데에서 대북인 정인홍과 李爾瞻이 주도하며 소장파들은 삼사나 이조를 중심으로 구성되었다. 그러나 광해군 초기에는 서인이나 소북, 남인 역시 어느 정도 정치력을 발휘하는 상황이었다. 대북 세력은 광해군 4년 金直哉의 옥사를 빌미로 소북의 柳希奮에 대한 공세를 시작하였다. 결국 朴應犀 등 명가의 서얼들이 銀商을 살해한 사건의 심문 과정에서 선조의 비인 仁穆大妃의 아버지 金悌男을 영입하고, 영창대군을 왕으로 추대하는 사건으로 비화되었다. 이에 대해 이이첨이 이끄는 대북은 영창대군을 제거하고, 인목대비를 폐모시켰다.

영창대군 옹립 사건의 개요를 살펴보면, 주모자는 외척인 김제남과 유영경으로 외부인물로 徐羊甲·沈友英 등과 결탁하였고, 궁궐 내에서는 대비전 상궁 應希·金蘭 등을 통해 저주 및 흉서를 만들었다는 것이다. 이 사건에 대하여 광해군은 金悌男이 외척으로 세력을 모으는 한편 궐내에 유숙하며 대군을 옹립하려 하자 유영경이 동조하여 大寺洞의 집에서 鄭浹과 결탁하고, 銅雀津의 정자에서 徐羊甲과 모의하여 선조의 유교를 위조하였다. 또한 서양갑은 서자 출신으로 김제남에게서 흉서를 공부하는 한편 吳允男의 집에 왕래하면서 奸計를 꾀하였다는 것이다. 鄭浹 등 모의 주동자들은 전부 김제남의 심복으로 영창대군을 옹립하려 하였다. 金應

璧은 저주에 관한 모의를 전적으로 주관하였으며, 금산사에서 경
문을 외우는 일은 민희건과 함께 경영하였다. 궁녀인 貞伊는 능침
에다 칼을 묻어 저주를 자행하였다고 하여 관련자들을 처벌하였
다.[67]

저주 가운데 陵墓와 궐내의 저주는 韓尙宮과 貞伊가 주도하였
다. 이 과정에서 내관 閔希騫이 말을 결박하여 金溝縣 金山寺의
깊은 못에 던졌다는 저주가 있었다. 이 모든 것이 영창대군의 保母
인 德福이 주모하였고, 궁인 禮環·信玉이 그의 말을 따랐으며, 대
전 尹尙宮의 婢인 春今이 뇌물인 銀錢을 받고 내응하였다고 보았
다. 이상 각각의 저주에 쓰인 물건들은 영창대군의 奴 順昌이 외부
로부터 구하였다. 대개 저주는 16종으로 모두 16차례로, 정월부터
4월까지 하고 그 날짜의 간격은 10일, 혹은 5일로 하였다. 또한 裕
陵의 저주는 鶴千과 환이가 巫女 於延과 준비하고 이어 巫祀를 지
었으며, 吳允男의 아들 吳講 역시 高成을 불러 왕위에 오를 수 있
을 가능성을 점쳤다는 것이다.

흉서는 나인 義一이 眞書와 諺文을 한 장의 종이에 섞어 썼는데,
이것은 별감 河自澄이 쓴 것으로 내간의 通書는 자신만이 알고 있
는데, 문상궁과 금란이 출납하고 六月伊가 전하였다. 지난해 10월
사이에 통서가 黑門으로부터 나와 徐應祥에게 전하게 하고 유월
이가 두 차례의 답서를 받아갔다. 같은 해 12월 문상궁은 편지를
보내 중국 관원에게 영창대군이 강화도에 방치된 사실을 고하게
하였다. 나인 仲還도 지난해 8월 그믐께 內差備門에서 권상궁이
간찰 1봉을 내관 朴邦實 및 掌務內官 崔忠洽에게 주는 것을 보았
으며, 또 9월 보름께는 예옥이 문 안에 서서 최충흡에게 서찰을 주
는 것, 또 12월 보름께 禮眞이 벽틈으로 외인과 남몰래 말하는 것,

---

67) 『光海君日記』 권68, 5년 7월 신미.

또한 사흘 뒤에 벽틈으로 외인과 더불어 남몰래 말하는 것도 보았다고 하였다. 于音德[음덕]·富田 두 사람은 내전에서 박방실이 어떤 물건을 싸서 최충흡을 통해 朴尙宮·秦尙宮에게 전해 주는 것을 보았다고 하였다. 또한 서리 崔守仁, 별감 朴義男 등은 書簡을 김제남과 강화도에 보내기도 하였다.[68]

그런데 여기에 관여하였다는 환관 민희건은 선조대 내수사제조로[69] 민희건의 문객인 金致遠을 정언으로 삼았다는 것[70]으로 보아 상당한 권력을 행사한 것으로 보인다. 그런데 지평 任章과 정언 김치원이 己丑獄事에 걸린 억울한 사람들의 신원을 청하였다.[71] 민희건은 선조와 관련된 인물로 보이며, 광해군 초기 사헌부의 탄핵으로 고향으로 보내졌다.[72] 광해군 5년 영창대군의 사건으로 민희건과 김제남의 孽屬들을 체포하였다.[73]

문초 과정에서 제기된 많은 의문점 중에서 먼저 흉서사건의 경우, 선조의 총애를 받던 민희건이 선조가 죽던 날 御筆을 본떠서 密旨라고 속인 뒤 유영경에게 내주어 대군을 보호하게 하였다는 것이다.[74] 민희건 등 관련자들을 추국하였지만 전부 사실을 부인하였다. 김제남의 아들 金㼖와 辛應望·辛應期·蔡彦俊·於叱金

---

68)『光海君日記』권87, 7년 2월 을미.
69)『光海君日記』권1, 즉위년 2월 기사.
70)『光海君日記』권9, 즉위년 10월 경진.
71)『光海君日記』권13, 원년 2월 계해.
72)『光海君日記』권20, 원년 9월 계묘.
73)『光海君日記』권66, 5년 5월 계해.
74)『光海君日記』권66, 5년 5월 을축. 당시 일곱 신하에게 遺教가 내려졌을 때 賓廳에 있는 자들 모두가 눈물을 흘리며 바라보고 있었는데 그 중에서도 崔有源이 스스로 억제하지 못하고 눈물을 흘리자 그 애통해 하는 모습에 좌우에 있는 사람들 모두가 감동되었다. 그런데 지금 대사헌이 되어 민희건이 속여 만들었다고 지목하면서 탄핵하고 있는데 이것이 과연 그의 본심에서 나온 일인지 모를 일이다.

(억쇠) 등은 공초과정에서, 신응망과 응기는 자신들은 시골에서 잠시 본 것뿐이라 하였고, 내관인 채언준 역시 김제남이 죄를 꾸민 것을 본적이 없다고 하였다.[75] 민희건 역시 당시 선조가 金尙宮이 자신과 李德章을 불러 종이 한 장을 주면서 "이것은 遺書이니 밖에 전하라"고 하였지만 자신은 승전색이 아니기 때문에 수행할 수 없다고 하여 이덕장이 광해군에게 아뢴 뒤 보냈다고 하였다. 또한 자신의 글씨는 선조와 다르기 때문에 문서를 조작할 수도 없으며, 내용도 영창대군을 사랑하고 보살피게 하려고 한 것에 불과할 뿐이라고 하였다. 유영경에 대해 자신은 알지 못하는 인물이라 강변하였다. 이렇게 되자 광해군은 이덕장의 유서는 자신이 확인했기 때문에 다시 논할 필요도 없고, 민희건이 모방해 쓴 곡절 및 나인들과 상의한 일 등의 조목에 대해서 다시 국문하였다. 민희건은 모필에 대하여 선조가 당시 유교를 작성할 때 仁嬪과 韓貴人이 같이 있었다고 하면서 자신이 조작하지 않았다고 하였다.[76] 그런데 광해군이 민희건을 미워한 것은 세자시절에 선조가 학업의 성취를 묻고 꾸짖는 과정에서 환관들은 조심스러워 하였으나 민희건만 거만하였다는 것이다.[77]

저주사건의 의문점을 살펴보면, 박동량이 懿仁王后의 능에 저주한 사건은 應希・貞伊・貴卜・香伊・還伊 등 나인들이 주동하였는데,[78] 대군 궁방의 여종인 환이 역시 궐내에서 저주한 사실과 김제남이 直宿한 일은 없으며, 궁중 내의 일은 내관이나 김제남이 알

---

75) 『光海君日記』 권66, 5년 5월 경오.
76) 『光海君日記』 권66, 5년 5월 임신.
77) 위와 같은 조. 민희건은 선조 말년에 총애를 받은 환관으로서 오래도록 내수사의 이권을 독점하였다. 그래서 遺敎가 내려졌을 때에도 戚里가 상당히 민희건을 의심하였으며 민간에서는 마침내 有旨를 허위로 작성했다는 이야기까지 나돌았다. 그러나 이치상 그럴 수는 없는 일이었다.
78) 『光海君日記』 권66, 5년 5월 을해.

수 없다고 하였다.79) 당시 근무자인 승전색 朴秦文 역시 김제남이
모의한 일은 알 수 없다고 하였다.80) 이에 공초자를 확대하여 채언
준의 양자인 내관 吳大邦, 金鳳의 양자 鄭興邦, 민희건의 양자 金
師德을 공초하였다.81) 또한 영창대군의 유모와 나인 향개를 잡아
오도록 하고,82) 이들이 궐밖으로 나갔다고 보고한 승전색 崔彦恂
을 추고하였다.83) 결국 거짓 고문으로 김응벽은 궁중에서 저주의
물건을 묻고 참관하였다고 하여 내관 李安邦과 宋商後을,84) 점장
이로 참여하였다고 한 張順命을 끌어 들었다.85) 또 다른 저주 사건
인 민희건이 金山의 연못에 말을 던졌다는 것을 확인하기 위하여
민희건의 종 破回,86) 금산사의 승려인 善悟・玄敏을 공초하였으
나 전부 부인하였다. 특히 금산사에는 龍淵이 없으며, 관련이 있다
는 승려인 性律과 法律 등도 들어보지 못하였으며, 금산사는 대로
변에 있어 환관이 오면 누구나 알 수 있는 장소였다.87) 또한 민희
건 처인 玉只는 민희건은 3월부터 소갈병으로 외출한 적이 없다고
하면서,88) 민희건의 처와 노복은 승복하지 않았다.89)

이 과정에서 민희건은 결국 선조대의 총신이라는 이유로 죄를
받았으며, 여기에 관계된 대부분이 영창대군과 대비와 관련된 궁

---

79) 『光海君日記』 권66, 5년 5월 경진. 환이는 일찍이 세자를 돌보아 기르
다가 뒤에 밖으로 나와 집에 있었는데 도로 대군의 궁방에 들어가 천
연두를 치료하였다.
80) 『光海君日記』 권67, 5년 6월 무자.
81) 『光海君日記』 권67, 5년 6월 기축.
82) 『光海君日記』 권67, 5년 6월 경자.
83) 위와 같은 조.
84) 『光海君日記』 권67, 5년 6월 병오.
85) 『光海君日記』 권67, 5년 6월 정미.
86) 『光海君日記』 권68, 5년 7월 갑자.
87) 『光海君日記』 권68, 5년 7월 무진.
88) 『光海君日記』 권68, 5년 7월 신미.
89) 『光海君日記』 권69, 5년 8월 경술.

중 옥사임을 알 수 있다. 이후 대북 정권이 실권을 장악하였다면 남인과 서인은 정계에서 물러났을 것이다. 그러나 광해군과 대북 정권은 서인 중심이 된 인조반정을 통해 축출되었다.

2) 仁祖代 仁城君 擁立 事件과 宦官 裵希度

인조대는 반정 공신인 서인을 중심으로 정치가 운영되었다. 이러한 정치질서 재편은 광해군대 정치인에 대한 숙청으로 나타났다. 폐모론을 주장한 李爾瞻 부자, 鄭仁弘 등을 처벌하였다. 당시 관료들은 당색에서 벗어날 수가 없었다. 붕당간의 대립이 심화되자 역모 및 모반 사건을 조작한 것이 仁城君 珙을 추대하려는 사건이었다. 인성군은 선조의 아들로 평소 신망이 있어 인조의 정통성에 위협을 가하는 인물이었다. 결국 폐모론에 참여하였다는 명목으로 사사되었다.

인조대 인성군의 옹립 사건을 보면, 인조 6년 정월에 竹山에 사는 金振聲·金得聲·申瑞檜·李斗堅 등이 승정원으로 고변하였다. 이들은 죽산에 사는 洗馬 許逴, 幼學 許珽·李友明, 상놈 許士龍·姜戊生·鄭進·李暘, 진사 安執中 등이 군사를 모아 모반하여 이미 한강에까지 이르렀으며, 여기에 내응하기로 되어 있는 사람은 도감의 中軍·千摠·把摠과 내관 裵希度 등이며, 괴수는 광해군 때에 승지를 지낸 사람이며, 거사일은 정월 4일이라고 하였다. 또한 유학 崔山輝의 고변에서는 의금부의 서리인 李秀香이 자신에게 "나라에 큰 변이 발생했다. 堤川으로 귀양가 있는 柳孝立과 原州에 사는 鄭沁·鄭泪·鄭遴 등이 함께 모의하여 거사하기로 했는데 인성군도 참여하여 알고 있다"고 하였다. 사용되는 군대는 훈련도감의 중군인 李繼先이 내응하였고, 一善尉 金克鑌도 동모하였다. 인조는 대신들과 의금부 당상, 양사의 장관, 좌·우포도

대장으로 하여금 역당들을 체포하게 하였다.[90]

사건이 발생하자 도성의 방어를 강화하는 한편 역모자를 체포하였다. 역모를 주도한 사람은 柳斗立이었다. 난을 일으키게 된 배경을 보면, 정자는 당시 정치상황을 임금이 있지만 李曙 등의 무리가 포학하여 백성들이 고통받고 있으므로 윤계륜의 군대만 가지면 역모는 성사될 수 있으며, 또한 전라수사로 있는 呂氏 성을 가진 사람과 閔澍・鄭遴도 이 모의에 참여하였고, 허유는 "일찍이 이우명의 말을 듣건대 廢主(광해군)가 애통해 하는 글을 趙挺・鄭昌衍・金藎國・崔瑾에게 보냈다"고 하였다. 결국 급제 柳孝立, 진사 정린, 전 좌랑 鄭沁, 내관 배희도, 사약 金應獅, 畵員 金應虎, 飯監 李孝一 등 50여 인이 자복하였다.

이 과정에서 도참설을 이용하였는데,[91] 유효립과 친한 승려인 曇華가 雉岳山 玉龍寺의 비석에다가 "戌年과 亥年에 사람이 상하는 화가 발생하는데 寅年과 卯年에는 어떻게 될지 모른다"는 등의 참설을 기재하면, 민대가 가서 인성군을 직접 만나 약속하고 왔다고 하였다. 이것에 대하여 이수향 역시 지난해 9월 원주에 가서 정심을 만났는데, 담화가 讖記에 "子年과 丑年에는 안정되지 않다가 寅年과 卯年에 패한다"고 하였으며, 또 "辰年과 巳年에 仁城(君)을 얻는다"라고 하였다. 그 뒤 담화가 서울에서 모의를 확인하고, 거사날 柳宗善을 만나 軍號가 火木이라 하였으며, 또한 인성군이 2

---

90) 『仁祖實錄』 권18, 6년 정월 을축.
91) 그 방법은 전 군수 尹繼倫의 공초에서 자신이 원주에서 정심을 만나 유두립이 讖書를 얻은 사실을 알았으며, 참서의 내용에 "草溪에 潮水가 들어오고 鷄龍에 서울을 건립하는데 조선 사람들이 모두 벙거지를 쓰고 털옷을 입는다"는 말과, "南應敏이 나와 친한 사이인데 늘 변괴에 대해 말하면서 앞으로 2년이 지나면 세상 일이 결정될 것이다"라고 하였다는 것이었다.

백 명을 데리고 와서 돕기로 약속하였다.

환관들의 역할을 보면, 군사가 서울에 도착하면, 환관 배희도에게 勇士 2인을 주어 임금을 시해할 계획을 세웠다. 배희도는 민대를 통하여 역모를 확인하였다. 대장은 도감의 중군과 一善尉라고 하였으며, 김응호도 자신이 선봉을 맞고, 자신의 아우는 東宮의 사약으로 있는데 궁녀 몇 사람과 함께 내응이 약속되어 있었다. 이 일은 5년 전부터 준비한 것이었다.

광해군과 관련성에 대하여 강화의 안치를 감시하는 별장 權得壽는 유효립의 종이 강화부에서 수직하는 내관·관비 등과 내통하였다고 하자, 광해군의 나인은 자결하고, 愛英·任昭媛은 자결하는데 실패하였다. 하지만 이 과정에서 승복하지 않은 경우가 많았다. 한편 인성군 이공에 대하여서는 혐의가 없다고 하여 치죄하지 않았다. 이에 李孝一은 인성군이 대비의 密旨를 받았다고까지 말하였지만, 대비는 "李珙은 관련이 없으며, 광해군은 불공대천의 원수"라고 하였다.

군사를 모으는 방법에 대해 河永男은 지난해 가을 韓惟吉 등 7~8인이 서로 모의해서 도감의 중군은 유효립 집안의 家臣으로 거사일 종루에 모이기로 약속하였으며, 윤계륜도 수원의 군병을 거느리고 올라오기로 약속하였다. 그런데 군대를 준비하는 일선위 김극빈과 학생 柳養善, 사직 李廷哲, 출신 金就礪, 전 현감 민대, 중군 李繼先 등 20인은 모두 자복하지 않고 형을 받다가 죽었다.[92] 결국 유효립을 비롯해서 鄭沁·尹繼倫·배희도·허윤·柳宗善·유두립·安執中·李友明·정린·許逵·鄭振·趙憲立·李晹·裵允·金應虎·金應彪·金應獅·金世益·金永起·玉石·金伊男·貴希 등을 모두 법에 의거 正刑에 처하였다.[93] 이것이 확

---

92) 『仁祖實錄』 권18, 6년 정월 을축.

인되자 辭連人 柳訒·張德武·李景恒·鄭如麟·尹暉·權餘慶 등 27인은 석방하고, 張世哲·南應敏·金景善·趙有恒·趙有道 등 14인은 유배하고, 정배되었던 鄭渾·朴自全·鄭浯 등은 도로 배소로 보냈다. 그리고 巨濟에 정배되어 있는 죄인 유두립의 아버지 柳希亮, 수원부의 죄인 윤계륜의 아버지 尹軏, 禮山 고을의 죄인 徐國材의 아버지 徐倬을 絞刑에 처하였다.[94]

이 고변은 유효립·정심·윤계륜 등이 광해군과 연결되어 인성군을 옹립하기 위하여 군병을 모으는 한편 도참설을 이용하여 민심을 선동하였다는 것이다. 그 방편으로 환관 배희도와 연결하여 왕을 죽일 기회를 엿보는 한편 궁인을 이용하여 음식에 독을 넣어 왕을 시해하려 하였다는 것이다. 이 사건은 결국 광해군대 이이첨이나 인조의 정통성에 위협을 가하는 인성군을 제거하려는 역모였다.

3) 肅宗代 咸以完의 告變 事件

숙종대 정국은 남인이 顯宗의 因山을 계기로 실권을 장악하였다. 또한 金錫冑를 중심으로 외척정치가 시작되었다. 그러나 남인들은 庚申換局을 계기로 청남과 탁남으로 구분되고, 탁남이 병권을 장악하려는 기미가 보이자 김석주를 중심으로 숙종과 합의하여 남인을 축출하고 서인을 다시 등용하였다. 숙종 15년 己巳換局은 昭儀 장씨에게 태어난 왕자의 位號 문제로 서인이 물러나고 다시 남인이 등용되었다. 숙종 20년 甲戌換局은 폐비되었던 민씨를 복위하고 왕후가 되었던 세자의 생모 장씨가 빈으로 강등되면서 서인을 다시 등용하였다. 甲戌換局 이후 약 15년간은 소론계열이 정국을 주도하고 일부 노론 계열이 참여하는 형상이었다. 그러나 숙

93)『仁祖實錄』권18, 6년 정월 갑술.
94)『仁祖實錄』권18, 6년 정월 을축.

종 36년 3월 庚寅換局은 소론 崔錫鼎의 『禮記類編』을 불태우는 사건을 계기로 노론이 소론을 공격하면서 정국을 주도하였다. 숙종 42년 8월 丙申換局은 소론의 영수 尹拯의 부친 尹宣擧의 문집 폐기를 계기로 노론이 정국을 주도하였다.

己巳換局으로 등장한 남인들은 독자적으로 정국을 운영하였다. 숙종 20년 3월 23일과 같은 달 29일에 고변이 있었다. 23일은 서인을 도륙하려는 남인측 우의정 閔黯이 咸以完을 고변하였다. 29일은 남인을 제거하려는 서인측 金寅의 역고변이었다. 함이완의 고변을 살펴보면, 소론계열의 전 승지 韓構의 아들 韓重爀이 서인의 재등장을 위하여 자금을 모아 장희재·東平君 李杭 등 실권자에게 접근하여 궁중 사정을 살폈던 것이다. 함이완의 이웃에 사는 崔格은 前承旨 韓構의 아들 韓重爀이 金慶咸과 내외종 형제로 김경함이 귀양간 후로부터 金鎭龜의 아들 金春澤과 兪命一의 아들 兪復基와 兪泰基 등과 모여서 역모를 의논하고, 또 康晩泰·邊震英·洪萬翼·卞鶴齡(卞爾輔의 아들)·李突·金寶命(金起門의 아들)·金道明·李東蕃·朴世建·李起貞·李後成·蔡以章·李震明·李時棹·李時材(실제는 時檜) 등으로써 도당을 삼았다. 모두 재물을 한중혁과 강만태에게 맡겨서 당여를 기르고 환관·孼人과 戚家(張希載)에게 뇌물을 써서 그들로 하여금 거짓말과 허위의 風聞을 만들어 역모를 계획하였다.[95] 한구는 老·少 두 黨이 각자 나누어 이루어지는데, 老黨은 김춘택이 주장한 것으로 公主의 집과 崔琥를 인연하여 掖庭의 官屬들과 함께 꾀하였다. 少黨은 庶孼 李譚이 환관들과 맺고, 또 최호의 從妹夫인 中官 姜遇周와 서로 친하게 지내는데, 陳平의 계책처럼 輦下의 군사들에게 뇌물을 주는 한편 동평군 이항의 유모의 아들이 掖庭別監이므로 역모를 꾀

95)『肅宗實錄』권26, 20년 3월 신유.

하였다. 즉 역모사건 과정에서 李時檜는 張希載에게 통하고 신식
은 동평군에게 통하고 이담은 환관들에게 통하였다.[96] 동시에 유
학 金寅의 고변은 장희재가 돈으로 사람을 매수하여 숙원 최씨를
살해하려 하였다고 하였다. 이것은 김인이 남인을 모함하기 위하
여 만들어낸 것으로 결론지었다. 함이완의 고변이 남인 중심의 민
암의 사주를 받아 일어난 것으로 밝혀져 남인이 대거 축출되었다.
   이처럼 숙종대 정치변동 가운데에 환관들은 중간 매개자로 등장
하였다. 정권을 잡으려는 사람들이 다른 사람과 연결하기 위하여
환관들을 동원하였다.

2. 景宗~正祖代 逆謀事件과 宦官

1) 景宗代 金一鏡과 睦虎龍 事件

   경종 원년부터 2년까지는 경종의 동생 延礽君을 왕세제로 책봉
하는 문제를 둘러싸고 노론과 소론이 대립하면서 소론이 노론을
대거 축출하였다. 이것이 辛壬換局이다. 그러나 영조 즉위 후 소론
의 강경파인 峻少계열이 도태되고, 온건파인 緩少계열도 영조 원
년 퇴출되었는데, 이것이 乙巳換局이었다. 이 과정에서 노론은 辛
壬獄死 당시 노론계열 인물의 신원 문제로 영조 3년에 물러나고
소론이 등장한 것이 丁未換局이었다. 丁未換局 이후 완소계열 중
심으로 정국을 운영하고 준소계열과 남인들은 영조의 정통성을 부
정하면서 반란을 일으켰다.

---

96)『肅宗實錄』권26, 20년 4월 무진.

(1) 金一鏡 事件과 宦官 朴尙儉

경종대 주목되는 것은 환관과 나인들의 활동이다. 숙종대 김석
주·김춘택 등과 환관들이 告變에 참여하였지만 주도적인 역할을
하지는 못하였다. 경종 초의 정국은 노론이 주장한 세제의 책봉과
대리청정의 주장에 대하여 소론이 반대하는 입장이었다. 이후 대
리청정의 무산에도 불구하고 노론의 공격에 소론이 조정을 떠나는
입장이었다. 이러한 상황에서 반전을 꾀한 사건이 金一鏡의 辛丑
疏였다. 신축소를 통해 대리청정을 주장한 金昌集 등을 치죄할 것
을 주장하였다. 소론이 경종의 능멸을 명분으로 노론을 축출하려
는 것이었다.

소론인 조태구·최석항 등은 자신의 권력 기반인 경종이 즉위하
였음에도 불구하고 존립 자체가 위태로웠고, 世弟의 책봉으로 위
기가 더욱 고조될 것이라 생각하였다. 결국 김일경 등이 요직을 장
악, 辛丑換局 이후 조성복 등과 장희빈 사사를 숙종 지문에 삽입할
것을 주장한 尹志述 등 노론 50~60명이 처벌되었다. 그 죄목은 경
종을 협박하고 능멸하였다는 것이었다. 즉 景宗 원년에 김창집이
대비에게 후사를 청하여 연잉군을 世弟로 삼는 한편 王世弟에게
명하여 國政을 代理하게 할 것을 청하자 이것을 趙泰耈가 환관 박
상검과 결탁하여 저지하였다. 이 사건으로 12월에 김창집이 巨濟
府에 위리안치되는 한편 다음해 3월에는 誣獄이 일어나 賜死되었
다.[97] 그 와중에 일어난 사건이 박상검의 폐세제 사건이었다. 이것
이 실패하자 노론측 환관인 장세상의 제거를 추진하면서 세제 책
봉을 회수하려는 계획이었다.[98]

먼저 박상검 사건을 살펴보면, 환관 박상검이 淸暉門을 폐쇄하

---

97) 『景宗修正實錄』 권3, 2년 4월 임신.
98) 이희환, 앞의 책, 225~233쪽.

고 왕세제를 살해하려 하자 왕대비가 박상검의 간악함을 지적하고
그 도당인 文有道와 궁인 石烈·必貞까지 모두 하옥하였다. 이때
박상검이 안팎으로 서로 결탁하여 왕세제를 해치려고 도모하여 대
궐 안에 여우가 있다고 핑계하고 기정을 설치한 뒤 왕세제가 間寢
하는 길인 청휘문을 폐쇄하였다. 이날 밤 왕세제는 이 사실을 경종
에게 아뢰었지만 경종은 처음에는 추고할 것을 허락하였다가 철회
하였다. 세제는 국왕 옆에 역적이 있을 수 없다고 하면서 자신이
문안·시선까지도 저지되어 독살의 위험까지 있다고 하였다.[99] 조
태구는 대비의 諺書를 통해 여기에 결탁한 환관과 궁인들을 율에
따라 처리하도록 하자, 이에 대신 2품 이상과 승정원·三司에서
아울러 伏閤하여 慈敎에 써서 내린 석렬·필정을 빨리 法司에 맡
기도록 명하고, 환관 박상검·문유도를 처벌할 것을 요구하였다.
그러나 경종이 허락하지 않자 說書 宋寅明은 조태구로 하여금 대
비와 세제가 같이 대전에 모여서 사건의 내막을 물어보자고 하였
다.[100] 그런데 左尹 黃一夏은 이 사건을 조사해 보지도 않고 처형
하라는 삼사와 대간에게 문제가 있다고 보고, 같이 역모를 꾸민 자
들을 찾자고 하였다.[101]

　이 사건으로 환관 문유도와 박상검을 국문하였다. 문유도는 자
신은 승전색으로 내반원에 있으면서 심부름을 할 뿐이지, 동궁의
문안은 원래 참여하지 않아 알지 못한다고 하였다. 박상검은 역시
자신은 21일에 입직하여 동료가 전하는 말을 들어서 알고 있을 뿐
이라 하였다. 여기에 대하여 우의정 崔錫恒이 禁府堂上·臺官·
諫官과 더불어 請對하여 박상검 등이 거짓말을 한다고 하여 죄로

---

99)『景宗修正實錄』권2, 원년 12월 무인.
100)『景宗實錄』권5, 원년 12월 기묘
101)『景宗實錄』권5, 원년 12월 신사.

다스리게 하였다.102) 문초 과정에서도 자복하지 아니하였다. 鞫廳
에서 또 慈敎 안에 있는 '內人이 宦寺와 체결한 일'과 '박상검이
처음 招辭에서 傳言한 동료의 성명'에 대하여 추문하였지만 문유
도는 모르는 일이라 하였다. 박상검은 傳言한 내관은 곧 朴贊文과
金夢祥으로 김몽상이 備忘記를 쓰고 박찬문이 비망기를 전하였는
데, 김몽상이 비망기를 썼기 때문에 경종이 파직한 것이라 하였
다.103) 그러나 박찬문·김몽상 역시 자신들은 알지 못한다고 하였
다. 이 과정에서 박상검은 刑訊을 다섯 차례 받고 난 후 궁인 필정
과 서로 결탁하였으며, 왕세제가 문안할 때 왕래하는 청휘문을 열
도록 下令하셨으나 때맞춰 문을 열지 아니하여 일찍이 동궁에게
죄를 지은 일이 있었으므로 후환이 두려워 필정과 제거하려는 마
음을 가졌다고 자복하였다.104) 결국 박상검이 伏誅되었다.105)

　모의과정에서 나인들과 연계를 맺은 과정에 대하여 鄭宇寬은 박
상검과 長番內官 崔泓·朴載遠·金九俊·金夢相·咸熙春이 同
黨이며, 최홍은 謀首라고 하였다. 나인 石烈은 金尙宮에게 수양딸
이라는 핑계로 궁궐에 출입하였고, 外朝에서는 沈益昌의 집에서
尹就商·元徽 등이 모의하였다. 윤취상은 宮禁에 출입하는 巫女
와 交結하고, 銀貨 수천 냥을 그 무녀에게 주어 나인 석열 등과 교
결하여 독약을 사서 석열에게 주게 하여 지난해 11월 무렵에 동궁
을 謀害할 계책을 세웠으나 모의가 발각되었다. 이에 또 무녀로 하
여금 은화 수천 냥을 주어 나인 등과 체결해 최홍 등과 모의하여,
4월 4일 남인 등을 위해 정국을 뒤바꾸면 군대를 일으킬 계획이었
다. 그러나 睦虎龍의 告變으로 성사시킬 수 없었다. 결국 訓鍊大將

102)『景宗實錄』권5, 원년 12월 을유.
103)『景宗實錄』권6, 2년 정월 기축.
104)『景宗實錄』권6, 2년 정월 신묘
105)『景宗實錄』권6, 2년 정월 임진. 당시 나이가 21세였다.

윤취상의 兵符을 빼앗고 잡아 가두었으며, 심익창과 입번 내관 김
구준·박재원·김몽상·최홍·함희춘 등도 잡아 가두었다.106)

모의를 주도한 심익창과 박상검과의 관계를 살펴보면, 같은 寧
邊 사람으로 박상검은 어려서 심익창에게서 배웠고, 담벽 하나를
사이에 두고 살아 항상 왕래하였다. 김일경과 원휘는 이곳의 府使
를 역임하였는데, 이때에 이르러 심익창·김일경·원휘 등이 박상
검과 밀의하여 한쪽편의 사람들을 진출시키려고 도모하였다. 그러
다가 儲位가 이미 결정되자 동요시킬 계획을 내어서 鎖門과 教旨
의 변고가 발생하였다.107) 이 사건을 계기로 박상검과 친밀해졌고,
辛丑換局시 공모하였다.108) 심익창 아들의 공초나 박상검과 친밀
한 환관 孫荊佐의 공초에서도 김일경의 사주로 모의하였다고 진술
하였다.109)

그런데 "수천 냥의 銀子를 석열에게 들여보냈다"는 말에 대하여
정우관이, "밖에서 준비해 준 자는 원휘이고, 중간에서 전해 준 자
는 박상검이며, 안에서 받아 쓴 자는 석열이다"라고 하였지만 이들
모두 죽어서 알 수 없다는 문제가 있었다.110) 박상검과 석열과의
관계에 대하여 英祖 을사년에 이르러 환관 孫荊佐의 鞫招에서도
박상검이 나인 필정과 결탁하여 말을 지어내어 청휘문에 기계를
설치하여 모의를 도모하였다. 그때 박상검은 兩頭筆을 가지고 글
을 썼는데, 혹은 眞書나 諺書로 쓰다가 사람을 보면 그 종이를 말
아 깊이 감추었고, 이것을 친밀한 나인 필정에게 준 것을 확인하였
다.111) 그러나 관련자의 문초과정에서 환관·나인들이 모두 자결

---

106) 『景宗實錄』 권8, 2년 5월 신묘
107) 『景宗修正實錄』 권2, 원년 12월 무인.
108) 『英祖實錄』 권5, 원년 4월 병신.
109) 『英祖實錄』 권5, 원년 4월 갑술·병신.
110) 『景宗實錄』 권8, 2년 5월 임진

하거나 살해된 것으로 보아 배후에 소론이 사주했음이 의심된다. 배후를 밝히기 전에 나인이 죽거나 문초를 미루다가 박상검을 죽였다. 영조 즉위 후, 辛丑換局 이후 이 모든 사건이 박상검이 주동하였고, 경종과는 전혀 관련이 없다는 것으로 결론지었다.112)

그런데 환관이 모든 것을 주동할 수 있는가의 문제이다. 이때 노론측의 기록은 대리청정을 합리화하려는 의도가 많았다. 경종은 즉위 후 잠시 소론의 도움으로 정치력을 유지하였다. 세제가 박상검이 자신을 제거하려 한다고 하면서 처형을 요구하였지만 경종은 윤허하지 않았다. 이러한 요구가 지속되자 결국 처벌하였다.113) 이것으로 보아 소론을 중심으로 모의하였지만 실패하자 박상검 문제를 자신과 관련 없는 것으로 처리하였다.

(2) 睦虎龍의 告變과 宦官 張世相

경종이 즉위하자 소론은 노론을 공격하기 시작하였다. 경종은 소론을 지지하면서도 사안을 분명히 하지는 못하였다. 노론인 김창집·이건명·조태채 등의 주장으로 경종 원년 8월 연잉군(영조)을 세자로 책봉하였다. 이후 노론은 왕세제의 대리청정을 관철시키는 듯하였으나 소론 조태구의 반대로 환원되었다. 결국 소론과 노론은 대립할 수밖에 없었으며 일시적으로 소론이 주도하게 되었다. 이 가운데 발생한 사건이 경종 2년 3월의 목호룡의 고변사건이다.114)

목호룡의 고변을 살펴보면, 鄭麟重 등 노론 4대신의 자제와 추종자들이 숙종 말년 세자인 경종을 칼이나 독약으로 해치려 한다

---

111)『景宗修正實錄』권2, 원년 12월 무인.
112) 이희환, 앞의 책, 231쪽.
113)『景宗實錄』권5, 원년 12월 기묘.
114) 이희환, 앞의 책, 233~250쪽.

는 것이다. 고변은 2가지로 구분되는데, 칼로써 혹은 독약으로 한
다고 하며, 주모자로 鄭麟重·金龍澤·李器之·李喜之·沈尙
邦·洪義人·洪哲人·趙洽·金民澤·白望·金省行·吳瑞鍾·
柳慶裕 등이라고 하였다. 이것을 알게 된 계기는 龍門山에서 이희
지를 만나 역모를 확인하였다는 것이다. 이 고변은 3급수로 구분되
는데, 먼저 大急手란 '칼로써 한다'는 것으로 김용택이 寶劒을 백
망에게 주어 선왕의 國哀 때 담장을 넘어서 궁궐로 들어가는 것이
었다. 그러나 백망의 집을 수색한 결과 보검은 일반적인 칼로 목효
룡의 말은 맞지 않았고, 백망 역시 역모를 부정하였다. 平急手란
'藥으로써 한다'는 것으로 이기지·정인중·이희지·김용택·이
천기·홍의인·洪哲人이 銀을 池尙宮에게 주고, 그로 하여금 藥
을 타게 하는 일이었다. 小急手란 廢黜를 모의하는 것으로서 이희
지가 諺文으로 歌詞를 지어 궁중에 유입시켜, 矯詔를 草하여 나인
池烈과 환관 張世相을 시켜서 國喪 때 곧 내리는 것이었다. 詔書
는 첫머리에, '不穀忝位' 등의 글자가 있었고, 중간에는 '廢世子某
爲德讓君'라는 말이었다. 이 조서의 草本은 김용택의 집에서 보았
다고 하였다.[115] 목호룡이 난을 일으킨 사람을 배신하여 고변하였
으며, 관련된 사람은 대부분 노론 고관들의 자제들이었다.

그 과정에서 소급수에 해당하는 언문 가사의 문제로 洪義人과
환관 장세상을 잡아 가두었다.[116] 목호룡은 李澂이 驪州牧使가 되
었을 때 官穀을 돈 6백여 냥으로 사들여 장세상에게 주었는데, 李
天紀가 직접 장세상의 집에 간 일은 이천기가 알고 있다고 하였다.
또한 장세상이 이천기를 만난 것을 직접 보았는데, 이천기는 銀 70
냥과 부채·簡紙 몇 폭을 자신을 통해 장세상에게 전해 주었다. 이

---

115)『景宗實錄』권6, 2년 3월 임자.
116)『景宗實錄』권7, 2년 4월 무진.

모든 것이 평지수에 해당하는 것으로 國喪이 나는 날 池尙宮으로 하여금 안에서 거짓 詔書를 내리고 장세상이 중간에서 봉행하도록 하려는 계책이었다. 하지만 장세상은 이를 인정하지 않았으며, 결안하기 전에 죽었다.[117] 거짓 조서에 대하여 장세상과 그의 부인은 계속 부인하다가 결안 전에 물고되었다. 또한 지상궁이 이미 죽어 확인할 수 없었다. 이것에 대하여 목호룡 역시 지상궁이 조서를 내리면 장세상이 밖에서 봉행한다고 하였지만 이것은 환관 혼자 할 수 있는 것은 아니며, 목호룡의 이야기는 거짓이며, 인위적일 수 있었다.

또한 독약 문제를 살펴보면, 백망과 그의 처 이영이 중국에서 구한 다음 환약을 상궁 지열, 궁인 백씨에게 주어 경종을 죽이려 하였다. 주동자인 서덕수는 작년 5월 환관 장세상과 이소혼을 독살하려는 일을 상의하여 6월에 소혼을 독살하였다. 이 약은 역관 장씨에게서 구입하여 동궁 나인 이씨를 시켜 음식에 넣게 하였다. 김창수와는 사돈간인 이정식은 11월 무렵에 이소혼이 독약을 마시고 죽었다고 하였지만 김창집과 김창도는 독약건을 부인하였다. 음식에 독약을 넣었다는 동궁 나인 이씨 역시 찾아내지 못하였다. 이소혼의 죽음과 독약의 성능을 시험했다는 날짜와 서로 맞지 않았으며, 독약을 중국에서 구입했다는 것에서도 숙종 43년 청나라 사절에는 장씨 성을 가진 역관은 없었다.[118] 독약건에 관계된 사람들은 심문을 받던 중 물고당하였다. 다만 백망의 처 이영 역시 죽기 직전에 자백하였다.

은화 문제를 보면, 趙洽이 銀 2천 냥을 백망과 김용택·이천기에게 주어 나인 지열·二英에게 나눠 주게 하였다는 것이다. 홍의

---

117) 『景宗實錄』 권7, 2년 4월 을해.
118) 『景宗實錄』 권9, 2년 8월 기묘

인은 銀 50냥을, 沈尙吉은 銀 200냥을, 이희지는 銀 70냥을 내었
다.119) 그런데 김용택 등이 은화를 모은 이유는 환국을 기도하거나
집권하기 위하여 궁녀와 연계하여 대궐의 동정을 살피기 위함이었
다. 이 일은 목호룡과 백망이 담당하였다. 그런데 이것을 소론측의
김일경 등이 목호룡을 회유하였을 것으로 보인다. 김일경의 사주
로 목호룡이 고변하였고, 이에 죄를 기정사실로 보고 물고하였다.

그런데 고변을 일으킨 목호룡은 남인 천얼로 종친 靑陵君의 家
奴였다. 풍수를 배워 연잉군 私親의 장지를 잡아주고 贖身되었고,
이후 宮差使가 되어 장토와 곡식을 관리하여 부호가 되었다. 평소
시를 잘 지어 김용택·이희지 등과 친밀하게 지냈다. 이것으로 보
아 평소 친밀하게 지내던 노론의 자제들을 이용한 것으로 보인다.
이 사건은 소론들이 박상검 사건이 세제 때문에 좌절되고 중국의
인준을 받게 되자 목호룡을 이용하여 자신을 고변하려던 백망을
압송하여 고변을 마무리 지으려는 의도였다. 박상검과 평소에 사
이가 좋지 않은 환관 장세상·高鳳獻·宋尙郁 등을 이용하였
다.120) 이건명 등 노론들이 세제의 대리청정에는 비록 실패하였지
만 세제의 책봉은 앞으로의 집권을 의미하는 것이었다. 김일경 등
은 세제를 제거하기 위하여 죄를 확대하였다. 결국 노론 자제의 역
모사건을 확대하여 노론 4대신의 치죄를 거론하고 관련자들을 물
고하여 치사케 하였다.

경종대의 역모 사건에서 환관들의 역할은 다른 시대와 구별된
다. 기존의 역모가담 수위가 매개자의 역할이 아닌 주도자로 모사
되고 있다. 그만큼 정치변동이 심하다는 것을 말해준다. 박상검·
장세상 사건은 결국 왕의 측근이라 할 수 있는 사람들을 이용하여

---

119)『景宗實錄』권6, 2년 3월 임자.
120)『景宗修正實錄』권2, 원년 12월 무인.

상대편을 제거하려는 계획이었다.

2) 正祖代 洪相範 事件과 宦官

각종 모의 사건에 환관들이 참여하는 것을 볼 수 있다. 이것은 역모사건의 최종 목표가 정권 탈취이기 때문에 결국 왕을 죽여야 했기 때문이다. 이 과정에서 왕의 측근에 있는 환관이나 궁녀를 포섭하는 것이 성공의 중요한 요소였다. 역모 사건에서 환관들은 주동자이기 보다는 중간 매개자 정도였다.

홍상범 사건은 洪麟漢과 鄭厚謙 등이 병권을 장악하려는 것을 洪國榮 등이 막아내어 정조를 보호하여 왕위에 오르게 하면서 홍인한 등이 역모죄로 처벌되었다. 이 과정에서 洪相簡의 아비 전 판서 洪趾海와 그의 아우 洪述海・洪纘海・洪啓能 등을 귀양보냈다. 이에 그 여당인 홍술해의 아들 홍상범 등이 역모를 일으켰다.[121]

사건의 계기는 정조 원년 8월 尊賢閣에 도둑이 들어 경추문 守鋪軍 金春得・金世徵 등이 잡은 것이었다. 이들은 院洞 任掌인 田有起(이름을 興文이라고 고침)과 姜龍輝와 함께 존현각 위에 몰래 들어가 稱亂하려고 도모하다가 실현하지 못했었는데, 재차 거사하려다가 수포군에게 잡혀 실패하였다.[122]

이 과정을 조사해 보니 홍상범은 從兄 洪相吉 등과 아버지의 원수를 갚으려고 하였고, 洪相簡의 從人 李奇同의 집에서 역모를 계획하였다. 이기동의 누이인 궁비 李永丹과 결탁하여 국왕을 모해

---

121) 高成勳, 1993,『朝鮮後期 變亂 硏究』, 동국대 박사학위논문, 35～59 쪽. 三大逆謀事件의 배경과 내용을 분석하였다. 여기에서는 환관들과의 관련성만을 서술하고자 한다.

122)『正祖實錄』권3, 원년 8월 갑진.

하려고 하였다. 이웃에 사는 환관 安國來 및 여러 환관들도 참여하
였다. 역모 사건은 洪啓能이 귀양가기 전에 그의 아들 洪信海, 조
카 洪履海 및 전 참판 閔弘燮·전 승지 李澤遂와 함께 廢立하는
일을 모의하였다. 宗室 恩全君 李禶을 추대하고, 민홍섭 및 洪麟漢
의 형의 아들인 전 승지 洪樂任을 大將으로 삼고, 이택수를 藩任
으로 삼고 전 부사 具翼遠을 闌帥로 삼았다. 한편 궐내의 사정을
살피기 위해 홍술해의 부인 孝任이 종 崔世福을 궁중의 輕次를 監
守하는 소임에 차출해 주기를 청하도록 하여, 오래 禁掖에 있으면
서 기회를 틈타 변을 일으킬 흉계를 계획하였다. 이 일을 宮婢와
金守喜 및 환관들이 함께 최세복을 차출하도록 도모하였다. 또한
효임은 丁伊를 시켜 諺札을 가지고 자주 무당의 집에 오가며 저주
하는 일을 의논하였다. 姜 介連 및 종 丁伊·甘丁과 占房에게 뇌
물을 주어, 符籍을 만들거나 귀신을 그리거나 허수아비를 만들게
하였다. 또한 朱砂로 국왕의 화상을 그리고, 화살을 매달아 묻으며
'홍술해를 위해 원수갚아 달라'고 하였다.

여기에 관련되어 처벌된 홍상범·정흥문·강용휘·효임·개
련·감정·정이·홍상길·홍상격·최세복·金壽大·金興祚·洪
述海·洪趾海·洪纘海·李澤遂·洪信德 등은 正法하고, 洪啓能·
尹泰淵·朴海根·地宗洙·趙峸·洪信海·洪履海와 환관 安國
來·李受采 등은 수감 중에 物故되었다. 閔弘燮은 병사하자 관작
을 追奪하였고, 그 나머지 일체의 관련되거나 연좌된 支屬들도 그
輕重에 따라 議擬하여 단죄하였다.123) 내응을 하기로 한 자들은 궁
인으로는 福永·秀愛·月惠·수喜였고, 환관 안국래, 액예 무리
로는 姜繼昌·金壽大·金福尙 등이 있었다.124) 여기에서 홍상범

---

123) 『正祖實錄』 권3, 원년 10월 무오.
124) 『正祖實錄』 권54, 부록 정조 대왕 행장.

등은 내관 안국래에게 홍술해의 석방을 부탁한 것이었다.

정조는 환관과 무신들의 반역을 징계하는 윤음을 내려, "南衙와 北寺는 한계가 엄중하니, 조금이라도 어기는 일이 있는 경우 나라에 일정한 법이 있다. 이는 비단 지난 史牒에서 상고할 수 있을 뿐만 아니라 조선의 法禁에도 그러하다. 아, 환관이 남의 집안과 나라에 禍를 입힘은 역시 참혹하다 하겠다"라고 하였다. 결국 정조대는 李德師・柳翰申이 반역을 도모할 때 南泰興・金漢藄이, 홍상범・전흥문이 匕首를 가지고 오자 안국래가 안에서 호응하였으며, 홍계능・이택수가 簒逆을 꾀하매 秀來가 紹介하였고, 文仁邦과 李京來가 軍兵을 일으킬 것을 꾀함에 이르러 豊燁의 일이 또 발생하였다. 李景聃・金壽賢・金應澤・李德秀・閔德泰・韓景勛 등 여러 환관이 모반에 참여하였다.[125]

3. 政治變動과 宦官과의 關係

환관들이 역모나 모반 사건에 참여한 시기는 결국 정치 변동기였다. 광해군과 인조반정, 노론과 소론이 경쟁하는 숙종대, 경종과 영조의 교체시기, 정조 즉위 전후에 특히 모반 사건이 많은 것은 결국 정치변동 과정에서 환관들의 역할이 중요시되고 있음을 말해주는 것이다. 왕의 가장 측근에 있으면서 왕의 동정을 살필 수 있다는 것은 분명 정치변동에 중요한 역할을 한다는 것이다. 이들 스스로 정치를 좌지우지할 수는 없지만 왕과 정치세력간의 중간 역할로서 중시되고 있음을 알 수 있다.

광해군에서 숙종대까지는 역모 과정에서 환관들은 궁녀와 함께

---

125) 『正祖實錄』 권20, 9년 5월 임자.

중간매개자 역할을 하였다. 특히 광해군대 민희건이나 인조대 배희도의 경우는 주동자가 아니라 사주를 받아 궁중에서 궁녀와 더불어 왕을 처단하는 역할을 하였다는 것이다. 숙종대 강우주 역시 돈을 받고 왕의 시해를 도모하는 정도였다. 그러나 경종대 박상검이나 장세상의 경우 역모의 주동자급으로 바뀌었다. 이것은 결국 왕의 측근에 위치하였기 때문이다. 그러나 이 모든 사건은 모의 과정에서 발각된 경우가 많고, 국문과정에서 진상이 밝혀지지 않은 것이 대부분이었다. 결국 역모사건 자체보다는 정치적 의도가 중시된 것이다. 이 과정에서 왕의 측근에서 생활하였던 환관 역시 역모사건에 관련될 수밖에 없었다.

박상검 사건처럼 특이한 경우도 있지만 대부분은 정치적 연관을 맺는 노론이나 소론, 남인 등이 자신의 정치적 입지를 위하여 환관이나 궁인들을 참여시키고 있다. 권력은 왕에게서 나오기 때문이다. 이것은 후기의 환관 인식과는 전혀 다른 입장이었다. 조사가 환관의 이름을 모르는 것은 당연하다고 판단하면서도 자신들의 정치적 이해관계 때문에 환관들을 적극적으로 이용하였다. 이러한 문제들은 환관들이 단독으로 정치적 입지를 가질 수는 없었지만 자신들의 이해를 위해서는 서로 친교를 맺고 있었다. 환관의 정치 개입은 당연히 억제되어야 했지만, 그 임무의 특성상 왕의 가장 측근에서 생활하기 때문에 정치적 사건과 불가분의 관계였다.

이것은 환관과 조사를 서로 교결하지 못하게 하는 원인이 되었다. 즉 환관이 조사와 교결하는 것은 정치적 문제를 일으킬 소지가 있다고 보고, 서로 통교하는 것을 비루하게 여겼다. 또한 대우면에서 유사와 엄격하게 구별하는 조치를 취하였다. 이것은 조선전기의 환관인식과는 엄격하게 구별되었다. 임무나 기능은 같지만 인식의 차이가 달라지는 것이다. 초기는 신분제 및 체제 확립과정에서 환관을 조관과 비슷한 존재로 인식하였다면 사림의 등장 이후 조사와 구별하기 시작하여 후기에는 엄격히 구별하였다. 그 결과 대우면에서도 많은 변모를 보여주었다. 그러나 환관의 임무상 사회적으로 각종 폐단을 일으킬 소지는 여전히 존재하였다. 하지만 이것은 환관들의 일면이라고 생각된다. 대부분의 전체 환관들은 자신의 직분에 충실한 존재였다.

Ⅲ. 實學者의 宦官制 改革論

실학자들은 정치적으로 인재를 골고루 등용하지 않거나, 정치제도의 방만한 운영, 공납제도의 문제점 등 제반 사항들의 개편을 주장하였다. 정치제체나 중앙관제의 개편을 논하면서 환관들 역시 정비되어야 한다고 주장하였다. 여기서는 17세기 초반에서 19세기 중반까지 대표적인 실학자인 磻溪 柳馨遠(1622~1673), 星湖 李瀷(1681~1763), 茶山 丁若鏞(1762~1836)의 환관제 개혁론을 살펴보고자 한다.

1. 柳馨遠의 宦官論

磻溪 柳馨遠(1622~1673)[126]은 국가를 부강하게 하기 위해서는 제도적인 개혁이 이루어져야 하며, 농민들의 안정된 생활을 위해서는 耕者有田의 원칙과 균전제를 주장하였다. 또한 병농일치의 군사제도인 府兵制, 세제, 녹봉제의 정비를 주장하였다. 그리고 과

---

126) 조선 후기의 실학자. 본관은 文化. 자는 德夫, 호는 磻溪.

거제의 폐지와 貢擧制 실시, 신분제 및 직업 세습제의 개혁, 학제
와 관료제의 개선 등을 이루어 天德과 道가 일치되는 이상국가의
실현을 주장하였다.

정치제도 개혁론을 살펴보면, 그는 성리학의 禮治主義의 관점에
서 養民과 교화를 궁극적인 목표로 설정하지만 전통적인 의복・
가옥 등은 국가가 관여하여야 한다고 하였다. 그의 중앙관제 개혁
안은 중앙 및 왕실 기관을 대폭적으로 축소시켜 행정체계를 간소
화하고, 거대한 왕실 권한과 재정을 축소시켜야 한다고 하였다. 즉
掌隸院・司諫院・藝文館・內需司・宗親府・中樞府 등을 폐지
또는 통합하자고 주장하였다. 특히 그 중에서 宮中과 府中을 구분
하였다. 궁중 중심의 폐쇄적인 권력 기반 형태에서 벗어나 의정
부・6조 및 각 속사 등 정부기관 중심으로서의 확대, 개방적인 국
가권력 기반강화 형태로의 개편을 주장하였다. 총 70개의 속아문
중 그 절반이 넘는 44개의 궁중관계 관아를 통폐합하여 재정을 줄
이는 방안을 제시하였다. 그러나 대신에 국왕 측근 기구는 강화되
어야 한다고 주장하였다. 대다수의 관제를 혁파하고 난 뒤에 다시
설치하는 관제 개혁, 즉 체제 개혁적 관제개혁을 주장하였다.127)

환관론을 살펴보면, 먼저 제도적인 면에서 내시부를 통합하여
액정서에서 그 임무를 전담할 것을 주장하였다. 액정서는 대궐의
監膳・傳命・守門・掃除의 임무를 맡는다고 하여 내시부의 임무
를 액정서로 이관하고 있음을 보여준다. 그 관원으로는 상선 2인
(정7품), 상전 2인(종7품), 상책 3인(정8품), 상호 3인(종8품), 상설 5
인(종9품), 상제 5인(종9품)을 두자고 하였다. 즉『경국대전』의 내

---

127) 鄭求福, 1970,「磻溪 柳馨遠의 社會改革論」『歷史學報』 45 ; 宋復,
      1982,「柳馨遠 官制改革論의 現代的 照明－京官職을 中心으로－」
      『韓國政治學報』 16.

시부조에 있는 명칭은 대부분 그대로 두고 인원을 140인에서 50인
으로 줄이고 품계 역시 상선의 경우 종2품에서 정7품으로 낮추는
방법을 주장한 것이다.

<표 8> 『經國大典』과 柳馨遠의 比較

명칭	경국대전		유형원의 주장	
	인원	품계	인원	품계
尙膳	2	종2	2	정7
尙醞·尙茶	1, 1	정3		
尙藥	2	종3		
尙傳	2	정4	2	종7
尙册	3	종4	3	정8
尙孤	4	정5	3	종8
尙帑	4	종5		
尙洗	4	정6		
尙燭	4	종6		
尙烜	4	정7		
尙設	6	종7	5	종9
尙除	6	정8	5	종9
尙門	5	종8		
尙更	6	정9		
尙苑	5	종9		
59인 총140인		합계	20인 총50인(무관직자 30)	

이외에 관직이 없는 환자가 30인으로 그 중에서 10인은 매월 봉
록이 4斛이고, 20인은 3곡을 받는다고 하였다. 이들은 모두 2번으
로 나누어 입직을 하며 皁隷는 9인이며, 소사는 30인이라고 하였
다. 또한 掖庭別監 67인을 정하였다. 이것으로 보아 관직 품계는 7
품 이하로 내리고, 인원은 줄이는 방안을 제시하였다.

환관에 대한 考課에 대하여서도 관직을 받지 못한 사람과 교대
근무를 마치고 나가는 사람은 날마다 日課의 강이 있으며, 『小學』
과 4서를 통한 후에야 학과를 면제시킨다고 하였다. 단 나이가 40

세가 된 자도 면제시킨다고 하였다. 또 봄과 가을에『소학』과 4서
를 강독, 고사하여 녹봉을 가감하며, 강을 잘하는 자는 3개월 동안
쌀 1곡을 더 주고, 통하지 못한 자는 녹봉을 3개월 동안 쌀 1곡을
감한다고 하였다.[128) 또한 강학을 통하여 고과를 평가하고 녹봉을
주자고 하였다.

환관의 결혼 문제에 대하여, 환관이 아내와 첩을 많이 두는 것은
정당하지 못하다고 하였다. 그들 중에서 아내와 첩을 두고 있는 사
람은 곤장 1백 대를 치고 명부에서 이름을 지우고 그 여인의 主婚
者도 같이 처벌하자고 하였다. 그의 환관론은 관직을 종2품에서 축
소시키면서 그들에 대한 講을 중시하였다.

그의 환관제 개혁론은 궁중 관제의 통폐합 원칙에 따라 내시부
를 폐지하고 액정서로의 통합을 주장하였다. 재정의 축소를 위해
관직명과 인원수를 축소시키는 한편 7품 이하로 품계를 낮추는 것
을 주장하였다. 그 외에 관직에 없는 자 30인은 녹봉만 주자고 하
였다. 그와 함께 환관들의 고과를 정하고 이에 통과하지 못할 시에
는 봉록을 가감하는 조치를 취하여야 한다고 하였으며, 결혼에 대
하여서도 비판적인 입장을 취하였다.

2. 李瀷의 宦官論

星湖 李瀷(1681～1763)[129)은 인재등용에 있어서 문벌이나 당색
중심의 정치를 타파하여야 하며, 관료기구를 개편하는 동시에 생
업에 종사하지 않는 양반들의 생리를 바로잡아야 한다고 하였다.
즉 양반도 생산에 직접 종사하는 士農合一을 주장하였다. 양반이

128)『磻溪隨錄』권15, 職官制 上 京官職.
129) 조선 후기의 실학자. 본관은 驪州. 자는 自新, 호는 星湖.

라도 상업에 종사해도 무방하다고 보았다. 이에 신분제적인 사회 구조를 고쳐서 점진적으로 노비의 신분을 해방시켜는 良賤의 합일 도 아울러 주장하였다.

王道政治의 실현을 위해 德治로써 仁政을 베풀어야 한다는 본 원적인 유교정치를 지향하였다. 그는 정치기강을 바로잡는 동시에 통치기구의 개편도 구상하였다. 즉, 중앙에서 유명무실한 의정부의 기능을 복구시켜 의정기능을 활성화하고, 대간제도를 확대시켜 언 로를 넓혀야 한다고 믿었다. 인사행정도 그것을 총괄하는 總章司 를 새로 설치해 문벌존중의 폐습을 버리고, 조상의 신분·경력에 관계없이 개인 능력본위로 해야 한다고 하였다. 뿐만 아니라 합리 적인 수급계획에 의한 인사조처와 試補制의 채용, 文武竝用, 관리 고과에서 비례평가제의 도입을 주장하였다. 그러므로 전제를 개혁 하는 한편, 승려·倡優·宮婢·掖屬 등 遊食者와 冗官을 없애 재 정을 긴축시켜서 濫徵을 없애며, 관개·수리사업을 일으키고 경지 개발에 힘쓸 것을 강조하였다.

성호는 과거에도 나라의 弊政을 고치기 위한 李栗谷의 更張論 이 묻혀 버리고 시행되지 않았다고 하였다. 또한 田制를 위시한 제 반 제도를 개편해야 한다는 磻溪의 개편론도 비록 그 모두가 합당 한 것은 아니지만 당시대에 단 한 가지라도 시행되지 못한 것을 애 석하게 생각하였다.130)

그의 제도 개혁론의 근저에는 어디까지나 유교적 정치기구의 관료조직의 틀이 깔려 있었다. 그 역시 『周禮』를 근본으로 하여 제도의 개편을 주장하고 궁중과 부중을 하나로 보는 宮府一體論 을 주장하였다. 당시 정치체제에서 비변사의 정치 전담, 승정원의

---

130) 韓㳓劤, 1990,『星湖 李瀷硏究 − 人間 星湖와 그의 政治思想 −』, 서울 대출판부, 152~153쪽.

역할 축소, '閑官과 冗官'이 많다는 점을 지적하였다. 당시 비변사의 권한 강화를 반대하고, 의정부의 역할을 증대시킬 것을 골자로 하는 제도 개혁을 주장하였다. 재상은 왕이 政令을 재결하는 과정에서 왕을 보좌하는 의미로 해석하였다. 재상이 왕을 보좌하는 가장 중요한 역할을 하는 것을 경연이라고 하여 전기나 후기의 유학자들이 경연 등을 통해 왕권을 적절하게 통제하여야 한다는 의견이었다.

그는 궁중과 부중을 일치하는 것으로 보고 재생이 궁중의 용도를 절제하는 데에 있어서나 왕의 일상 동정을 규제할 수 있는 유일한 자라고 하였다. 즉 왕실은 하나의 公家라는 견지에서 왕자나 비빈의 작록도 이미 제정되어 있어 원칙적으로 이를 초월할 수 없다는 점을 강조하여 그가 성리학자들과 크게 차이가 없음을 볼 수 있다. 성호의 이러한 제안들은 당시 현실상으로 절대군주 하에서 신하가 군왕의 일상생활을 제한한다는 것은 관료정치의 이상에 지나지 않는다고 할 수 있다. 그도 전기의 유학자들과 같이 이것은 군왕의 君德如何에 달려 있다고 보고 이러한 과정에서 환관들의 억제책을 내세웠다.

환관론을 살펴보면, 그는 『通考』에서 "고구려에는 宦者가 없어 世族의 아들로써 내시를 삼았다"라고 하였는데, 여기서 환자가 없었다는 것은 벼슬이 없었다는 것이지 그 사람이 없었다는 것은 아니라고 하여 고대부터 환자가 있었다는 사실을 인정하였다.[131] 그는 왕의 덕이 손상되는 원인이 환관과 궁첩에 있다고 보고, 환관은 獨陽이며 궁첩은 獨陰이라 하여 어느 나라 말기든지 이들 무리가

---

131) 『星湖僿說』 권8, 인사문 句麗無宦者. 이것은 고려시대 문무귀족의 자제들로 구성된 내시원의 내시를 말하는 것으로 보인다. 고려시대 내시출신으로는 안향이나 김부식의 아들 김돈중 등이 있다.

많아져서 승통을 계승하지 못하게 되었다고 하였다. 송나라 인종 때 孫抃이 올린 상소에서 한나라 때에는 常侍가 4명, 小黃門이 10인 뿐이었고, 당나라 때는 1백 명이 넘지 않았다고 하였고, 한나라 順帝 때 郎凱는 당시 궁인이 1천 명인데, 이들은 어릴 때부터 격리된 생활을 하여 남녀관계를 통하지 못하므로 억울한 기운이 하늘을 감동시켜 황실의 자손이 자라지 못하게 하는 것이라고 하였다. 이에 왕실에 자손이 많게 하는 방법은 궁녀들을 내보내는 방법 뿐이라고 하였다. 현재 성호는 內侍와 內人이 많아 막대한 국록을 소비하는 데도 감히 말하는 자가 없다고 하면서 환관들의 수를 줄일 것을 주장하였다.132) 그 대책으로 처음에는 환관의 수가 적었다가 점차 많아졌다고 보고, 수가 많아지는 원인을 일정한 정수가 없는 것으로 파악, 환관들의 수를 일정하게 하기 위해서는 작은 나라의 경·대부와의 예를 모방하여 인원을 확정하여 봉급을 주면, 자라나는 환관이 없어질 것이라고 하였다. 후세에 폐단이 점점 늘어나는 것은 당초부터 정수가 없는 때문이라 하였다.133) 지금 조정 환관의 수가 많아 335명, 궁녀가 684명이라 하였고, 이들의 먹는 녹은 쌀이 1만 1,430석이나 된다고 하였다.134) 즉 환관에 대해서 무작정 억제할 것이 아니라 이들에 대한 정수를 정하고 일정한 임무를 제한한 후에 발호를 줄여야 한다고 하였다. 이러한 주장들은 반계가 구체적인 제도 개혁안을 내세운 반면에 성호는『周禮』의 원칙을 강조하였다는 점에서 차이가 있다. 그러나 성호 역시 원론적으

---

132)『星湖僿說』권10, 인사문 환관궁첩.
133)『星湖僿說』권16, 인사문 궁녀환관. 그는 유형원과 같이 관품을 줄이고 더 설치하지 말아 이들이 불어나는 폐단을 없애고 이들에 대한 일정한 규칙을 정하여야 한다고 하였다. 그렇지 않는 경우는 나라를 좀먹고 정사를 어지럽히고 말 것이라 하였다. 이러한 그의 주장은 환관을 필요없는 冗官으로 보고 혁파하여야 한다고 주장하였다.
134)『星湖僿說』권24, 경사문 환관궁녀.

로 환관을 억제해야 한다는 점에서 다른 학자들과 유사하다고 할
수 있다.

환관들의 복색 문제에 대해 살펴보면, 환관들의 직책은 누런 옷
을 입고 廩食하며, 문을 지키고 소제하는데 불과하므로 외정의 府
史·胥徒와 품계를 같게 해서 법으로 억제하고 낮추며, 그 복색을
구별하여 외정과 통하지 못하게 해야 한다고 하였다. 환관들에게
누런 옷을 입히는 것은 소임이 궁중에서 벗어나지 않게 하기 위해
서라고 하고, 중국과 같이 그 복식을 구별하여야 한다고 하였다.
늠식은 武班 守門將에 지나지 않게 하며, 아내를 맞지 못하게 하고
양자로 하여금 작위를 승습치 못하게 하여야만 한다고 하였다. 즉
東漢 張綱의 上書를 인용하면서 "옛날에 환자가 내정의 일을 맡게
하였음은 그 남녀의 욕심이 없고 자손이 누가 없음을 가지고 하였
다. 그런데 이제 養子를 해서 그 작위를 승습케 하였으니, 또 어찌
士人을 써서 대를 끊이지 않게 하느니만 하겠는가?"라고 하였
다.135) 결국 환관들이 복색을 구별하는 것은 이전에는 양자가 없어
관직을 승습하지 않아 크게 문제가 되지 않았다고 보았으나 지금
은 양자가 있어 관직을 승습하기 때문에 재물에 대한 욕심이 많아
졌다고 보았다. 이에 관직의 승습을 반대하였다. 또한 복식의 구별
은 태종 때부터 꾸준히 주장되어 온 것이다. 복색을 구별하여 일반
관원과 엄격히 구별하자는 것이다. 결혼의 금지 역시 반계와 동일
하였다. 늠식을 줄여야 한다는 것 역시 반계와 같은 주장이지만 양
자로 하여금 작위를 세습하지 못하게 하여 환관들의 발호를 근본
적으로 견제하여야 한다고 하였다.

환관들이 재정을 관리하는 것에 대하여 살펴보면, 재정이 환관
에게 집중되는 것은 극히 위험하다고 생각하였다. 崇禎(명나라 의

---

135) 『星湖僿說』 권17, 인사문 환시.

종의 연호)의 망함에는 환관이 재정을 잡고 있어 황성을 지키지 못
하는 지경에 이르렀는데도 환관의 집은 오히려 재화가 넘쳐흘렀다
고 하여 재화가 환관에게 독점되는 것을 방지하여야 한다고 하였
다.136)

환관들의 정치개입에 대하여서는 그는 국가의 정치를 어지럽히
는 것은 椒房과 權臣, 宦寺라고 하였다. 환관들은 몸이 근밀하여
자취가 나타나지 않으며, 먼저 임금과 결탁하고 다음에 후비와 결
탁하여 얕고 깊은 것을 짐작하고, 차고 더운 것을 헤아려서 점점
침식해 들어간다고 하였다. 중국에서는 황제들이 환관들을 신임하
여 황제와 재상들이 이들의 노예가 되었다고 하면서 경계할 것을
강조하였다.137)

이처럼 그는 의정부의 기능을 강화하고 비변사를 폐지할 것을
주장하였다. 왕의 일상생활을 재상들이 살펴야하며, 왕은 덕치 여
부에 따라서 통치할 것을 강조하였다. 그리하여 당시 정치적으로
문제되었던 환관의 수적 증대의 불합리성, 재정 관리의 문제점, 복
식의 제한, 결혼의 반대, 정치 개입의 반대 등을 주장하였다. 이러
한 주장들은 당시의 고위 관료학자들의 생각과 일치하는 경향을
보인다. 이것은 그가 다른 유학자들과 마찬가지로『周禮』를 중심
으로 하는 제도 개혁도 있지만 그 당시의 정치적 현상, 환관·궁첩
들의 처지나 재정적 개입 정도를 반영한 것이다.138)

---

136)『星湖僿說』권17, 인사문 興亡繫奢儉.
137)『星湖僿說』권27, 경사문 唐不立后.
138) 이러한 주장들은 다른 실학자들이 경연·승정원 등 신하들의 역할 축
　소를 주장하는 것과 반대되는 입장이다. 그는 언로의 확대를 위하여
　사헌부의 기능 강화 諫官전임제를 확대하여 간관겸임제를 채택하여
　여러 요직을 지낸 내외 관료에게는 간관을 겸하게 하여 諫論·論駁
　의 기능을 다할 수 있도록 해야 할 것과 정기적으로 대소 관료에게
　간언의 기회를 부여할 것 등 언로의 개방을 주장하였다. 이것은 다산

3. 丁若鏞의 宦官論

茶山 丁若鏞(1762~1836)[139]이 살았던 시대는 정치적으로 붕당
정치 이념이 쇠퇴하고, 왕권강화를 통해 변동에 대응하였던 탕평
책마저 실효를 거두지 못한 시기였다. 이후 정국운영의 관행으로
자리잡게 된 세도정치는 견제세력 없이 소수의 척족가문에 권력이
배타적으로 집중되어 있던 시대였다. 그는 반계 유형원과 성호 이
익으로 이어지는 남인계 실학자의 학통을 계승하면서 燕巖 朴趾源
(1737~1805) 등의 북학 사상을 계승, 조선후기 실학을 집대성한
인물이다.

정치·경제·사회·문화 등 역사 현상의 전반에 걸쳐 전개된
그의 사상은 조선왕조의 기존 질서를 전적으로 부정하는 '혁명론'
이기보다는 조선왕조의 질서를 새롭게 강화시키려는 의도를 가지
고 있었다. 정약용은 당시 조선왕조가 직면한 위기를 해소하고 왕
도정치가 실현되는 이상적 사회로 재편되기를 희구하였다. 정치사
상을 군주권의 절대성과 우월성을 내용으로 하는 왕권강화론을 제
시하였다. 閥閱이 권력을 장악하고 정치를 전횡하던 상황에서 국
가 공권력의 회복을 위해 왕권의 절대성을 강조했던 것이다. 그는
국왕이나 관료가 공적인 관료기구를 통해 권력을 행사하는 것을
가장 이상적인 형태로 파악하였다. 이를 바로잡기 위해 정약용은

이 일정하게 신하들의 역할을 견제하여야 한다는 것과 다른 점이 많
다. 이러한 점들은 환관의 필요성의 문제에서도 차이를 보인다.
139) 조선 후기의 실학자. 자는 美鏞. 호는 茶山·俟菴·與猶堂·苶山. 近
畿 남인 가문 출신으로, 正祖 연간에 문신으로 仕宦했으나, 西學으로
인해 장기간 유배생활을 하였다. 一表二書(經世遺表·牧民心書·欽
欽新書) 등 모두 500여 권에 이르는 방대한 저술을 남겼고, 이 저술을
통해서 조선 후기 실학사상을 집대성한 인물로 평가되고 있다.

관료기구의 개혁안 마련에 주력하였다. 이전까지 비변사가 장악하던 군국기무 처리 기능을 의정부에 회복시키고 고위관직에 대한 인사권을 부여함으로써, 의정부가 관료기구의 중심이 되는 행정체계를 구상하였다.

사회 신분제도 개혁론을 보면, 고착적 신분제보다는 사회적 분업에 가까운 개념으로 사회를 재편하고자 하였다. 그는 모든 신민을 士農工商圃牧虞嬪走의 九職으로 나누어 배치해야 한다고 보았다. 이는 직역에 대한 종래의 신분적 파악에서 사회 분업에 따른 직능적 파악으로 나아갔음을 보여준다. 또한 인간의 본질적 평등에 관해서는 인정을 했지만 신분간의 위계질서는 어느 정도 필요한 것으로 보았다. 그는 양반 사족의 지도나 통솔이 없이는 국가가 존립할 수 없다는 신분관을 가지고 있었다. 이러한 인식은 교육관에도 드러나 양반 자제와 서민은 교육기관이나 교육내용을 엄격히 구분하여야 한다고 하였다. 양반은 통치자로서 갖추어야 할 덕목을 배우고 평민은 피지배자로서 지켜야 할 윤리를 배워야 한다는 것이다. 즉 정치의 담당자는 양반임을 내세우는 고정된 신분관에서 벗어나지 못했으며, 완전한 신분제의 타파로 나아가지도 못하였다.

다산 역시 정치적 개혁의 모델은 현실 개혁을 표방한 학자들인 鄭道傳이나 유형원, 이익과 같이 『周禮』였다. 다산은 중앙 집권적 통치 질서를 주장하는 『周禮』를 수용하여 관직체계와 관료조직을 개혁해 나갈 수 있도록 재구성되어야 한다고 보았다. 다산 역시 군주의 권위를 절대적인 것으로 상정하고 왕권강화의 입장을 표방하였다. 기존 조선의 관료 기구에서는 일반 행정기구 외에 왕명출납 기구인 승정원과 언론을 담당하는 대간 등 정치적 비중이 큰 기구들과 군영아문들은 병렬적으로 국왕에게 직속되어 있었다. 행정기

구인 6조의 경우에도 체계상 의정부에 예속된 것이 아니며 直啓權
을 갖고 의정부와 관계없이 국왕에게 직속되어 있었다. 그러나『經
世遺表』에서는 기존 아문들이 모두 '의정부-6조'체계 속에 재배치
되었는데, 이는『주례』에서 "모든 관원은 6관에 예속되고 오직 3공
만이 6관의 위에 있다"는 원칙에 따른 것이다. 즉 의정부를 통해
행정의 본체인 6조를 중심으로 관료체제를 강화하려는 것이다. 그
중에서 특이한 것은 승정원·군영아문·왕실관련아문의 재배치를
들 수 있다.

승정원을 이조에 소속시킴으로써 명령 전달체제를 일원화하고,
행정체제 이외에는 별도의 정치기구의 존재를 부인하여 왕명의 전
달과 집행 모두가 관료기구를 통해서만 이루어지도록 한 것으로
절대왕권에 대한 제약적 성격을 갖는 것이다. 왕실관련 담당아문
을 모두 이조에 집중하였는데, 그 결과 이조는 인사담당 기구라는
고유 업무 이외에 왕실에 관련된 제반 업무를 총괄하였다. 다산은
이에 대해『주례』의 '天官(이조)의 본디 직분은 왕실의 일을 관장
하는 것'이라 하면서 궁부일체론을 주장하였다. 이러한 궁부일체
론은 왕실과 행정기구를 하나로 통일 운영시켜야 한다는 것이다.
국왕이 국가의 경제력이나 물리력을 사적으로 소유함을 배제하는
것으로 외척이나 환관 등 왕과 사적관계에 있는 세력에 의해 정치
가 좌우 되는 것을 거부하였다.[140]

그러한 정치기구의 개편 속에서 다산의 환관제 개혁론을 살펴보

---

140) 趙珖, 1980,「丁若鏞의 民權意識 研究」『亞細亞研究』56, 97쪽. 鄭道
傳의 冢宰中心制 政治體制論, 李珥의 宮府一體論, 이익의 의정부 기
능 복구론 등은 그 입장대상이나 개혁의 대상은 차이가 있으나 모두
왕권의 절대화나 왕과 사적으로 연결된 세력에 의한 정치의 전황을
반대하는 것이다. 다산의 궁부일체론이나 6조체제강화론 역시 이런
맥락에서 볼 수 있을 것이다.

면, 먼저 내시부에는 상선 奄 3품 4인·상탕 上士 8인·상촉 中士 16인·상혼 下士 32인·習讀 엄 40인을 둔다고 하여 전체 1백 인으로 약간 줄어들었다. 이것은『周禮』에 內小臣으로 閽人·寺人 등은 모두 閹人이고 천관 총재에 소속되었으나, 또한 宮과 府가 일체한다는 뜻이다. 이 제도를 그대로 하였다고 하여 지금의 제도가『周禮』와 차이는 있지만 제도의 존재 자체는 인정하였다. 그러나 인원면에서는 반계나 성호처럼 수적으로 많이 줄이는 것이 아니라 직급을 하향 조정할 것을 주장하였다. 그는 원전에 상선 2원 종2품, 상온·상다 각 1원은 정3품, 그 아래로 또 상약 등이 있어 정3품에서 종9품까지 모두 59인인데, 그 중에서 좋은 명칭만 가려서 6등급으로 분간하고자 하였다. 이에 상탕이 8인으로 그중 4인은 典帑으로, 상촉이 16인으로 그 중에서 8인은 典燭이라 하며, 상혼이 32인이니 그 중에서 16인은 典閽이라 칭하였다. 그러므로 그 수가 56인 (원전에는 60인)이므로 그 전과는 수적으로 차이가 나지는 않지만 등급을 재조정하고 명칭을 변경하였다. 그는 환관들이 원전에는 종2품으로 되어있는데, 지금 제도의 테두리를 넘어서 있는 것은 잘못이라고 하였다. 다산은 자신이 정한 직품이 3품관 4인을 둔다고 한 것은『주례』의 제도가 아니라 하여 예외적인 규정을 인정하였다.[141] 또한 掖庭署에 대하여 국법에 外朝에는 신하가 내시와 더불어 말을 할 수 없다고 하면서 내시부에 제조가 없는 것이 옳다고 하였다. 이에 액정이 비록 천하다고 하지만 朝官과 더불어 일을 하는 사람이기 때문에 제조가 필요하다고 하였다. 이에 도승지 2인을 액정서 제조를 例兼하자고 하였다.[142] 즉 내시들이 담당하는 각 제조를 일반 조관들이 맡게 하자는 것이다. 이러한 그의 개혁안은 반

---

141)『經世遺表』권1, 내시부.
142)『經世遺表』권1, 액정서.

계나 성호가 『주례』를 이상으로 하는 원칙적인 면만을 주장한 데
비하여 현실을 인정하고 환관들을 억제할 것이 아니라 이들의 존
재가 필요불가결한 존재인 이상 제도를 그대로 두면서 직급을 단
순화 시키는 방안을 제시하였다. 이는 당시 현실상 절대군주인 왕
에게 이들의 역할은 중요하였다는 면이 반영된 것이다.

다산 역시 왕이 정치를 專斷하는 것을 견제하였던 것과 마찬가
지로 환관들이 정치에 개입하거나 신하들이 이들에게 아첨하는 것
은 지양하였다. 환관들이 정사에 관여하는 것을 환란의 원인이 된
다고 하였다. 송 휘종 때 내시를 시켜 經田을 시키자 측량의 차이
가 심하였고, 公田도 억지로 징수되면서 이에 靖康(宋 흠종의 연
호) 연간의 患亂이 일어났다고 하였다. 명나라 때도 太監들이 여러
도의 官田을 측량한 관계로 측량이 바르지 못하게 되었다고 하였
다.143) 그는 수령들이 환관이나 권력에 아부하여서는 안된다고 하
면서 내시가 자기의 고을을 지나가도 바른 주장으로 그를 억제하
여야 하며, 임금의 행차가 지나가더라도 백성을 괴롭혀 가면서 왕
에게 잘 보이려고 하지 말아야 한다고 하였다.144) 이와 같은 생각
들은 왕권 강화를 주장하면서 신하들의 정당성을 인정하는 유학자
들과 크게 다르지 않다.

다산은 기존의 반계나 성호와는 달리 좀 더 현실적인 면에서 환
관론을 제시하였다. 유학자들과 같이 정치적 개입이나 제도상 환
관들이 用事하는 것은 철저하게 반대하는 입장을 취하고 있는 반
면에 『주례』의 제도만을 무조건 따를 것이 아니라 현재 이들의 역
할을 인정하고 체제 내의 개편을 주장하였다.

---

143) 『經世遺表』 권6, 지관수제・전제5.
144) 『牧民心書』 禮典, 六條 賓客.

4. 宦官論의 性格

조선시대 전시기에 걸쳐 환관에 대한 인식은 부정적이었다. 이와 같은 이유는 그들의 역할이 왕의 측근에 존재하는 자들로서 중국과 같이 언제든지 발호할 가능성이 있기 때문이었다. 그러나 동시에 환관의 필요성 또한 인정하였다. 실학자들은 당시 벌열들이 권력을 전단하고 있는 비변사 중심의 정치체제를 의정부와 6조 중심으로 변화시켜야 한다고 주장하였다. 이와 함께 신권을 억제하고 왕권을 강화시켜야 한다고 주장하였다. 그러나 너무 왕권이 강화되는 것은 반대하였다. 그와 함께 왕의 측근에 있는 환관들에 대한 개혁론을 주장하였다.

먼저 환관들의 인원을 살펴보면, 고려 말 120여 명에서『經國大典』에는 140명, 연산군대 이후에는 160여 명이었다. 조선후기에는 실제 350여 명 정도가 근무하였다. 즉 궁중 내 실제 수는『周禮』의 규정보다는 상당히 많은 것이다. 이러한 내시부의 인원 증가에 대하여 조선초기 大司憲 南在 역시 환관 중에 근실한 자를 뽑아서 2번으로 나누고 각 번마다 15인으로 하여서 궁문, 소제의 일만을 맡기고 간사한 환관을 억제할 것을 주장하였다.[145] 이러한 주장에 대하여 실학자인 반계는 품계는 7품 이하로 한정하고 관직명을 축소하면서 관품이 없이 녹봉만 지급하는 환관을 두자고 하였다. 전체 인원은 전반적으로 축소를 주장하였다. 성호는『주례』를 따를 것을 주장하면서 일정하게 임무를 제한하고 그 수를 줄여야 한다고 하였다. 그는 한나라 때도 10여 명이 넘지 않았고, 당나라에는 100여 명이 넘지 않았으며, 한나라 때 1천 명이 되자 원한이 쌓여 황

---

145)『太祖實錄』권2, 원년 9월 기해.

실의 자손이 繁昌하지 못하였다고 하였다. 즉 지금 어느 누구도 수를 줄이자는 말을 하지 않는다고 하면서 작은 나라의 경·대부의 예를 모방하여 인원을 확정할 것을 주장하였다. 즉 하나의 대안책을 제시하였다고 볼 수 있다. 다산은 인원은 비슷한 데 비하여 품계에서 상하를 조정하고 명칭을 가려서 6등급으로 조정할 것을 주장하였다. 조선후기 金壽恒은 이들이 신분은 미천하지만 衣冠을 차리는 사람으로 생각하였다.146) 결국 환관을 양반이 아닌 중인으로 여겼고, 이에 관품을 7품 이하로 줄이는 방안을 제시한 것이다. 그러나 다산은 현실적인 면을 인정하되 종 2품은 너무 높다고 보고 3품 정도가 적당하다고 하였다. 그리고 환관들이 제조를 담당하는 것 역시 못마땅하게 생각하였다. 그들 역시『주례』의 제도가 이상적인 것은 인정하지만 조선후기 현실상 내시부나 환관에 대한 폐지는 불가능하다는 것을 인정하였다. 이러한 견해들은 조선전기의 학자들과 비슷한 경향을 보인다. 그 정원을 줄일 것을 주장하지만 그들의 필요성은 인정하였다. 후기인 인조 때에도 이와 비슷한 경향을 보인다.

> 환관과 궁첩의 수가 점점 많아져서 내관이 160명, 나인이 230명, 별감이 150명이라 합니다. … 옛날 어진 임금은 좌우에서 모시는 내관은 겨우 명을 전달할 정도였으나 재앙을 만나 궁인을 방출할 경우도 있습니다. 바라건대 나인과 환관·별감을 모두 더 줄이소서.147)

간원들은 내관이나 나인의 일은 적고 인원은 많기 때문에 줄일 것을 주장하였다. 이에 대하여 왕은 내관과 나인·사령은 부족하

---

146)『光海君日記』권14, 원년 3월 신묘.
147)『仁祖實錄』권39, 14년 8월 임신. 이와 같은 논의는 이후 대사간 尹煌 역시 물자의 부족을 들어 필요 이외의 인원은 파면할 것을 주장하였다.

기는 하나 헤아려 보겠다고 하여 오히려 환관들의 수가 적다는 의
사를 표명하였다. 그러나 왕 역시 환관들이 권력 집단화하는 것을
반대하였다.

환관들이 결혼하는 것에 대하여 살펴보면, 반계와 성호는 환관
들의 결혼을 반대하였다. 이들과 결혼하는 자들은 재물을 보고 시
집가는 것으로 이것은 부당하다고 하였다. 이들은 인격적인 존재
가 아니며 천륜을 모르는 존재라고 하였다. 또 다른 요인으로는 결
혼을 함으로써 재물에 대한 욕심을 부추길 수 있다고 인식하였다.
이러한 환관들의 결혼에 대하여 사림 역시 반대하였다. 연산군대
前昌原府使 趙之瑞 역시 환관이 장가들어 부부생활을 하는 것은
우리나라에만 있는 것으로 이것은 음양의 化를 상실해서 水旱의
재앙을 부르는 것이라 하였다.[148] 丹城訓導 宋獻仝은 중국의 예에
의하여 내시들에게 처첩을 두는 것을 금지하자고 하였다. 그 원인
은 내시가 처첩을 두는 것은 원망이 쌓이고 화기를 손상시켜 간혹
실행하는 수가 있어 成治에 累를 끼친다는 것이다. 환관은 음양질
서에 맞지 않는 사람이라는 것이다.[149] 성균관 생원 李敬 등은 便
宜 10條를 올리면서 결혼은 부모된 도리를 아는 사람만이 하는 것
으로 이것으로 인하여 교화가 이루어진다는 것이다. 그런데 내시
가 아내를 갖는 것은 실로 天地間의 한 變事이며, 이들은 결혼을
함으로써 여자의 원망이 재앙을 부르게 된다고 결혼을 금지시켜야
음양이 조화롭게 된다는 것이다.[150] 한효원 역시 재변 시 궁녀를
내보내는 것은 부녀의 숨은 원망이 음양의 화기를 손상하는 것이

---

148) 『燕山君日記』 권4, 원년 4월 갑술.
149) 『燕山君日記』 권28, 3년 11월 신유. 韓忠 역시 환관이 결혼을 함으로
　　써 어리석은 백성들이 부귀를 보고 시집가는 것이 부당하다는 것과
　　상통한다고 보았다(『中宗實錄』 권33, 13년 6월 정해).
150) 『中宗實錄』 권12, 5년 12월 신축.

라 하면서 환관이 아내를 두는 것도 마찬가지 이치라고 하였다.[151]
이것은 趙光祖(1482~1519)가 주장한 환관이 결혼을 함으로써 어
리석은 백성들이 부귀를 보고 시집가는 것이 부당하다는 것과 상
통한다.[152] 또한 성호는 결혼을 금지하는 한편으로 양자를 들여 관
직을 승습하는 것은 잘못이라 하였다. 이것은 발호할 수 있는 원인
이 되므로 근본적으로 막아야 한다고 하였다.

환관들의 복색에 대하여 성호는 환관들의 직책은 문을 지키고
소제하는 데 불과하다고 하면서 법으로 억제하고 낮추며, 그 복색
을 구별하여 외정과 통하지 못하도록 하자고 하였다. 그리고 환관
들이 누런 옷을 입는 것은 소임을 궁중으로 한정한 것으로, 중국과
같이 그 복식을 구분하자고 하였다. 이와 같은 복식의 구별은 조선
초기 최만리 역시 환관들의 복색에 대하여 軟脚 烏紗帽를 사용하
는 것은 옛 법제에 맞지 않는다고 하면서 중국의 예를 따라 관을
쓰도록 할 것을 주장하였다. 그 이유를 최만리는 환관들이 왕의 총
애를 받아 권세를 얻어 그 관을 바꾸지 못하였다고 하였다.[153]

재정적인 문제를 보면, 성호는 환관들에게 재정을 맡기는 것은
극히 위험하다고 보았다. 명나라가 망한 것도 환관들이 재정을 관
리하였기 때문이라 하였다. 이와 같은 의견은 다산 역시 동일하다.
다산은 송나라 휘종 때 환관들이 재정을 관리하게 되면서 환란이
일어났다고 하였다. 이에 대하여 聾菴 柳壽垣(1694~1755) 역시 조
선의 환관들은 중국과 같이 정치에 관여하는 정도는 적으나 內帑
이 환관을 억제하는 공이 크다고 보았다. 그는 환관들은 내탕을 차
지하는 명색에 불과하여 이것으로 인하여 의복·음식·식기 등을

---

151) 『中宗實錄』 권19, 8년 10월 신해.
152) 『中宗實錄』 권33, 13년 6월 정해.
153) 徐居正, 『筆苑雜記』

마련하고, 자신의 부를 축재하였기 때문에 만약 내탕을 없애버린
다면 밖의 일에 간섭할 수도 있다고 하여 이는 내탕을 좀먹는 것보
다 크다고 하였다.154) 이와 같이 농암의 의견은 조선후기의 환관들
의 실상을 가장 잘 파악했던 것으로 생각된다. 즉 내수사나 왕실의
私藏을 관리하는 임무의 특성상 재정적인 문제 특히 내탕의 착복
은 많을 수밖에 없었다.

정치 관여의 문제를 보면, 실학자나 관료 모두 환관들의 정치 관
여를 반대하였다. 반계는 결혼과 기구 정비를 통하여, 성호는 복
색·내시부의 정비·冗官 혁파 등을 들어 정치 관여를 반대하였
다. 성호는 국가의 정치를 어지럽히는 것은 초방과 권신·환관으
로 보고 이를 경계하여야 한다고 하였다. 다산 역시 왕의 정치 전
단을 반대하였고, 환관들의 정치 개입을 반대하였다. 신하들이 왕
에게 잘 보이기 위하여 환관에게 아부하지 말아야 한다고 하였다.
이와 같은 의견들은 관료학자들 역시 꾸준히 주장하였다.

이처럼 관료학자들과 실학자들은 시대에 따라서 조금의 차이는
있지만 비슷한 의견을 제시하였다. 실학자인 반계나 성호·다산은
서로 방법적인 면에서 차이는 있지만 왕권을 강화하면서 왕의 절
대적인 권한은 방지하고자 하였다. 정치적으로 반계와 성호는 왕
권을 인정하면서도 경연 등의 중요성을 강조하여 신하들을 통한
왕권강화를 주장하였다. 그리하여 반계는 선조 이후 환관들의 농
간에 대하여『주례』에 따른 이상적인 제도 개혁을 주장하면서 내
시부를 액정서에 통합하면서 관직의 품계를 낮추고 講을 통해 봉
록을 가감한다는 방법을 취하였다. 이러한 주장들은 성호에 와서
도 비슷한데 성호가 경연을 강조하는 점을 보아서도『주례』를 이
상으로 하면서 숙종대 환관들의 정치 개입을 적극적으로 비판하면

---

154) 柳壽垣,『迂書』권10, 論內帑.

서 신하들의 입장에서 왕권을 강화할 것을 주장하였다. 내시부의 개편에 대하여서도『주례』에 따라 수를 줄이고, 직급을 낮추어야 한다고 하였다. 즉『주례』의 이상적인 면을 강조하였다고 할 수 있다. 환관들의 정치개입을 방지하기 위하여 중국의 경·대부의 예에 따라 일정한 수를 정해야 한다고 하였다. 다산의 경우는 영·정조의 현실적 상황 속에서 절대적인 왕권을 부정하면서도 신하들이 왕권을 약화시키는 것 역시 반대하였다. 그는『주례』의 이상적인 면을 인정하면서도 현실적인 면을 강조하였는데, 수적인 면에서는 그대로 두되 관직체제를 바꾸어 그들이 정치에 관여하지 못하게 하여야 한다고 하였다. 이것은 다산이 현실적으로 이들의 역할을 인정하고 있었다는 것을 의미한다고 할 수 있다. 환관들의 정치 개입이나 재정의 전담 등은 반계나 성호·다산 역시 조선 전·후기의 학자들과 마찬가지로 금지하였다. 내수사의 장악에 대하여서도 관료학자들과 마찬가지로 환관들의 내수사 개입을 반대하였다. 결혼 금지·복색의 개정 등의 면에서 관료들과 유사하다고 할 수 있다. 이들 역시『주례』를 통한 성리학을 근본으로 한다는 점에서 조선 전·후기의 학자들과는 크게 차이는 보이지 않는다. 내시부 자체는 인정하되 체제의 변형 내지 축소를 주장하였다.

이상으로 실학자들은 조선후기 왕권이 급격하게 약화되는 과정에서 비정상적인 신권강화를 비판하면서 의정부-6조 체제를 통한 체제 정비를 주장하였다. 그러나 권력이 왕에게 집중되는 것 역시 반대하였다. 그와 함께 왕의 측근인 환관들이 정치에 개입하는 것을 반대하였다. 이러한 면에서 관료나 실학자들의 주장은 서로 상통하는 면이 있다. 즉 환관들이 내시부를 만들어 독자적인 관부를 만드는 것 자체를 못마땅하게 생각하면서 축소 내지 폐지를 주장하였다. 정치적으로 개입을 미연에 방지하기 위한 조치를 요구하였다. 조관직 진출 금지, 전명권의 제한 등과 함께 관품제한·결혼 금지·복색구분 등을 주장하였다. 환관이 정치에 참여하는 것은 당연히 금지되어야 하고, 이들이 왕명을 출납하는 것 자체가 잘못이라고 인식하였다. 이러한 주장들은 조선전기 관료들이나 사림, 조선후기 관료들이나 실학자의 환관인식과 동일하다.

즉 필요성은 인정하지만 정치·사회적으로 엄격히 제한하고자 하였다. 이러한 조관과 환관의 구별의식은 성종대 무렵에는 확연해진다. 성종은 환관은 조사는 아니라고 하였다. 그리고 신하들이 대신은 왕의 腹心이고, 대간은 전하의 耳目이며 侍從은 전하의 手足이지만, 환관은 왕의 家奴이며, 醫官은 雜類라고 구분하는 것과 동일한 맥락이다. 이러한 의식은 중종을 거쳐 선조 이후에 고착화되었다. 조선후기에는 환관과 조사를 엄격히 구분하여 상호 교류를 엄격히 제한하였다. 내시부에서 공문을 보내지 말게 하거나, 출납을 엄격히 제한하였다. 이들을 인격적인 존재로 여기지 않았으며, 이를 법제적으로 엄격히 구분하려고 하였다. 이것은 실학자들 역시 마찬가지로 결혼 금지, 복색 구분, 정치개입 방지를 주장하였다.

이상으로 관료들이나 실학자들은『주례』를 이상으로 하면서 환관들의 역할을 축소하기 위한 제도적 장치 마련이나 결혼 금지, 복색 구별 등 다양한 방식으로 개혁론을 주장하였다.

결 론

　조선시대 환관에 대한 연구는 전혀 진행되지 못하였다. 이것은 유교를 이념으로 하는 조선시대에 환관들의 위상이 단순하였을 것이라는 선입관에서 출발한다. 중국에 비하여 현저하게 위축된 존재라고 생각하여, 환관들의 위상은 보잘 것 없는 것으로 치부하였다. 그러나 통일신라 때부터 환관의 존재가 확인되고, 조선시대 단일 관부로 가장 많은 인원을 차지하였으며, 조선말기까지 존재하였다는 사실만으로도 그 중요성을 가진다. 즉 원간섭기를 지나 조선시대에 환관들이 억제되는 과정에서도 폐지되지 않고 존속된 이유는 궁중 내에서 중요한 임무를 수행하였기 때문이었다. 이것은 조선시대 왕이 가지는 이중성의 문제였다. 왕(또는 황제)은 하늘의 황제성에 비유되는 존재이기는 하지만 조선의 경우 유교적인 질서 재편 과정에서 왕도 수행하는 한 사람이기 때문에 이러한 논리에 순응해야만 하였다. 이것이 조선과 중국 환관과의 역할 차이로 나타난다. 결국 조선에 있어서는 정치적인 역할을 억제하는 대신에 기본적인 임무에 충실하였다. 이상의 내용을 정리한 후 왕과 신하들의 입장과 사회적인 면에서의 환관에 대한 인식을 정리하고자 한다.

　먼저 환관은 동서양 모두 고대부터 존재하였다. 우리나라의 경우 기록상으로는 통일신라 때부터 존재하였으며, 고려전기의 경우 궁중 내 소수의 인원이 잡역에 종사하였다. 이후 인종과 의종대 환관들이 내시직에 진출한다. 의종의 총애를 받은 정함은 내시직에 진출하는 한편 내전숭반에 임명되었다. 하지만 환관들이 본격적으로 높은 관직에 진출하게 된 것은 원간섭기였다. 본국화자들은 원나라에서 높은 관직에 임명되는 한편 국내에서도 정치적 영향력을 형성하면서 고려왕의 임명이나 원나라로의 召還에 직접적으로 개입하였다. 이 과정에서 조관직에 오르거나 공신에 책봉되면서 권력을 장악하게 되고 친척들에게 관직을 제수하였다. 임무면에서 보면 급사에서 왕명출납이나 내탕금의 관리 등 왕실의 사적인 재정을 담당하는 기능을 가지게 되었다. 이것은 결국 공민왕 5년 내시부 설치의 배경이 된다. 공민왕 때 내시부 설치 이후 환관들은 원나라가 아닌 국왕의 측근으로 조관직 진출이나 공신에 임명되며 기밀을 전담하는 위치에 올랐다.

조선시대 내시부는 태조대 내시부를 문무유품 외에 정하고, 태종대는 이조에 소속시키는 한편 승정원으로 하여금 관리하게 하였다. 내시부는 『경국대전』을 반포하면서 크게 정비되었다가 甲午更張 때 內侍司로 바뀌었다. 그러나 인원은 고려말 121명에서 성종대 140명, 연산군 이후 160여 명으로 늘어났으며 실제 인원은 350여 명 내외였다.

환관을 양성하는 방법은 선천적인 경우보다는 자궁자의 경우가 주목된다. 고려시대 원간섭기를 통해 출세하기 위하여 자궁자가 속출하였지만 조선시대의 경우 자료상의 한계일 수 있지만 자궁자의 예를 찾아보기 힘들다. 조선초기 역시 명나라에 어린 화자를 보내는 관습이 남아 있어 인원을 충당하기 위하여 어린 화자를 꾸준히 양성하였을 것이다. 보통 환관들은 1~5명 정도의 양자를 받아

들여 가계를 계승하였다. 특이한 점은 고려 말이나 조선초기까지
는 관료의 자식을 양자로 받아들이는 양상이 나타난 반면 후기에
는 사족의 자식 중에서 환관에게 양자로 가는 경우는 서로 통교를
단절하였다. 조선초기까지는 관료들이 개인적으로 집에서 부리기
도 하였지만 점차 인원이 줄었기 때문에 개인이 환자를 부리는 것
을 법으로 금지하였다.

환관들의 대우는 관직상 일반 조관들과는 큰 차이가 보이지 않
지만 伴倘 등 예의적인 면에서는 차이를 보인다. 또한 큰 형벌이
아니면 자체적으로 처리하였다. 이들은 관직 품계상 종2품까지 올
라갈 수 있지만, 실제 1품까지 올라가는 경우도 있었다. 그들과 朝
士와의 관직체계는 전혀 별개로 규정되었다. 조선초기 위정자나
사림들은 '王의 家奴'임을 강조함으로서 사류와는 구별하려고 하
였다. 이러한 의식은 사림이 등장하고, 집권하는 중종이나 조선후
기에 완전히 고착화되어 관료와는 엄격히 구별되면서 서로 알지
못하는 것이 사류의 표본으로 삼았다. 이성의 양자제도를 통한 종
법의 인식에 대하여서도 사류들은 인정하지 않는 등 양반 신분과
는 엄격히 구별하였다.

신분을 살펴보면, 고려시대의 경우 환자들은 천예라고 표현하였
고, 그 중 일부가 관직에 진출하기는 하지만 남반 7품 이상을 넘지
못하였다. 이후 원간섭기에도 근본적인 출신 배경은 천예 또는 양
인이라고 할 수 있다. 조선시대에는 노비보다는 양인들이 많았다.
임무는 크게 궐내 감선·전명·수문·소제의 임무를 기본으로 하
였다. 고려전기까지는 궐내의 급사나 소제의 임무를 맡다가 원간
섭기부터 왕명출납이나 왕실의 재정을 관리하거나 각사에 분견되
었다. 고려 말 내시부가 창설되고, 조선초기 왕실내의 임무로 정례
화되면서 체계를 갖추었다. 그 외 왕의 명령에 의하여 경차관, 중

국에 바칠 공녀의 선발, 원자를 자신의 집에서 키우거나 그 주위에
서 보양하였다. 또한 매를 관리하고, 제사나 기신제·의례 등을 집
제하거나 시릉관 등 다양한 역할을 하였다. 특히 그 중에서 궐내
감선, 내수사의 감독으로 대표되는 궁중 내의 임무는 환관들의 가
장 중요한 기능 중 하나이다. 궁중 내의 물품들을 출납한다는 점은
중요한 의미가 있다. 왕명출납은 권력의 향방을 가져다주는 문제
로 출납의 관장 정도에 따라 환관들의 위상 변화를 알 수 있다.

   조선전기 환관제의 정비와 환관 활동을 살펴보면, 태조대는 아
직 제도가 정비되지 않아 고려의 제도를 답습하였다. 그 결과 환관
김사행은 궁중 내의 제도 정비, 각종 역사 감독, 불사 등을 통하여
왕의 총애를 받아 도평의사사에 참여하였다. 태종대는 환관들을
조관 관직에 임명하는 것을 금지하려는 한편 복색을 개정하려 하
였지만 건국 초라는 사정 때문에 시행되지는 못하였다. 세종대는
왕명출납을 제한하는 조치를 취하였다. 그러나 단종대 수양대군이
왕위를 찬탈하는 과정에서 일부의 환관들이 수양대군을 지지하면
서 왕위찬탈에 일조하였다. 성종대는 환관과 조사를 확연히 구분
하게 되었다.

   조선시대 외척이나 관료들 중 권력을 행사하고자 하는 사람들은
언제든지 환관들을 필요로 하였다. 이들은 환관들을 적절하게 이
용하면서 강력한 권한을 행사하였다. 특히 연산군대는 국왕과 신
하들이 대립하면서 왕의 측근에 있는 모든 정치제도가 변모하는
시기였다. 연산군의 폭정이 심해지는 과정이나, 명종대 외척정치
상황에서는 상당한 세력을 형성하였다. 승전색을 왕과 동일시하거
나, 내수사의 역할이 확대되었다. 그러나 중종대 사림의 환관에 대
한 인식과 억제책은 조선후기 환관들의 위상이 급격하게 낮아지는
것을 예상할 수 있다.

조선후기는 선조대 의주로 호종하는 데 큰 공을 세우거나 임무가 체계화되는 경향을 보인다. 하지만 성종 이후 조관과의 구별의식은 더욱 확연해 지고, 서로 통교하지 않는 것을 예의로 생각하였다. 특히 재상은 환관의 이름을 모르는 것을 당연하게 생각하였다. 그리고 그동안 흔히 행하였던 내시부의 공문발송을 엄격히 제한하였다. 또한 소송사건에서의 차별, 환관들의 결혼 반대, 복색 구별을 통해 엄격히 신분적으로 구분하고자 하였다. 조선후기 환관 억제 논의 이후 환관에 대한 기본적 인식으로 자리매김하는 계기가 되었다. 그러나 각종 역모 사건이나 지방 왕래 시 왕의 측근에 생활한다는 하나만으로도 중요한 위치를 차지하였다.

조선시대 환관제도는 고려 말의 혼란기를 거치면서 점차 정착하였다. 정치적인 개입을 방지하고, 궐내의 임무로 국한되면서 정비되어 나갔다. 그 과정에서 인원은 늘어나고 제도 역시 안정되었다. 이성의 양자를 통해 가계를 계승해 나가겠다는 의식에 충실하였다. 이것은 왕의 측근으로 왕조사회를 계승해 나가는 필수불가결한 존재이기 때문이다.

여기에서 환관에 대한 인식을 왕과 신하들의 인식, 사회적인 면으로 구분하여 살펴보자. 먼저 왕의 환관에 대한 인식을 살펴보면, 환관은 국가를 운영하는 데 있어서 필수불가결한 존재이다. 전근대 왕=국가라는 인식은 의식적이든지 아니든지간에 왕을 중심으로 국가를 운영하였다. 특히 왕이 살아가는 궁궐은 왕 개인의 삶의 공간이면서 신성한 공간이었다. 이곳에 왕 이외의 남성이 들어간다는 것은 있을 수 없기 때문에 환관들이 필요한 것이다.

고려시대 의종대는 왕권을 강화하기 위한 방편으로 환자들을 내시직에 임명하였다. 특히 원간섭기 환관에 대한 인식은 극도로 양분되어 있다. 충렬왕은 자신의 왕권을 강화하기 위해서 측근세력 중 하나인 환관들을 적극적으로 총애하였다. 그러나 충선왕처럼 문신귀족들의 지지를 받아 왕권을 강화해 나가는 경우 환관들을 억제하다가 오히려 원나라와 임백안독고사 때문에 토번으로 귀양 보내지기도 하였다. 반대로 방신우처럼 충선왕을 곤란한 처지에서 구해주거나 입성론을 막아주는 경우는 우대하였다. 원간섭기는 전체적으로 고려왕보다는 원나라를 통한 환관들의 득세가 강한 시기였다. 그러나 고려말기 공민왕이나 우왕은 자신의 입지를 강화할 목적으로 측근인 환관들을 적극 활용하여 조관직에 진출시키거나 기밀을 전담하게 하였다. 이것은 급변하는 정치변동 속에서 자신의 세력을 확보하려는 의도였다.

조선시대는 대체적으로 환관들의 필요성을 인정하면서도 정치적인 역할은 강하게 부정하였다. 왕 역시 유교의 실천자였기 때문이다. 태종과 세종은 환관들의 정치적 개입을 방지하기 위하여 조관직 참여 금지, 전명권 억제를 내세웠다. 성종 역시 환관과 조관을 엄격히 구분하여 제도화하였고, 중종은 신하들의 의견을 수렴하여 왕명출납을 제한하거나 내수사 장리를 혁파하였다. 조선후기 붕당과 당쟁기를 거치면서 환관들에 대한 왕의 입장은 확고해졌다. 환관들을 억제하고 조관들과는 완전 별개의 존재로 생각하였다. 관직자라는 의미보다는 왕의 家奴라고 인식하였다. 이러한 의식은 정책이나 제도에 적용시키고자 하였다.

그러나 조선전기 연산군의 경우 근본적으로는 환관이 왕을 능멸하는 것은 인정하지 못하지만 관리들이 환관을 무시하는 것은 자신을 능멸하는 것으로 생각하였다. 이후 명종대 국왕의 정치적 입장이 확고하지 못한 상태에서 환관들은 왕과의 관계보다 문정대비와의 관계를 더 중시하였다. 명종 역시 성격이 완고하지 못하여 일부 환관들을 극도로 총애하였다. 이것은 왕권이 강하지 못한 상태에서 모든 정보를 환관들에 의존할 수밖에 없는 상황의 한계였다.

조선시대의 경우 환관은 어려서부터 궁중에서 자라는 관계로 왕과의 친밀도는 높았다. 특히 궁중에서 같이 자란 문종·단종·연산군·숙종의 경우 환관들과 친밀하게 지냈다. 그 대신 태종·성종·중종처럼 궐 밖에서 생활하다가 왕이 된 경우는 극도로 환관을 억제하였다. 그러나 조선후기는 궁중과 조관을 엄격히 구분하는 의식을 보인다. 왕의 측근이라 할 수 있는 환관에 대한 정치적 억제 요구에 대하여 왕 역시 중국과 같이 환관이 왕권을 기만하는 것을 원하지는 않았다. 왕 스스로 유교를 실천 보급하는 존재이기 때문이다.

신하들의 환관인식을 살펴보면, 유교를 정치이념으로 하는 사대부들은 왕이 비정상적인 존재인 환관들에게 정치를 의존하는 것을 방지하고자 하였다. 이러한 인식은 환관들이 내시부를 만들어 독자적인 관부를 만드는 것 자체를 못마땅하게 생각하였다. 이에 내시부의 축소 내지 폐지를 주장하였다. 또한 공민왕의 시해 사건처럼 일부 측근들에 의하여 왕이 시해되는 것은 정치를 운영하는 데 중요한 걸림돌이 된다고 인식하였다. 이것은 조선시대 爲政者들도 동일하였다. 정치적으로 개입을 미연에 방지하기 위한 조치를 요구하였다. 조관직 진출 금지, 전명권의 제한 등과 함께 환관을 음양의 조화를 이루지 못하는 존재로 보고, 관품제한·결혼금지·복색구분 등을 주장하였다. 환관이 정치에 참여하는 것은 당연히 금지되어야 하고, 이들이 왕명을 출납하는 것 자체가 잘못이라고 인식하였다. 이러한 주장들은 조선전기 관료들이나 사림, 조선후기 관료들이나 실학자의 환관인식과 동일하다. 즉 필요성은 인정하지만 정치적 사회적으로 엄격히 제한하고자 하였다. 이러한 조관과 환관의 구별의식은 성종 무렵에는 확고해진다. 즉 성종은 환관은 조사는 아니라고 하였다. 그리고 신하들이 대신은 왕의 腹心이고, 대간은 전하의 耳目이며 侍從은 전하의 手足이지만, 환관은 왕의 家奴이며, 醫官은 雜類라고 구분하는 것과 동일한 맥락이다. 이러한 의식은 중종을 거쳐 선조 이후에 고착화되었다. 이후 조선후기에는 환관과 조사를 엄격히 구분하여 상호 교류를 엄격히 제한하였다. 내시부에서 공문을 보내지 말게 하거나, 출납을 엄격히 제한하였다. 이들을 인격적인 존재로 여기지 않았으며, 이를 법제적으로 엄격히 구분하려고 하였다. 이것은 실학자들 역시 마찬가지로 결혼금지, 복색 구분, 정치개입 방지를 주장하였다.

그러나 권력을 장악하려는 관료들이나 외척, 역모 사건 과정에서 자신들의 필요에 따라 환관들과 적절히 친교를 맺었다. 모든 권력의 근원인 왕의 가장 측근에 종사하고 있다는 사실은 환관들과 친교를 맺을 수밖에 없었다. 이것은 많은 신하들이 환관들에게 잘 보이려는 이유이기도 하였다. 특히 조선후기 정치변동 과정에서는 역모자들은 왕을 죽이기 위하여 환관들과 교결하였다.

사회적인 면을 살펴보면, 정치적인 억제책에도 불구하고 환관이 조선후기까지 존재하는 이유는 절대왕권을 상징하는 왕이 있기 때문이었다. 중국과는 달리 강력한 전제왕권을 형성하지는 못하지만 신하들은 왕이 있기 때문에 존재하였다. 이러한 왕의 일상생활을 환관들이 담당하였다. 왕토사상에 입각하여 모든 것이 왕의 것이기에 왕의 재산도 관서에서 관리되었다. 이것은 엄밀하게 왕실의 개인 재정인 것이다. 이것을 왕권을 견제하는 관료들에게 맡길 수는 없었다. 이에 내수사로 대표되는 왕실의 개인 재정을 왕의 가노에 해당하는 환관이 맡게 되었다. 국왕은 자신의 후사를 위하여서도 토지를 확대하지 않을 수 없었다. 신하들의 억제요구에도 불구

하고 지속적으로 환관들에게 맡기는 이유가 여기에 있었다. 이것
은 왕의 개인 재정을 운영해 나가는 것으로 전국에 걸쳐 존재하였
다. 이것을 관리하는 환관들이 정치적인 역할을 하는 것은 인정하
지는 못하지만 자신의 가노라고 생각했기 때문에 내수사로 대표되
는 왕실재정을 전담시켰다. 또한 승정원이라는 정식 출납 방법이
아닌 직계하는 문제가 발생한다. 결국 전국에 존재하는 왕실의 전
토를 관리하게 되면서 지방에 공문서를 보내거나 수탈하게 되는
것이다. 이 과정에서 지방수령이 교체되기도 하였다.

   왕실에서 사용되는 음식이나 물건들도 환관들이 관리하였다. 이
것은 왕의 건강 및 생활과 관계되는 것이다. 왕실에 소용되는 물건
은 해당 관청에서 관리하기는 하지만 일단 왕의 모든 수발은 환관
들이 맡기 때문에 자연히 관계할 수밖에 없었다. 이것은 단순히 감
선하는 차원을 넘어 공물의 수납과도 관계되는 것으로 사회, 경제
적으로 중요한 의미가 있는 것이다. 이러한 일로 지방으로 갈 때는
수령마저도 그 권력을 인정할 수밖에 없는 것이다. 이들은 결국 왕
이라는 절대 권력을 이용하여 권력을 행사할 수 있었다.

참고문헌

1. 史　料

『經國大典』　　『經世遺表』　　『高麗史』　　　『高麗史節要』
『國朝人物考』　『國朝人物志』　『宮闕志』　　　『大明律直解』
『大典會通』　　『大典通編』　　『東國輿地備攷』『東史綱目』
『牧民心書』　　『磻溪隨錄』　　『三國史記』　　『星湖僿說』
『續大典』　　　『燃藜室記述』　『迂書』　　　　『益齋亂稿』
『典故大方』　　『朝鮮經國典』　『朝鮮王朝實錄』『增補文獻備考』
『芝峰類說』　　『筆苑雜記』　　『漢京識略』　　『備邊司謄錄』
『高宗實錄』

2. 著　書

14세기 고려사회 성격 연구반, 1994,『14세기 고려의 정치와 사회』, 민
　　음사.

金　敦, 1997,『朝鮮前期 君臣權力關係 研究』, 서울대학교출판부.

金甲周, 1983,『朝鮮時代 寺院經濟研究』, 同和出版公社.

金光哲, 1991,『高麗後期世族層研究』, 東亞大學校出版部.

김기덕, 1998,『高麗時代 封爵制 研究』, 청년사.

金塘澤, 1998,『元干涉下의 高麗政治史』, 一潮閣.

金庠基, 1991,『新編高麗時代史』, 서울大學校出版部.

金松姬, 1998,『朝鮮初期 堂上官 兼職制 研究』, 한양대출판부.

金泳謨, 1986,『朝鮮 支配層研究』, 一潮閣.

金用淑, 1986,『朝鮮朝 宮中風俗 研究』, 一志社.

金宇基, 2001,『朝鮮中期 戚臣政治研究』, 集文堂.

白南雲, 1937,『朝鮮封建社會經濟史』, 개조사.

서울시사편찬위원회, 1999,『國譯 漢城府 北部帳戶籍』, 서울시사편찬
위원회.

세종대왕기념사업회, 1983,『公私見聞錄』, 천풍인쇄주식회사.

宋洙煥, 2000,『朝鮮前期 王室財政 硏究』, 集文堂.

宋俊浩, 1987,『朝鮮社會史』, 一潮閣.

『養世系譜』(국립중앙도서관 도서번호 한 古朝 58-가50-304), 소화 7년
11월 5일.

양주군·양주문화원, 1998,『비문으로 본 양주의 역사 I 』, 삼영문화인
쇄사.

연세대학교 국학연구원 편, 1993,『經濟六典輯錄』, 신서원.

李玟洙, 2001,『朝鮮前期 社會福祉政策 硏究』, 혜안.

李丙燾, 1987,『韓國儒學史』, 亞細亞文化社.

李秉烋, 1984,『朝鮮前期 畿湖士林派硏究』, 一潮閣.

李相佰, 1949,『李朝建國의 硏究』, 乙酉文化社.

李成茂, 1984,『朝鮮初期 兩班硏究』, 一潮閣.

李銀順, 1990,『朝鮮後期黨爭史硏究』, 一潮閣.

李載龏, 1984,『朝鮮初期 社會構造硏究』, 一潮閣.

李泰鎭 編, 1991,『朝鮮時代 政治史의 再照明』, 汎潮社.

李熙煥, 1995,『朝鮮後期黨爭硏究』, 國學資料院.

田鳳德, 1989,『經濟六典拾遺』, 亞細亞文化社.

鄭求先, 1996,『朝鮮時代 薦擧制硏究』, 초록배.

鄭杜熙, 1994,『朝鮮時代의 臺諫制度 硏究』, 一潮閣.

鄭杜熙, 1983,『朝鮮初期 政治支配勢力 硏究』, 一潮閣.

정홍준, 1996,『조선 중기 정치권력구조 연구』, 고려대학교 민족문화연
구소.

曺佐鎬, 1996,『韓國科擧制度史硏究』, 범우사.

崔錫斗, 1914,『家乘』, 필사본.

崔承熙, 1984,『朝鮮初期 言官·言論硏究』, 서울대학교출판부.

_____, 2002,『朝鮮初期 政治史硏究』, 지식산업사.

崔異敦, 1997,『朝鮮中期 士林政治構造研究』, 一潮閣.

崔孝軾, 1995,『朝鮮後期 軍制史硏究』, 신서원.

한국미술사연구소, 2000,『노원구초안산정밀지표조사보고서』, 노원구.

한국사상사연구회, 1996,『조선 유학의 학파들』, 예문서원.

韓永愚, 1983,『朝鮮前期 社會經濟硏究』, 乙酉文化社.

韓㳓劤, 1990,『星湖 李瀷硏究－人間 星湖와 그의 政治思想－』, 서울
        대출판부.

홍희유, 1989,『조선 중세수공업사』, 지양사.

任 洪, 1997,『中國 古代의 宦官』, 新貨書店.

丁 易, 1951,『明代特務政治』, 中外出版社.

余貨靑, 1993,『中國 宦官 制度史』, 上海人民出版社.

溫功義, 1989,『明代的 宦官和宮廷』, 中仄出版社.

宇都宮淸吉, 1984,『中國中世史』, 조성사.

劉若愚, 1982,『明宮史』, 北京古籍出版社.

仝晰綱, 1993,『中國 歷代 宦官』, 濟南出版社.

三田村泰助, 1963,『宦官』, 中央公論社.

王春瑜・杜婉言, 1989,『明朝宦官』, 紫禁城出版社.

3. 論 文

姜德雨, 1986,「朝鮮 明宗朝의 外戚勢力에 관한 一考察」, 仁荷大碩士
        學位論文.

姜愛子, 1965,「高麗 內侍에 대하여」, 梨花女大碩士學位論文.

高成勳, 1993,『朝鮮後期 變亂 硏究』, 동국대박사학위논문.

高昌錫, 1982,「明代의 東廠・西廠에 대한 考察」『慶北史學』5.

高惠玲, 1984,「方臣祐(1267～1343) 小論」『역사와 인간의 대응』고병
        익선생회갑기념사학논총.

金 燉, 1995,「朝鮮 明宗朝 權臣의 專權과 中外儒生層의 公論」『典農
        史論』1.

_____, 1984,「中宗代 言官의 性格變化와 士林」『韓國史論』10.

金甲周, 1973,「院相制의 成立과 機能」『東國史學』12.

_____, 1991,「士林勢力 擡頭의 背景에 대한 一考察」『考古歷史學誌』 7, 梅溪黃雲龍敎授停年退任紀念特輯.

金東洙, 1981,「朝鮮初期의 檢校職」『震檀學報』51.

金武勇, 1989,「朝鮮初期의 吏曹에 관한 一考察」, 高麗大碩士學位論 文.

金成俊, 1962,「太宗의 外戚除去에 대하여」『歷史學報』17·18.

金松姬, 1986,「朝鮮初期의 提調制에 관한 研究」, 漢陽大碩士學位論 文.

金延禧, 2001,「文定王后의 中興佛事와 16世紀의 王室發願 佛畫」『美 術史研究』231.

金載名, 2002,「高麗時代 內侍」『歷史敎育』81.

_____, 2002,「高麗時代 朝官內侍」『정신문화연구』88.

金昌洙, 1969,「麗代 內侍의 身分」『東國史學』11.

_____, 1967,「成衆愛馬考」『東國史學』9·10.

金龍國, 1958,「서울 建設의 功勞者 - 鄭道傳과 朴子靑」『향토서울』4, 서울시사편찬위원회.

김보광, 2002,「高麗前期 內侍의 構成과 役割」『한국사학보』13.

南美惠, 2002,『朝鮮前期 養蠶業 研究』, 梨花女子大學校大學院 博士 學位論文.

南智大, 1980,「朝鮮初期 經筵制度」『韓國史論』6.

남지대, 1991,「조선초기 중앙집권제론의 검토」『국사관논총』26.

朴漢男, 1982,「高麗內侍에 관한 研究」, 成均館大碩士學位論文.

_____, 1984,「高麗內侍와 門閥貴族의 形成關係」『首善論集』8.

朴孝信, 1966,「高麗時代의 內侍」『駿台史學』19.

宋洙煥, 2000,「甲子士禍의 새 해석」『史學研究』57.

_____, 1983,「朝鮮前期 王室의 土地支配」, 慶熙大碩士學位論文.

신석호, 1944,「朝鮮成宗時代의 新舊對立」『近代朝鮮史研究』.

申榮勳, 1999,「太宗朝 監役官 朴子靑攷」『향토서울』48, 서울시사편 찬위원회

申解淳, 1986, 「朝鮮前期의 京衙二硏究」, 成均館大博士學位論文.

李鍾日, 1984, 「朝鮮國初의 最高政務機關과 中央行政機關」『素軒南都 泳博士華甲紀念史學論叢』.

禹仁秀, 1987, 「朝鮮 明宗朝 衛社功臣의 成分과 動向」『大邱史學』 33.

柳愍叔, 1973, 「朝鮮前期의 內需司長利에 대하여」『梨大史苑』 11.

李東熙, 1993, 「朝鮮 世宗代 承政院 活動과 그 政治的 意味」『歷史學 報』 138.

_____, 1991, 「朝鮮 太宗代 承政院의 政治的 役割」『歷史學報』 132.

_____, 1993, 『朝鮮初期 承政院의 政治的 役割 硏究』, 전북대박사학 위논문.

_____, 1994, 「朝鮮初期 宦官의 王命出納活動」『全北史學』 17.

李碩洙, 1983, 「朝鮮初期 明使考」, 嶺南大碩士學位論文.

李龍範, 1962, 「奇皇后의 册立과 元代의 資政院」『歷史學報』 17·18.

李佑成, 1964, 「高麗朝의 「吏」에 대하여」『歷史學報』 23.

李愚喆, 1958, 「高麗時代의 宦官에 대하여」『史學硏究』 1.

李英淑, 1982, 「朝鮮初期 內命婦에 대하여」『歷史學報』 96.

李章雨, 1990, 「朝鮮初期 損實敬差官과 量田敬差官」『國史館論叢』 12.

李載龒, 1967, 「朝鮮前期 遞兒職에 대한 考察」『歷史學報』 35·36.

李宰熙, 1993, 「朝鮮 明淸代 '外戚政治'와 그 性格」『韓國史論』 29.

李泰鎭, 1976, 「15世紀 後半期의 「鉅族」과 名族意識」『韓國史論』 3.

_____, 1990, 「朝鮮王朝의 儒敎政治와 王權」『韓國史論』 23.

이호우, 1998, 「蒙古干涉期 高麗 宦官에 대한 一考察」, 인하대교육대 학원석사학위논문.

李洪烈, 1967, 「雜科試取에 대한 一考」『白山學報』 3.

李喜寬, 1988, 「朝鮮初 太宗의 執權과 그 政權의 性格」『歷史學報』 120.

林英正, 1976, 「麗末 農莊人口에 대한 一考察」『東國史學』 13.

_____, 1973, 「朝鮮初期 公賤에 대한 硏究」『史學硏究』 23.

張學根, 1995, 「燕山君의 災異論에 대한 認識變化」『慶南史學』 7.

張熙興, 2003, 「朝鮮初期 宦官制의 整備와 運營」『慶州史學』 22.

_____, 2002,「燕山君代의 宦官政策과 內侍府의 位相强化」『慶州史學』21.

_____, 2002,「조선 명종대 外戚政治와 宦官 朴漢宗」『東國史學』37.

_____, 2002,「朝鮮 明宗代 宦官 活動」『東國史學』38.

_____, 1994,「朝鮮前期 內侍府에 대한 考察」『芝邨金甲周教授華甲紀念史學論叢』.

_____, 1994,「朝鮮前期 宦官 研究」, 東國大碩士學位論文.

全海宗, 1964,「承政院攷」『震檀學報』25·26·27.

鄭求先, 1992,「朝鮮時代의 薦擧制 研究」, 東國大博士學位論文.

鄭鉉在, 1981,「鮮初 內需司 奴婢考」『慶北史學』3.

_____, 1979,「朝鮮初期의 敬差官에 대하여」『慶北史學』1.

趙 珖, 1979,「洪大容의 政治思想 研究」『民族文化研究』14.

_____, 1980,「丁若鏞의 民權意識 研究」『亞細亞研究』56.

曺永祿, 1990,「鮮初 朝鮮出身 明使考」『國史館論叢』14.

曺佐鎬, 1957,「麗代南班考」『東國史學』5.

_____, 1960,「李朝對明貢女考」『黃義敦先生古稀記念史學論叢』.

池承種, 1981,「朝鮮前期 內需司의 性格과 內需司奴婢」『韓國學報』40.

崔承熙, 1993,「世宗朝 政治支配層의 對民意識과 對民政治」『震檀學報』76.

崔雲植, 1988,「高麗前期 內侍와 王權과의 關係」『東義史學』4.

韓沽劤, 1992,「朝鮮初期以後의 檢職과 影職」『震檀學報』71·72.

_____, 1966,「勳官「檢校」考」『震檀學報』29·30.

韓永愚, 1971,「朝鮮初期의 上級胥吏『成衆官』」『東亞文化』10.

한은자, 1967,「成宗－中宗祖 內需司 長利에 대하여」『崇智苑』.

韓春順, 2000,「明宗 親政期의 權力關係 變化와 政局動向」『朝鮮時代史學報』12.

한춘순, 1999,「明宗代 王室의 內需司 運用」『인문학연구』3, 경희대.

韓忠熙, 1991,「朝鮮前期의 權力構造 研究」『國史館論叢』30.

_____, 1987,「朝鮮初期 承政院研究」『韓國史研究』59.

_____, 1992,「朝鮮初期 六曹研究」, 高麗大博士學位論文.

韓嬉淑, 1986,「朝鮮初期의 伴倘」『歷史學報』112.

홍순창, 1973,「士禍와 黨爭과의 關係」『大丘史學』7·8.

_____, 1974,「朝鮮王朝成立의 歷史的 背景」『人文科學』8.

黃秉晟, 1987,「高麗 毅宗代의 政治實態와 武人亂」『慶熙史學·박성봉교수회갑기념논총』.

黃善化, 1974,「朝鮮時代 明宗朝의 佛敎中興 政策」, 梨花女大碩士學位論文.

宋 復, 1982,「柳馨遠 官制改革論의 現代的 照明」『韓國政治學報』16.

鄭求福, 1970,「磻溪 柳馨遠의 社會改革論」『歷史學報』45.

周藤吉之, 1978,「高麗初期の內侍, 茶房と明宗祖の武臣政權との 關係」『東方學』55.

瀨野馬熊, 1931,「燕山君代の二代禍獄」『靑丘學叢』3.

E. W. Wagner, 1980,「정치사적 입장에서 본 李朝 士禍의 성격」『歷史學報』85.

ABSTRACT

Chosen's Eunuch System and its Political and Social Effects

Jang, Hee-Heung

Department of History

Graduate School of

Dongguk University

The study for the eunuches and their political and social effects during the Chosun Dynasty(朝鮮王朝) has been rarely researched until now. One of the many reasons is that the Chosen Dynasty was based on the Confucian political and ethical system and its society. And so, Only one class would dominate in this system, which was called to YangBan(兩班), first class in the society. The eunuches and their power were never recognized in this class society. It is the prejudice that the status and role of them had been fixed and simple. Compared with the Chinese eunuch, Chosun's were considered to be less significant. But their important duties at Court had caused them to exist from the period of Three Kingdom Era(三國時代) to the Chosun Dynasty, and then they had been the most numerous at Court. The reason why they had existed from the period of Won(元)'s control Era through the end of the Chosun Dynasty was their status and role at Court. It was because the King of Chosun Dynasty had been considered as a Emperor's Star(皇帝星) and he had adapted himself to the Confucian ideas and orders. This differ from the Chinese eunuch. Eventually, to restrain the political role, they had carried out their task and duty. So, I will try to make a correct understanding of the eunuch.

First, the eunuch existed in the Orient and the Occident. In our written history document, they had existed since the period of Unified Silla(統一新羅). They had been a minority and taken over miscellaneous services(雜役) at the Court of Goryo Dynasty(高麗王朝). After King Injong(仁宗) and Euejong(毅宗) a special eunuch who assisted the King in his work very closely, called a Naeshi(內侍) appeared. Eunuch Jungham(鄭諴) who won King Euejong(毅宗)' favor was appointed to the Naejeonseungban(內殿崇班). But it was after the period of Won(元)'s control era that the eunuch could raise a higher position. Bongukhwaja(本國火者), who was a Korean eunuch and went to the Won Empire(元帝國), raised a higher position and had a potential influence on the appointment or the summons of Goryo King. As in his task, he had carried out the Kings' miscellaneous business and taken charge of the Kings' private moneys. So, after five years of King Kongmin(恭愍王), Naesibu(內侍府), a post of undertaking the eunuch affairs, was established. After the establishment of Naesibu, the eunuch was appointed to a vassal or took over confidential affairs.

During King Taejong(太宗) of Chosun Dynasty, Naesibu was under command of Yijo Department(吏曹) and under control of the King's secretary office. And it had been kept in order well since the promulgation of Keonggukdaejeon(經國大典), and was changed into the Naesisa(內侍司) during the Garpogeongjang(甲午更張). But the number had been growly increased.

The way that one became a eunuch was acquired(in this case, he was called a Jagungja(子宮者) who was cut his genital) rather than native. During the Goryo period, there were so many Jagungja to rise to a higher position, but during the Chosun Dynasty it is hard to find the record about them because of the limited document. At the early years of the Chosun Dynasty, young eunuch had been constantly brought up to send to the Chinese Ming Empire (明王朝). Usually, the eunuch often adopted from one to five children and succeeded to their family. Especially, from the end years of the Goryo to the early years of the Chosun Dynasty, they adopted the son of the government official but at the late years of the Chosun, they seldom adopted the son of gentry. Until the early years of Chosun, keeping the eunuch was prohibited by law because of the short of them.

For the treatment for the eunuch, there were little difference between them and the general officials but there was some exception between to the servants. They could advance officially to the second degree of official rank but virtually did to the top. Their office-post system was different from the general official's. At the early years of Chosun, officials and local gentry were hostile to them and tried to classify themselves from the eunuch and emphasized that they were a king's private slave. This recognition was entrenched during King Joongjong or at the last years of Chosun and had been prevailed to gentry society.

For their origins, they had been treated as slavery at the years of the Goryo but some of them entered into the government service. At the period of the Won's control, a common man could become an eunuch. The rate of common man had exceeded in the slave's since the Chosun.

For their official duties, they supervised king's food, sent king's order, and cleaned the Court. Before the Goryo Dynasty, their major tasks were an errand or a cleaning. But they had delivered the royal command, managed the National Treasury and worked to government office since the period of the Won's control. And they disciplined the prince, selected Court ladies to devote to Chinese Emperor and attended to the Court's worship. But most of all, tasks of inside the Court were very important to them.

At the early years of the Chosun, the eunuch's system was hardly kept in order, so followed the Goryo's. So eunuch Kim Sahang(金師幸) won the King's favor, attended the meetings where the most significant agenda was discussed. During King Taejong(太宗) of Chosun, he wanted to prohibit the eunuch from getting a official post, tried to change the authorized official's dress, but it was not in force. During King Sejong(世宗), he limited the eunuch to delivering the King's order, During King Danjong(端宗), many eunuches sided with Suyang Daegun(首陽大君) and helped him to usurp a throne. During King Sungjong(成宗) he clearly divided the eunuch from the general officials.

The men who wanted to wield the power often needed the eunuch's. The

men who made an effective use of them could seize the power. Eventually the
eunuch had widened their power during the years of Yeunsangun(燕山君) or
during the maternal relatives political power.

It was during Yeunsangun's time that all the political system had been
changed as the struggle between royal and official power happened. First of all,
this struggle was originated from the king's eunuch control system. When the
king ordered the eunuches who could not be controled by him to death, the
official circles checked this order to control the royal power. But, after his
ten-year-reign, Yeunsangun's power had been strengthening and at that time he
could control his subjects and high officials wholly.

It was eunuch Kim Ja-won who, at that time, not only had controlled and
dominated all the eunuch society but also had been trusted firmly from the
king. Therefore, he usually interfered the king's authority and royal
adminstration process.

These problems, I think, had been solved since his reign of ten years when
he could control his royal power firmly. Now, because he could control all the
problem related with eunuches, he permitted their social and political power to
be more active. Also these policies interrelated with the king's power building
process against royal official powers at that time.

At this times, an eunuch who delivered the King's order was sometimes
identified as the King. But though, the policy that local gentry had carried out
during King Joongjong(中宗) made the status and power of the eunuch
dwindled. Now we generally recognize that they were divided from the general
officials and were banned from marriage.

The eunuch's system at Chosun Dynasty had been steadily kept in order
since the late years of the Goryo. Their tasks had limited to preventing the
political intervention and to working inside the Court. And then, the number
had growly increased and the system also been stabilized.

As mentioned above, they were indispensible for the King and essential to
succeeding to the Dynasty and the throne.

『養世系譜』를 통해 본 朝鮮時代 內侍家의 家系 繼承*

Ⅰ. 머리말

　족보란 한 씨족의 계통을 기록한 책이다. 같은 씨족의 시조로부터 족보 편찬 당시 자손까지의 계보를 기록하고 있다. 이 때 씨족이란 姓과 本貫이 같은 동조의식을 가진 男系親族을 말한다. 족보는 종적으로는 시조로부터 현재까지 동족원의 세계와 관계를 알수 있고, 횡적으로는 현재의 동족 및 상호의 혈연적 친소원근의 관계를 알 수 있다. 결국 족보는 가계의 영속과 씨족의 유대를 통하여 동족결합의 표현이기 때문에 이를 통하여 동족조직의 성격을 알 수 있다. 즉 일반적으로 '할아버지―아버지―아들'로 이어지는 가계 계승을 중시한다. 아들, 특히 장자에 대한 가계 계승은 중요한 의미를 가진다. 이 때 가계를 계승할 아들이 없을 경우 형제나

---

*이 논문은 『역사민속학』 22(한국역사민속학회, 2006.6)에 게재된 것을 재수록 하였음.

친족 중 같은 항렬 안에서 양자를 들인다. 이들은 같은 동류의식을 가지며, 동족마을을 형성하며 생활한다. 이러한 족보를 만드는 의식은 조선후기부터 널리 행해졌다. 족보는 결국 자신과 가문을 나타내는 하나의 방법이다.

본 논문에서 살펴보고자 하는『양세계보』1)는 일반 가계와는 달리 異姓을 통하여 가계를 계승하는 내시(환관)들의 족보이다. 내시들은 일반인들과 동일하게 결혼하기는 하지만 자식을 생산할 수 없어 이성의 양자를 통하여 가계를 계승한다. 그 가계의 계승을 기록한 것이 내시들의 족보이다. 이들이 족보를 만들게 된 것은 그 연원이 오래 되었고, 일반 가문과 같이 가문의 계승을 중요하게 생각하였다. 현재 환관들의 가계 계승에 대한 연구는 전혀 다루어지지 않고 있다.2) 그 이유는 자료의 한계성이 주된 원인일 것이다.

---

1) 『養世系譜(국립중앙도서관 도서번호 한 古朝 58-가50-304)』, 이 책의 앞 표지에는 조선총독부의 관인(번호 23688, 소화 17년 11월 5일)이 있다. 현재 환관들의 족보로 알려진 것은 필사본으로 김계한 가계(崔錫斗, 1914, 『家乘』, 필사본), 내시 집으로 알려진 청도임당리김씨고택(중요민속자료 제245호) 별묘에서 발견된「내시부통정 김일준가 세계」가 있다. 여기에는 시조부터 15세까지의 실직과 이름 및 본관, 산소의 위치와 좌향 등이 기록되어 있다. 유적지로는 양주군·양주문화원(1998, 『비문으로 본 양주의 역사Ⅰ』, 삼영문화인쇄사)에서 조사한 내시 묘(김계한과 그 후손 묘), 초안산 내시묘(노원구, 2000,『노원구초안산정밀지표조사보고서』(사)한국미술사연구소)에서 1154기의 묘가 조사되었는데, 대부분이 내시 묘로 밝혀졌다. 이외에 송회영신도비(남양주시 수동면 입석리 소재) 등이 있다.

2) 이제까지 환관에 대한 연구는 신분사적인 측면(李愚喆, 1958,「高麗時代의 宦官에 대하여」『史學硏究』1 ; 金昌洙, 1969,「麗代 內侍의 身分」『東國史學』11 ; 朴漢男, 1982,「高麗內侍에 관한 硏究」, 成均館大碩士學位論文)에서 연구되었다. 본격적인 환관 연구는 조선시대 환관 제도의 변화와 정치적인 측면에 대한 연구(張熙興, 2003,『朝鮮時代 宦官研究』, 東國大大學院博士學位論文)가 있다. 최근 내시의 수(홍순민, 2004,「조선왕조 내시부의 구성과 내시 수효의 변천」『역사와 현실』

여기에서는 내시가의 족보를 통하여 가계 계승 의식에 대하여
살펴보고자 한다. 즉 족보를 만든 동기, 가계 구성에 필요한 입양
과 결혼, 관직의 입사와 직임의 승계 여부, 계파의 형성과 전승을
통해 가계 계승 의식을 살펴보고자 한다. 이것을 통하여 비정상적
인 가계의 계승이 500년 이상 지속되게 된 이유와 그 계승의식에
대하여 살펴보고자 한다.

Ⅱ. 族譜의 製作 動機와 構成

일반 가계와는 달리 내시 가계 계승의 특이성은 부인과의 사이
에서 낳은 자식이 아닌 異姓의 양자를 입양하여 가계를 계승한다
는 데에 있다. 가계 계승이라는 점에서는 동일하지만 부인과의 사
이에서 낳은 자식이 아닌, 즉 혈연적인 관계가 아니라는 점에서 차
이를 보인다. 또한 '고자'라는 존재의 희귀성으로 인하여 양자를
무한정 입양할 수 없다는 한계점이 있다.

먼저 『양세계보』를 만든 동기를 살펴보자.[3] 족보가 처음 만들어

---

52) 나 가족사의 측면에서 서술한 경우(신명호, 2005.2, 「조선시대 환관
가족의 구성과 기능」『고문서연구』26)는 가족사 내지 생활사를 살펴
보았다는 데서 중요한 의미가 있다. 특히 신명호는 환관들에게 가족제
를 용인한 이유로 생활안정과 충원에 있으며, 가족들을 위하여 내수사
를 장악 부귀를 간섭하다 보니 정치권력을 장악하지 못하게 되었다고
보았다. 하지만 조선시대 내시들의 필요가 궁중 충원이라는 데는 인정
하지만 가족제도가 권력 배제에 크게 작용하였다거나, 환관이 권력을
가지지 못한 것은 내수사를 담당하였기 때문이라기보다 조선시대부터
제도적 장치 마련과 신권의 강화라는 측면이 강하다. 여기에서는 가계
의 전승에 대하여 살펴보고자 한다.
3) 이 족보가 1920년대 중수본이 나왔다는 데서 기록상의 의문을 가질 수
있다. 이 시기는 위조 족보가 대량으로 나오던 시대이기 때문이다. 그

진 것은 1805년(순조 5) 李允默에 의해서였다. 그는 책의 서문에, "처음 족보가 만들어지게 된 것은 歐陽 文忠과 蘇老泉을 시조로 하고 있다고 하면서, 이들이 족보를 만든 까닭은 그 대가 멀어지는 과정에서 족보가 없으면, 후손들이 소원해지고, 서로 先代를 알지 못하여 서로 길을 가는 사람과 같아지게 되기 때문에 만들게 된 것 이라 하였다. 족보는 조상을 아는 것이 중요하고, 그렇기 때문에 후손을 위하여 족보를 만드는데, 내시의 종족은 같은 성씨의 부자 사이는 아니지만 각 성씨의 자식을 자손으로 삼아 기른 것이 그 대 가 오래되었다고 하였다. 이것은 낳은 정도 중요하지만 기른 정 역 시 소홀히 할 수 없기 때문이라 하였다. 각 성은 계통 족보가 없으 면 그 지파는 5~6대를 지나지 않아 10촌 이상의 촌수는 길을 가는 사람과 같게 된다는 것이다. 이에 선대의 종족에 대한 의미를 사모 하고 망각하지 않기 위하여 만들게 되었다"고 한다. 이것으로 보아 조선후기 족보를 만드는 풍습이 유행하였고, 이에 내시 가문에서 도 자신들의 가계를 족보를 통하여 남기려고 하였음을 알 수 있다. 여기서 중요한 것은 가문을 이어간다는 계승의식과 함께 기른 정 을 잊지 않는다는 점이다.

　가계 계승에 대하여 서문에서 "내시의 족속은 동성인의 족속과

러나 이 족보는 처음 만들어진 것이 1805년이라는 사실과 당시 서문을 쓴 이윤묵의 시문집인 『老谷漫詠』(한국학 중앙연구원 장서각 소장, K4-5850)에 보면 저자 이윤묵의 서문과 양자 梁大宜의 발문, 5대손 朴 履鎬의 발문이 있다. 이것을 통해서 서로 부자라는 관계가 확인되고, 양대의와 박이호는 그 후손임을 증명해 주고 있다. 족보에 부자 사이로 나오는 중요 인물들이 『조선왕조실록』이나 『승정원일기』 등에서도 확 인이 되며, 다른 족보와는 달리 관직에 대한 기록보다 품계나 직임만을 서술하고, 관직 역시 1800년대 전후하여 승전색과 각궁 차지를 지낸 경 우가 대부분이며 이 역시 『조선왕조실록』 등에 확인되고 있다. 또한 품계가 대부분 통훈대부 이상인 것은 녹봉을 받기 위한 것이라는 사실 에서도 일치하고 있다.

같지 아니하여 각 성은 그 자식을 길러 자손을 이어온 것이 그 연
원이 멀다. 오호, 기른 은혜 역시 낳은 은혜 못지 아니하여 의로움
이 크다. 이에 족보를 만든다"고 하고 있다. 결국 자신들의 고유한
가계를 유지하고 기록하는 하나의 방편으로 족보를 만들게 되었
다. 이것은 비록 일반 족보와는 달리 동일한 성씨를 통한 가계 계
승은 아니지만, 이성을 통한 가계 계승 역시 중요한 의미가 있으므
로 족보가 필요하게 되었음을 살필 수 있다. 이러한 의식들은 일반
사람들과 마찬가지로 결혼하고, 자식을 통하여 가계를 계승한다는
점에서 동일하다.

이후 100여 년이 지난 1920년에 중수본을 만들었다. 이를 주도한
사람은 洪宅柱(1876~?), 文建鎬(1874~?), 楊濬商(1871~?)으로서
서로 나뉘어져 있던 여러 파들을 새로 정비할 필요가 생긴 것이다.
여기에 동참한 사람은 金漢稷(1887~?), 徐漢兌(1887~?), 丁龍柱
(1897~?) 등이다. 이들은 일명 桂洞派로 불리었던 인물들이다.[4] 결
국 이 족보는 1805년에는 계동파의 이윤묵을 중심으로 처음 작성되
었고, 1920년에 다시 홍택주 등을 중심으로 만들어졌다. 이 책의 내
용을 살펴보면, 표지는 『養世略譜(全)』이라 하였고, 이후 1805년 이
윤묵이 쓴「養世系序」, 1920년 문건호와 홍택주가 쓴「重修養世系
略譜序」,「養世系總譜圖」, 이후 본문인「養世系略譜」가 있다. 쪽
수의 표시는 천자문의 순서대로 상단에 표시하고, 상단에 계파를
표시하고 있다.

기록하는 원칙은 흔히 일반 족보의 방식과는 조금 차이가 있다.

---

4) 이 족보에는 크게 桂洞派와 壯洞派로 구분되고 있다. 족보를 제작에
   주도적으로 참석한 사람들은 계동파인 문건호, 대대로 각종 차지와 당
   시 영왕부 승봉과 시종원 봉시를 맡던 홍택주, 당시 아버지(이길선)가
   명성황후전 승전색과 세자전언색·시종원 등을 맡았고, 자신이 시종원
   봉시로 있던 양준상 등 한말에 권력의 측근에 있던 사람들이다.

즉 인명을 기록할 때 성씨명・자・고향・궁직・공훈・배우자・
생졸・분묘 등을 기록하였다. 일반 족보에 비하여 성씨명・고향・
초입사・궁직 등을 추가하여 기록하고 있다. 이것은 가계 계승이
이성의 양자를 받아들였기 때문이다. 특히 본 성씨명과 고향을 기
록하는 것은 낳은 정과 기른 정을 동시에 소중히 여겼기 때문으로
보인다. 또한 입양하지 못한 경우는 '無后'라고 표시하고 <養世系
總圖>에도 이름 아래에 ○를 하여 입양하지 못하였음을 표시하였
다. 입양자가 2명 이상일 경우 '長子-次子-三子-四子'라고 형제의
순서를 기록하고, 입양 후 이름이 변경된 경우 初名과 賜名(총 20
명)을 기록하였다. 부인의 경우 親父에 대한 설명없이 품계(벼슬하
지 못한 경우 없음)와 본관・성씨・생졸년・분묘(현존 및 실전 여
부, 이장 등을 기록)・생졸만을 기록하고 있다. 아주 특이한 사항-
일찍 죽은 경우, 죄를 받아 죽은 경우, 봉사손의 이동, 기록하지 못
하는 이유-을 기록하고 있다. 그러나 전체적으로 형식상 일반 족보
와 비슷하지만 품계나 생졸 등이 기록되지 않은 부분도 상당히 많
다. 전체적으로 조선 선조 전후는 간략한 편이며, 후대에 올수록
자세하며, 특히 계동파의 기록은 상세하다.

　이 논문에서 다루려는『양세계보』는 현재 알려진 것으로는 유일
한 내시들의 족보이다.[5] 전체 3책으로 구성되어 있으며 尹得富 가
계 579명, 李得壽 가계 34명, 張弼仁 가계 37명으로 전체 650명이
기록되어 있다.[6] 하지만 특이한 것은 윤득부를 시조로 하는 듯하

5) 현재 환관들의 족보로 알려진 것은 필사본은 김계한 가계(崔錫斗, 1914,
　『家乘』, 필사본)가 있다. 그러나 이것은 이름과 자식만 기록되어 있고,
　그 양도 소략한 편이다.
6) 전체 650명 중 윤득부 가계에 비하여 이득수와 장필인의 경우 수적으
　로 인원이 너무 적어 가계를 계승하는 데에 필요한 인식이나 가문의
　위세 정도를 파악하기는 어려운 듯하다. 윤득부는 조선초기 매를 잘 훈

지만 홍택주의 서문에 "환관의 족이 李龍興의 후손으로 그 연원이 400여 년이 지났다"고 하고 있다. 이것으로 보아 다른 두 책에 나오는 사람들 역시 동일한 계통이지만 그 연원을 알 수 없어 다른 편에 기록한 것으로 보인다.

Ⅲ. 入養과 結婚

내시가 이성의 양자를 입양하는 원인은 궁중 충원이 가장 중요하며, 가계를 보면 봉제사, 가계 계승을 위한 기득권 유지가 원인일 것이다. 내시들은 비록 이성의 양자를 통해 입양되지만 양부모에 대한 은혜나 공경심은 일반 부모와 같이 동일하며, 오히려 더 친밀도가 있다.

> 환관은 본래 자손이 없으므로, 모두 환자로써 아들을 삼는다는 것이 고전에 실려 있습니다. 비록 세 살 전에 수양한 자가 아니더라도 평소에도 효양하고 사망하게 되면 상복을 입으며, 시형과 기일에 이르기까지도 모두가 말미를 청하오며, 그 은혜의 두터움이 친부자와 같습니다.[7]

위의 사료에서 볼 수 있듯이 친밀도는 결국『경국대전』형전 사천조에 "宦官以宦官爲子者 幷依三歲前"라고 규정하면서도,[8] 친부

런시켜 내시부사가 되었으며(『文宗實錄』권5, 원년 정월 무오), 이득수는 세조 때 승전내시를 지냈으며(『世祖實錄』권30, 9년 6월 임술), 연산군 때 장필인에게 장 80을 치라는 기록이 있다(『燕山君日記』권59, 11년 8월 경오).

7)『世宗實錄』권77, 19년 6월 기사.
8) 조선시대 입양은 사후봉사와 가계계승이 중요한 측면으로 입양자가 3세 이전에 입양된 경우를 수양자라 하여 전체 재산을 물려주며, 3세 이후에는 시양자라 하여 1/7을 준다.

모와 같이 여겼다. 환관이 양자를 얻는 경우를 살펴보면, 우왕 때 환관 李得芬은 환관 鄭鸞鳳을, 세종대의 환관 金龍基는 小宦을 길러 궁중에 입사시키고 있으며, 환관 李村은 경창부윤 權蹈의 아들을 양자로 삼았다.[9] 조선후기 환관 宋會英의 경우 8세에 정헌대부 지내시부사 崔得燐과 정경부인 문화 류씨(학생 興烈의 녀)에 입적되었다.[10] 이후에도 환관이 어린 환자를 양자로 삼았다는 기록이 많이 보이고 있어 이를 뒷받침해 준다. 고려시대 이후 가장 널리 사용된 방법은 양자를 통한 가계 계승이었다.

『양세계보』에 나타난 입양자의 수를 보면 <표 1>과 같다.

〈표 1〉 입양자의 수[11]

	無后	1명	2명 입양	3명 입양	4명 입양	미확인	합계
윤득부	54	341	108	6	1	69	579
이득수	5	20	7	0	0	2	34
장필인	2	27	5	0	0	3	37
총계	61	388	120	6	1	74	650

---

9) 장희흥, 앞의 책, 48쪽.

10) 송회영 신도비(남양주시 수동면 입석리 위치)를 보면, 송회영의 자는 義元, 본관은 礪山, 1796년 9월생으로 1810년에 장번, 1849년에 景陵侍陵官, 1856년 9월 14일 졸하였다. 첫째 부인은 증정경부인 전주 이씨로 학생 宜春의 여식인데 1818년(28세) 2월 13일에 졸하였다. 둘째 부인은 증정경부인 순흥 안씨로 漢植의 여식으로, 1837년(42세) 9월 19일에 졸하였다. 셋째 부인은 정경부인 정선 이씨로 학생 豊聖의 여식이다. 자식은 2명으로 장남 韓珩和(숭록대부 영내부사)와 차남 金圭復(숭록대부 實銘君)이다. 한형화의 아들 崔泰岳은 일찍 죽었고, 손자 金應鉉(숭록대부), 차남 김규복의 아들 趙斗愿(숭록대부). 손자는 姜世翼(가선대부), 金世憲이다.

11) 족보의 특성상 일찍 죽은 경우 표시를 하지 않는 경우가 많이 있다. 양세계보 역시 이와 비슷할 것이다. 그러나 계동파 李寅常의 양자 尹在衡 경우 '早卒'이라 일찍 죽은 경우도 기록되어 있으며, 이후 양자 朴永喆을 입양하지만 더 이상 입양하지 못하고 있다.

이 표를 보면, 전체의 650명 중 388명(59.6%)은 1명을, 120명
(18.4%)은 2명을 입양하고 있다. 반대로 '無后'라 하여 입양하지 못
하고 대가 끊어지는 경우도 61명이나 된다. 여기서 74명은 1800년
대 후반에 태어나 아직 입양하지 못한 경우이다. 이것은 명종대 환
관은 小宦을 양자로 삼는데, 보통 4~5명 정도라고 한 것과는 크게
차이가 난다.12) 반대로 3~4명을 입양하는 경우도 전체 7명으로 나
타났다. 양자가 3명인 경우는 시조인 윤득부, 3차례 공신을 지낸 6
대 蔡彦俊(정헌대부 승전색),13) 역시 공신을 지낸 10대 金起聲(숭
록대부)14), 판곡파 중시조인 7대 白夢虎(가선대부 상책)15), 그 손자
金玲(정헌대부), 8대손 金以性(숭록대부 승전색)이다. 양자가 4명인
경우는 서산파 중시조인 6대 朴奉琳(숭록대부 상선)16)이 있다. 그

---

12) 『明宗實錄』 권33, 21년 8월 신유. 이것은 조선왕조실록에서 확대 해석
   한 면이 있다.
13) 蔡彦俊의 자는 士華, 본은 평강, 고향은 평강 북면 兪津村으로 1556년
   (명종 11) 12월 8일 해시생이다. 生父는 世蕃으로 영중추부사 행부호군
   에 증직되었다. 1564년(명종 19)에 奉兒입시하고, 1577년 장번 입사,
   1587년 승전색, 1592년 호종하였다. 이에 왕명으로 세자궁, 의주행재소
   에 가서 장번승전색을 지냈으며, 1596년 淸亂, 1605년 扈聖勳, 1613년
   의 변란 때 참여하지 않는다고 하여 珍島에 유배되었다. 인조반정 이후
   1623년에 왕이 사면하여 다시 장번에 제수되고, 청난의 훈과 지내사를,
   1624년 이광의 변란 시 호종하여 昭武原從 1등에 정헌대부에 제수되었
   다. 1635년 12월 10일 졸하였다. 묘는 양주 주내면 작현(현재 주내면 광
   사리)에 있다. 부인 정부인 홍인 홍씨는 영의정 仁山府院君 洪允成의
   증손녀이다. 이것으로 보아 선조·광해군·인조 연간에 활동한 인물
   로 보인다. 그는 광해군 때 김제남 사건에 연루되어 외딴 섬에 안치되
   었고, 양자 吳大邦은 먼 변방으로 귀양보냈다(『광해군일기』 권67, 5년
   6월 신묘).
14) 『肅宗實錄』 권42, 31년 11월 신유. 김기성은 숙종 때 차지내관과 상선
   을 지냈다.
15) 『仁祖實錄』 권30, 12년 8월 갑진. 부묘례에 誥命差備를 지냈다.
16) 숭록대부 상선을 지냈으며, 선조 때 竭忠盡誠衛聖效忠奮義翊社勳 密

외 대부분은 1명 정도이고 대를 잇지 못하는 경우도 흔히 있다. 이 것으로 보면 이제까지 알려진 김계한 가계나 다른 가계의 예를 보 더라도 보통 1명 정도가 가장 보편적이다.[17) 그 이유는 희소성 때 문이라고 생각된다.

그렇다면 인원은 얼마나 늘어날까? 대수에 따른 인원 증가를 살 펴보면 <표 2>와 같다.

이것을 보면, 조선 선조 전후인 9대를 전후하여 급격하게 양자 수가 증가하는 추세를 보인다. 이것은 족보를 기록할 때 그 이상의 선대를 알 수 없는 경우도 있겠지만, 제도적 안정과 가문의 위세 등이 작용하였을 것으로 보인다. 즉 족보의 서문에 "내시의 선조는 이용흥의 후손으로 中官(내시) 종족의 派系 전승이 혁파되거나 존 재하기를 거듭하여 합본이 없어진 것이 4백여 년이 지났다"고 하 여 족보를 제대로 기록하지 않아 인명이 누락되었을 가능성도 있 다. 이후 그 수는 완만한 상승세를 이루고 있다. 윤득부가의 경우 1750년대를 전후하여 1세대당 50명 내외에서 그 상승세는 그치고, 그 수는 일정하게 유지되고 있다. 이 시기는 가문이 가장 번창할 때이며, 족보를 처음 만들던 앞 시대이기도 하다. 그러나 더 이상 늘어나지 않는 것은 희소성과 관직상의 한계로 더 입양할 필요가 없었기 때문으로 생각된다.

하지만 16~20대(1830~40년생) 전후하여 점차 숫자는 줄어들 고, 21대에는 급격하게 줄어들었다. 이것은 족보를 기록하던 당 시 대로 아직 결혼하지 않은 경우가 주요한 원인으로 생각된다.

陵君에 봉해졌다.

17) 崔錫斗(『家乘』, 1914)의 기록과 송회영 신도비(남양주시 수동면 입석리 소재)를 같이 분석한 김계한의 가계도(장희흥 앞의 논문 49쪽) 역시 대 부분 1명이다. 또한 淸道 林塘里 金氏故宅(중요민속자료 제245호) 別 廟에서 발견된 「內侍府通政金駏俊家世係」에도 1명으로 나타난다.

〈표 2〉 세대별 인원의 증감　　（전체 650명）

	윤득부						이득수	장필인
	계동파			장동				
	본파	과천	판곡	본파	강동	서산		
1							1	1
2	1			1			2	1
3	1			1	1		2	1
4	1			2	1		3	2
5	2			3	1	1	3	2
6	2			3	2	1	3	3
7	1		2	2	3	4	2	2
8	3		3	4	4	5	4	2
9	3		4	8	6	9	3	3
10	3	1	7	15	8	6	2	3
11	7	2	7	16	8	6	1	4
12	9	3	7	16	11	8	1	4
13	10	3	8	18	8	7	1	3
14	11	3	6	15	6	6	2	4
15	13	4	7	17	4	8	2	1
16	14	2	7	13	5	7	2	
17	15	3	5	7	4	7		
18	21	1	7	8	2	1		
19	23		4	1	1			
20	24		1	1				
21	16							
22	2							
합계	182	23	76	146	74	76	34	37

　　또한 개항기 이후 내시부의 인원 축소와 폐지 등도 작용하였을 것으로 보인다. 결국 존재가치에 대한 의미가 상실되면서 더 이상 양자를 받아들일 필요성이 없었던 것이다.[18] 계파별로 볼 때 계동

---

18) 한말에 권력이 있던 계동파나 장동파 경우 1900년대 초까지 입양이나 결혼하는 사례가 자주 나타나는 반면 한말에 그다지 벼슬이 높지 않던 과천파와 판곡파, 강도파나 서산파는 입양과 결혼이 급격하게 줄어들거나 절손되고 있다. 기록상 1917년 정용주가 안철환을 입양한 것이 마

파는 점차 늘어나는 반면, 다른 파들은 조금 늘어나는 경향을 보이
다가 일정하게 유지하고 있으며 1800년대 후반부터 줄어들고 있다.

양자를 들이는 문제는 단순하지 않다. 그 수적인 문제도 있지만
궁궐에서 왕을 모시는 특성상 아무나 양자로 들일 수는 없기 때문
이다. 그 선별 기준 역시 엄격하였을 것으로 보인다. 보통 전국으
로 연통하여 입양하지만 간혹 부자가 같은 지역인 경우도 있다. 임
선복의 아들 김도협·김창협은 고향이 용강이며, 장신규·유득량
부자는 개천, 최준해·노성익 부자는 박천, 강이원·김석명 부자
는 희천, 김원익·김홍화 부자는 이천이 고향이다. 이것은 아마도
친척 등을 통해 쉽게 입양할 수 있기 때문으로 보인다.[19]

양자를 입양하는 경우 부자간의 나이 차이 역시 고려하였다. 나
이 차이는 보통 20세 전후를 선택하는 것이 일반적이다. 이것은 부
자 사이라는 이상적인 가정을 형성하기 위한 것으로 보인다. 예를
들면, 채언준(1556~1635)과 정부인 홍씨(1555년생) 사이에 입양된
오대방(1575~1639)과는 19세가 차이가 나고, 오대방의 장남 朴以
溫의 경우 출생 연도를 알 수 없지만, 차남 오이공(1602년생)[20]과
는 27년 정도 차이를 보인다. 즉 장자의 경우 20세 전후, 차자는 좀
더 차이를 보이고 있다. 그러나 때로는 40세 이상 차이가 나거나,
10세 이하의 차이가 나기도 한다. 조광염(1755년생)과 강위노(1762
년생)의 경우 7년 차이에 불과하다. 또한 이한식(1871년생)과 입양
자 황석주(1891년생 장자)는 20살, 서승주(1896년생 2자)는 25년 정

지막이다.

19) 『양세계보』에 출신지가 나타난 사람은 전체 305명이다. 전체 148개 지역
으로 전국적으로 분포되어 있다. 5명 이상의 출신지는 광주·남원·무
안·안주·경주·이천·청주·충주·태천·평창 등이다. 신명호의 앞
의 논문에서 본관 성씨 129종류와 출신지역을 분석하여 비혈연성과 비
지연성을 강조하고 있다.
20) 『顯宗實錄』 권2, 원년 5월 을축. 시릉관을 역임하고 崇政에 제수되었다.

도의 차이를 보이고 있다.

〈표 3〉 윤득부 가계의 부자간 나이 차이 비교 (나이 ; 세)

나이차 출생 연대	0-15	16-20	21-25	26-30	31-35	36-40	41-45	46-50	51-60	61 이상	합계
1500~ 1600	0	1	0	0	0	0	0	0	0	0	1
1601~ 1650	0	0	0	1	1	1	0	0	0	0	3
1651~ 1700	1	1	5	0	2	1	2	0	2	1	15
1701~ 1750	0	4	5	5	3	0	0	1	2	0	20
1751~ 1800	0	6	5	9	0	2	2	2	2	2	30
1801~ 1850	6	12	15	8	3	4	1	1	1	2	53
1851~ 1900	9	25	25	18	8	2	2	1	1	1	92
1901 이후	0	6	3	1	1	0	2	0	0	0	13
합계	16	55	58	42	18	10	9	5	8	6	227

<표 3>과 같이 가장 이상적인 부자간의 나이 차이는 16에서 25살 이내가 전체 출생연도를 알 수 있는 227명 중 113명으로 절반을 차지하고 있다. 1600년대 후반에 출생한 사람의 경우 부자의 나이 차이는 20살에서 25살 이내가 상대적으로 많지만 그 이상의 나이 차이 역시 고루 분포하고 있다. 그러나 1700년대에는 20살 전후 차이가 상대적으로 많아지지만 여전히 그 이상의 나이 차이도 어느 정도 있는 편이다. 그러나 1800년대 출생한 경우 16살에서 25살 이내 차이로 좁혀지고 있다. 전체적인 수에 비하여 25살 이상의 나이 차이는 많지 않다. 이것을 보면 이상적인 가정을 만들려 노력한 의지를 엿볼 수 있다.

여기서 중요한 것은 비록 이성의 양자로 가계를 계승하지만 <표 4>와 같이 나름대로 자식들은 돌림자에 따른 이름을 사용하였다는 것이다. 예를 들어 김계경(2대)의 아들은 南壽重·韓壽恩으로 '壽'를 사용하였다. 金禮禎의 아들은 朴崙·文岌이며, 박윤의 아들은 金以章·金以性이고, 문급의 아들은 崔以業·康以源으로 사촌 형제끼리 같은 돌림자를 사용하고 있다. 白夢虎의 아들은 蔡以直·崔以學·李以淑이다. 이렇게 형제가 또는 같은 계파끼리 같은 자를 사용하는 경우는 8대에서 22대까지 이어지고 있다. 그러나 계파를 달리하거나 대수가 어느 정도 지나면 사용하지 않고 같은 형제끼리만 같은 돌림자를 사용하기도 한다.

〈표 4〉각 계파별 항열표

| | 윤득부 | | | | | |
| | 계동파 | | | 장동 | | |
	본파	과천	판곡	본파	강동	서산
5					彦	
6					榮	
7					立	應
8	以				淵	雲
9	생략			世·輝·家	麗·稷	尙·華
10	起			後·進·章·夢	贊	郁
11	景			東·弼·奎·景	春	徵
12	國	致	來	相·得·圓		錫
13	譁·允	允	復	興·聖·履·昌·民	履	宜
14	馥·喜·宜	履	仁	處·河		
15	浹·遠		錫	秀·完·載	永	睦
16	雲·喜	光	元	弼	秉	河
17	在·吉		肯	寅	大	世
18	鎬·錫		基			
19	漢·善		漢			
20	柱					
21	煥·丙·光					

또한 절손되는 경우 봉사를 다른 자식에게 맡기기도 하는데 계동파의 채언준-오대방-박이온-변곡, 이진으로 이어지는 경우 변곡이 사정으로 인하여 기록하지 않는다고 하면서 더 이상 입양하지 못하게 되자 2자인 이진의 봉사를 오대방-오이공-김유-김기한-김기성으로 이어지는 다른 계열 중 김유의 2자인 김기성에게 맡기고 있다. 즉 성씨는 다르지만 나름대로 항렬을 같이 사용하고 있는 것이다. 양자를 들이는 것은 단순히 한 사람을 입양하는 것이 아니라 자신의 가계를 계승하고, 자신의 지위를 이어 나갈 수 있는 양자를 들임으로서 하나의 완전한 가정을 구성해 나가는 기초적인 질서이다.

그러나 입양하지 못하여 절손되는 경우도 있다. 이 경우는 관직이 미미하거나 금전적인 이유가 대부분이지만 정치적인 이유도 있다. 즉 역적으로 몰려 죽은 경우 다음 대에 절손되는 것이 보통이다. 이 경우 이상적인 가계를 계승하지 못하는 것으로 보통 결혼하지 못하는 경우를 동반하기도 한다.[21]

환관 양자를 입양할 때에 출신 신분을 구분하였을까. 고려시대 환관들의 신분을 『高麗史』 환자전에 "그 本系가 백성이 아니면 천한 종이었다"라고 하였다. 또한 白善淵은 남경의 官奴 출신이고, 任伯顏禿古思는 상서 주면의 가노였으며, 충렬왕대 李淑의 경우는 어머니가 태백산 무녀라고 하여, 대부분 천민 출신임을 알 수 있다.

---

21) 李景聃의 경우 품계가 숭록대부까지 올라갔지만 정조대 윤음 위조사건에 연루되어 장을 참다가 죽었는데(『正祖實錄』 권2, 즉위년 12월 임술) 나중에 사면되지만 다음 대인 朴鳳興대 이후에는 입양하지 못하고 절손되었다. 박필장의 아들 안국래(집은 계동)는 정조대 홍상범 역모사건에 연루되었는데, 그 아들 이덕수와 민덕태도 같이 연루되면서 더 이상 입양하지 못하였다(『正祖實錄』 권3, 원년 10월 무오). 이 사건으로 유인배는 정배, 이봉창・심덕일・이덕성 등은 본향 정배의 처벌을 받았는데. 이들 대부분 판곡파들이다. 또한 김벽의 아들 김재구가 죄로 죽자 입양하지 못하고 있다.

그런데 환관 崔成은 監察司錄事로 스스로 거세하였다고 하여 남
반직에 종사한 것으로 보이며, 昌寧縣 백성으로 환자된 경우도 있
다고 하여 양인 출신도 보인다. 조선시대의 경우 그 출신이 확인되
는 경우는 태종대 환관 金希定은 본래 賤口라고 하였고, 許仲富의
경우 아비가 洪州 관노였으며, 연산군대 金子猿은 席匠의 아들이
라고 하여 일부 천민 출신이 보인다. 그러나 환관 李村은 慶昌府尹
權踤의 아들을 양자로 삼았다[22]고 한 경우나 조선후기 "영남의 사
족으로 선천적인 고자가 있었는데 내시가 데려다가 양자로 삼자
그 족속들이 절대로 통래하지 않았다"[23]고 한 것에서 보아 사족
출신도 있었음을 알 수 있다. 조선후기 宋會英의 경우 부모가 학생
宋國命이라고 하였다.[24] 이것은 조선후기 한성부의 북부 호적인
『康熙二年癸卯式年北部戶籍』에서도 나타난다.

한성부 북부호적에 나타난 내시부 소속 환관을 보면 다음과 같다.

〈표 5〉 한성부의 북부 호적 내 환관 인명[25]

이름	벼슬	부계	처계	신분	계
申 晐	통훈대부 내시부	부-유학 상경, 조부-계공랑 군자감직장 현, 증조부-통정 호조참의 계원, 외조부-자헌 지중추부사 문상검		作賤	衍喜宮契
朱 彬	통훈대부 행내시부 尙爛	부-교생 애남, 조부-학생 인수, 증조부-학생 한명, 외조부-학생 조탁명	처 윤씨, 부-충의위 정관, 조부-충의위 계수, 증조부-충의위 홍립, 외조부-통정 오세방	작천	加佐洞契

---

22) 장희홍, 앞의 책, 51~52쪽. 任伯顏禿古思는 尙書 朱冕의 가노로 스스
   로 거세하여 환자가 되었다. 충선왕대 庇仁君으로 봉해졌다. 충숙왕 10
   년에 伏誅되었다. 이숙의 이름은 福壽로 平章郡 사람이다.
23) 세종대왕기념사업회, 1983, 『公私見聞錄』後.
24) 앞의 「송회영 신도비」 참조.

尹履臣 妻金氏	고 내시부		부-전사과 복선, 조부-청산현감 덕송, 증조-전판서 홍종, 외조 가선 윤복	작천	新寺洞契
康得浩	통훈대부 내시부 尙設	부-참봉 용수, 조부-어모장군 언린, 증조부-학생 낭익, 외조부-어모장군 장순기		작천	新寺洞契
許春蘭	통훈대부 행내시부 尙除	부-어모장군 충세, 조부-유학 순걸, 증조부-어모장군 영경, 외조부-어모장군 김광경		顯賤	상동
金義臣	통훈대부 내시부 尙更	부-유학 인세, 조부-어모장군 순필, 증조부-유학 건, 외조부-유학 김광경		작천	상동
李春榮	통훈대부 내시부 尙燭	부-유학 인학, 조부-학생 세후, 증조부-선략장군 양. 외조부-학생 이희전	처 임씨, 부-학생 휘, 조부-학생 몽송, 증조부-충순위 습, 외조부-학생 황인복	작천	상동
張夢龍	통훈대부 내시부 尙燭	부-유학 명원, 조부-어모장군 석건, 증조부-어모장군 선유, 외조부-학생 윤풍산	처 장씨, 부-겸사복 응견, 조부-명이, 증조부-학생 인록, 외조부-보인 한선립	작천	末屹山契
崔 燦	통훈대부 행내시부 尙更	부-학생 응춘, 조부-학생 충국, 증조부-내금위 부, 외조부-학생 문건	처 김씨, 부-武學 영, 조부-학생 현충, 증조부-학생 규, 외조부-보인 변사운	작	상동

* 이 표에서 현천은 양반이 노비를 소유한 경우, 작천은 평민이 노비를 소유한 호를 말함.

---

25) 서울시사편찬위원회, 1999,『國譯 漢城府 北部帳戶籍』. 이 호적의 공식 명칭은『康熙二年癸卯式年北部戶籍』으로 한성부에서 현종 4년(1663)에 작성한 총 152장의 필사본 호적으로 한성부 북부에 소속된 도성 밖의 16契 683호가 기록되었다. 이 호적 중 내시 9명 중 5명이 부인이 있다. 그런데 호주의 4조가 친부모로 되어 있다. 이것은 아마도 입양되지 않은 경우거나 입양되었지만 양부가 죽어 호적 기록의 원칙상 친부모

이곳에는 9명의 환관이 등재되어 있는데, 허춘란을 제외하고는 전부 양인으로 기록되었다. 이것을 보면 대부분의 부모 신분이 양인 이상으로 나타나고 있는 것은 고려시대와는 확연히 차이를 보인다. 복호에 대한 규정을 하면서 이들은 미천한 신분이지만 의관을 차리는 사람으로 조정에 공직하므로 그 家戶의 역에 응할 수 없다고 하였다.26) 이것으로 보아 이들의 신분은 양인이나 양반의 본래 신분을 유지하지만 직역에 있어서 품계를 받기 때문에 중인으로 대우받는 것이었다.

양자를 들이기 위해서는 결혼을 전제로 한다. 결혼은 하나의 가정을 구성하는 데 필요한 기본적인 행위가 되는 것이다. 결혼하는 연령은 알 수 없으나 대상자의 연령은 비슷한 나이의 여자와 결혼하는 경우가 대부분이지만 한성부호적처럼 나이 차이가 많은 경우도 있다. 즉 장몽룡과 처 장씨는 22년, 최영과 처 김씨는 12살 차이가 나는 경우도 있다. 일반적으로 다른 사람들처럼 비슷한 형태를 이룬다. 하지만 전체 윤득부가 579명 중 223명(38.5%)은 부인이 없는 것으로 나타나 이상적인 가계를 구성하지 못하고 있다. 부인이 없는 경우는 아직 어려서 결혼하지 않은 경우나 결혼을 하지 못한 경우이다. 간혹 자식은 있지만 부인이 없는 경우도 보인다. 부인이 2명인 경우는 23명, 3명인 경우는 3명으로 나타났다. 일반 사대부나 다른 가정들처럼 먼저 부인이 죽은 경우, 다시 부인을 맞이하는 경우도 흔히 있었다. 예를 들면, 申英遠은 15세 전후에 결혼하였으나 먼저 2명의 부인이 연달아 죽자 다시 부인을 맞이하였다. 김한직(1887년생)은 여흥 민씨(1891~1918)가 죽자 전주 김씨(1902년생)

를 기록한 경우로 보인다. 그런데 허춘란만은 입양자가 김광호라고 기록되어 있다.

26)『光海君日記』권14, 원년 3월 신묘.

와 다시 결혼했다. 이러한 경우 이상적인 가정 형태를 이루려는 노
력이 보인다.

또한 관직의 정도에 따라 또는 부인의 있고 없음에 따라 자식을
입양하는 데 차이를 보인다. 즉 전체 579명 중 부인이 없는 223명
중 자식이 없는 경우는 53명, 1명은 113명, 2명은 22명, 미확인은 4
명이다. 이 중 81명만 벼슬이 있고, 나머지 142명은 벼슬이 없다.
그러나 부인이 있는 356명 중 자식이 0명은 1명, 1명은 228명, 2명
은 86명, 3명은 6명, 4명은 1명이며, 미확인은 33명이다. 이 중 328
명이 벼슬이 있는 데 비하여 28명만 벼슬이 없다.

그러나 이러한 환관들의 결혼에 대하여 일반 관료들이나 학자들
은 적극 반대하고 있다. 연산군 때 丹城訓導 宋獻仝은 중국의 예
에 의하여 내시들이 처첩을 두는 것을 금지하자고 하였다. 그 원인
은 내시가 처첩을 두면 원망이 쌓이고 화기를 손상시켜 간혹 실행
하는 수가 있어 成治에 누를 끼친다는 것이다.[27] 전 창원부사 趙之
瑞 역시 환관이 장가들어 부부 생활하는 것은 우리나라에만 있는
것으로 이것은 음양의 화를 상실해서 수재의 재앙을 부르는 것이
라 비판하였다.[28] 성균관의 생원 李敬 등은 편의 10조를 올리면서
결혼은 부모된 도리를 아는 사람만이 하는 것으로 이것으로 인하
여 교화가 이루어진다는 것이다. 그런데 내시가 아내를 갖는 것은
실로 天地間의 한 變事이며 이들은 결혼을 함으로써 여자의 원망
이 재앙을 부르게 된다고 결혼을 금지시켜야 음양이 조화롭게 된
다는 것이다.[29] 한효원 역시 재변 시에 궁녀를 출궁하는 것은 부녀
의 숨은 원망이 음양의 화기를 손상하는 것이라 하면서 환관이 아

---

27) 『燕山君日記』 권28, 3년 11월 신유.
28) 『燕山君日記』 권4, 원년 4월 갑술.
29) 『中宗實錄』 권12, 5년 12월 신축.

내를 두는 것도 마찬가지 이치라고 하였다.30) 이것은 조선시대 관
료나 학자들의 환관에 대한 인식이다. 이러한 환관들의 결혼금지
논의는 환관이 음양질서에 맞지 않는 사람이라는 것에서 기인한
다. 그럼에도 불구하고 결혼은 흔히 행해지고 있으며, 이상적인 가
계 구성을 위한 노력도 이어지고 있다.

Ⅳ. 入仕와 陞職

일반적으로 조선시대 양반들의 궁극적인 목적은 관직에 나가는
것이다. 환관들도 마찬가지로 입사하는 것이 궁극적인 목적이다.
가계를 계승하기 위해 양자를 들이는 가장 큰 이유는 환관들만이
임명될 수 있는 관직이 별도로 있기 때문이다. 이 과정에서 어느
시대든 아버지의 관력 정도는 자식에게 어느 정도 영향을 미친다
고 볼 수 있다. 일반적으로 관료의 관직 진출이나 승급에 대한 자
료는 많이 있지만 환관에 대한 관직의 승계나 제수에 대한 자료는
희귀하다. 이것은 관직이 내시부에 국한된 경우도 있지만, 가문의
흔적이 남아 있지 않기 때문일 수도 있다. 『양세계보』에서도 대부
분 관력의 정도를 알 수 없지만 일부 공신이나 높은 관직을 지낸
경우 관직을 기록한 경우가 있다. 이를 통해 관직의 승계 정도와
직임의 승계 정도를 살펴보자.

환관들이 벼슬에 나아가는 방법은 알려져 있지 않다. 아마도 小
宦들의 일부는 궁중에서 생활하면서 교육을 받았을 것으로 보인
다. 명종대 궁중 내 小宦들의 수가 많아져 논란이 되었다. 환관은

---

30)『中宗實錄』권19, 8년 10월 신해.

小宦을 양자로 삼는데, 보통 4~5명 정도이나 인원이 늘어나 豊儲倉의 지출이 조종조 때보다 배나 되었다.[31] 입사 이후에도 지속적으로 교육을 받은 것으로 보인다. 즉 태조대 "궁중의 小宦 등에게 『大學』을 읽게 하였다"는 기록이 보인다.[32] 『大典通編』 내시부조에서도 "各處上直小宦九十"라고 하여 궁중 내에 小宦 90인이 있었다. 이들을 교육시키기 위해 내시교관을 두는 것도 같은 맥락이다. 이것으로 보아 어린 환자들을 양자로 받아들여 벼슬에 내 보내고 궁중에서 교육시키는 방법을 주로 사용하였다. 이 방법이 환관제도가 정착이 되어가면서 일반적으로 사용되었을 것으로 여겨진다.

그러나 일부는 문음을 통하여 처음 벼슬에 나아갔다. 조선후기 내시부상선을 지낸 洪命福의 경우 15세에 음서로 벼슬에 나아가 8번 장번하였다.[33] 입사 나이를 보면 환관 채언준은 8세에 입적되어 22세에 장번에 들었으며, 그의 아들 吳大邦의 경우는 17세에 장번에 들었다. 이것으로 보아 8세 전후에 입양하고, 20세 전후에 처음 벼슬에 나아갔다.

초입사의 나이를 알 수 있는 총 107명 중에서 10세 이하 2명, 24세 이상 15명을 제외하면 평균 17세에서 21세 전후가 가장 많이 나타난다. 그러나 그 아버지의 관직 정도에 따라 나이는 차이가 보인다. 이 중에서 아버지가 숭록·숭정 대부(종1품) 60명, 자헌·정헌

---

31) 『明宗實錄』 권33, 21년 8월 신유.
32) 『太祖實錄』 권5, 3년 5월 신유.
33) 송회영신도비(남양주시 수동면 입석리 소재). 홍명복(1781~1861)은 15세에 음서로 벼슬길에 오르던 해에 벌써 崇秩에, 1800년(20세)에 통정대부에 오르고, 1802년(22세) 2품에 올랐다. 1830년 수릉의 시릉관 역사를 맡았으며, 1834년 헌종이 8세에 등극하자 대전의 우두머리(도설리)를 20년 동안 지냈다. 5왕조에 벼슬하여 宮司를 관리하였으며, 1862년(철종 12)에 81세로 致仕에 양주로 물러나 있다가 그해 겨울에 졸하였다. 그가 죽자 왕이 부의를 보내 조문하였다.

대부(정2품) 4명, 가선·가의 대부(종2품) 13명, 통정대부(정3품 당상) 9명, 통훈대부(정3품 당하) 16명, 통덕랑(정5품) 2명, 장번이 3명으로 나타난다.

〈표 6〉 윤득부 가계에 보이는 초입사의 연령

(단위 : 나이 ; 세, 인원 ; 명)

나이	6	10	12	13	14	15	16	17	18
인원	1	1	4	5	8	5	7	10	9
나이	19	20	21	22	23	24	25	27	28
인원	10	9	12	6	6	1	2	1	1
나이	29	31	32	33	34	35	36	47	계
인원	1	2	1	2	1	1	1	1	107

그런데 이 중에서 숭록·숭정 대부 60명 중 자식들의 초입사 나이를 보면 <표 7>과 같다

〈표 7〉 숭록·숭정대부 60명 중 입양자의 초입사 연령

(단위 : 나이 ; 세, 인원 ; 명)

나이	8	10	12	13	14	15	16	17	18
인원	1	1	3	2	6	3	4	6	5
나이	19	20	21	22	23	24	28	31	합계
인원	6	6	4	7	1	1	1	1	60

총 60명 중에서 17세에서 21세 전후도 많이 있지만 12세~16세 사이도 상대적으로 상당한 숫자이다. 특히 이 중에서 자식의 품계는 숭록·숭정 대부 35명, 자헌·정헌 대부 2명, 통정대부 4명, 통훈대부 8명, 교관 2명, 장번 2명으로 대부분이 숭록대부까지 오르고 있다. 이것은 자식에게 부를 대물림하는 현상으로 볼 수 있다. 나머지 숭록대부를 제외한 47명 중에서 자식이 숭록대부에 오르는

경우는 10명에 불과하다. 즉 아버지가 숭록대부인 60명 중 자식이
숭록대부인 경우는 35명(58%)이다. 반면 나머지 47명의 경우 10명
(21.3%) 정도만 숭록대부에 오르고 있다. 이것은 각종 임무에서도
상당한 차이를 보여준다. 예를 들면, 李景和→鄭商佑→金允謙→
李團宜→申英遠으로 이어지는 가계는 대부분 숭록대부를 지냈고,
직임도 육상궁・명례궁 등 각궁 차지내관을 지내고 있다.

   그러면 승직할 수 있는 품계는 어느 정도일까?『양세계보』에 보
이는 사람들의 관력을 보면 다음과 같다.

<표 8> 품계의 정도

	종1품		정2품		종2품		정3품		기타			無官	합계
	숭록대부	숭정대부	자헌대부	정헌대부	가선대부	가의대부	통정대부	통훈대부	통덕랑	교관	장번		
윤득부	62	4	11	5	33	20	51	209	7	4	3	170	579
이득수						1	1	18				6	34
장필인			1		3		4	23				13	37
합계	62	4	12	5	36	21	56	250	7	4	3	189	650

   전체 650명을 품계별로 살펴보면, 종1품인 경우가 66명, 정2품의
경우는 17명, 종2품은 57명, 정3품 당상관인 통정대부가 56명, 정3
품 당하관인 통훈대부가 250명으로 약 38.5%를 차지한다. 즉 대부
분이 통훈대부의 품계를 받았는데, 이것은 실제 품계이기보다는
녹을 받기 위한 하나의 방편으로 보인다. 조선후기 金壽恒이 『경
국대전』 내시부의 관직 품계를 논하면서 "내시부는 雜職의 맨 처
음에 정하고 무슨 品의 아문이라고는 말하지 않은 것은 실제 2품
이지만 이조의 소속 아문이며, 내시 관직 품계는 종2품이 최고이
고, 尙膳 이하는 원래 正職이 아니므로 언제나 付祿할 때마다 번
갈아가며 올리고 내리기 때문에 일정한 높낮이가 없으며 마치 軍

職의 遞兒職과 비슷하다"고 하였다.[34]

　無官인 189명(29%)의 경우는 벼슬에 나아가지 못한 경우나 1900년 전후에 태어나 아직 어린 경우, 일찍 죽은 경우, 벼슬 정도가 기록되어 있지 않아 확인되지 못한 경우 등으로 나타난다. 이렇게 볼 때 벼슬자 중에서 절반 정도가 통훈대부로 임명된다는 사실은 환관들의 벼슬은 실제 품계를 받기는 하지만 그만한 직위를 누리기보다는 녹봉을 받기 위한 하나의 수단이었던 것으로 보인다. 그러나 숭록대부가 62명이나 된다는 점은 특이하다. 이들은 대부분 대를 이어 숭록대부에까지 오른다는 것이다.

　조선시대의 경우 남편의 품계에 따라 부인의 품계도 동일하게 받게 된다. 내시들의 경우도 동일하다.

〈표 9〉 부인의 품계

품계	정경부인 (1품)	정부인 (2품)	숙부인 (정3당상)	숙인 (3품당하)	공인 (5품)	무품계
윤득부	63	57	40	158	7	252
이득수				7		27
장필인		4	3	22		8
합계	63	61	43	187	7	287

　전체 부인의 354명이 품계를 받고 있다. 이것은 남편의 경우 462명이 벼슬을 하고 있는 것에 비하여 적은 수이다. 남편의 품계와 다른 부인의 품계를 보면 〈표 10〉과 같다.

〈표 10〉 남편과 부인의 품계 비교

품계	1품	2품	정3품당상	3품당하	5품	무품계	미확인
남편	66	69	51	209	7	7	170
부인	63	57	40	158	7	3	223

---

34) 『顯宗改修實錄』 권9, 4년 8월 임인.

이것으로 보아 남편의 품계와 동일하게 받는 경우는 1품의 경우
는 비슷하지만 2품이나 3품 당상관 이상의 경우는 약간 적은 편이
고, 정3품 당하관은 많은 차이를 보인다. 그리고 약 223명 정도는
부인이 없는 경우이거나 기재되지 않은 경우이다. 이것으로 보아
자식은 있지만 부인이 없는 경우도 흔히 있는 것으로 보인다. 부인
이 2명인 경우는 23명, 3명인 경우는 3명으로 나타났다.

<표 11> 파별 자녀 · 부인 · 벼슬 정도

		계동	과천	판곡	장동	강동	서산
자녀	0	5	4	7	15	8	11
	1	99	14	50	87	46	45
	2	40	4	9	27	15	11
	3	2		2	1		
	4						1
	무	38	1	8	15	6	6
부인		144	6	42	92	35	32
벼슬	가선	2		4	17		
	가의	7		4	3	4	2
	교관	3					
	숭록	49		3	7	2	1
	숭정	1		1		2	
	자헌	2		2	6	1	
	장번	3					
	정헌	2		2			
	통덕랑	3		3	1		
	통정	14	1	10	11	10	5
	통헌	55	4	31	72	17	30
	무	31	18	16	28	40	38
합계		182	23	76	145	75	76

한편 직임의 승계 정도를 살펴보면,35) 먼저 계동파인 채언준-오

---

35) 내시들의 직임 중 중요한 자리는 각 전(대전 · 왕비전 · 왕후전 · 세
    자 · 세손 등)의 승전색과 승언색, 궁중 물건을 담당하는 상선(도설리),

대방-오이공-김유(제외)-유기한, 김기성-기경헌, 손경행, 이경희-우
홍구 등으로 대대로 공신을 지내면서 승전색과 명례궁의 차지하고
있다. 오대방-오이공의 제2자인 양정-장후성-최경원-이태하-전윤복
-(생략)-유분연-유재응-이길선-양준상 계열은 대대로 세손 및 중궁
전 승전색을 이어오다가 한말에 장번과 조귀인·숙선옹주·대전
승전색을 지내고, 이후 명성황후 승전색·대전 승전색·세자궁 장
번 등을 지낸다. 즉 중궁전을 담당하면서 한말의 변화에 따라 번창
한 경우이다.

　양정-장후성의 제2자 이경화 계열 역시 대대로 장번 승전색을
담당하면서 육상궁, 명례궁 차지, 중궁전 승전색, 각 귀인방, 운현
궁 차지 내관을 맡고 있다. 특히 이 족보의 서문을 쓴 홍택주는 각
종 차지를 역임하는 동시에 영왕부 설립 승봉을 맡고 있다.[36] 이것
은 자손이 많아지면서 자신이 맡고 있던 임무 중 일정 정도를 나누
어 맡게 하고 있다. 즉 이경화-정상우-김윤겸의 1자 이단의 계열은
장번 승전색과 육상궁, 명례궁을 담당하는 경향을 보이는 반면, 2
자인 이 족보를 처음 만든 이윤묵의 경우 그 후손은 장번, 가순궁,
수진궁, 의빈궁, 영빈궁을 맡고 있다. 그 후손들 역시 비슷한 경향
을 보인다.[37] 다만 일찍 죽는 경우에는 끊어지는 경우도 있다. 특

───

조선후기 각 궁방이 생기면서 담당자인 차지내관이 대표적이다.

36) 홍택주는 세자궁 중관을 맡고 있어(『承政院日記』 고종 27년, 11월 기
　　사) 족보와 일치한다.

37) 이윤묵(1741~1816)은 장번승전색, 명례궁·용동궁·경수궁·의빈궁·
　　영빈궁 차지를 지냈다, 그 아들 양대의 역시 장번 승전색·가순궁·경
　　수궁·수진궁·의빈궁·영빈궁 차지를 역임하였다. 이것으로 보아 처
　　음 족보를 만든 당시 이윤묵은 상당한 재력과 권력을 가지고 있었던
　　것으로 보인다. 정조 10년 9월 이윤묵은 병환 시 약물 치료를 잘못하여
　　9월에 귀양갔다가 11월에 방면되었다. 당시 이윤묵은 홍국영과 친하였
　　으며, 그의 양자 梁大宜도 역시 임금의 총애를 받았는데 그의 생부 처
　　벌 시 품계를 삭탈당하였다. 이 과정에서 이윤묵의 여종이 女卜家에

히 양정-장후재 계열이 가장 번창하였고, 이에 이후 족보를 만드는 것도 이 계열이 주도한 것으로 보인다.

장동파의 경우 김예정-박윤-김이장, 김이성-양세윤, 김중휘-서후상, 서후제 등의 부자관계는 공신으로 되어 있다.[38] 이후 벼슬을 이어가지 못하고 있다.

이것으로 보아 아버지의 관직과 품계는 아들 중 1명이 계승해 나가고 있는 것을 볼 수 있다. 특히 숭록대부인 경우 그 자식들은 대부분 숭록대부에 오르고 있다.

V. 系派의 形成

윤득부의 가계는 여느 일반 가문의 족보와는 달리 여말선초로부터 시작한다. 보통 일반 가문의 족보들이 신라나 고려시대부터 시

와서 점을 치면서 말하기를 "우리 집 대감(이윤묵을 말함)이 본궁을 주관하였는데, 혹 약을 쓸 때에 잘 살펴보지 않아 죄를 저질렀을까 염려된다"고 하였다(『正祖實錄』권22, 10년 12월 병인). 이것으로 보면 이윤묵-양대의는 홍국영과 친하며 본궁을 주관하고 있음을 말해 준다.

38) 이들 공신의 책봉 역시 가계의 번영과 관계가 있다. 즉 『양세계보』에 총 39명의 공신 또는 원종공신이 보이는데, 정공신은 안중경·박춘성·박봉림·김예정이 있다. 나머지 원종공신은 인조 7명, 숙종 9명(1명 중복), 영조 21명이다. 이들은 대부분 부자관계이다. 다음의 <윤득부 가계 계파도>에 다른 공신의 분포를 보면, 계동파 본파 11명, 과천파 4명·판곡파 5명 등 총 20명이다. 장동파는 본파 13명, 강동파 1명·서산파 1명으로 총 15명이다. 보통 계동파는 20~22대까지, 장동파는 20대까지 기록되거나 16~17대에 이른다. 벼슬의 정도에 따라 입양하는 정도는 차이가 나는 것으로 장동파는 최대 59명으로 늘어나지만 입양이 마지막까지 이어지는 경우는 25명에 불과한 데 비하여 계동파는 최대 60명까지 늘어나 42명까지 이어진다.

작하는 것과 차이를 보인다. 이것은 환관들이 본격적으로 등장하는 것이 원간섭기부터라는 것과 연관이 있는 듯하다. 환관들이 본격적으로 권력을 행사하기 시작한 것은 원간섭기부터이다. 원에 조공으로 환자를 바치게 되고, 이후 이들이 원을 통하여 권력을 행사하게 되면서 고려 내에 환관들의 수가 급격히 증가하게 된다. 이 과정에서 고려 말 환관들의 관부인 내시부가 성립되면서 환관제가 정착하게 되는 것이다. 조선시대 들어와서 체제는 더욱 공고해져 갔다.[39]

이 책에 나타난 시조는 앞에서 말한 대로 여말선초에 활동한 윤득부이다. 윤득부는 고려에 벼슬하여 가선대부 상선에 올랐다. 그런데 윤득부 가계가 한양으로 오게 된 것은 부인 정부인 이씨와 관련이 있다. 정부인 이씨는 한양 桂生洞으로 세 아들을 데리고 정착하게 되었다. 이것은 조선이 한양으로 천도하는 것과 관련이 있을 것이다. 조선이 한양으로 천도하자 관직 생활 등을 이유로 한양으로 옮겨 왔을 것으로 추정된다.[40] 하지만 윤득부 가계의 성장은 장

---

39) 張熙興, 2003, 앞의 논문, 21~46쪽.

40) 이이화(1991, 『이이화의 역사풍속기행』, 역사비평사, 155~166쪽)는 경기도 양주군 장흥면 삼상리 벌마을의 내시마을에서 내시부 마지막 교관 정완하와 쇠귀할머니의 일곱 양자 이야기를 소개하고 있다. 쇠귀할머니는 조선 건국 이후 고자 7명을 교육시켜 궁중에 들여보내고, 이후 고자들을 양자로 받아들여 자식으로 삼았다고 한다. 이 여자가 죽자 양자들은 오늘날 牛耳洞에 묻었는데, 이에 쇠귀할머니라 불리게 되었다. 이후 양자들은 관동파와 자하동파는 재산 문제로 나누어졌다. 한말 관동파로는 갑신정변 때 죽은 유재현과 이병직이, 자하동파는 나세환과 한일합병 이후 자결한 강석호가 주요 인물이라고 하였다. 관동파는 동대문 밖에 살면서 묘를 창동과 월계동에 모셨고, 자하동파는 서대문과 양주군 장흥면 삼상리 일대에 살면서 묘를 모셨다고 한다. 이것을 보면 족보의 이야기와 비슷한 점이 있다. 개성에서 이주하여 서울 계생동(오늘날 계동 일대)으로 이사온 점이나 이후 장동파와 계동파로 분리된 점 등은 비슷하다. 그러나 이들은 『양세계보』에 보이는 내시들과는 또 다

자인 安仲敬(?~1496)과[41] 차자 金季敬[42] 때부터이다. 이후 분파는
다음과 같다.

시조 윤득부로부터
    안중경-백계남-최한손-전윤실-채언준(중시조)으로 이어지는 계동파
    김계경-남수중-박원필-김세걸-김예정(중시조)으로 이어지는 장동파

 이렇게 분리되는 경우는 정치권력과 함께 분묘의 위치도 달리한
다. 윤득부 이후 장자인 안중경의 후손은 계동파, 차자 김계경의
후손은 장동파로 구분되었다. 계동파는 채언준-오대방의 아들 중
白夢虎를 중심으로 판곡파가 분리되어 가고, 다시 오대방－오이공
의 경우 金玲과 양정 2명의 자식을 두었는데, 다시 楊珽은 장후재
와 元厚誠을 두었고, 이 중에서 원후성 계열은 과천파로 분리되었

른 일파로 보인다. 즉『양세계보』에는 월계동 근처에 살았고, 현재 양
주 광적면 효촌리에 묘가 있는 김계한이나 그 후손들, 관동파나 자하동
파로 불리던 한말의 유명한 내시들의 이름이 존재하지 않기 때문이다.
이것으로 보면 내시들도 다양한 가문 구성이 이루어지고 있었다는 점
을 알 수 있다.
41) 안중경은 단종 때 사알, 좌승선 등을 거쳐 세조 때 승전색을 지냈다. 이
후 세조 즉위 후 안중경은 익대공신 咸安君에 책봉되었다(『睿宗實錄』
권1, 즉위년 10월 갑인·병진). 그리고 다시 原城君에 봉해졌다(『睿宗
實錄』권2, 즉위년 11월 계해). 이후 성종 때 승전색으로 자헌대부 原城
君에 책봉되었다(『成宗實錄』권222, 19년 11월 갑술).
42) 김계경은 慈山 출신으로 숙종 때 예조판서 閔鎭厚가 자산에 대하여 소
개하면서 古老들이 전하는 내용이 있다. 燕山君 때 자산 사람 환관 김
계경이 直諫하다가 살해되자 그 邑을 혁파하였다고 한다(『肅宗實錄』
권38, 29년 7월 계유). 즉 연산군 때 직간하다가 처 元非와 함께 처형되
었다. 즉 "명에 순종하지 않는 내관 김계경에게 杖 1백을 명하였지만
도망가자, 김계경을 잡아 烙刑으로 추국하고 寸斬하여 효수하였다. 그
의 本貫인 慈山郡을 혁파하고, 그의 집을 파하였다"고 하였다(『燕山君
日記』권57, 11년 2월 경오).

다. 한편 장동파는 김계경의 아들 중 한수은-박희수-김언정-이계영
(중시조)으로 이어지는 강동파와 韓壽恩-朴希守-林彦樹-朴奉琳(중
시조)로 이어지는 서산파로 구분된다.

이렇게 분리되는 경우는 분묘의 위치도 달리한다. 즉 윤득부 때
분묘는 牛耳洞 鷄城里(현 노원구 쌍문 子癸山)와 烽火山 일대를
중심으로 형성되었다. 이후 계동파의 묘는 6대 채언준 때부터 양주
古州內 鵲峴(양주 주내 광사)에 자리잡게 된다. 판곡파는 백몽호 –
蔡以直 – 김령까지는 우이동에 묘가 있지만, 尹起莘 – 許有章 때에
가면 양주 板洞(남양주 평내)으로 옮겨간다. 또한 채언준-오대방-양
정까지는 여전히 고주내에 있지만 원후성 때에 과천 三峴으로 무
덤이 옮겨간다.

이것은 장동파 역시 마찬가지이다. 윤득부-김계경의 묘는 봉화
산에 있지만 아들 南壽重 때 벌써 양주 고주내 揷寺洞(주내 광사
리)으로 옮겨간다. 김계경-한수은-박희수-金彦井으로 이어지는 강
동파는 박희수 때에 묘가 평안도 江東 龍巖里 東峰에, 한수은-박
희수-임언수-박봉림의 경우 박봉림 때 양주 仙遊里(고양 벽제 圓
峰)에 위치한다. 이렇게 분리되어 가는 시기는 보통 6대를 전후하
며, 시대적으로는 선조 때를 전후하여 나뉘어진다. 이것은 아마도
수적인 면에서 늘어나는 것도 있지만 벼슬 역시 공신 등으로 책
봉되어 상당한 지위에 올라가면서 분리되어 나가는 것이 아닌가
한다.

이 두 파는 수적으로 비슷한 양상을 보이면서 성장하게 된다. 계
동파(총 182명, 공신 15명)의 경우 안중경 이후 본격적인 번영은 선
조대 공신을 지낸 채언준 대에 나타난다.[43] 채언준 이후 오대방과

---

43) 『光海君日記』 권67, 5년 6월 기축. 채언준과 오이공은 광해군 때 영창
대군 옹립사건에 연루되어 유배되었다. 인조반정 이후 다시 복위되었

오이공이 광해군 때 김자점 사건으로 귀양하거나 유배되지만 이후 인조 때 복직되면서 발전하게 된다. 이후 장후재의 양자들이 중궁전이나 각전 차지를 지내면서 번창하고, 한말 명성황후와 관계되면서 급격하게 늘어난다. 이중에서 판곡파(총 76명, 공신 5명)[44], 과천파(23명) 등은 적은 편이다. 장동파(총 145명, 13명)의 경우는 김예정의 후손들이 특히 공신이 많다. 김예정-박윤-김이장-양세윤, 박윤의 양자 김이성-김중휘-서후제 서후상, 지종해-신우열, 강이원-김몽상-박몽서에 이르기까지 공신을 배출하였다. 강동파(75명, 공신 1명), 서산파(76명, 공신 1명)은 상대적으로 적은 편이다. 결국 장동파들도 상당한 세력을 형성하였음을 짐작할 수 있다.

장동파의 경우는 김예정의 후손들이 특히 공신이 많다.[45] 김예정-박윤-김이장-양세윤, 박윤의 양자 김이성-김중휘-서후제, 서후상, 지종해-신우열, 강이원-김몽상-박몽서에 이르기까지 공신을 배출하였다. 결국 계동파는 채언준, 장동파는 김예정을 중심으로 세력을 형성하였다.

이상에서 내시들은 비록 이성의 양자를 통한 가계 계승이지만 양부모를 친부모와 같이 생각하고, 족보를 만들어 자신의 계통을 이어나가고 있다.

이상의 내용을 그림으로 작성하면 다음과 같다.

다. 채언준 가문의 위세는 이것과 연관이 있는 듯하다. 조선후기 역모 사건과 관련된 문제는 차후를 기일한다.
44) 판곡파는 안국래가 홍상범 사건에 연루되면서 그 친족이 연좌되면서 급격하게 줄어들고 있다(『正祖實錄』 권3, 원년 10월 무오).
45) 김예정은 호성 공신 3등에 책록되었다(『宣祖修整實錄』 권38, 37년 6월 갑진).

윤득부 가계 계파도

1대						尹得富		
2대			金季敬					安仲敬
3대		韓壽恩	南壽重					白繼男
4대		(강동)朴希守	朴元弼					崔漢孫
5대	林彦樹	金彦井	全世傑					金潤屋
6대	朴奉琳 [西山派]	李繼榮 [江東派]	金禮禎 [壯洞派]					蔡彦俊(작현)
7대				白夢虎				吳大邦
8대				蔡以直				吳以恭
9대				金玲			楊珽	金瑜
10대				尹起莘 [板谷派]	元厚誠 [果川派]	張厚載		劉起漢 [桂洞派]

Ⅵ. 맺음말

이상에서 이성의 양자를 통해 가계를 계승해 나가는 내시들 역시 이상적인 가정을 유지하기 위한 노력은 일반 가정보다 더 치열함을 알 수 있다. 가계를 구성하기 위해 필요한 조건들인 결혼과 입양, 가계의 연속을 위한 관계의 진출을 통한 관직의 승계에 있어서 일반 사대부들의 노력 못지 않게 적극적인 면모를 보이고 있다.

일반적으로 비슷한 나이의 여자와 결혼하며, 1명의 양자를 두고 있다. 관직의 정도에 따라 더 많거나, 입양하지 못하여 대를 이어 가지 못하는 경우도 있다. 전국에서 입양하지만 자신의 고향에서 대를 이을 양자를 선택하거나, 부자나 형제의 나이를 상관하여 선택한다. 또한 입양 후 같은 항렬을 사용하여 형제임을 강조하고 있다. 그러나 역모 사건에 연루된 경우나 관직에 진출하지 못한 경우, 품계가 낮을 경우 입양하지 못하고 가계가 끊어지는 경우도 있다.

입사는 20세 전후이며, 대부분 통훈대부의 품계를 받지만 공로가 있을 경우 숭록대부에 오르기도 한다. 부인 역시 일반 사대부 부인과 동일한 품계를 받는다. 아버지의 품계가 높을수록 자식들의 품계도 상대적으로 높다. 맡은 임무 역시 양부의 직임을 승계하는 것이 많은데, 양부가 일찍 죽는 경우 직임이 이어가지 못하기도 한다. 이 과정에서 장남 위주의 직임의 승계라기보다는 실력이 우선하는 경우가 많다. 공신 등 국가에 공이 있는 경우 가계의 계승이 수월해 지는 경향이 있다.

이들의 부자 관계를 기록한 것이 『양세계보』이다. 이곳에는 일반 족보와 달리 자녀의 출생지, 본관을 기록함으로써 낳아준 은혜와 길러준 은혜를 동시에 소중하게 여기고 있다. 그리고 비록 이성의 양자이지만 친부모와 동일하게 생각하여 족보를 만들게 된 것이다. 족보에 나타난 윤득부 가계는 조선 건국과 동시에 한양으로 와서 이후 선조 전후에 크게 계동파와 장동파로 나누어진다. 이후 계파의 분리는 묘역의 위치를 달리하면서 나누어진다. 전체 인원은 선조 때를 전후하여 크게 늘어나며 1700년대 중반 이후 급격한 증가를 보이는데, 1900년 초까지 입양이 이어지고 있다. 이 과정에서 품계의 정도와 정치적 문제와 상호 관계되면서 인원은 늘어나거나 줄어들기도 한다.

이상에서 내시는 비록 이성의 양자를 입양하여 가계를 계승하지만 일반 가정과 같이 가계를 계승하려는 의식은 투철함을 알 수 있다. 양자를 입양하고, 교육시켜 자신이 가지고 있는 자리를 물려주려 하고, 부인을 얻어 이상적인 가계를 이루려고 노력하고 있는 것이다.

〈참고문헌〉

『高麗史』・『朝鮮王朝實錄』・『養世系譜(국립중앙도서관 도서번호 한
古朝 58-가50-304)』・『家乘(崔錫斗, 1914, 필사본)』
金昌洙, 1969,「麗代 內侍의 身分」『東國史學』11.
노원구, 2000,『노원구초안산정밀지표조사보고서』, (사)한국미술사연구소.
朴漢男, 1982,「高麗內侍에 관한 研究」, 成均館大碩士學位論文.
서울시사편찬위원회, 1999,『國譯 漢城府 北部帳戶籍』, 서울시사편찬
         위원회.
송회영신도비, 남양주시 수동면 입석리 소재.
신명호, 2005.2,「조선시대 환관가족의 구성과 기능」『고문서연구』26.
양주군・양주문화원, 1998,『비문으로 본 양주의 역사Ⅰ』, 삼영문화인
         쇄사.
李愚喆, 1958,「高麗時代의 宦官에 대하여」『史學研究』1.
이이화, 1991,『이이화의 역사풍속기행』역사비평사.
張熙興, 2003,『朝鮮時代 宦官 研究』, 東國大大學院博士學位論文.
홍순민, 2004,「조선왕조 내시부의 구성과 내시 수효의 변천」『역사와
         현실』52.

찾아보기

장희흥(張熙興)

1966년 경남 창녕 출생
대구대학교 역사교육과를 졸업하고
동국대학교 대학원에서 석사·박사과정 수료(문학박사)
동국대 강사 역임.
현재 대구대·용인대 강사
　　　국사편찬위원회 고전연구위원.

▪ 주요논문
「朝鮮後期 實學者의 宦官制度 改革論」(2005)
「朝鮮時代 宦官 抑制策을 통해 본 位相變化」(2004)
「朝鮮初期 宦官制度의 整備와 運營」(2003)
「燕山君代의 宦官政策과 內侍府의 位相變化」(2002)
「조선 명종(明宗)대 외척정치(外戚政治)와 환관(宦官) 박한종(朴漢宗)」(2002)
「朝鮮初期 輪對制의 施行과 運營」(1998) 외

朝鮮時代 政治權力과 宦官　　　　정가 : 18,000원

2006년 10월 10일 초판 인쇄
2006년 10월 20일 초판 발행

저　　자 : 장 희 흥
회　　장 : 한 상 하
발 행 인 : 한 정 희
발 행 처 : 경인문화사
편　　집 : 신 학 태
　　　　　서울특별시 마포구 마포동 324 - 3
　　　　　전화 : 718 - 4831～2, 팩스 : 703 - 9711
　　　　　www.kyunginp.co.kr 한국학서적.kr
　　　　　E-mail : kyunginp@chol.com
등록번호 : 제10 - 18호(1973. 11. 8)

ⓒ 2006, Jang, Hee-Heung. Kyung-in Co, Printed in Korea
ISBN : 89-499-0428-4 94910
* 파본 및 훼손된 책은 교환해 드립니다.